Solomon Deutsch

A New Practical Hebrew Grammar

With Hebrew-English and English-Hebrew Exercises and a Hebrew chrestomathy.

Third and enlarged Edition

Solomon Deutsch

A New Practical Hebrew Grammar
With Hebrew-English and English-Hebrew Exercises and a Hebrew chrestomathy. Third and enlarged Edition

ISBN/EAN: 9783337735395

Printed in Europe, USA, Canada, Australia, Japan

Cover: Foto ©Paul-Georg Meister /pixelio.de

More available books at **www.hansebooks.com**

A NEW PRACTICAL

HEBREW GRAMMAR

WITH

HEBREW-ENGLISH AND ENGLISH-HEBREW
EXERCISES

AND

A HEBREW CHRESTOMATHY

BY

SOLOMON DEUTSCH, A.M., Ph.D.

THIRD EDITION, ENLARGED BY NEW VOCABULARIES

NEW YORK
HENRY HOLT & CO.
1876.

PREFACE TO THE FIRST EDITION.

Although many and valuable Hebrew Grammars have appeared in this country, which in completeness and critical ability have left little to be desired, I yet venture to offer this work to the public, with the expectation that this result of my labors will still be found useful to the Hebrew student.

It has been my aim, divesting the Grammar of all extraneous detail, to present it full and complete in every necessary particular. I have especially had in view the wants of those instructing themselves, for whom, as well as for schools, I have endeavored to make this volume a practical introduction to the language of the Old Testament.

I shall briefly recapitulate the distinctive features of this manual.

1. To facilitate the commission of the rules to memory, they have been expressed with all the conciseness consistant with perspicuity.

2. Believing that exceptions are more properly to be sought in the Lexicon and Critical Commentary, I have noted such irregularities only as, by their frequency, can claim to be held integral parts of the language.

3. The illustration of the abstract by the concrete being necessary to the clear understanding of the former, the rules have been explained and confirmed by examples, and further elucidated by exercises.

4. In elaborating these exercises, I have taken great care to select valuable sentences, containing either an interesting historical fact or a sententious moral. The internal character of the passage has been considered as well as its external grammatical form.—The Syntactical part is without exercises, the rules being illustrated by examples only. Nevertheless the student will become fully familiar with them by the constant reference made to them in the Etymological part.

5. In the requisition of a language, the learner, in order to familiarize himself with the grammatical forms, should make frequent translations into it from his mother-tongue. To this end English-Hebrew exercises have been prepared, particularly illustrating the rules which they immediately follow, anticipating nothing, but exactly keeping pace with the student's progress. I have intentionally made the construction of the English sentences conformable to the verbal arrangement of the Hebrew. Where the English construction admits of no change, I have endeavored to aid the students by help of numerals irregularly placed.

6. The approved results of continental research have been concisely embodied in this volume. Gesenius, Ewald, Fuerst (Lexicon), S. D.

Luzzatto (Grammatica della Lingua Ebraica), Naegelsbach, being followed in important points; the latter's arrangement of the declensions has been preserved with slight alterations.

7. In the Paradigms, presented at the end of the Grammar, the groundforms are distinguished by asterisks.

8. Although the words in the Exercises are translated as they occur, Vocabularies are added; first, to save the student's time and labor in seeking a forgotten word, secondly, that he may refer to them, should he be in doubt as to the form of the word when uninflected.

9. A Chrestomathy composed of various selections in prose and poetry from the Old Testament is given.

10. The two vocabularies contain about two thousand different Hebrew words in general use. How large a proportion this is, one can easily perceive, when one considers that the whole number of radical words in the language does not exceed 1867. It is therefore expected that the diligent student in a few months, will be enabled by mastering the Hebrew exercises and the Chrestomathy to read understandingly the less difficult portions of the Old Testament.

By this enumeration it will be readily seen, that the plan in some respects possesses the character of novelty, and it is hoped that this fruit of earnest and zealous exertion will be found acceptable and useful.

Baltimore, July 15, 1868.

PREFACE TO THE SECOND EDITION.

At the request of many prominent and experienced Professors of Hebrew, I have added two complete Vocabularies to all the Exercises and the Chrestomathy in my Grammar, and present the book in this improved form to the public as a second edition.

Thanking the learned critics and the press for the courtesy extended to my book on its first appearance and hoping that in its present more convenient form it may meet with continued favor,

I subscribe myself

Very respectfully

THE AUTHOR.

Baltimore, September 1872.

PART I.

OF THE ELEMENTS.

CHAPTER I.

LETTERS, SOUNDS AND SIGNS.

§ 1. ALPHABET.

1. Twenty-two consonants compose the Hebrew Alphabet.

Form.	Final.	Name.		Power.
א		Aleph	אָלֶף (= אֶלֶף ox)	a scarcely audible breathing.
ב (בּ)		Beth	בֵּית (= בַּיִת house)	bh, b
ג (גּ)		Gimel	גִּמֶל (= גָּמָל camel)	g in go
ד (דּ)		Daleth	דָּלֶת (= דֶּלֶת door)	d
ה		He	הֵי (the meaning doubtful)	h in he
ו		Vav	וָו (a nail, hook)	w or v
ז		Zain	זַיִן (a weapon)	z
ח		Cheth	חֵית (a fence)	ch in the German word *nach*
ט		Teth	טֵית (a basket)	t
י		Yod	יוֹד (= יָד hand)	y in ye
כ (כּ)	ך	Caph	כַּף (the hollow of the bent hand)	ch or k
ל		Lamed	לָמֶד (= מַלְמֵד ox-goad)	l
מ	ם	Mem	מֵים (= מַיִם water)	m
נ	ן	Nun	נוּן (a fish)	n
ס		Samech	סָמֶךְ (a prop)	s in song

FORM.	Final.		NAME.	POWER.
ע		Ayin	עַיִן (eye)	not pronounced
פ (פּ)	ף	Pe	פֵּא (= פֶּה mouth)	ph, p
צ	ץ	Tsade	צָדֵי (a fish hook)	ts
ק		Koph	קוֹף (the eye of a needle or the back of the head)	k
ר		Resh	רֵישׁ (= רֵאשׁ = ראשׁ head)	r
שׁ		Shin	שִׁין (= שֵׁן tooth)	sh
שׂ		Sin		s
ת (תּ)		Tav	תָּו (a cross mark)	th t

NOTE I. א and ה may be respectively compared with the Greek spiritûs lenis and asper; ח is a deep guttural sound (the German ch); ע like א is commonly omitted in reading. The nasal (ng) pronunciation of ע is incorrect. In the Septuagint it is sometimes represented by the spiritûs asper or lenis, sometimes by the Greek Gamma = g. In the Arabic the corresponding letter is a deep rolling guttural (rg), probably the true pronunciation.

NOTE II. These characters are not the original forms, the present letters not having been adopted, until long after the Babylonian captivity or, according to some, a century before Christ, hence this alphabet has been termed, the Assyrian (properly Babylonian) square letter: כְּתָב אַשּׁוּרִי and כְּתָב מְרֻבָּע. The coins struck at the time of the Maccabees and the Samaritan Pentateuch present the ancient Hebrew Characters, which are similar to the Phoenician.

NOTE III. The names of the letters have probably been selected for the sake of the initial sounds. In old Hebrew, Samaritan and Phoenician writing, the forms of the letters resembled the things expressed by their names: this resemblance is still partly seen in the present alphabet: as ו a nail, ז a weapon, ט a basket, כ the hollow of the bent hand &c.

2. Hebrew is read from the right hand to the left.

EXERCISE 1.

Write the Roman characters corresponding to the following Hebrew letters:

דן, חה, צע, פדר, תך, צץ, גו, זב, גר, נד, נר, פח, פה, ככה,
ככא, בכא, וו, ולד, ילך, שן, שר, סס, חם, יד, דרך, תם.
טסא, צדה, צרר, צרד, כבה, זפת, מט, קסף, גנן, ירד, קם,
רגל, בן, קדיש, קרבן, כבד, מלח, עטרה, ולקחת כסף וזהב.

§ 2. Division of Letters. 3

Exercise 2.

Write the Hebrew letters corresponding to the following Roman characters:
l, ch, h, k, t, th, s, sh, r, d, p, y, w, g, f, z, tz, n, g, b, ch, lchn, km, rtz, zr, ythm, chl, kl, shb, dbktm, hnshrm, bmdbr, gdl, ktn, zvch, sw, shlwt, gy, tw, gbth, hzt, nthn.

§ 2. DIVISION OF LETTERS.

The letters are divided according to the organs with which they are pronounced into:

Gutturals	אהחע
Palatals	גיכק
Linguals	דטלנת
Dentals or Sibilants	זסצש
Labials	בומף

The letter ר partakes of both a guttural and dental character.

Exercise 3.

Give in the following words the names of the letters, and the classes, to which they belong:

כה אמר יהוה עשו משפט וצדקה והצילו גזול מיד עשוק וגר יתום ואלמנה אל תנו אל תחמסו ודם נקי אל תשפכו במקום הזה: ואהבת לרעך כמוך אני יהוה: טוב מעט בצדקה מהון רב בלא משפט:

§ 3. VOWEL-LETTERS AND VOWEL-SIGNS.

1. The letters אהוי *Ehevi* (a word used to assist the memory) form a separate class, being called *vowel letters*, they sometimes representing not consonantal but vowel sounds.

2. Besides these vowel-letters, which generally indicate long vowels, in the 6th century nine vowel signs (תְנוּעוֹת or נְקוּדוֹת), were introduced, points and strokes placed, with two exceptions, under the letter, after which they are to be pronounced. Of these nine signs, three represent long vowels, three short and three doubtful.

PART I. ELEMENTS.

Long Vowels.

Name.	Form.	Power.
Kāmets קָמֶץ	ָ	ā in father
Tsēre צֵרִי	ֵ	ē in there
Chōlem חוֹלֶם	ֹ	ō in note

Short Vowels.

Name.	Form.	Power.
Patach פַּתָח	ַ	a in sharp
Seghōl סֶגוֹל	ֶ	e in met
Kamets Chatuph קָמֶץ חָטוּף	ָ	ŏ in not or rather u in dull

Doubtful Vowels.

NAME.	FORM.	POWER.
Chirek חִירֶק	ִ	i in machine or i in pin
Shūrek שׁוּרֶק	וּ	u in rule
Kubbuts קִבּוּץ (שָׁלֹשׁ נְקֻדוֹת)	ֻ	u in rule or u in full.

NOTE I. Cholem is a dot over the ו as וֹ or the ו is omitted and the dot placed above on the left of the consonant: as גֹ = gō, דֹ = dō. Shurek is always placed in the bosom of ו as וּ. The Chirek-point is placed under the letter: as בִ; if י follows it is long, if not, doubtful: בִי long ī, בִ either long or short i.

3. The classification of the vowels, according to the three primary vowel sounds, from which they have originated, is also of importance. These are the vowels A (in father) I (in machine) U (in rule), for E and O are properly diphthongs: E arising from a + i, O from a + u.

A. CLASS.
- ָ = ā in father
- ַ = ă in sharp
- ֲ = a in fate

I. CLASS.
- יִ or ִ = ī in machine
- ִ = i in pin
- ֵ = ē in there
- ֶ = e in met

U. CLASS.
- וּ = ū in rule
- ֻ = ū or ŭ in full
- וֹ or ֹ = o in note
- ָ = u in dull

NOTE II. The above pronunciation is that of the exiled Portuguese and Spanish Jews and their descendants (the Sefaradic); the German Jews pronounce (ָ) like ō in home and ֹ or וֹ like ō in home or ow in vow; the Polish pronounce (ִ) like i in bind, (וֹ) almost like oi in spoil, וּ almost as the French u, the other vowels like their German brethren. The Sefaradic is considered the pronunciation most nearly correct. The proper names in the Septuagint and Josephus and the Hebrew phrases occurring in the New Testament, are written in accordance with this mode, which is also confirmed by the present usage of the Jews of Palestine and the analogy of the Arabic.

4. These three classes respectively correspond to the vowel-letters אהוי which latter may be considered as their representatives: א and ה represent the A class, or as it is usually expressed are *homogeneous* with this class, י is homogenous with the I Class, ו is homogeneous with the U class.

5. The long vowels of the I and U class are most frequently accompanied by their correspondent Vowel-letters. At the end of a word the long vowel of the A class is usually written with א or ה: as מָצָא, גָּלָה; in the middle but rarely with א: as מָצָאתִי, and *never* with ה (עֲשָׂה־אֵל פְּדָה צוּר are compound words and ה considered as quiescing at the end of the first.) Therefore the אהוי are vocalized, or to use the common expression *rest* (*quiesce*) in the following cases:

י in ִי—, ֵי—, ֶי—: as לִי, עֵינֶיךָ.

ו in וּ, וֹ: as בָּרוּךְ, יוֹסֵף.

The consonantal power of א and ה is so feeble, that א without the vowel-sign is mute after all the long vowels and final ה without the vowel is mute after Kamets, ָ Tsēre, ֵ Chōlem ֹ and Seghōl ֶ: as

שָׁא, הִיא, צֵא, הוּא, בֹּא; בָּנָה, נַקֵּה, אָהֳלֹה, גַּלֶּה.

6. ו and י when preceded by a heterogeneous vowel-sign, or followed by a vowel or Sh'va (§ 4) or when having a Dagesh (§ 7) retain their consonantal sound: as וָו read vav, גֵּו = gēv, חַי = chāy, גּוֹי = gōy. In the termination ָיו— the י is silent: as פָּנָיו read pānāv.

Note 3. ו preceeded by a vowel-sign or Sh'va [§ 4] or followed by a vowel must be read as v: as עָוֹן read āvōn, מִצְוֹת read mitsvōth, לָוֶה read lōvē.

Note 4. When the אהוי especially ו and י accompany their homogeneous vowels, the latter are said to be written *fully* (מָלֵא); without the quiescent letters they are said to be written *defectively* (חָסֵר): קוֹלוֹת, צַדִּיק, זְבוּל fully; קֹלֹת, צַדִּקִים, זְבֻלִי defectively.

NOTE 5. The Cholem-point without ו is omitted when שׂ precedes: as in שֹׂנֵא or when שׁ follows: as in מֹשֶׁה.

EXERCISE 4.

Read the following syllables and words according to the pronunciation of the Portuguese Jews:

אָ, בֵּ, גִּ, דֹ, הוּ, וַ, זֶ, חִ, טָ, יְ, כָּ, לֹ, מֵ, נֹ, סֶ, עוּ, עַ, פֵּ, צִ, קָ, רֹ,
רוּ, שׁוֹ, שׂוּ, שָׂ, שִׁ, רִשׁ, לְ, פָּ, נַּ, חוּ, זֵ, וֵ, נִ, גִ, יְ, וָ, בְ, קֶ, הֶ, דְ,
טְ, שֵׁ, שֵׂ, שִׂ, מוּ, עוּ, אֹ, אִ, אֵ, קְ, נָ, מְ, טֹ, הִ, חַ, זָ, וְ.

EXERCISE 5.

אָא בֵּי בִּי בּוֹ נָא גוּ דֵי דוֹ הִי הוֹ וָא וֵי וּו זִי זֵי חֵי חוֹ
טָא טֵי טוּ יֵי יִי יוֹ יוּ כָּא כִּי לָא לוֹ לוּ מֵי נָא נִי סִי סָא
עָא עוֹ פֵּא פִּי פוּ צָא צוֹ צִי קֵי קוֹ רִי רוּ שָׂא שֵׁי שׂוֹ
שׁוּ תָּא תֵּי תוּ.

EXERCISE 6.

אָב אֵב בִּיב בּוֹב גָּב׳ גִּיב דּוֹב הֵן כָּךְ כִּיךְ מָם מֵים
מוּם נָן נִין נוֹן פָּף פֵּיף פוּף פִּיף צָץ צִין נס נַם נִים
נִים נָס נָם עוּף תּוּךְ לוּן לוּז וְז וָו זוּר.

EXERCISE 7.

נָי נוֹי נוּי גָי גוֹי גוּי לָי חַי לוֹי לוּי לָיו לֵיו גֵו לִיו לַי
דַי מַי זִו זַי מֹשֶׁה שֹׂכֵר חֹשֶׁךְ מֹשֵׁל שֹׁכֵב שֹׁלֵם שֹׁכֵךְ
שֹׂכֵל שֹׂעֵר קֹשֶׁה קֹשֵׁר עֹשֶׁק עֹשֶׁר חֹשֶׁן חֹשֵׁק חֹשֵׁב
חֹשֵׁךְ חֹרֵשׁ שָׁדַי סִינַי מָדַי מָתַי כֵּלָיו שֹׁלֵו.

EXERCISE 8.

יְשָׁלֵו שָׁרַי הֹוִי אֲבוֹי גָּלוּי צֵאת וָבוֹא מוֹבָא וּמוֹצָא עַיִן
צָו הָאָרוֹן קַו שָׁלוּ שָׁלֵו עָלֶיהָ עָוָה לָאַב.
לֹוֶה עָוֹן עָלָיו קֹוֵי קֹוֶה קֹוֶיךָ קָוָו וּבָנָיו וּמֵאָחִיו וּמֵאַחֶיהָ
וָוֵי וָדַי דָוִי הָיָה הֹוֶה וּכְנוּס שָׁלֵו תָּוִי עָנָו זִו רִאשׁוֹן.

§ 4. SH'VA. 7

Exercise 9.

Write the following syllables and words in Hebrew characters: yē, yă, bō, kī zū, wū, tū, tō, rā, rā, bīn, pīv, gāv, bēchī, gāu, dōdī, vāv, zodū, bārā, pānīnū, tūvēchā. gōrōlēnū, yāgīlū, yōshĕr, mōshĕl, bōsĕm, shālōsh, lōvē, kōl [defectively] kōl [fully] shōmer [fully] chōshev [defectively] shī [fully] pē [defectively] nāzīd [fully].

§ 4. SH'VA.

1. At the beginning or in the middle of a word the vowelless consonant also receives a sign, two dots (:) denominated: Sh'va שְׁוָא (for שָׁוְא emptiness) or שְׁבָא (for שִׁיבָא fissure, gap, i. e. bare of vowel): as קְטֹל, קָטַלְתָּ. Final ך und two vowelless consonants at the end of a word receive the Sh'va: as לָךְ, קֹשְׁטְ; hence also a letter with Dagesh-forte (§ 7): as נָתַתְּ.

2. The Sh'va under the initial consonant of a word or syllable is called שְׁוָא נָע *vocal Sh'va*, because it indicates a slight vowel sound, like an obscure or half e; as קְטֹל read K'tōl. Sh'va under the final consonant of a syllable is silent and termed therefore שְׁוָא נָח *silent Sh'va.*

3. Sh'va is only given to a consonant and never to the אהוי when they represent vowels or quiesce: as הֵינִיקָה רֹאשׁ, חֵטְא.

Note I. Vocal Sh'va for the most part originating from the dropping of a vowel [§ 14, II. Rejection] retained in pronunciation an aftersound [Nachklang] of that original vowel, which was indicated by the addition of this vowel to the Sh'va: as קֳדָשִׁים for קְדָשִׁים from קֹדֶשׁ; וּזֲהַב for וּזְהַב from זָהָב; thus always with *gutturals*: אֱמוּנָה from אֵמֻן, חֳדָשִׁים from חֹדֶשׁ. See the next § and Note.

Note II. On the distinction of vocal and silent Sh'va see § 11.

Exercise 10.

סְדֹם פַּרְעֹה יְאֹר כְּלוּב כְּנַעַן יְרִיחֹה נִינְוֵה דְּבוֹרָה יְהוֹנָתָן
אַחְאָב דַּרְכְּמוֹן נְבוּכַדְנֶאצַּר שְׁלֹמֹה שְׁבָא אַשְׁקְלוֹן זְרוּבָבֶל

דְּלִילָה בְּדֹלַח שְׂרָפִים כְּרוּבִים חֶלְבְּנָה קְצִיעָה מָרְדְּכַי
אָסְנַת גָּלְיַת יְהוּדָה יְהוּדִי יְחֶזְקֵאל יִשְׂרָאֵל עִבְרִי שִׁמְשׁוֹן
עַשְׁתֹּרֶת אַבְרָהָם יִצְחָק שֹׁמְרוֹן נְכֹה אַבְשָׁלוֹם יְבוּסִי
יְהוֹיָקִים יִשְׁבִּי.

§ 5. COMPOSITE SH'VA.

When the vowelless initial consonant of a word or syllable is one of the gutturals אהחע (§ 2) a short vowel (ַ), (ֶ) or (ָ) is added to the Sh'va, to indicate a more distinct sound, as a half a, e or o. This Sh'va is called *composite Sh'va* (compounded with a vowel) or חֲטָף Chateph (rapid) from its rapid utterance.

These are: ֲ Chateph-Pattach עֲמֹד
ֱ Chateph-Seghol אֱמֹר
ֳ Chateph-Kamets חֳרִי

NOTE. In a few instances the compound Sh'vas are also written under other consonants: as וּזֲהַב.

EXERCISE 11.

חֲלוֹם חֲמֹר אֱוִיל אֱנוֹשׁ אֱמֶת יַעֲקֹב אֲחַשְׁוֵרוֹשׁ אֱלִישָׁה
אַהֲרוֹן עֲמֹרָה אֲדָמָה אֲנִי עֳנִי חֲצִי אֲדֹנָי מַחֲנֶה הֶעֱבִיר
הָחֳרַם הֲלֹם אֲשִׁישָׁה אֲסַפְסוּף נַאֲוָה אַהֲבָה יְפִי אֲהָלוֹת
אֹהֲבִי בֶּאֱמוּנָה תֶּאֱהָבוּ יִבְחֲרוּ הֶעֱלָה הַבָּחֳרִי אֶחָיו פָּעֳלוֹ
עֲנָנִי וּשֲׁמָע לֶקֳחָה וְצָעֲקִי וְסָעֲדָה רֳאִי קָדְקֳדוֹ.

§ 6. PATACH FURTIVE.

The Patach (ַ) under the gutturals ח ע and ה [הּ with a dot called Mappik § 7] at the end of a word is not read *after* the letter as usual, but *before* it: as רוּחַ read ruach, רֵיחַ read reach, גָּבוֹהַּ read gaboahh. This Patach does not belong to the form of the word, therefore it falls away when the word is lengthened: as רוּחִי, רוּחַ. It is called *Patach furtive* פַּתַח גְּנוּבָה, because its position and pronunciation are, as it were, illegitimate.

EXERCISE 12.

יָרֵחַ יָצוּעַ מָנוֹחַ מְפַתֵּחַ מִקְצוֹעַ צְפַרְדֵּעַ אֶפְרוֹחַ כֹּחַ לִיַּע

דֵּעַ רֵעַ רֹעַ נֹחַ לוּחַ טִיחַ חוֹחַ נוֹעַ נוֹחַ פּוֹחַ אֱלוֹהַּ
יַגְבִּיהַּ הִתְמַהְמֵהַּ מַרְגֵּעַ פָּתֹחַ אֶפְרֹחַ פֹּרֵחַ שִׂיחַ שְׁחוֹחַ
קָרוּעַ רוֹצֵחַ מַגְבִּיהַּ מַשְׁלִיחַ שָׁלוּחַ.

§ 7. DAGESH AND MAPPIK.

1. The six letters בגדכפת (בְּגַדְכְּפַת) as initial or medial letters after a consonant entirely vowelless, [a consonant with a *silent* Sh'va] represent the hard sound of each letter: b, g, d, k, p, t, which is indicated by a point within, called *Dagesh Lene* דָּגֵשׁ קַל [דָּגֵשׁ puncture, from the Chald. verb דְּגַשׁ to pierce with a point] as: בֵּן, יִשְׁתֶּה.

2. If a vowel sound [a vowel with or without a quiescent letter] or a vocal Sh'va precede them, their pronunciation is softened or aspirated, like bh or v, gh, dh, kh or the German ch, ph or f, th; the Dagesh is then omitted: as יְהִי כִדְבָרֶךָ, דִּבְרֵי בְנִי.

3. When the word ending with a vowel is separated by one of the distinctive accents (§ 9) from a following word, commencing with one of the בגדכפת, the vowel cannot affect the pronunciation, so that the בגדכפת retain their original hard sounds and have the Dagesh: as וַיְהִ֗י כַּאֲשֶׁר; וְהָיָה כְּעֵץ.

The Dagesh also remains after a vowel sound, if the word יְהוָֹה precedes: as יְהוָֹה בַּשָּׁמַיִם or when two of the letters בגדכפת come together: as בְּנֵי דְדָן.

4. A point in any medial letter except אהחער that is immediately preceded by a vowel, indicates the doubling of this letter: as אִמִּי = אִמְמִי. This point is called Dagesh forte, (דָּגֵשׁ חָזָק).

Note. Dagesh forte in the בגדכפת at the same time doubles and hardens the letter: as רַבִּים = rabbim.

5. A point in final ה serves to determine its consonantal power and is called מַפִּיק Mappik, (i. e. causing to be pronounced): as לָהּ = lohh.

6. ה and the rest of אהוי never receive a Dagesh or Mappik, when quiescent.

NOTE. The dot in וּ represents Dagesh, when the preceding consonant has a vowel, otherwise the Shurek-point: as צִוָּה , קִוָּם read: tsivva, kavvam. שׁוּר · גּוּר read shūr, gūr.

NOTE V. On Dagesh forte conjunctive see § 9, I. Note.

EXERCISE 13.

Distinguish Dagesh forte from Dagesh lene.

כִּנּוֹר סַפִּיר אִשָּׁה אַשּׁוּר כַּלָּה אַמָּה כִּסֵּא כִּכָּר
פִּנָּה כַּשָּׁף מַלָּח דַּיָּג צַיָּד רַכָּב רַקָּח אִלֵּם גִּבֵּחַ עִוֵּר
עִלֵּג עִקֵּשׁ כַּבִּיר אַדִּיר אַבִּיר אִיּוֹב צִפּוֹר טַבָּח כַּמּוֹן
קִנָּמוֹן אֲבַטִּיחִים כַּוָּן שַׁבָּת שַׁדַּי רַבִּים אֲבַדּוֹן בְּלִיַּעַל
כַּרְפַּס פִּתְגָּם פַּרְדֵּס פַּרְתְּמִים אֲהָהּ גָּבַהּ גֹּבַהּ גָּבֹהַּ נֹגַהּ
אַרְצָה אֱלוֹהַּ לָהּ בָּהּ.

EXERCISE 14.

Place Dagesh lene in the בגדכפת where required.

שְׂפַת. פִי. כְחוֹל. כְכוֹכְבֵי. חַיַּת. הַשָּׂדֶה. עוֹף. דְגַת. בְנוֹת.
בְנֵי אַשְׁפָּה. בַעַל נֶפֶשׁ. בֹר כַפַּיִם. פִי פְלֹנִי. יָדוֹ. יָשַׁב
תַחַת גַפְנוֹ וְתַחַת תְאֵנָתוֹ. וַיִּפְתַח פִיו. דַעַת טוֹב. כְבֵד פֶה
וּכְבַד לָשׁוֹן. שָׂם נַפְשׁוֹ בְכַפּוֹ. בַקֵּשׁ אֶת־נֶפֶשׁ פְלֹנִי. לְשׁוֹנָם
לְחִכָּם דָבֵקָה. בְיַד כָל־אָדָם יַחְתֹם. לוּלֵא חֲרַשְׁתֶם בְעֶגְלָתִי
לֹא מְצָאתֶם חִידָתִי. יְבָרֶכְךָ יְהוָה.

NOTE. The Sh'vas under the letters distinguished by asterisks are silent.

§ 8. SYLLABLES.

1. The number of syllables in a word is determined by the number of its vowels: as בְּרֵאשִׁית = two Syllables, הָאֲדָמָה = three S.

NOTE. Composite Sh'va is considered as a vocal Sh'va and not as a vowel. On vocal Sh'va with regard to Metheg see § 9, 7.

2. Every syllable begins with one or two consonants, but in the latter case the first consonant must have vocal Sh'va: as בְּשָׂרִם.

Note. The single exception is וּ = ū for וְ „and" (see § 12, 7, b.): as וּבְדָבָר,

3. Syllables are either *open*, *closed*, *double closed* or *sharpened*.

a. Open syllables end with a vowel: as יָטִילוּ.

b. Closed syllables end with a consoant: as יִצְחָק.

c. Double closed syllables end with *two* consonants: as קָטַלְתְּ.

d. Sharpened syllables end with a consonant, with which the following syllable begins: as קִטֵּל = kit-tel.

4. The vowel of unaccented (§ 9) closed syllables is always short: as וַיָּקָם read, wăyyākŏm.

The vowel of unaccented open syllables is always long: as בָּרָא read: bārā.

But both if accented may contain indifferently, long or short vowels: as עוֹלָם read: ōlām, מֶלֶךְ.

The double closed and sharpened syllables have most frequently, even when accented, short vowels: as הִנְנוּ, קָטַלְתְּ.

Note. The Pause (§ 9, 11.) forms an exception to this rule.

Exercise 15.

Determine the different syllables in the following words and whether they require long or short vowels:

הִנֵּה־נָא הָעִיר הַזֹּאת קְרֹבָה לָנוּס שָׁמָּה וְהִיא מִצְעָר אִמָּ*לְטָה
נָא שָׁמָּה וַיֹּאמֶר אֵלָיו הִנֵּה נָשָׂאתִי פָנֶיךָ גַּם לַדָּבָר הַזֶּה לְבִלְתִּי
הָפְכִּי אֶת־הָעִיר אֲשֶׁר דִּבַּרְתָּ מַהֵר הִמָּלֵט שָׁמָּה כִּי לֹא אוּכַל
לַעֲשׂוֹת דָּבָר עַד־בֹּאֲךָ שָׁמָּה עַל־כֵּן קָרָא שֵׁם־הָעִיר צוֹעַר הַשֶּׁמֶשׁ
יָצָא עַל־הָאָרֶץ וְלוֹט בָּא צֹעֲרָה וַיהוָה הִמְטִיר עַל סְדֹם וְעַל־
עֲמֹרָה גָּפְרִית וָאֵשׁ מֵאֵת יְהוָה מִן הַשָּׁמָיִם וַיַּהֲפֹךְ אֶת־הֶעָרִים
הָאֵל וְאֵת כָּל־הַכִּכָּר וְאֵת כָּל־יֹשְׁ*בֵי הֶעָרִים וְצֶמַח הָאֲדָמָה.

Note. The Sh'vas under the asterisked letters are vocal. — The sign > is used to represent the position of the accent.

§ 9. ACCENTS, METHEG, MAKKEF.

1. Two or even more words having between them a hor-

izontal stroke: as עַל־פְּנֵי, כִּי־טוֹב are read in connection and considered as one word. The horizontal stroke is called מַקֵּף Makkef (conjunction).

NOTE. Makkef, to connect words more closely, is wont to impress a dagesh, called דְּחִיק *Condenser*, on the word following after ־ָה, ־ֶה, ־ֵה, ־ְה, as: זֶה־יִּחְיֶה; מַה־טּוֹב. Dagesh without Makkef after a word accented on the penult ending in ־ָה, ־ֶה, ־ְּ, ךָ, תָּ or ־ֶה is called אָתֵה מֵרָחוֹק coming from afar: as עָשָׂה לָּךְ. The modern grammarians call it *Dagesh-forte conjunctive.*

2. Every word, except when connected with the following by Makkef, receives an accent, which marks the tone-syllable in the word: as בְּרֵאשִׁית בָּרָא אֱלֹהִים.

3. Most of the words have the accent on the last syllable and are termed מִלְרַע (from below); words with the accent on the one before the last (penult) are termed מִלְעֵיל (from above.)

4. The principal tone can only rest on one of the two last syllables, therefore, if the word is lengthened at the end, the tone is thrown forward according to the length of the addition: as דָּבָר, דְּבָרִים.

5. Besides the principal accent there is a secondary accent, a small perpendicular stroke (ı) on the left of a vowel, denominated מֶתֶג Metheg (bridle). The design of the Metheg is embodied in its name: it is intended to restrain the voice, to prevent too hasty a passage over the vowel or its connection with the following vowelless consonant: as שָֽׁרְצוּ read: shā-r'tsū. Hence Sh'va following Metheg is always *vocal.*

6. Metheg regularly stands in the second *open* syllable before the tone, provided its vowel is *original* and not changed from a Sh'va, and again in the fourth, if the word have so many: as הָֽרָקִיעַ, וּמֵֽהַתְּכוּנוֹת. A closed syllable or one

§ 9. Accents, Metheg, Makkef. 13

with a vowel not original, is always without a Metheg: as וַיַּלְבִּשֵׁם; וּמֹשֶׁה, וּ for וְ cf. § 12. 7, b.

7. With regard to Metheg vocal Sh'va is considered as a vowel and forms a syllable, therefore שָׁמְרוּ.

8. The accents, [טְעָמִים tastes, i. e. criteria of the sense, or נְגִינוֹת modulations, i. e. musical notes, from נָגַן to play on a stringed instrument, to sing] 26 in number, are a species of musical notes or signs for regulating a sort of cantillation with which the Jews, since the oldest times, were accustomed to accompany the public reading of the Law and Sections from the Prophets (Haphtaroth).

This cantillation being strictly subordinate to the sense of the proposition and to its logical connection, the accents also serve to show the mutual relation of words and to indicate the connections and pauses to be made in reading, hence their general division into: מַפְסִיקִים *Distinctives* and מְחַבְּרִים *Conjunctives.*

9. The distinctives are divided according to the longer or shorter pauses marked or governed by them into: *Emperors, Class I. Kings, Class II. Dukes, Class III. Counts, Class IV.*

CLASS I.

1) Sillūk סִלּוּק or סוֹף פָּסוּק end of the verse: as אָדָם׃ (׃ ֽ) two perpendicular points between two verses and the sign of Metheg at the tonesyllable. 2) Athnach אַתְנַח: as אָדָם֑. Athnach divides the verse into two parts either sentences or clauses. In the latter case the clauses respectively consist of those words, which are more intimately related: as בְּרֵאשִׁית בָּרָא אֱלֹהִים אֵת הַשָּׁמַיִם וְאֵת הָאָרֶץ׃ In the beginning God created the heaven and the earth: the heaven and the earth, as the object, being divided by Athnach from the antecedent, containing the subject and predicate. A simple sentence never takes A. Cf. Gen. 1, 3, 6, 8.

CLASS II.

3) Seghōl סְגוֹל: as אָדָם֒ divides the *first* member of the sentence into two parts, standing between the first word

and the word with Athnach. Its position is always over the *last* letter. Cf. Gen. I, 7.

4) Zākēph Kātōn זָקֵף קָטֹון ⎫ as אָדָ֔ם
5) Zākēph Gādhōl זָקֵף גָּדוֹל ⎭ as אָדָ֕ם

form smaller divisions either before or after Athnach. Cf. Gen. 1, 44.

6) Tiphchā טִפְחָא: as אָדָ֖ם possessing less separating power than the preceding: always placed under the last word before Silluk or Athnach or before the last but one. Cf. Gen. 1, 6.

CLASS. III.

7) R'bhīa רְבִיַע as: אָדָ֗ם a point over the middle of a letter, distinguished by this position from Chōlem over its end. R'bhīa halves the semi-clause terminating in Seghōl, Zākeph and Tiphchā: as וַיִּגַּשׁ אֵלָיו יְהוּדָה וַיֹּאמֶר בִּי אֲדֹנִ֗י And Judah stepped near unto him, and said, Oh my Lord! Gen. 44, 18, וְלֹא־יָכֹ֗ל יוֹסֵף לְהִתְאַפֵּק לְכֹ֗ל הַנִּצָּבִים עָלָ֗יו And Joseph could not refrain himself before all them that stood by him. וַיִּתֶּן־לֹ֗ו אֶת־אָסְנַת בַּת־פּוֹטִי פֶרַע כֹּהֵן אֹן And he gave him (to wife) Asenath the daughter of Potiphera priest of On. Gen. 41, 45.

8) Zarkā זַרְקָא as אָדָם֮ ⎫ both over the end of the last letter. The latter is hereby distinguished from Kadma the
9) Pashtā פַּשְׁטָא as אָדָם֙ ⎭

same in form. If the word is מִלְּעֵיל two Pashtās are used: הַכֶּ֙כֶף֙. Kadma is always placed on the tonesyllable.

10) T'bīr תְּבִיר as אָדָ֛ם ⎫ These two and Zarkā and Pashtā divide the clause or semi-clause terminating with any of the four
11) Geresh גֶּרֶשׁ as אָדָ֜ם ⎭

preceding accents:

Zarka precedes Seghōl: וַיִּקַּח יוֹסֵף֮ אֶת־שְׁנֵיהֶם֒

And Joseph took them both. Gen. 48, 13.

Pashtā precedes Zakeph: וַיִּשְׁבֹּת֙ בַּיּוֹם הַשְּׁבִיעִ֔י

And he rested on the seventh day. Gen. 2, 2.

T'bīr precedes Tiphchā: הוּא וְהָאֲנָשִׁים אֲשֶׁר־עִמּוֹ
He and the men that were with him. Gen. 24, 54.
Geresh precedes R'bhīa: וַיִּגַּשׁ אֵלָיו יְהוּדָה
Then Judah stepped near unto him. Gen. 44, 18.

12) Y'thībh יְתִיב as: אָדָם stands a little before the first letter and is distinguishable by this position from Mahpach, the latter standing immediately beneath the letter to which it belongs.

CLASS IV.

13) T'līsha Gh'dhōlā תְּלִישָׁא גְדוֹלָה as אָדָם always over the first letter. The other distinctives, the separating power of which is of no perceivable consequence to the sense are:

14) Shalsheleth שַׁלְשֶׁלֶת as אָדָם over the tonesyllable.
15) Paser פָּזֵר as אָדָם over the tonesyllable.
16) Karnē Phārā קַרְנֵי פָרָה as אָדָם over the last letter.
17) G'rāshayim גֵּרְשַׁיִם as אָדָם over the tonesyllable.
18) P'sīk פְּסִיק or L'garmeh לְגַרְמֵיהּ as אָדָם ׀ a perpendicular stroke between two words.

The Conjunctive accents are:
19) Merkā מֵרְכָא 20) Mūnāch מוּנַח 21) Merka Kh'phūlā מֵרְכָא כְפוּלָה 22) Mahpach מַהְפַּךְ 23) Dargā דַּרְגָּא 24) Kadmā קַדְמָא 25) Yerach ben Yōmō יֶרַח בֶּן־יוֹמוֹ 26) T'līsha K'tannā תְּלִישָׁא קְטַנָּה over the end of the last letter.

10. The distinctives of Class I. denote the longest pauses, which may be compared to our period and colon; Class II. to Colon and Semicolon; Class III. to Semicolon and Comma; Class IV. to Comma and half Comma.

11. The distinctives of Class I.. and some of Class II. by their strong accentuation change short vowels into long and very frequently Sh'va into a vowel: as אֶרֶץ earth — אָרֶץ יָדְךָ thy hand — יָדֶךָ

A word so accented is said to stand in *Pause*.

12. For the sake of completeness, we here give the rules for the position of the accent, though they will not yet be fully understood by the beginner and must therefore be passed over for the present.

I. *Nouns* have the tone on the last syllable:

a. When ending with a long vowel both in open and closed syllables: as דָּבָר, בָּאָה coming, but בָּאָה she came.

NOTE. The participle is in this respect considered as a noun.

b. When ending with a short vowel, that stands for a long one: as רוֹגַע for רוֹגֵעַ.

c. Feminine nouns, that change their long vowel in the st. const. into a short one: as מַעֲרַת from מְעָרָה.

d. Nouns of which the two last syllables are closed: as בַּרְזֶל.

e. Nouns which end with ־ֶה preceded by a long vowel: as מֹשֶׁה.

f. Nouns with the following Suffixes: as
־ִי, ־ַי, ־ָהּ, וֹ, ־ָם, ־ָן, כֶם, כֶן, הֶם, הֶן.
דְּבָרִי, דְּבָרַי, דְּבָרוֹ, דְּבָרָם, דְּבָרָן, דִּבְרְכֶם, דִּבַרְכֶן, דִּבְרֵיהֶם, דִּבְרֵיהֶן.

g. *Verbs* in the Pret. form with the afformatives תֶּם, תֶּן: as קְטַלְתֶּם, קְטַלְתֶּן.

h. Verbs in the Pret. form with Vav. Conv.: as קָטַלְתָּ but וְקָטַלְתָּ, יָשַׁבְתִּי but וְיָשַׁבְתִּי.

NOTE. The verbs ל״א and ל״ה form exceptions to *h.*: as וְעָשִׂיתָ, וּמָצָאתָ.

II. The following have the tone on the penult:

i. All the nouns, of which the last vowel is a helping Seghol or Patach (a class of words called Segholates): as חֹדֶשׁ, חֵפֶץ, מֶלֶךְ, נַעַר.

k. Words ending with Patach furtive: as רוּחַ, מַבּוּעַ.

l. Words ending with ־ַיִם (Dual form): as שְׁמַיִם.

m. Verbs in the Pret. form with the affirmatives תָ, תִי, נוּ: as שָׁמַרְתָּ, שָׁמַרְתִּי, שָׁמַרְנוּ.

n. The regular verbs in Hif. and those of ע״ו and ע״ע in Kal, Nif. and Hif. with the affirmatives ָה, וּ, ִי: as הִגְדִּילָה, סַבּוּ, סַבָּה.

o. Verbs with the suff. ךָ, נִי, נוּ, הוּ, ָהּ.

p. Paragogic ָה or ָה attached to nouns, pronouns and adverbs: as אַרְצָה, הֵמָּה, אֵלֶּה, נֶגְבָּה.

Note I. Paragogic ִי most frequently has the tone: as הַמַּגְבִּיהִי, הַמַּשְׁפִּילִי

q. Verbs with the Vav conv. of the future, provided the penult is an *open* syllable; (cf. the following under r) as יֹאמַר but וַיֹּאמֶר, וַיִּקְרָא and not וַיִּקְרָא.

r. When the tonesyllables of two words immediately follow: as in רֹדֵף צֶדֶק, עָשָׂה לוֹ, the tone of the former recedes: as עָשָׂה לּוֹ, רֹדֵף צֶדֶק (נָסוֹג אָחוֹר.) Such a receding accent being considered as a Metheg and having its position, cannot recede to a *closed* syllable (cf. 6. of this §). In this and a few other cases it drops entirely, its word being connected by Makkef with the following: as וַיִּקְרָא־לָהּ for וַיִּקְרָא לָהּ; תִּקַּח־לָהּ for תִּקַּח לָהּ.

Note II. Both the vowel-signs and accents were added to the Biblical Text between the 6th and 11th Centuries by eminent Jewish scholars. Critical and linguistic notes were also added, the most important of which are called קְרִי and כְּתִיב. כְּתִיב signifying *written*, that is the M. S. reading and קְרִי: *read* i. e. the expression considered by the Jewish critics to be preferable.

This body of notes is called *the Masora* (מָסוֹרָה i. e. Tradition) and the compilers themselves *the Masorites.* (בַּעֲלֵי מָסוֹרָה).

Exercise 16.

Place Metheg where required! Metheg cannot precede silent Sh'va or Dagesh.

וְדִבַּרְתָּ. הָעִבְרִים. וְעוֹרְךָ מַחֲזִיק. בַּחֲמֹרִים בַּגְּמַלִּים בַּבָּקָר.
יִשְׂרָאֵל. יַעֲשֶׂה. מָחֳרָת. וּמִמִּקְנֵה. אַהֲרֹן. הָאָדָם. הַבְּהֵמָה.
וַיִּזְרֹק. יָכְלוּ. הַחַרְטֻמִּים לַעֲמֹד. וְאָמַרְתָּ. מַגֵּפֹתַי. וּבַעֲבָדֶיךָ
בַּעֲבוּר. אוֹתְךָ. הֶעֱמַדְתִּיךָ. הַרְאֹתְךָ. הִנְנִי. יֶאֱסֹף. מֵעַבְדֵי.
וַאֲנִי. תִּירְאוּן. וְהַחִטָּה. אֹתֹתַי. וִידַעְתֶּם. לֵעָנֹת מִפָּנָי.
הַנִּשְׁאֶרֶת. וּמָלְאוּ. וַאֲבוֹת:

NOTE. The Sh'vas under the letters marked with an asterisk are silent.

EXERCISE 17.

Give the names of the accents and the classes to which they belong:

וַיִּקְרָא יִצְחָק אֶל־יַעֲקֹב וַיְבָרֶךְ אֹתוֹ וַיְצַוֵּהוּ וַיֹּאמֶר לוֹ לֹא־תִקַּח
אִשָּׁה מִבְּנוֹת כְּנָעַן: קוּם לֵךְ פַּדֶּנָה אֲרָם בֵּיתָה בְתוּאֵל אֲבִי
אִמֶּךָ וְקַח־לְךָ מִשָּׁם אִשָּׁה מִבְּנוֹת לָבָן אֲחִי אִמֶּךָ: וְאֵל שַׁדַּי
יְבָרֵךְ אֹתְךָ וְיַפְרְךָ וְיַרְבֶּךָ וְהָיִיתָ לִקְהַל עַמִּים: וְיִתֶּן־לְךָ אֶת־
בִּרְכַּת אַבְרָהָם לְךָ וּלְזַרְעֲךָ אִתָּךְ לְרִשְׁתְּךָ אֶת־אֶרֶץ מְגֻרֶיךָ
אֲשֶׁר־נָתַן אֱלֹהִים לְאַבְרָהָם: וַיִּשְׁלַח יִצְחָק אֶת־יַעֲקֹב וַיֵּלֶךְ פַּדֶּנָה
אֲרָם אֶל־לָבָן בֶּן־בְּתוּאֵל הָאֲרַמִּי אֲחִי רִבְקָה אֵם יַעֲקֹב וְעֵשָׂו:

EXERCISE 18.

Point out the tone-syllable in the following words:

יַעֲקֹב. מִבְּאֵר. בַּמָּקוֹם. הַשֶּׁמֶשׁ. יֹרְדִים. שֹׁכֵב. הַזֹּאת. הַזֶּה.
שַׂעַר. בַּבֹּקֶר. הָאֶבֶן. וַיִּצֹק. הוֹלֵךְ. וּבֶגֶד. הָעֲדָרִים. הַיְדַעְתֶּם.
הֵאָסֵף הַמִּקְנֶה. וַיַּגֵּד. כִּשְׁמוֹעַ. חֹדֶשׁ יָמִים. בָּנוֹת. אֲבִיכֶן.
וַיִּרְדֹּף. נָכְרִיּוֹת. הִצִּיל. מְכַרְתֶּם. בְּהִתְוַדַּע. שְׁאֵרִית. וּמִהַרְתֶּם.
אַדְמַת. אֶפְרַיִם. מְנַשֶּׁה. רְאוּבֵן. שִׁמְעוֹן. כְּדָן. בַּדֶּרֶךְ. אֵלֶּה. וַיִּשַּׁק.

§ 10. DISTINCTION OF KAMETS AND KAMETS-CHATUPH.

1. The sign (ָ) serves at once to represent the long ā and the short ŏ.

2. *It is* ā:

1) in an open syllable: as שָׁמַרְתָּ, read shāmărtā: hence

2) when Metheg stands on the left of it: as שָֽׁמְרָה, read shām'rā.

3) the (ָ) in final ךְ: as בָּךְ, read bechā.

4) in an accented syllable: as אֶחָד, read ĕchād.

3. *It is* ŏ:

a. in an unaccented closed syllable: as חָכְמָה, עָמְדִי, read chŏchmā, omdi: hence

b. in a closed syllable before Makkef: as כָּל־הָאָרֶץ, read kŏl: and

c. in the final closed syllable of a word beginning with Vav conv. (§ 33): as וַיָּקָם read vay-ya-kom:

d. before Chateph-Kamets: as יָעֳמַד read yŏ°mad.

EXERCISE 19.

וַיָּמָת. כָּטְנִים. קָם. שָׁכְבָה. שָׁם. דָּרְבָן. זָכְרָה. רָנִּי. קָרְבָּן.
כָּתְנוֹת. אָזְנַיִם. קָדְקֹד. כָּרְדַּי. חָק־עוֹלָם. גְּבוּרָה. גְּעָרָה.
אָהֳלֵי־חָם. צָהֳרַיִם. יָעֳמַד. זָכְרָה. יְחָנְנוּ. חָזְקָה. חָזְקָה. מִמָּחֳרָת.
עָרְמָה. בָּחֳרִי־אַף. הַגָּמָל. דָּלַקְתָּ. אָהֳלִי. אָכְלָה. אָכְלָה. רָב.
וַיָּרָץ. עֵינָיו. לָךְ. נָא. כִּנָּחְתִּי. הָעָם. חָרְבָּה. בָּתֵּי־נֶפֶשׁ. יְשָׁדֵּם.
נָכְרִי. גָּפְרִית. מָתְנַיִם. הָעָבְדִם. וַיָּדָם. רָנִּים. אָכְנַת. אָהֳלְךָ.
עָשְׁקָה. כָּל־בָּשָׂר. בָּרָן־חֵר:

§ 11. DISTINCTION OF VOCAL AND SILENT SH'VA.

The Sh'va is vocal:

1) at the beginning of a word: as קְטֹל = k'tol.

2) in the middle of a word after another Sh'va: as תִּקְטְלִי = tīk - t'lī.

3) after every *unaccented* long vowel: as קָטְלוּ = kā-t'lū, but שָׁמַרְתִּי, read shā-mār-tī, the vowel before the Sh'va being *accented*.

4) after a Metheg: as יִֽרְאוּ = yē-r'ū, but יִרְאוּ = yir-ū.

5) under a letter having Dagesh: as קִטְּלִי = kăt-t'lī.

6) under the first of two similar letters: as הַלְלוּ = hă-l'lū.

7) in most cases under a letter, which is followed by any one of the בגדכפת without Dagesh: as שִׁכְבִי = shi-ch'bhī.

EXERCISE 20.

וְאִשְׁתְּךָ. שְׁבוּתְךָ. מִבְּנֵי. יִהְנוּ. וּלְכֹל. וְנֶחְמָד. מְצַוְּךָ. לִפְנֵי.
קֹלְךָ. יְבָרֶכְךָ. בְּהֶכְּתְךָ. יֵדְעוּ. כִּפְּרוּ. יֶרְדְּכֶם. הַלְלוּיָהּ. יְכַבְּדָנְנִי.
הַסְּפָרִים. הִנְנִי. תִּשְׁמֹר. יְשַׁבְּחוּנְךָ. וּדְבָרוֹ. אָכְלָה. וּבְנֵי.
לְהַכְעִיסוֹ. לְרִשְׁתָּהּ. וְנִשְׁאַרְתֶּם. מִסְפָּר. יִשְׁמְעוּן. יֹאכְלוּן.
וּבִקַּשְׁתֶּם. וּמְצָאוּךָ. הַדְּבָרִים. יִשְׁכַּח. נִשְׁבַּע. וּלְמִקְצֵה.
בְּמוֹפְתִים. וּבְמִלְחָמָה. וּבִזְרוֹעַ. הָרְאֵתָ. מִלְּבַדּוֹ. הִשְׁמִיעֲךָ.
לְיַסְּרֶךָּ. הֶרְאֲךָ. הַגְּדוֹלָה. בִּטְחוּ.

CHAPTER II.*

PECULIARITIES AND CHANGES OF LETTERS & VOWELS.

§ 12. CHANGES OF CONSONANTS.

1. The formation and inflection of Hebrew words are effected by changes, partly vocal, partly consonantal.

2. Changes are also made for the sake of euphony, to prevent the concurrence of vowels or consonants of difficult pronunciation.

3. The different changes of which consonants are susceptible are: *Assimilation*, *Transposition*, *Rejection*, *Commutation.*

4. *Assimilation.* Vowelless נ in the middle of a word, when the syllable is unaccented, is assimilated (made similar) to the following letter, נ being dropped and the following letter taking Dagesh. The Dagesh doubles it, thus indicating the assimilation: as יַגִּישׁ = יַגְגִּישׁ for יַנְגִּישׁ. In an accented syllable, assimilation does not take place: שָׁכַנְתְּ, with the exception of the verb נָתַן to give: נָתַתָּ for נָתַנְתָּ.

---

* This chapter being placed here for reference, will be passed over for the present, as many of the rules can only be understood by the more advanced student.

§ 12. CHANGES OF CONSONANTS. 21

If the following letter be one of the אהחע, either נ is not assimilated: as יִנְהַל, תִּנְאָף, or the dropping of נ is indicated by the lengthening of the preceding vowel: as יֵחַת for יִנְחַת.

The assimilation of other consonants occurs only in the following cases:

ל in the verb לָקַח to take: as יִקַּח for יִלְקַח.

ת in the syllable הִת of Hithpael before ד, ט and in a few instances before sibilants: as הִדַּמָּה for הִתְדַּמָּה, הִטַּהֵר for הִתְטַהֵר, הִזַּכּוּ for הִתְזַכּוּ, תִּשּׁוֹכֵם for תִּתְשׁוֹכֵם.

ר in the relative שֶׁ. for אֲשֶׁר.

ד at the end of a few words before ת. as לַת for לַדְתְּ, אַחַת for אַחַדְתְּ.

י in a few verbs פ"י before צ: as יִצַּק for יִיְצַק.

5. *Transposition.* In grammar, transposition occurs only in the case of ת in the syllable הִת of Hithpael before sibilants, it being easier to pronounce *st* than *ts*, thus: הִשְׁתַּמֵּר for הִתְשַׁמֵּר. Before צ it is even changed into ט: as נִצְטַדֵּק for נִתְצַדֵּק.

6. *Rejection.* Rejection may take place at the beginning, in the middle or at the end of a word.

The following are regularly rejected:

A. At the beginning.

Vowelless י, נ (or ל in the verb לקח) in the Infinitive and Imperative of the verbs פ"י and פ"נ: as לֵד, לֶדֶת from יָלַד, תֵּן from נָתַן, קַח, קַחַת from לָקַח.

י as a silent consonant after a vocalized י: as גּוֹיִם for גּוֹיִּים from גּוֹי.

א is dropped in נַחְנוּ for אֲנַחְנוּ, in שֶׁ. from אֲשֶׁר.

B. In the middle.

1. The first of two similar consonants, when vowelless, is not written, but represented by Dagesh forte; as נָתַנּוּ for נָתַנְנוּ; כָּרַתָּ for כָּרַתְתָּ.

2. In the verbs ע"ע the first of the two similar letters is

dropped, even when possessing a vowel, if a vowelless letter precedes: as סֹב for סְבֹב, סַבּוּ for סַבְבוּ.

3. The weak letters אהוי (especially ה) are dropped or quiesce, though having vowels, after a letter with Sh'va: as בַּשָּׁמַיִם for בְּהַשָּׁמַיִם, קָם for קוּם, גָּלוּ for גָּלְיוּ, שְׁלָתֵךְ for שְׁאֵלָתֵךְ, כִּתְרוֹן for כִּיתְרוֹן.

א often quiesces in the long vowel, resulting from the contraction of its own vowel or half vowel (Composite Sh'va) with the preceding vowel: as מֵצֵאת for מִצְּאֵת, לֵאמֹר for לֶאֱמֹר, לֵאלֹהִים for לֶאֱלֹהִים, אֹהַב for אֶאֱהַב.

C. At the End.

At the end of a word ן and ם are rejected in a few cases. The ן of the verbal ending וּן and ִין. This original ן has been very rarely retained: as יֵדְעוּן, תַּעֲשִׂין. ם is regularly dropped in the st. const. Plural:

as הָרֵי f. הָרִים, בָּתֵּי f. בָּתִּים.

7. *Commutation.* Commutation comprises a) interchanges of consonants with other consonants; b) Interchanges of consonants with vowels.

a. ה interchanges with ט, see above § 12, 5.

Initial ו interchanges with י, especially in verbs פ״י: as יָלַד for וָלַד, יָדַע for וָדַע, יִקְטֹל for וְקָטֹל.

Medial ו interchanges with י on account of homogeneous vowels preceding it: as קִים for קְוָם, חִיֵּב for חוּב.

Final ו and י interchange with ה: as גָּלָה for גָּלַי, שָׁלָה for שָׁלַו. When the word is lengthened, the original consonant reappears: as גָּלִיתָ, שָׁלַוְתִּי.

b. 1) The conjunction וְ *"and"*, preceding a vowelless letter or one of the labials (בּמף), is converted into its homogeneous vowel וּ: as וּדְבַר י״י for וְדְבַר, וּמֹשֶׁה for וְמֹשֶׁה, וּבְדָבָר for וְבַדָּבָר.

In the same manner י following a vowelless letter is softened to ĭ: as בִּיהוּדָה for בְּיְהוּדָה.

2) In the middle of a word ו and י are often contracted into a diphthong or a long vowel: as יוֹלִיד for יַוְלִיד (a + u), יֵיטִיב for יַיְטִיב (a + i) הוֹלֵךְ for הָוְלֵךְ (o + u

contracted into ū). ו after Chirek becomes וֹ, the ו resting in its homogeneous O vowel: as נוֹשַׁב for נְוֹשַׁב, הוֹשִׁיב for הִוְשִׁיב.

3. ו and י final after a vowelless letter are softened to וּ and ִי: as תֹּהוּ for תָּהְוְ; פְּרִי for פֶּרְיְ, וַיְהִי for וַיְהְיְ.

§ 13. PECULIARITIES OF THE GUTTURALS.

1. The gutturals instead of the usual (simple) Sh'va, receive the composite Sh'va, (see § 5).

2. They do not admit of Dagesh forte, i. e. they cannot be doubled, (see § 7. 4). The half-guttural ר partakes of this peculiarity. The omission of Dagesh causes the lengthening of the preceding short vowel: as הָאָדָם for הַאָּדָם, בֵּרַךְ for בִּרַּךְ.

ה and ח, being harder gutturals, in most cases retain the preceding short vowel: as הַחַיִּים, הַהוּא.

3. The gutturals ח, ע, and הּ (with Mappik) when final, require the ă sound before them. Therefore they change mutable vowels (§ 14, 1 e) into Patach: as יִשְׁלַח for יִשְׁלֹח; if the vowel be immutable, a helping Patach, called Patach furtive (§ 6), is written under them and pronounced before them.

Note. On the gutturals see further Chapter: VII. §§ 40, 41, 42.

§ 14. VOWEL CHANGES.

I. The vowels are *immutable or mutable.*

Immutable;

a. Vowels regularly written with their homogeneous vowel-letters: as ָא, ִי, ֵי, וֹ, וּ.

b. The long vowels defectively written, (§ 3. Note 4.) as קֹל = קוֹל, רָם = רָאם.

c. Vowels after which a Dagesh forte has been omitted on account of a guttural: as חֵרֵשׁ for חִרֵּשׁ, אַחִים for אַחִּים.

d. The short vowel in an *unaccented* closed syllable: as מַלְכוּת, שַׁבָּת.

Mutable:

e. All the long vowels, without vowel-letters and not included in the cases specified under b) and c), both in open and closed syllables: as יִקְטְלוּ from יִקְטֹל, דִּבְרֵי from דָּבָר.

f. All the short vowels in open and in accented closed syllables: as קָטְלָה from קָטַל.

II. The changes which the mutable vowels can undergo, are: *Lengthening*, *Shortening*, *Rejection* and *Rising of new vowels*.

Lengthening: The short vowels are made long:

(—ַ) becomes (—ָ)

(—ִ) becomes (—ֵ)

(—ָ or —ֻ) become (—ֹ) or (וֹ).

1. When a closed syllable is made an open one: as קָטְלוּ for קָטַל, סֵפֶר for סִפְר, הוּקַם for הֻקַם, properly הֻקְקַם.

2. Hence when a required doubling of the following letter does not take place: as הָאוֹר for הַאוֹר, יְחָרֵת for יְחַרֵּת;

3. When one of the vowel-letters quiesces in the vowel: as נִמְצָא for נִמְצַא.

4. When the final word of a sentence or clause has the pause accent: as קָטָלְתָּ for קָטַלְתָּ, אָרֶץ for אֶרֶץ.

Shortening: The long vowels are shortened:

(—ָ) becomes (—ַ).

(—ֵ) becomes (—ֶ) or with the strong shortening (—ִ).

(—ֹ) becomes (—ָ) or stronger (—ֻ).

This takes place:

a. When an open syllable becomes a closed one: קָדְשִׁי for קֹדֶשׁ;

b. When a syllable with Dagesh or a sharpened syllable arises; in this case the strong shortening is used: as חֻקִּים from חֹק, אִמִּי from אֵם;

c. When a closed syllable loses the tone; as בֶּן־אָדָם from בֵּן, יַד־יְהוָה from יָד, כָּל־אִישׁ from כֹּל.

Rejection: The vowel falls away entirely. It occurs, when the word is lengthened at the end, so that the accent must be thrown forward. This is particularly the case:

1. With pretonic Kamets and Tsere, (the latter generally when followed by Kamets: as לֵבָב). Kamets and Tsere in an open syllable preceding the tonesyllable, are called *pretonic:* i. e. they are pronounced only before the tone and are dropped upon its being moved forward: as קָטַל, קָטַלְתָּ but קְטַלְתֶּם, דָּבָר but דְּבָרִים, שָׁנָה but שְׁנָתִי.

2. With Tsere in a monosyllable: as שֵׁם, or in the last syllable of a polysyllable, when all the preceding vowels are immutable: as עִוֵּר, thus שְׁמִי, עִוְרִים, שֹׁמֵר, שֹׁמְרִים.

3. With (ַ), (ֵ), (ֹ) in the last syllable of verbs, when the word is lengthened by an addition commencing with a vowel: as קָטְלָה from קָטַל, יִקְטְלוּ from יִקְטֹל.

The following rule regarding the rejection of vowels deserves attention:

When the accent is thrown forward, *in nouns,* the vowel of the *penult* drops, *in verbs,* of the *ultima.* Compare: דְּבָרִי my word, from דָּבָר word, קָטְלָה she has killed, from קָטַל he has killed.

Rising of new vowels: Instead of Sh'va a new short vowel arises:

I. No word can commence with two vowelless consonants or with two Sh'vas, therefore the first Sh'va is changed into Chirek:

A. When one of the prefixes בכל (§ 18. II, b,) or of the preformatives איתן (§ 31, 1.) which regularly take Sh'va, is connected with a word beginning with Sh'va: as לִמְשֹׁל for לְמְשֹׁל, יִקְטֹל for יְקְטֹל, אֶקְטֹל for אְקְטֹל.

Note. Respecting וּ before a letter with Sh'va see § 12, 7, b.

B. אֶקְטֹל for אְקְטֹל can serve as a memorial word for the following rules:

a. When the first of two vowelless letters has comp. Sh'va, the helping vowel is that of the comp. Sh'va: as אַנְשֵׁי for אֲנְשֵׁי from אֲנָשִׁים, חָדְשֵׁי for חֳדְשֵׁי from חֳדָשִׁים.

b. When the second of two vowelless letters has comp. Sh'va, the helping vowel under the first is again the vowel of comp. Sh'va: as כַּאֲשֶׁר for כְּאֲשֶׁר, יֶחֱרַת for יֶחְרַת. § 40, 6.

II. *With a pause accent.* When Sh'va is heightened in pronunciation by the tone, either Seghol arises from it, or the correspondent long vowel of Comp. Sh'va, or the original vowel which has been dropped by the lengthening of the word: as לֶחִי from לְחִי; חֹלִי from חֳלִי; מְלָאָה f. מְלֵאָה from מָלֵא; יִשְׁמֹרוּ f. יִשְׁמְרוּ from יִשְׁמֹר.

NOTE. In all the cases given under II. the word is מִלְּעֵיל.

III. When one of two similar letters or of the weak letters אהוי drops, (§ 12, 6 B. 3.) its vowel recedes and takes the place of the preceding Sh'va: as לַבַּיִת for לְהַבַּיִת, יַקְטֵל for יְהַקְטֵל, גָּלוּ for גָּלְיוּ, מַלְפֵנוּ for מְאַלְפֵנוּ, סַב for סְבַב, יָסֵב for יִסְבֵב.

IV. The meeting of two vowelless final consonants is generally avoided: most commonly by the insertion of *Seghol* between the concurring consonants, *Patach*, if one of them is a guttural, *Chirek*, if one of them is a י, *Shurek*, if the last one is ו: as בֶּגֶד for בֶּגְד, זֶרַע for זַרְע, וַיְּגֶל for וַיְּגְל, בַּיִת for בַּיְת, בֹּהוּ for בָּהְוּ.

CHAPTER III.

§ 15. SERVILE LETTERS.

1. Letters added to words for the purposes of formation or inflection (*serving*) are called *Serviles*, while those three letters which constitute most frequently the root or the radical idea of the word are termed *Radicals*.

2. All the 22 letters of the alphabet can be used as radicals; the 11 following only as serviles:

א. ב. ה. ו. י, כ, ל, מ, נ, שׁ, ת (אֵיתָן מֹשֶׁה וְכָלֵב).

They are called *prefixes* (preformatives) when placed at the beginning of a word, *suffixes* (afformatives) when added at the end.

Note. When the letters added are used to convey the accidents of tense, gender, number, person (in the nominative case) and to form derivatives, they are respectively called according to position *preformatives* and *afformatives*.

§ 16. THE PREFIXES משה.

1. מ as a prefix has Chirek and in the following letter Dagesh. It is the abbreviation of מִן *from*, *away from*, *out of*, *by*, of which the נ is assimilated, as מִתַּחַת from below, instead of מִן תַּחַת. Before gutturals the (ִ) is lengthened to (ֵ) (§ 14, II. 2): as מֵעַל from above, instead of: מִן עַל.

Before ח the lengthening is sometimes omitted: as מִחוּץ from without (§ 13, 2.). מִ before יְ becomes מִי as מִירוּשָׁלַיִם from Jerusalem, for מִיְרוּשָׁלַיִם (§ 12, 7, b.)

2. שֶׁ as a prefix, see § 23, 2.

3. ה as a prefix, an interrogative particle, see § 24, 5.

4. ה as a prefix, the article, see § 17.

Exercise 21.

מִדֶּרֶךְ[1] מֵאוֹיֵב[2] מֵאֵשׁ[3] מִגִּבּוֹר[4] מִבַּיִת[5] מִבּוֹר[6] מֵאָח[7]
מֵאַהֲבָה[8] מֵאֵל[9] מִבְּרִית[10] מִגֶּבֶר[11] מִדּוֹר[12] מֵהֵיכָל[13] מֵהֵמָּה[14]
מֵחֶבְרוֹן[15] מֵחֹדֶשׁ[16] מִחוּט[17] מֵחוֹל[18] מֵחָלָב[19] מֵחֹמֶר[20]
מִטַּל[21] מִיָּד[22] מִיהוּדָא[23] מִיּוֹם[24] מִירִיחוֹ[25] מֵעוֹלָם[26]
מֵעַלְמָה[27] מֵרֹאשׁ[28] מִירֻבַּעַל[29].

way[1] enemy[2] fire[3] hero[4] house, within[5] pit[6] brother[7] love[8] God[9] covenant[10] man[11] generation, age[12] palace[13] they[14] n. p. of a city[15] month[16] thread[17] sand[18] milk[19] clay[20] dew[21] hand[22] n. p. m.[23] day[24] n. p. of a city[25] a time unlimited, eternity[26] a maiden[27] head, beginning[28] n. p. m.[29]

Exercise 22.*

From a father[1], from Abraham[2], from destruction[3], from a cistern[4], from a land[5], from blood[6], out of a house[7],

* The learner is advised to form for himself an English-Hebrew vocabulary, by which his memory may be assisted and a tedious search through the exercises avoided.

from a mountain[8], from Edom[9], from Haman[10], from life[11], from to-morrow[12], from a river[13], from Jeberechjahu[14], from Jedidja[15], from a Jew[16], from a panther[17], from Nimrod[18], from the Most High[19], from a plant[20], from Eden[21], from dust[22].

אָב 1 אַבְרָהָם 2 אֲבַדּוֹן 3 בְּאֵר 4 אֶרֶץ 5 דָּם 6 בַּיִת 7 הַר 8 אֱדֹם 9 הָמָן 10 חַיִּים 11
מָחֳרָת 12 יְאוֹר 13 יְבֶרֶכְיָהוּ 14 יְדִידְיָה 15 יְהוּדִי 16 נָמֵר 17 נִמְרֹד 18 עֶלְיוֹן 19 צֶמַח 20
עֵדֶן 21 עָפָר 22:

§ 17. THE ARTICLE.

1. The definite article is represented by the prefix ה with Patach and Dagesh in the following letter: as שָׁמַיִם heaven, הַשָּׁמַיִם the heaven. Before the gutturals, especially אער the Patach is changed into Kamets (§ 13, 2.): as הָאָדוֹן the master, הָרֶגֶל the foot, הָעֶבֶד the servant. Before the *unaccented* הָ, חָ, עָ into Seghol; as הֶעָבִים the clouds, הֶהָרִים the mountains, הֶחָכָם the wise man, but הָעָב the cloud, הָהָר the mountain. cf. 5.

Before ה and ח the Patach is commonly retained: as הַחַיִּים the life, הַהֶבֶל the vanity. § 13, 2.

2. A noun without the הַ. is to be translated with the indefinite article, except the noun in the st. const. (§ 19, 5): as בַּיִת a house.

3. When the noun is preceded by the prefixes בכל, the article is only represented by its appropriate vowel under the prefix and the Dagesh in the following letter (§ 12, 6. B. 3.): as בַּדָּבָר in the word = בְּהַדָּבָר, לָאָרֶץ to the land = לְהָאָרֶץ.

4. The Dagesh after the article is often omitted in letters with Sh'va: as הַצְפַרְדְּעִים the frogs, especially in nouns with initial יְ: as הַיְאוֹר the river, and in participles of Piel and Pual (§ 25, 7.): as הַמְדַבֵּר the speaking man.

5. Some words lengthen the accented vowel, when the article is prefixed, e. g. הָעָם from עַם. הָאָרֶץ from אֶרֶץ, הָהָר from הַר, הַקָּאָת from קָאַת.

Exercise 23.

Prefix the article to the following words.

שָׁמַיִם[1] אֶרֶץ[2] חֹשֶׁךְ[3] אוֹר[4] מַיִם[5] עֶרֶב[6] מָקוֹם[7] יַבָּשָׁה[8]
עֵשֶׂב[9] חָכָם[10] בֹּקֶר[11] זֶרַע[12] חַיָּה[13] חֶבֶל[14] חָצִיר[15] חָדָשׁ[16]
חֹדֶשׁ, עָשִׁיר[17] חֵלֶב[18] עָיֵף[19] חָלִיל[20] כּוֹכָב[21] אֲדָמָה[22]
רֶגֶל[23] חַיִּים[24] רוּחַ[25] הָדָר[26] הָגוּת[27] עָנָן[28] הוֹד[29]
חִידָה[30] חֶרְוָה[31] חָזוּת[32] חִזָּיוֹן[33].

heaven[1] earth, land[2] darkness[3] light[4] water[5] evening[6] place[7] dry land[8] herb[9] wise[10] morning[11] seed[12] animal[13] cord, rope[14] grass[15] new[16] rich man[17] fat[18] weary[19] pipe[20] star[21] ground, soil[22] foot[23] life[24] spirit[25] ornament[26] thought[27] cloud[28] majesty[29] riddle[30] joy[31] vision[32] intuition, vision[33].

§ 18. THE PREFIXES וכלב.

I. וְ called the *conjunctive Vav* denotes: *and*, as לֶחֶם bread וְלֶחֶם *and* bread. It is changed as follows:

a. Into וּ before a consonant with simple Sh'va: וּלְכֹל and to all, § 14, Rising I; or before the labials ב, מ, פ, to avoid the recurrence of two sounds of the same organic class: as וּבֵין and between, וּמִן and from, וּפַר and a bullock (§ 12, 7, b,).

b. Into וִ before יְ becoming quiescent: as וִיהִי and it may be (§ 12, 7, b.).

c. Into וַ, וֶ, וָ before comp. Sh'va, taking the corresponding short vowel: as וַאֲנִי and I, וֶאֱכֹל and eat, וָחֳלִי and sickness (§ 14, Rising I, B. b.)

d. Into וֵ before אֱלֹהִים: as וֵאלֹהִים and God (§ 12, 6. B. 3.).

Note. Before יְהוָה into וַ: as וַיהוָה. This most sacred name of God was believed to be incommunicable and the word אֲדֹנָי *my Lord* substituted for it, according to which latter word the vowels of ו and the prefixes בכלם were adapted, as בַּיהוָה, מֵיְהוָה, לַיהוָה corresponding to מֵאֲדֹנָי, לַאדֹנָי, בַּאדֹנָי. When however, יְהוָה is already preceded by אֲדֹנָי, to avoid repetition, it was written with the vowels of אֱלֹהִים, so that אֲדֹנָי יֱהוִה is to be read אֲדֹנָי אֱלֹהִים.

e. Into וָ immediately before the tone-syllable, especially when the latter has a distinctive accent and short words are connected in pairs: as תֹּהוּ וָבֹהוּ desolate and void, קֹר וָחֹם cold and heat, קַיִץ וָחֹרֶף summer and winter.

NOTE. וָבֹהוּ shows that ו before במף (a) in case of (e) has ָ and is not וּ.

II. *a.* בְּ, לְ, כְּ. בְּ preposition of place and time: *in*, *on*, *among*: as בְּרֵאשִׁית in the beginning, בְּהַר on a mountain, בְּיִשְׂרָאֵל amongst Israel, or it has the force of the prepositions: *with*, *by*, *through*: as בְּאֶבֶן with a stone, בְּדָבָר with or by a word.

כְּ adv. and prep., generally expressing comparison and proportion answers to the words: *as*, *like*, *so*, *about*, *nearly*, *almost*: כְּאֶרֶץ as a land, כְּאֵיפָה about an ephah, כְּעֶשֶׂר שָׁנִים about ten years. As prep.: *according to*, *after*, *when*, (comparing the time of two actions) כִּדְמוּתֵנוּ after our likeness, כַּהֲרִימִי קוֹלִי when I lifted up my voice, כְּיַד הַמֶּלֶךְ according to the bounty of the king. I. Kings 10, 13.

לְ prep., denoting motion or direction toward any object, *to*, *unto*, *towards*, *for*, hence it is the sign of the dative (§ 19, 2.): לְאֶרֶץ to a land, לְמֶלֶךְ to or for a king.

b. בְּ, לְ, כְּ always with Sh'va except in the following cases:

1. *With Chirek* = בִּ, לִ, כִּ, before a word which has Sh'va under the first letter: as בִּדְבַר by the word of, לִדְבַר, כִּדְבַר. (14. Rising I. a.)

Before יְ the י becomes quiescent (§ 12. 7. b.): as בִּימֵי in the days of, לִיהוּדָה to I. כִּידֵי as the hands of.

2. *With* (ֲ), (ֱ), (ֳ) before composite Sh'va: as בֶּאֱמֶת in truth; לַעֲמֹד to stand, כָּחֳלִי as a sickness; or when displacing the article ה (§ 19, 3.): as בְּהַיּוֹם = בַּיּוֹם in *the* day, לְהֶחָכָם = לֶחָכָם to the wise, בְּהָעֵץ = בָּעֵץ on *the* tree, but בְּיוֹם in *a* day, בְּעֵץ on *a* tree.

3. With Kamets = ā, often before the tonesyllable, especially before monosyllabic particles: בָּהֶם in them, כָּזֶה

as this, לְנֶפֶשׁ to a soul, person. לָ before several forms of the pronouns and the infinitives of verbs: as לָזֶה to this, לָאֵלֶּה to these, לָלֶכֶת to go. Before nouns with a distinctive accent, especially when short words are connected in pairs: as: בֵּין מַיִם לָמָיִם between water and water, בֵּין נֶגַע לָנֶגַע between stroke and stroke.

EXERCISE 24.

Exactly translate the following words.

כְּמַיִם, כַּמַּיִם, כַּלַּיְלָה, בְּלַיְלָה[1], לְצֶלֶם[2], לַצֶּלֶם, לְעֵשֶׂב, לָעֵשֶׂב,
בְּמָקוֹם, בַּמָּקוֹם, בֶּחָרָבָה[3], בְּאֶרֶץ, בָּאָרֶץ, מֵעֵשֶׂב, מֵהָעֵשֶׂב.
מֵהָעוֹף[4], וּמֵעוֹף, מִשָּׂדֶה, מֵהַשָּׂדֶה[5], וּמִשָּׂדֶה, וּלְאִישׁ[6], וְלָאִישׁ,
מֵאִישׁ, וּמֵהָאִישׁ, לְנָהָר[7], לַנָּהָר, וְלַנָּהָר, מָטָר[8], הַמָּטָר, וְהַמָּטָר,
וּמָטָר, מֶלֶךְ[9], כְּמֶלֶךְ, כַּמֶּלֶךְ, וְלַמֶּלֶךְ, וּמֶלֶךְ, מִמֶּלֶךְ, מֵהַמֶּלֶךְ.

night[1] image[2] dry land[3] bird[4] field[5] man[6] river[7] rain[8] king[9].

EXERCISE 25.

Translate into Hebrew.

And light,[1] and the light, and in the light, to the earth and to the heaven, and the fruit,[2] and fruit, and from the fruit, evening and morning, day and night, I and he,[3] and Jacob's hands,[4] and to an animal, and in a land, and in the land, and a river, and Jonathan,[5] and Jerusalem, in Jerusalem, to a man,[6] to the man, from a tree, from the tree, from morning, from the morning, in a cloud,[7] in the cloud, as an image, as the image, to a bird, to the bird, from the bird, from a man.

אוֹר[1] פְּרִי[2] אֲנִי, הוּא[3] יְדֵי־יַעֲקֹב[4] יְהוֹנָתָן[5] אָדָם[6] עָנָן[7].

EXERCISE 26.

לֹא[1] קָם[2] נָבִיא[3] עוֹד[4] כְּמֹשֶׁה[5] בְּיִשְׂרָאֵל[6]: אַבְרָם[7] כָּבֵד*[8]
מְאֹד[9] בְּמִקְנֶה[10] בַּכֶּסֶף[11] וּבַזָּהָב[12]: הַכְּסִיל[13] בַּחֹשֶׁךְ[14] הוֹלֵךְ[15]:

---

* 8 *was* rich. In sentences with a noun, pronoun or adjective in the predicate, the copula "*to be*" must always be supplied. See § 77, 1.

מֵיְהוָה[16] יְשׁוּעָה[17]: מֵרַע[18] יָצָא[19] רָע: נֵר[20] מִצְוָה[21] וְתוֹרָה[22]
אוֹר[23]: מֵעוֹלָם[24] עַד[25] עוֹלָם אַתָּה[26] אֵל[27]: אָמַר[28] עָצֵל[29]
אֲרִי[30] בַּחוּץ[31] שַׁחַל[32] בַּדָּרֶךְ[33]: גַּם[34] בִּשְׂחֹק[35] יִכְאַב[36] לֵב[37]:
בַּלַּיְלָה הָיָה[38] כַּגַּנָּב[39]: מִחוּץ[40] שִׁכְּלָה[41]־חֶרֶב[42] בַּבַּיִת כַּמָּוֶת[43]:
שָׁאוּל[44] בָּחוּר[45] וָטוֹב[46]: מִמִּזְרָח[47] וּמִמַּעֲרָב[48] מִצָּפוֹן[49] וּמִיָּם[50]
מְהֻלָּל[51] שֵׁם[52] יְהוָה:

not[1] arose[2] prophet[3] since[4] Moses[5] Israel[6] Abraham[7] rich[8] very[9] cattle[10] silver[11] gold[12] fool[13] darkness[14] walks[15] § 18. I. Note[16] deliverance[17] evil[18] goes out[19] lamp[20] commandment[21] law[22] light[23] eternity[24] to[25] thou (art)[26] God[27] says[28] slothful one[29] lion[30] without[31] roarer[32] way[33] also, even[34] laughter[35] may ache[36] heart[37] he was[38] thief[39] abroad[40] destroys, makes childless[41] sword[42] death[43] n. p. m.[44] chosen[45] good, beautiful[46] east[47] west[48] north[49] sea[50] (in general the Mediterranean Sea, lying *west* of Palestine, hence: *the west*, but sometimes the Dead Sea or as here the *South Sea*, therefore here: *the South*.) is praised[51] name of[52].

§ 19. CASES OF NOUNS AND PRONOUNS.

1. To express the relations between the different nouns and pronouns in a sentence, Prepositions or the corresponding Prefixes בכלם are chiefly used.

2. *The Dative* is formed by the prep. אֶל or its abbreviation the prefix ל (§ 18, II).

3. *The Ablative* is formed by the prep. מִן or its abbreviation, the prefix מִ, מֵ or by ב and כ (§ 16, 1. § 18, 11).

4. *The Accusative* is denoted by the particle אֵת or אֶת־ (i. e. before Makkef) when the noun is *definite*, i. e. defined by the article, a possessive pronoun (Suf. § 21), a following genitive or by itself as a proper noun, otherwise it has no designation, being entirely similar to the nominative: as אֵת הַשָּׁמַיִם וְאֵת הָאָרֶץ the heaven and earth, אֶת־בְּנִי my son, אֵת בֶּן־הָאָמָה the son of the servant, אֵת אַבְרָהָם Abraham, but Gen. 2, 4: In the day that God made אֶרֶץ וְשָׁמָיִם earth and heaven.

5. *The Genitive* or *possessive* case remains entirely unchanged, with which the preceding noun, (which is limited and more nearly defined by the Gen.) is most closely con-

nected. For this reason the latter is said to stand in the *Construct State*, or simply in the *Construct*.

The better to effect this connection the article of the Construct is thrown off and its mutable vowels are shortened: as הַסּוּס the horse, but סוּס הַמֶּלֶךְ the horse of the king (not הַסּוּס); הָעוֹף the fowl, but עוֹף הַשָּׁמַיִם the fowl of the heaven (not הָעוֹף).

Regarding the shortening of the vowels and other changes, which the word in the st. const. undergoes, see § 59.

6. The direction towards a place or the time is indicated by the *unaccented* syllable ־ָה appended to the noun, called local ־ָה: as יָם sea, יָמָּה towards the sea, צָפוֹן the north, צָפוֹנָה northward, towards the north. יָמִים year, יָמִימָה to year, מִיָּמִים יָמִימָה from year to year.

NOTE I. Local ־ָה is the remnant of an old accusative ־ָם, yet appearing in many adverbs: as יוֹמָם by day, in the day time, מָחֳרָתָם to-morrow. (cf. § 85. 4, B, B.)

NOTE II. On the Segholates with local ־ָה see § 66, Note I.

EXERCISE 27.

זֵכֶר[1] צַדִּיק[2] לִבְרָכָה[3]: דָּוִד הָלַךְ[4] לִפְנֵי[5] יְהוָה בֶּאֱמֶת[6]
וּבִצְדָקָה[7]: זְבַח[8] לֵאלֹהִים[9] תּוֹדָה[10]: טוֹב[11] יְהוָה לַכֹּל[12]: יְהוָה
עֹטֶה[13] אוֹר כַּשַּׂלְמָה[14] נֹטֶה[15] שָׁמַיִם כַּיְרִיעָה[16]: דָּוִד הָיָה[17]
רֹעֶה[18] בַּצֹּאן[19] וּבָא[20] הָאֲרִי וְהַדּוֹב[21] וְנָשָׂא[22] שֶׂה[23] מֵהָעֵדֶר[24]:
מֵהָאֹכֵל[25] יָצָא[26] מַאֲכָל[27] וּמֵעַז[28] יָצָא מָתוֹק[29]: מֵאֶרֶץ מִצְרַיִם
נָסַע[30] יִשְׂרָאֵל הַמִּדְבָּרָה[31]: מֶלֶךְ יוֹשֵׁב[32] עַל[33] כִּסֵּא[34]־דִין[35]:
מִי[36] עָלָה[37] הַשָּׁמָיְמָה: כַּשֶּׁלֶג[38] בַּקַּיִץ[39] וְכַמָּטָר בַּקָּצִיר[40] כֵּן[41]
לֹא־נָאוֶה[42] לִכְסִיל כָּבוֹד[43]: שׁוֹט[44] לַסּוּס[45] מֶתֶג[46] לַחֲמוֹר[47]
וְשֵׁבֶט[48] לְגֵו[49] כְּסִילִים:

memory[1] just[2] blessing[3] walked[4] before[5] truth[6] righteousness[7] offer[8] God[9] thanksgiving[10] good[11] all[12] to wrap, to put on[13] garment[14] stretches[15] curtain[16] was[17] shepherd[18] small cattle[19] came[20] bear[21] took[22] lamb[23] flock[24] eater[25] came forth[26] food[27] strong[28] sweetness[29] moved on[30] desert[31] sitting[32] on, in, over[33] throne[34] judgment[35] who?[36] ascended[37] snow[38] summer[39] harvest[40] thus[41] becoming, suitable[42] honor[43] a whip[44] horse[45] bridle[46] ass[47] a stick[48] the back[49].

EXERCISE 28.

Translate into Hebrew:

The evening (accus.), to the evening, to an evening, a man (nom.), a man (accus.), the man (accus.), from a man, from the man, the head[1] of the man, the head of a man, from the heaven, the grass of the earth, the land (accus.), the land (nom.), a land (accus.), a land (nom.), the light of the heaven, to the judge[2], to the judge of the land, to a judge of the land, the fruit (accus.) of the tree[3]. God created[4] earth and heaven. God created the earth and the heaven, the voice[5] (accus.) of God, a voice (accus.) of God, a voice (nom.) of God, the sign[6] (accus.), a sign (accus.), by a sin[7], by the sin, towards the east[8], towards the south[9], to the mountain, towards Samaria[10].

רֹאשׁ[1] שָׁפַט[2] עֵץ[3] בָּרָא[4] קוֹל[5] אוֹת[6] עָוֹן[7] מִזְרָח[8] דָּרוֹם[9] שֹׁמְרוֹן[10]:

CHAPTER IV.

OF THE PRONOUN.

§ 20. THE PERSONAL PRONOUN.

1. The personal pronouns are either separate words or syllables, contractions of the first and appended to nouns, verbs or particles, thence receiving the name of *Suffixes*. The separate pronouns represent the *nominative*, (see exception to this § 93, 2.). The suffixes appended to the *verb* stand for the *accusative* and for the dative in rare instances. The suffixes appended to the *noun* properly stand for the *genitive or possessive* cases and then serve the purpose of possessive pronouns: as סוּסִי the horse of me = my horse. The suffixes appended to *particles* either represent the nominative or the accusative cases: as כָּמוֹנִי as I, אוֹתִי me.

2. The separate personal pronouns are:

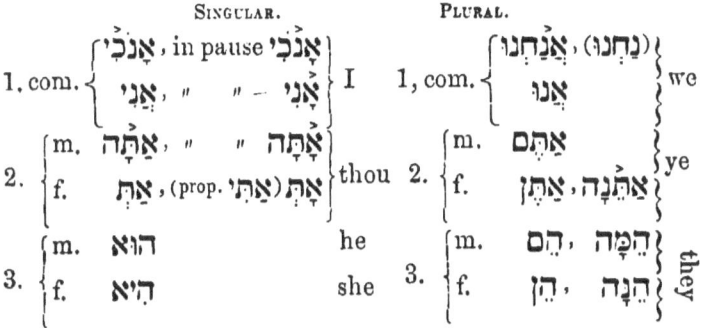

		Singular.				Plural.	
1. com.		אָנֹכִי, in pause אָנֹכִי	I	1, com.		אֲנַחְנוּ, (נַחְנוּ)	we
		אֲנִי, " " אָנִי				אֲנוּ	
2.	m.	אַתָּה, " " אָתָּה	thou	2.	m.	אַתֶּם	ye
	f.	אַתְּ, (prop. אַתִּי) אָתְּ			f.	אַתֵּנָה, אַתֵּן	
3.	m.	הוּא	he	3.	m.	הֵמָּה, הֵם	they
	f.	הִיא	she		f.	הֵנָּה, הֵן	

3. *Remarks.* אָנֹכִי is the ancient form and more used in the Pentateuch than אֲנִי, while the latter occurs often in the later books. אַתָּה, compounded of אַנְתָּה, as the kindred dialects have: Chald. אַנְתָּה, אַנְתְּ, Arab. anta.

The fem. form אַתִּי occurs only in k'thibh (7 times), but it is the foundation of some verbal inflections, (so the form קְטַלְתִּי before suffixes, § 43, 1.) הוּא is of *common gender in the Pentateuch* and also signifies *she*. But whenever הוא stands in the text for הִיא, it has the pointing הִוא and must be read הִיא.

אֲנַחְנוּ is formed from the pronominal stem אַן found in אֲנִי, אַתָּה and חֲנוּ the harder form of אֲנוּ we; אַתֶּם and אַתֵּן are blunted forms of אַתּוּם, properly אַנְתּוּם (Chald. אַנְתּוּן, Arab. antum). Before verb. suff. this *original* form is retained (§ 43, 1.). הֵם, הֵן from הוּם, הוּן, hence not seldom the 2. and 3. masc. plur. in וּן: as יֶחְדָּלוּן, יִשְׂבְּעוּן, יְשֻׂשׂוּם Is. 35,.1. הֵמָּה, הֵנָּה have a demonstrative character.

4. The separate pronouns, when connected with a noun as predicate of a sentence, always include the copula or the verb *to be:* as אֲנִי יוֹסֵף I *am* Joseph, אַתָּה הָאִישׁ thou *art* the man.

Exercise 29.

בָּרוּךְ[1] אַתָּה יְהוָֹה׃ אַתָּה קָדוֹשׁ[2]׃ אֲנִי אֵל׃ אֲנִי הָאִשָּׁה[3]׃
הוּא אַהֲרֹן וּמֹשֶׁה׃ אַתָּה גִּבּוֹר׃ הוּא רִאשׁוֹן[4] וְהוּא אַחֲרוֹן[5]׃

כֵּנִים[6] אֲנַחְנוּ׃ הָאֱלִילִים[7] הֶבֶל[8] הֵמָּה׃ גֵר[9] אָנֹכִי בָּאָרֶץ׃
עָפָר[10] אַתָּה וְאֶל עָפָר תָּשׁוּב[11]׃ כֵּנוֹת[6] אַתֵּן׃ הֵמָּה הַגִּבּוֹרִים[12]׃
הִיא יְחִידָה[13]׃ שְׁנֵים עָשָׂר[14] אַחִים[15] אֲנָחְנוּ׃ אַתָּה יְהוָה טוֹב
וְסַלָּח[16]׃ אֲחֹתִי[17] הִוא׃ וְהַצְּעִירָה[18] גַּם־הִוא יָלְדָה[19] בֵּן[20]׃
הָאֱלֹהִים בַּשָּׁמַיִם וְאַתָּה עַל־הָאָרֶץ׃ אָנֹכִי אָנֹכִי יְהוָה וְאֵין
מִבַּלְעָדַי[21] מוֹשִׁיעַ[22]׃ אֶת־הַשָּׁמַיִם וְאֶת־הָאָרֶץ אֲנִי מָלֵא[23]
נְאֻם[24] יְהוָה׃ יְהוָה הַצַּדִּיק וַאֲנַחְנוּ הָרְשָׁעִים[25]׃ אִישׁ זָקֵן[26]
בָּא[27] מִן־הַשָּׂדֶה בָּעֶרֶב וְהָאִישׁ מֵהַר[28] אֶפְרַיִם[29] וְהוּא־גָר[30]
בַּגִּבְעָה[31]׃

blessed[1] holy[2] woman[3] the first[4] the last[5] honest, upright (כֵּן ; pl. m. כֵּנִים, pl. f. כֵּנוֹת § 58, 1.)[6] idols[7] vanity, foolish[8] stranger[9] dust[10] thou shalt return[11] גִּבּוֹרִים pl.fr. גִּבּוֹר cf.6.[12] the only child (girl)[13] twelve[14] brothers[15] forgiving[16] my sister[17] younger[18] bare[19] son[20] beside me[21] Saviour[22] filling[23] declaration[24] guilty[25] old[26] came[27] mountain[28] n. p. m.[29] dwelled[30] n. p. of a city[31].

EXERCISE 30.

Ye are strangers[1] with me[2]. Lord, thou art a refuge[3] to us from generation[4] to generation. From eternity[5] to eternity thou art God. Not a God delighting[6] (in) wickedness[7] thou art. I am dust and ashes[8]. God is in heaven and we are on the earth. Just[9] art thou O Lord! Thou art near[10] O Lord! Ye are a[11] seed of falsehood[12].

גֵּרִים[1] עִמָּדִי[2] מָעוֹן[3] דּוֹר[4] עוֹלָם[5] חָפֵץ[6] רֶשַׁע[7] אֵפֶר[8] צַדִּיק[9] קָרוֹב[10]
זֶרַע[11] שָׁקֶר[12] (in pause!)

§ 21. NOMINAL SUFFIXES.

1. The nominal suffixes *appended to Nouns in the Singular* are:

		SING.			PLURAL.	
1.	com.	ִי ,	סוּסִי my horse.	סוּסֵנוּ · ֵנוּ , נוּ		our horse
2.	m.	ךָ , (in pause ֶךָ)	סוּסְךָ	thy h.	סוּסְכֶם · כֶם	your horse
	f.	ךְ , ֵךְ	סוּסֵךְ		סוּסְכֶן , כֶן	
3.	m.	הוּ , וֹ ,	סוּסוֹ his h.		סוּסָם , ָם , הֶם	(poetical) ָמוֹ their horse
	f.	הָ , ָה , (ֶהָ)	סוּסָהּ her h.		סוּסָן , ָן , הֶן	

§ 21. NOMINAL SUFFIXES. 37

Appended to Nouns in Plural:

		Sing.			Plur.	
1.	com.	־ַי, סוּסַי	my horses	־ֵינוּ, סוּסֵינוּ	our horses	
2.	m.	־ֶיךָ, סוּסֶיךָ	thy horses	־ֵיכֶם, סוּסֵיכֶם	your horses	
	f,	־ַיִךְ, סוּסַיִךְ		־ֵיכֶן, סוּסֵיכֶן		
3.	m.	־ָיו, סוּסָיו	his horses	־ֵיהֶם, סוּסֵיהֶם	(poetical) ־ֵימוֹ their horses	
	f.	־ֶיהָ, סוּסֶיהָ	her horses	־ֵיהֶן, סוּסֵיהֶן		

2. *Remarks.* The suffixes of the noun are divided into two classes: of *Singular* and of *Plural* nouns; the forms of the latter are longer and may be recognized by the plural י; as סוּסֵנוּ our horse, but סוּסֵינוּ our horses.

3. The suffixes כֶם, כֶן, and הֶם, הֶן, they invariably having the tone, the better to distinguish between the ם and the ן, are called *grave*, the others are *light* suffixes.

4. ־ֵהוּ is a favorite longer suffix for וֹ, particularly in monosyllabic words and in nouns with the ending ־ֶה: מִין species, מִינוֹ and מִינֵהוּ his, its species; מַרְאֶה appearance, מַרְאֵהוּ his appearance.

5. The suffixes denote the genitive of the pronoun (§ 20, 1). The other cases are represented by attaching prepositions or prefixes and particles to the suffixes. The *dative* by אֶל or לְ; the *accusative* by אֶת (אוֹתִי); the *ablative* by מִן, בְּ, אֶת (אִתִּי) etc. See Paradigm A.

6. The possessive pronoun is also represented by שֶׁ. (§ 23, 2.) followed by לְ with the suffix, thus: שֶׁלִּי = אֲשֶׁר לִי which is (belongs) to me = my. See Paradigm A.

NOTE. On the suffixes of the verb see § 42.

EXERCISE 31.

אָנֹכִי יְהוָֹה אֱלֹהֶיךָ: כֶּרֶם[1] שֶׁלִּי: בַּיִת שֶׁלְּךָ: שָׂדֶה שֶׁלָּנוּ: לְךָ זְרוֹעַ[2] עִם[3] גְּבוּרָה[4]: לֹא יִטּוֹשׁ[5] יְהוָֹה אֶת־עַמּוֹ[6]: אַתָּה לִי לְמִשְׂגָּב[7]: אָבַד[8] מָנוֹס[9] מֵהֶם: שָׁלוֹם[10] לָכֶם: אֵין נָבוֹן[11] וְחָכָם כָּמוֹךָ: כֹּרֶה[12] שַׁחַת[13] בָּהּ יִפֹּל[14]: אָבַד חָסִיד[15] מִן הָאָרֶץ וְיָשָׁר[16] בָּאָדָם[17] אָיִן[18]: גַּם לִי לֵבָב[19] כְּמוֹכֶם: שְׁתֵה[20] מַיִם מִבּוֹרֶךָ[21]:

יְהוָה לְךָ יוֹם אַף[22] לְךָ לָיְלָה׃ יְהוָה אֵלִי צוּרִי[23] וּמִשְׂגַּבִּי׃ אֱלֹהִים
לָנוּ מַחֲסֶה[24] וָעֹז[25]׃ לְךָ יְהוָה הַגְּדֻלָּה[26] וְהַגְּבוּרָה וְהַתִּפְאֶרֶת[27]
וְהַנֵּצַח[28] וְהַהוֹד[29]׃ אַתָּה מוֹשֵׁל[30] בַּכֹּל וּבְיָדְךָ כֹּחַ וּגְבוּרָה׃
וְעַתָּה[31] אֱלֹהֵינוּ מוֹדִים[32] אֲנַחְנוּ[33] לָךְ׃

vineyard[1] strength[2] with[3] might[4] will forsake[5] people, nation[6] safety, protection[7] perished, was lost[8] refuge[9] peace, welfare[10] intelligent[11] who digs[12] pit[13] shall fall[14] good man, pious[15] upright[16] man, here collect. men[17] there is none[18] heart, understanding[19] drink[20] cistern[12] also[22] rock[23] shelter[24] strength[25] greatness[26] glory[27] victory[28] majesty[29] ruling[30] now[31] thanking[32]. cf. to 32, 33, § 107, 3.

EXERCISE 32.

His light, our light, my tree, their tree, her tree, thy tree, thy trees, his day[1], thy (fem.) day, my stars, our star, our stars, to the fruit of his tree, thy voice, my beginning, thy (fem.) beginning[2], your beginning, thy (accus.) voice, the voice of God. I am giving[3] from the fruit of your trees to the ruler[4] of the city[5]. The strength[6] of my arm[7]. The light of our torches[8], the sand[9] of their shores[10].

יוֹם[1] רֵאשִׁית[2] נֹתֵן[3] מֹשֵׁל[4] עִיר[5] כֹּחַ[6] זְרוֹעַ[7] לַפִּיד[8] חוֹל[9] חוֹף[10].

EXERCISE 33.

God created him, us, me, them (fem.), her, I gave[1] thee from it, from them, I come[2] to thee (m) (f.), *and she came*[3] to him, to them, to us, I (am) with thee, in it, by us, as we, as I. God took[4] him, thee, thee (in pause), thee (f.), I shall establish[5] my covenant[6] with[7] you, with them, with him, with her, with thee (f.).

נָתַתִּי[1] בָּא[2] וַתָּבֹא[3] לָקַח[4] אָקִים[5] בְּרִית[6] אֵת (אִתִּי)[7].

§ 22. DEMONSTRATIVE PRONOUN.

1. M. זֶה } this
   F. זֹאת } (rarely זֹה)
   Com. זוּ (without distinction of gender or number.)
   Plur. אֵלֶּה, (אֵל rarely) these.

NOTE. In הַלָּזֶה or apocopated הַלָּז *this*, the demonst. has the original article with ל: (הַל) before it; הַלֵּזוּ f. occurs only once Ez. 36, 35.

2. The demonstrative referring to a remoter object is represented by הַהוּא, הַהִיא, הָהֵם, הָהֵן: as בַּיָּמִים הָהֵם in *those* days, while בַּיָּמִים הָאֵלֶּה in *these* days; or they express: *the same:* as הָאִישׁ הַהוּא the same man.

3. The demonstratives are thus declined:

Nom.	זֶה,	זֹאת this,	אֵלֶּה these.
Dat.	לָזֶה,	לְזֹאת to this,	לָאֵלֶּה to these.
Acc.	אֶת־זֶה,	אֶת־זֹאת this,	אֶת־אֵלֶּה these.
Abl.	מִזֶּה,	מִזֹּאת,	מֵאֵלֶּה
	בָּזֶה,	בְּזֹאת,	בְּאֵלֶּה
	כָּזֶה,	כָּזֹאת, כְּזֹאת,	כְּאֵלֶּה

4. Syntactical rules. § 94.*

EXERCISE 34.

אִישׁ הַלָּזֶה: זוֹ הָעִיר[1]: לָאֲנָשִׁים הָאֵל: אֵלֶּה הַדְּבָרִים[2]: אֵלֶּה
מִזֶּה וְאֵלֶּה מִזֶּה: עַם זוּ גָּאַלְתִּי[3]: זוּ פָּעַלְתָּ[4] לָּנוּ: לֹא יָדַע[5]
אִישׁ אֶת־קְבוּרַת[6] מֹשֶׁה עַד[7] הַיּוֹם הַזֶּה: הִנֵּה[8] אֵלֶּה בְּצֵל[9]
הַחָכְמָה[10] וְאֵלֶּה בְּצֵל הַכָּסֶף[11]: לֹא־זֶה הַדֶּרֶךְ וְלֹא־זֹה הָעִיר:
לֹא בָחַר[12] אֱלֹהִים בָּאֵלֶּה: עוֹד[13] זֶה מְדַבֵּר[14] וְזֶה בָּא[15]: גַּם־
זֹה רָעָה[16] חוֹלָה[17]: זוּ כֹחוֹ[18]: הוּא הָאִישׁ: זֹאת הָאִשָּׁה:
הָאִשָּׁה הַזֹּאת: הָאִשָּׁה הַהִיא: שְׁלֹשָׁה[19] אֵלֶּה בְּנֵי[20]־נֹחַ[21] שֵׁם[21]
וְחָם[21] וָיֶפֶת[21] וּמֵאֵלֶּה נָפְצָה[22] כָל־הָאָרֶץ: עַם־זוּ יָצַרְתִּי[23] לִי:
אֵלֶּה בָרֶכֶב[24] וְאֵלֶּה בַסּוּסִים וַאֲנַחְנוּ בְּשֵׁם יְהוָה אֱלֹהֵינוּ נַזְכִּיר[25]:
אִישׁ הָיָה בְאֶרֶץ־עוּץ[21] אִיּוֹב[21] שְׁמוֹ[26] וְהָיָה הָאִישׁ הַהוּא תָּם[27]
וְיָשָׁר וִירֵא[28] אֱלֹהִים וְסָר[29] מֵרָע:

* The learner must refer to the respective paragraph before translating the exercise following, and in all cases when his attention is called to the Syntax.

city[1] words[2] I have redeemed[3] thou hast made, performed[4] knew[5] sepulchre[6] unto[7] lo! behold![8] shadow, shelter,[9] wisdom[10] money[11] chosen[12] while yet[13] (was) speaking[14] came[15] evil[16] sore[17] strength[18] three[19] sons of[20] n. p.[21] was overspread[22] I formed[23] chariot[24] we will remember[25] his name[26] plain[27] fearing[28] departing[29].

EXERCISE 35.

This man[1], that man, that woman[2], this woman, these men[3], these women[4], those men, those women, this is the man, that is the woman, these are the men, that is the word[5], from that man, to this woman, this is my God, this boy[6], this is the law[7], this pillar[8], these are the names[9] of the sons[10], those brothers[11] (acc.), these are thy uncles[12].

אִישׁ 1 אִשָּׁה 2 אֲנָשִׁים 3 נָשִׁים 4 דָּבָר 5 נַעַר 6 תּוֹרָה 7 f. מַצֵּבָה 8 f. שֵׁמוֹת, the names of שְׁמוֹת 9 בָּנִים 10 אַחִים 11 דּוֹדִים 12.

§ 23. THE RELATIVE.

1. The relative pronoun for both genders and numbers is אֲשֶׁר *who, which;* often including the pers. pronoun: he who, she who, that which: אֲשֶׁר תָּאֹר he whom thou cursest.

2. In the later biblical books and the modern Hebrew writers, the abbreviated form שֶׁ. or שַׁ. (with following Dag., omitted before gutt.) is most frequently used.

3. אֲשֶׁר (or שֶׁ.) gives to every word to which it refers relative signification: as שָׁם there, אֲשֶׁר שָׁם where, אֲשֶׁר מִשָּׁם whence.

4. It is declined as follows:

Gen.	(סוּסוֹ his horse)	אֲשֶׁר סוּסוֹ whose horse
Dat.	(לוֹ to him)	אֲשֶׁר לוֹ to whom
Acc.	(אוֹתוֹ him)	אֲשֶׁר אוֹתוֹ whom
Abl.	(מִמֶּנּוּ from him)	אֲשֶׁר מִמֶּנּוּ from whom.

5. Before participles the article הַ frequently represents the relative: as הַהוֹלֵךְ he who goes.

§ 24. The Interrogative Pronoun. 41

Exercise 36.

אֲשֶׁר רוּחִי 1 אִתּוֹ 2 יְדַבֵּר 3 : דָּגִים 4 שֶׁנֶּאֱחָזִים 5 בִּמְצוֹדָה 6 : אֵת
אֲשֶׁר חָפֵץ 7 יְהוָֹה עָשָׂה 8 בַּשָּׁמַיִם וּבָאָרֶץ : מָה 9 רַב 10 טוּב 11
אֲשֶׁר צָפַן 12 יְהוָֹה לַאֲשֶׁר בָּטַח 13 בּוֹ : אִי 14 לָךְ אֶרֶץ שֶׁמַּלְכֵּךְ 15
נָעַר 16 : אָרוּר 17 הַגֶּבֶר אֲשֶׁר יִבְטַח 18 בָּאָדָם וּמִן יְהוָֹה יָסוּר 19 לִבּוֹ 20 :
אַשְׁרֵי 21 הַגֶּבֶר אֲשֶׁר שָׂם 22 יְהוָֹה מִבְטַחוֹ 23 : רוּת אָמְרָה 24 לְנָעֳמִי
חֲמוֹתָהּ 25 אֶל־אֲשֶׁר תֵּלְכִי 26 אֵלֵךְ 27 וּבַאֲשֶׁר תָּלִינִי 28 אָלִין 29 עַמֵּךְ
עַמִּי וֵאלֹהַיִךְ אֱלֹהָי : אַשְׁרֵי הָעָם שֶׁכָּכָה 30 לוֹ אַשְׁרֵי הָעָם
שֶׁיְהוָֹה אֱלֹהָיו :

spirit[1] with[2] may speak[3] fishes[4] are taken[5] net[6] wishing, desiring[7] he did[8] how[9] great[10] goodness[11] has laid up[12] confide, trust[13] woe[14] the king[15] a boy, a youth[16] cursed[17] trusts[18] departs[19] לֵב, (לִבִּי) heart[20] hail! happy![21] makes[22] trust[23] said[24] mother in law[25] thou goest[26] I will go[27] thou lodgest[28] I will lodge[29] thus[30].

Exercise 37.

The field which Abraham bought[1]. The horse[2] upon[4] which the king[5] rode[3]. Daniel[6] whose name[8] was called[7] Belteshazzar[9]. Not good[10] (is) the counsel[11] that he has given[12]. Nigh[13] is the Lord[14] to all[15] that call upon him[16] in truth[17]. And[18] God[19] saw[18] all that he had made[20], and, behold[21], (it was) very[22] good.

קָנָה 1 סוּס 2 רָכַב 3 עָלָיו 4 מֶלֶךְ 5 דָּנִיֵּאל 6 נִקְרָא 7 שֵׁם 8 (his name שְׁמוֹ)
בֵּלְטְשַׁאצַּר 9 טוֹבָה 10 עֵצָה 11 יָעַץ 12 קָרוֹב 13 יְהוָֹה 14 כֹּל 15 יִקְרָאֻהוּ 16 אֱמֶת 17
וַיַּרְא 18 אֱלֹהִים 19 עָשָׂה 20 וְהִנֵּה 21 טוֹב 22 מְאֹד 23.

§ 24 THE INTERROGATIVE PRONOUN.

1. The interrogative pronoun is מִי who? usually applying to persons, מָה, מַה, מֶה what? applying to things.

מָה before א and ר and always in pause: מָה־אֵלֶּה what (are) these, מָה רְאִיתֶם what did you see?

Commonly it is written מַה or .מַה (followed by Dag.): as מַה־שְּׁמוֹ what is his name? or with a small word, it is contracted into one word: as מַזֶּה what is this? (§ 9. 1. Note.)

מֶה before ה, ח, ע: as מֶה עָשִׂיתָ what hast thou done?

At the beginning of a sentence מֶה also frequently stands before letters not guttural: as מֶה קוֹל what voice?

2. The cases are indicated by the prefixes and the particle אֵת:

Dat.	לְמִי	to whom?
Acc.	אֶת מִי	whom?
Abl.	מִמִּי	from whom?
	בְּמִי	with or through whom?

The Gen. by שֶׁלְּמִי whose? but more frequently it is indicated by putting the interrogative immediately *after* the noun: as בַּת־מִי whose daughter? בְּיַד־מִי through whose hand? חָכְמַת־מֶה לָהֶם Jer. 8, 9. the intelligence of what remains to them?

3. מַה is also used adverbially: as מַה־טּוֹב וּמַה־נָּעִים how good and how pleasant!

4. Interrogative particles: אֵי or אַיֵּה where? with suff. אַיֶּכָּה where art thou? אַיּוֹ where is he? אַיָּם where are they?

With adverbs and pronouns, אֵי זֶה which? what? where? whither? אֵי מִזֶּה whence? from what? אֵי לָזֹאת on what account? wherefore? אֵיכָה how? אֵיפֹה where?

5. Interrogative prefix: הֲ (ה with comp. Sh'va) frequently before non-gutturals: as הֲשָׁלוֹם לוֹ is he well? הַ before a letter with Sh'va or a guttural: as הַיְדַעְתֶּם אֶת־לָבָן know ye Laban? הַאֵלֵךְ shall I go? הֶ before gutturals having Kamets: as הֶאָנֹכִי have (or am) I? הֶחָזָק הוּא is he strong?

In negative sentences this ה is always connected with the negative particle: as הֲלֹא שָׁמַעְתָּ hast thou not heard? הַאֵין יְהוָֹה בְּקִרְבֵּנוּ is not the Lord in our midst?

EXERCISE 38.

מִי לֹא־יָדַע[1] בְּכָל־אֵלֶּה כִּי יַד־יְהוָֹה עָשְׂתָה[2] זֹּאת׃ כִּי שָׂמְךָ[3]
לְאִישׁ שַׂר[4] וְשֹׁפֵט[5] עָלֵינוּ[6]׃ בֶּן־מִי זֶה הָעֶלֶם[7]׃ אֵי מִזֶּה עַם

אַתָּה: הֲלָנוּ אַתָּה אִם[8] לְצָרֵינוּ[9]: מִי כָמֹכָה בָּאֵלִם יְהוָה: מַה־
לִּי וָלָכֶם: הֲנֹטַע[10] אֹזֶן[11] הֲלֹא יִשְׁמָע[12] אִם־יֹצֵר[13] עַיִן[14] הֲלֹא
יַבִּיט[15]: אַיֵּה[16] הַחָכְמָה תְּהוֹם[17] אָמַר[18] לֹא בִי הִיא וְיָם[19] אָמַר
אֵין[20] עִמָּדִי[21]: לְמִי אוֹי[22] לְמִי אֲבוֹי[23] לְמִי מִדְיָנִים[24] לְמִי שִׂיחַ[25]
לְמִי פְּצָעִים[26] חִנָּם[27] לְמִי חַכְלִלוּת[28] עֵינָיִם[29] לַמְאַחֲרִים[30] עַל־
הַיָּיִן[31]: מִי יוֹדֵעַ[32] מַה־טּוֹב לָאָדָם בַּחַיִּים: הֲלוֹא אֲנִי יְהוָה וְאֵין־
עוֹד אֱלֹהִים מִבַּלְעָדַי אֵל־צַדִּיק וּמוֹשִׁיעַ אַיִן זוּלָתִי[33]: הֲיֵשׁ[34]
לַמָּטָר אָב[35]: מִבֶּטֶן[36] מִי יָצָא הַקָּרַח[37]: מִי נָתַן[38] לַשֶּׂכְוִי[39]
בִינָה[40]: לְמִי אֲנִי עָמֵל[41]: זְכוֹר[42] יְהוָה מֶה הָיָה לָנוּ: הֲתַחַת[43]
אֱלֹהִים אָנֹכִי: מַה־לִּי עוֹד:

knows[1] has wrought[2] * the feminine is used for the neuter § 81, 1. made thee[3] chief[4] judge[5] over[6] youth[7] or[8] enemy[9] the planter[10] ear[11] he shall hear[12] the former[13] eye[14] he shall see[15] where (is)[16] depth[17] says[18] sea[19] (it is) not[20] with[21] woe[22] misery[23] contentions[24] sorrow[25] wounds[26] without cause[27] darkening of[28] eyes[29] that tarry long[30] wine[31] knows (prop. (is) knowing)[32] besides, except me[33] there is, it is[34] father[35] womb[36] ice[37] gave, put[38] the insight, mind[39] understanding[40] toiling, labouring[41] remember[42] in stead of[43].

Exercise 39.

Who art thou my son[1]? Who art thou my daughter[2]? Who is this man? What is his name[3]? Who are these? Whose daughter is this maiden[4]? What has he done[5]? Who is this that cometh[6] from Edom[7]? For whose son do I labour[8]? Whom wilt thou send[9] with me[10]? What is that in thine hand[11]? Is[12] in a dream[13] truth? Whose ox[14] have I taken[15]? or[16] whose ass[17] have I taken? or[18] whom have I defrauded[19]? or[18] of whose hand have I received[20] (any) bribe[21]? Is he strong[22] or[23] weak[24]? What is the land* that he dwells[25] in, is it good[26] or bad[26]? is it fat[27] or lean[28]? Is not one[29] father[30] to us all[31], has not one God created us[32]? What did this people do unto thee? Who has done this?

(בֵּן) בְּנִי[1] (בַּת) בִּתִּי[2] שְׁמוֹ[3] עַלְמָה[4] עָשָׂה[5] בָּא[6] אֱדוֹם[7] עָמֵל[8] תִּשְׁלַח[9]
עִמִּי[10] יָדְךָ[11], (יָד hand) יֵשׁ[12] חֲלוֹם[13] שׁוֹר[14] לָקַחְתִּי[15] ו[16] (ו conj.) חֲמוֹר[17]
ו[18] עָשַׁקְתִּי[19] לָקַחְתִּי[20] כֹּפֶר[21] חָזָק[22] ה[23] interrogative רָפֶה[24] * אֶרֶץ is fem.

יֹשֵׁב 25 טוֹב fem. טוֹבָה, רָעָה 26 שְׁמֹנָה 27 רָזָה 28 אֶחָד 29 אָב 30 . 2. 90, §. ,כֹּל 31
with suff. כֻּלּוֹ, כֻּלָּה, בְּרָאנוּ 32 :

CHAPTER V.

OF THE VERB.

§ 25. GENERAL VIEW.

1. The verbs classified with respect to their origin are: *a*. *Primitives*: as מָלַךְ to govern; *b*. *Derivatives*, which are either derived from other verbs: *Verbal Derivatives*: as צִדֵּק to justify, from צָדַק to be just, or are derived from nouns: *Denominatives*: as דִּשֵּׁן to remove the ashes, from דֶּשֶׁן ashes.

2. The groundform or stem of the verb is the third person singular of the preterite: קָטַל he has killed. It regularly consists of three consonants (radicals), the most important vowel of which follows the second radical; in transitive verbs it is Patach: as קָטַל, in intransitives, Tsere or Cholem: as כָּבֵד he was heavy, קָטֹן he was little. The Kamets after the first radical is pretonic and drops when the tone or accent is thrown forward: as קְטַלְתֶּם you have killed.

3. The infinitive construct, קְטֹל to kill, is another groundform and was so considered by the earlier Jewish Grammarians, being called by them שֹׁרֶשׁ root. It consists of the three radicals with only one vowel, after the second.

4. These groundforms are both of great importance, controlling the other forms of the verb derived from them.

NOTE. From the infinitive as the second groundform are derived the imperative and future. In some guttural and irregular verbs, where the infinitive is differently vocalized from the imperative or takes a nominal ending, the future is derived from the latter.

5. The modifications of the simple and primary idea of the root are effected by external variations of the groundform. These variations are threefold:

§ 25. General View. 45

a. Vocalization, or the alteration of the vowels: as שָׁלַח he sends, שִׁלַּח he dismisses.

b. Reduplication, or the doubling of one, and in rare instances of two of the radical sounds: as קִטֵּל = קְטַטֵל, קִטֵּל, סְחַרְחַר fr. סָחַר.

c. Augmentation, or the prefixing of one or two formative consonants: as נִקְטַל, הִקְטִיל, הָקְטַל, הִתְקַטֵּל.

6. These new forms, more properly called *derivations*, having altered not only their external form but also their internal sense, are now generally termed *Conjugations*, in the language of the ancient grammarians בִּנְיָנִים buildings, forms.

7. The ancient grammarians, who employed the verb פעל *to do*, as a paradigm, named the conjugations, according to the various forms derived from this verb, thus:

1. פָּעַל — Păăl, he acted, (now generally קַל).
2. נִפְעַל — Niphal, he was acted upon.
3. פִּעֵל — Piel, he acted vigorously.
4. פֻּעַל — Pual, he was vigorously acted upon.
5. הִפְעִיל — Hiphil, he caused to act.
6. הָפְעַל — Hophal, he was caused to act.
7. הִתְפַּעֵל — Hithpael, he acted upon himself.

These terms have been retained with the exception of the first, which has been supplanted by the equally ancient: קַל light, intimating, that it is the simple original form, without external or internal change, while the other six are כְּבֵדִים grave or heavy i. e. freighted with a weightier meaning, which brings with it a corresponding external change.

§ 26. SIGNIFICATION AND CHARACTERISTICS OF THE CONJUGATIONS.

The Characteristics and the signification of the derived conjugations are:

1. נִפְעַל, *Niphal* is the passive, or often the reflexive or

reciprocal of Kal: as שָׁמַר to keep, Niphal: to be kept, or to keep one's self from.

2. פִּעֵל, *Piel* signifies in general intense action, energy, frequency: שָׁבַר to break, שִׁבֵּר to shatter, שָׁלַח to send, שִׁלַּח to dismiss. It is often the transitive or causative of Kal, when the latter is intransitive: as גָּדַל to be great, to grow, גִּדֵּל to cause to grow: קָדַשׁ to be holy, קִדֵּשׁ to make holy.

3. פֻּעַל, *Pual* is the passive of Piel. The characteristic of both is the doubling of the second radical by Dagesh forte.

4. הִפְעִיל, *Hiphil* signifies causation: to cause another person or thing to do that, which is indicated by the primitive Kal: as כָּתַב to write, הִכְתִּיב to cause to write. If Kal is intransitive, Hiphil signifies only the transitive of Kal: as חָזַק to be strong, Hiphil: to make strong, to strengthen.

5. הָפְעַל, *Hophal* is the passive of Hiphil. The characteristic of both is the prefixed ה and the proper vocalization.

6. הִתְפַּעֵל, *Hithpael* is generally reflexive, sometimes reciprocal: as הִתְקַטֵּל to kill one's self, הִתְרָאָה to look at each other. Rarely has it a passive signification: as הִשְׁתַּכַּח to be forgotten, Ec. 8, 10. הִתְחַמֵּץ to be embittered, provoked to anger, Ps. 73, 21.

Occasionally it denotes to pretend, to feign to be or to do what is denoted by the root, hence it has been called by some the *hypocritical conjugation:* as הִתְעַשֵּׁר to pretend to be rich, Pr, 13, 7. הִתְחַכֵּם to show ones' self wise Ec. 7, 16. Its characteristic is the prefixed syllable הִתְ and the doubling of the second radical by Dag. forte.

NOTE. There are also unusual conjugations: 1. *Poel* as קוֹטֵל, reflexive הִתְקוֹטֵל, fut. יְקוֹטֵל, part. מְקוֹטֵל, fut. pass. יְקוֹטַל. In the regular verbs it occurs very seldom: מְשֹׁפְטִי my judge, Job 9, 15. שֹׁרֵשׁ to take root Is. 40, 24. In verbs ע"ע it is frequent: as הוֹלֵל, סוֹבֵב, חוֹנֵן. 2. Pilel, Pulal, Hithpalel, especially when the second radical is a guttural: as שַׁאֲנַן to be at rest, רַעֲנַן to be green. 3. Pealal (the two last letters being repeated) as סְחַרְחַר to beat quick, to palpitate, from סָחַר to go about. 4. Pilpel, formed from a *biliteral* root by doubling both radical letters: as כִּלְכֵּל to sustain, nourish. צִלְצֵל to tinkle, עִפְעֵף to flutter.

§ 27. INFLECTION.

The different derivative forms or conjugations are inflected, to indicate the various grammatical conditions of *Tense*, *Mood*, *Gender*, *Number* and *Person*.

a. The Tenses (זְמַנִּים) are two: *Preterite* (עָבָר) and Future (עָתִיד).

b. Moods: Two forms of the Infinitive (מָקוֹר fountain), an *absolute* and a *construct*; an Imperative צִוּוּי (command), excepting in Pual and Hophal as pure passives; two *Participles*, [בֵּינוֹנִי (middle) or הֹוֶה („being,") Part. of the verb הָיָה to be], a Part. active (פּוֹעֵל), a Part. passive (פָּעוּל), as derived nominal forms.

c. Two Numbers: Singular (יָחִיד alone, single), Plural (רַבִּים many).

d. Three Persons: I. P. (מְדַבֵּר בַּעֲדוֹ speaking for himself), II. P. (נִמְצָא present), III. P. (נִסְתָּר concealed, hidden).

e. Two Genders: Masculine (זָכָר a male), Feminine (נְקֵבָה a female).

§ 28. CLASSES.

1. The verbs are divided into *regular* or *perfect* and *irregular* or *imperfect* verbs. Regular שְׁלֵמִים (perfect) are those, of which the three radicals undergo no change and always remain *audible*.

The regular verbs include the gutturals: i. e. verbs of which one or more radicals are of the אהחער, the changes which they suffer affecting the vowels only, not the radicals.

2. The irregular are divided into חֲסֵרִים *Defective*, נָחִים *Quiescent* and כְּפוּלִים *Reduplicate*.

Defective verbs in some forms drop one or more of their

radical letters. Quiescents have one of the half vowels אהוי as radicals, which in some forms either drop or quiesce. Reduplicates have for the two last radicals similar letters.

3. From the old example פָּעַל, of which the *first* letter is פ, the *second* ע, the *third* ל, those, the first letter of which quiesces or drops, were called חַסְרֵי פ' or נָחֵי פ' i. e. defective or quiescent in פ, those, the second letter of which quiesces, נָחֵי ע' i. e. quiescent in ע, and those in which the third is quiescent, נָחֵי ל' i. e. quiescent in ל. Thus נָגַשׁ is called פ"נ i. e. the פ or the first radical is נ; סוּר = ע"ו i. e. the ע or the second radical is ו; גָּלָה = ל"ה i. e. the ל or the third radical is ה; סבב is called ע"ע i. e. double ע, its second and third radicals being the same.

CHAPTER VI.

THE REGULAR VERB.

EXPLANATION OF THE SECOND PARADIGM.

§ 29. THE PRETERITE (עָבָר).

1. The principal vowel stands after the second radical. In the transitive verb it is Patach, in the intransitive Tsere or Cholem. For the sake of brevity the former are called: *Verbs middle A*, as קָטַל, the latter: *Verbs middle E*, as חָפֵץ to incline, to delight in, and *middle O*, as יָכֹל to be able, can.

2. The Kamets in the first syllable is *pretonic* (§ 14 Rejection 1) and drops when the tone or accent is thrown forward: as קְטַלְתֶּם ye have killed.

3. The conditions of Person, Number and Gender are indicated in the preterite by attaching at the end fragments of the personal pronouns, which are called: *Afformatives*. (§ 15, 2. Note).

4. The afformatives of the preterite are:

Person:	1.			2.		3.
			m.	תָּ		—
Singular.	תִּי	com.	f.	תְּ	f.	ָה
			m.	תֶּם		
Plural.	נוּ	com.	f.	תֶּן	com.	וּ

5. The vowel in the second syllable: ָ, ֵ, ֹ drops in the third person fem. and plur.: as קָטְלָה, קָטְלוּ (§ 14 Rejection 3).

With a pause accent it is restored: as קָטָלָה, חָפֵצָה, יָכֹלָה (§14 Rising II).

6. The verbs middle E. generally lose the sound ֵ in their inflection: as חָפֵץ, חָפַצְתָּ.

The verbs of middle O retain the Cholem in the second sing. and first persons: as יָכֹלְתָּ, יָכֹלְתִּי.

In those cases, however, where the tone is shifted, Cholem changes into Kamets-Chatuph: as יְכָלְתֶּם.

7. Verbs ending with ת suffer a rejection of the ת before the afformatives beginning with ת: as כָּרַתָּ for כָּרַתְתָּ, from כָּרַת, כָּרַתִּי, כְּרַתֶּם (§ 12, 6. B. 1.)

8. In combinations with the afformatives תָּ, תְּ, נוּ the word is Milel, otherwise Milra: as קָטַלְתָּ, קָטְלָה, קְטַלְתֶּם. (§ 9, 12. II. m.).

9. Syntactical rules § 100.

Exercise 40.

מַה־גָּדְלוּ[1] מַעֲשֶׂיךָ[2] יְהוָה מְאֹד[3] עָמְקוּ[4] מַחְשְׁבוֹתֶיךָ[5]: יְהוָה
מִקּוֹלְךָ[6] נָדְדוּ[7] עַמִּים: אִם[8] חָכַמְתָּ[9] חָכַמְתָּ לָּךְ: נְמָלָה[10]
אָגְרָה[11] בַקָּצִיר[12] מַאֲכָלָהּ[13]: זָכַרְנוּ[14] אֶת־הַדָּגָה[15] אֲשֶׁר
אָכַלְנוּ[16]: צֹר[17] אַתְּ אָמַרְתְּ[18] אֲנִי כְּלִילַת יֹפִי[19]: מִי אָמַר
פָּעַלְתָּ[20] עַוְלָה[21]: כָּשְׁלָה[22] בִרְחוֹב[23] אֱמֶת: שָׁמַרְתִּי[24] פִקּוּדֶיךָ[25]:

לֹא־אַתֶּם שְׁלַחְתֶּם[26] אֹתִי הֵנָּה[27] כִּי[28] הָאֱלֹהִים׃ שָׁאוּל[29] לָכַד[30]
הַמְּלוּכָה[31] עַל־יִשְׂרָאֵל׃ קָטֹנְתִּי[32] מִכֹּל הַחֲסָדִים[33]׃ אֶרֶץ נָתְנָה[34]
יְבוּלָהּ[35]׃ דָּרַשְׁתִּי[36] אֶת־יְהוָה׃ יָכֹלְתָּ[37] עֲמֹד[38]׃ וְלֹא יָכֹל מֹשֶׁה
לָבוֹא[39] אֶל־אֹהֶל מוֹעֵד[40] כִּי[41] שָׁכַן[42] עָלָיו הֶעָנָן[43] וּכְבוֹד[44] יְהוָה
מָלֵא[45] אֶת־הַמִּשְׁכָּן[46]׃ כָּזֹאת וְכָזֹאת יָעַץ[47] אֲחִיתֹפֶל[48] אֶת־
אַבְשָׁלוֹם[48] וְכָזֹאת וְכָזֹאת יָעַצְתִּי אָנִי׃

to be great[1] work[2] very[3] to be deep[4] thought[5] voice[6] to flee[7] if[8] to be or become wise[9] ant[10] to gather[11] harvest[12] food[13] to remember[14] fish[15] to eat[16] Tyre[17] to say[18] the perfection of beauty[19] to work[20] iniquity[21] to fall[22] street[23] to keep[24] precept[25] to send[26] hither[27] but[28] Saul[29] to take[30] rule, dominion[31] to be too little[32] mercy[33] to give[34] the produce[35] to seek[36] to be able[37] to endure[38] to enter[39] the tent of the congregation[40] because[41] to rest[42] cloud[43] the glory of[44] to fill[45] dwelling, Tabernacle[46] to counsel, to advice[47] n. p. m.[48].

EXERCISE 41.

Rachel[1] stole[2] the images[3]. Why[4] hast thou sold[5] thy horse? Jacob[6] rent[7] his clothes[8]. A dream[9] I dreamed[10]. Why have you not sent[11] a messenger[12] to our father[13]? The woman dipped[14] the bread[15] in[16] vinegar[17]. Ruth[18] gleaned[19] ears[20] in the field. Our enemies[21] took[22] our city (f.) and all its men they killed[23] with[16] the sword[24]. Why did you laugh[25]? (fem.) They have not kept[26] the covenant of God. We loved[27], I loved. Thou wast able[28], you were able. I slept[29], Ye slept (fem.), thou hast cut[30], I have cut, Ye have cut. The Hebrews[31] went over[32] Jordan[33]. Jacob gave[34] Esau[35] bread and pottage[36] of lentils[37]. Sacrifice[38] and offering[39] thou didst not desire[40], burnt offering[41] and sin offering[42] hast thou not required[43].

רָחֵל 1 גָּנַב 2 תְּרָפִים 3 (pl.) לָמָּה 4 מָכַר 5 יַעֲקֹב 6 קָרַע 7 בְּגָדִים 8 (pl.) חֲלוֹם 9
חָלַם 10 שָׁלַח 11 מַלְאָךְ 12 אָב, with suff. אָבִי 13 טָבַל 14 לֶחֶם 15 בְּ 16 חֹמֶץ 17
רוּת 18 לָקַט 19 שִׁבֳּלִים 20 (pl.) אֹיְבִים 21 לָכַד 22 הָרַג 23 חֶרֶב 24 (in Pause! §. 14
Lengthening 4) צָחַק 25 שָׁמַר 26 אָהַב 27 יָכֹל 28 יָשֵׁן 29 כָּרַת 30 עִבְרִים 31 (pl.) עָבַר 32
יַרְדֵּן 33 נָתַן 34 עֵשָׂו 34 נָזִיד 35 עֲדָשִׁים 37 (pl.) זֶבַח 38 מִנְחָה 39 חָפֵץ 40 עוֹלָה 41
חַטָּאָה 42 שָׁאַל 43 (in pause) :

§ 30. THE INFINITIVE.

1. The second groundform is the Infinitive קְטֹל to kill. It is called *construct*, because it is always connected with the Prefixes בכלם, or with a following noun: as אֱרֹב דָּם to lie in wait for blood. With the prefixes: as בִּקְטֹל in killing, כִּקְטֹל as killing, לִקְטֹל to kill, מִקְּטֹל from killing.

2. The בכ״ל are regularly vowel ess; the Chirek here is a helping vowel. The Dagesh after the מ is for the assimilated ן, מִקְּטֹל for מִן קְטֹל. Of בכ״ל the ל is most closely connected, so that the following Sh'va is silent, while the Sh'va after ב and כ are vocal: as לִנְ·פֹּל, but בִּ·נְפֹל, כִּ·נְפֹל. (§ 11, 7.)

3. The Cholem is shortened before Makkef: as מְשָׁל־בָּנוּ.

4. The Infinitive has a form with Patach of but rare occurrence: as שְׁכַב to lie down, שְׁפַל to be humiliated. Sometimes it is lengthened by ָ־ה: as לְקָרְבָה to approach.

5. The second form of the Infinitive is the *Inf. absolute* קָטוֹל, with immutable Cholem. It is used *before* or *after* finite verbs to indicate continued action, energy, intensity: הָלְכוּ הָלוֹךְ וְגָעוֹ they went, going on and lowing, שָׁמוֹר תִּשְׁמְרוּ ye shall diligently keep.

6. Syntactical rules § § 105, 106.

Exercise 42.

לָבָן הָלַךְ לִגְזֹז[1] אֶת־צֹאנוֹ׃ הוֹי[2] גִּבּוֹרִים לִמְסֹךְ[3] שֵׁכָר[4]׃
פָּקֹד[5] פָּקַדְתִּי אֶתְכֶם׃ שָׁמוֹר אֶת יוֹם הַשַּׁבָּת[6]׃ טָעֹם[7] טָעַמְתִּי
בִּקְצֵה[8] הַמַּטֶּה[9] אֲשֶׁר־בְּיָדִי מְעַט[10] דְּבַשׁ[11]׃ עֵת[12] סְפוֹד[13] וְעֵת
רְקוֹד[14]׃ כִּנְפוֹל[15] לִפְנֵי בְנֵי[16]־עַוְלָה נָפָלְתָּ׃ אֲהָהּ[17] אֲדֹנָי[18]
אֱלֹהִים הֲמָאֹס[19] מָאַסְתָּ אֶת־יְהוּדָה׃ כָּרֹם[20] לָרָעֵב[21] לַחְמֶךָ[22]׃
יָרַדְתִּי[23] לְגַנִּי[24] לִלְקֹט[25] שׁוֹשַׁנִּים[26] בִּימֵי[27] שְׁפֹט[28] הַשֹּׁפְטִים[29]׃

נֹעֵר[30] כַּפָּיו[31] מִתְּמֹךְ[32] בַּשֹּׁחַד[33]: לֹא־נָאוֶה לִכְסִיל תַּעֲנוּג[34] אַף כִּי[35]־לְעֶבֶד[36] מְשֹׁל[37] בְּשָׂרִים:

shear[1] ho! wo[2]! mix[3] strong drink[4] to think of[5] sabbath[6] to taste[7] with the end of[8] rod[9] a little[10] honey[11] time[12] to lament[13] to leap[14] to fall[15] sons of[16] ah! alas[17]! Lord[18] to reject[19] to break assunder[20] a hungry one[21] thy bread[22] to go down[23] garden[24] to gather[25] lilies[26] the days of[27] to judge[28] judges[29] he that shaketh[30] hand[31] to hold[32] מִ here includes negation § 106, 2. bribe[33] good cheer, delight[34] much less[35] slave, servant[36] to rule[37].

EXERCISE 43.

God made[1] the sun[2] and the moon[3] to rule[4] over[5] the day and over the night. I hired[6] a reaper[7] to reap[8] the wheat[9] and a builder[10] to repair[11] the house. They have slaughtered[12] an ox to sell its meat[13]. He gave me raiment[14] to put on[15]. I have rejected[16] thee that thou shouldst not reign[17] (from reigning) (§ 106, 2.) over[18] them. The Lord said[19] that He would dwell[20] (tr. to dwell) in the thick[21] cloud[21]. The man went out[22] to lie[23] on[24] his couch[25].

עָשָׂה[1] שֶׁמֶשׁ[2] יָרֵחַ[3] מָשַׁל[4] בְּ[5] שָׂכַר[6] קוֹצֵר[7] קָצַר[8] חִטָּה[9] בֹּנֶה[10] בָּדַק[11] טָבַח[12] בְּשָׂרוֹ[13] בֶּגֶד[14] לָבַשׁ[15] מָאַס[16] מָלַךְ[17] עַל[18] (with plur. suff.) אָמַר[19] שָׁכַן[20] עֲרָפֶל[21] יָצָא[22] שָׁכַב[23] בְּ[24] מִשְׁכָּב[25]:

§ 31. THE FUTURE.

1. The future is formed from the second groundform קְטֹל by prefixing the preformatives אֵיתָן, which are originally vowelless, and receive the helping vowel Chirek. א receives Seghol. (§ 14. Rising I. a.)

2. The preformatives אֵיתָן indicate the personal relation, while the afformatives determine the relations of Gender and Number.

3. The preformatives and the afformatives of the future are:

Person:		1.		2.		3.
Sing.	com.	א	m.	ת	m.	י
			f.	ת—י	f.	ת
Plur.	com.	נ	m.	ת—ו	m.	י—ו
			f.	ת—נָה	f.	ת—נָה

§ 31. The Future. 53

4. The Cholem in the second syllable generally is only to be found in the transitive verbs (middle A), whilst the verbs middle E and O regularly have Patach: as יִגְדַּל from גָּדַל to be or become great, יִכְבַּד from כָּבֵד to be honored, יִקְטַן from קָטֹן to be little, small. Before Makkef, Cholem is changed into Kamets-Chatuph: as וַיִּכְתָּב־שָׁם and he wrote there.

5. The vowel of the last syllable which drops before the afformatives commencing with a vowel (§ 14, Rejection 3.), is regularly restored in pause. The restored vowel requires the tone and lengthens its restored A vowel (Patach) into Kamets: as תִּקְטְלִי, but תִּקְטֹלִי, יִגְדְּלוּ, but יִגְדָּלוּ they will be great.

6. The forms ending in וּ or ִי have occasionally, especially at the end of a period, a paragogic ן. (§ 12. 6. C.) In this last case the vowel of the second syllable is restored: as תִּדְבְּקִי, but תִּדְבָּקִין, יִרְגְּזוּ, but יִרְגָּזוּן.

7. The form תִּקְטֹלְנָה often appears without the ה; as וַתֹּאמַרְןָ.

8. Syntactical rules, see § 101.

Exercise 44.

בְּאֵין[1] נִרְגָּן[2] יִשְׁתֹּק[3] מָדוֹן[4]: יְהוָֹה יְסַפֵּר[5] עַמִּים: עַד־מָתַי[6]
תִּשְׁפְּטוּ עָוֶל[7]: עַד־מָתַי עָצֵל תִּשְׁכָּב[8]: אִם־יְהוָֹה לֹא־יִשְׁמָר־עִיר
שָׁוְא[9] שָׁקַד[10] שׁוֹמֵר[11]: לֹא אֶמְשֹׁל[12] אֲנִי בָּכֶם וְלֹא־יִמְשֹׁל בְּנִי
בָּכֶם יְהוָֹה יִמְשֹׁל בָּכֶם: מַה־יִּצְדַּק[13] אֱנוֹשׁ[14] עִם[15]־אֵל: עָשִׁיר[16]
בְּרָאשִׁים[17] יִמְשֹׁל: כַּיהוָֹה אֱלֹהֵיכֶם תִּדְבָּקוּ[18]: לֹא־תִגְנֹב[19]:
אַל[20] תִּגְזָל[21]־דָּל[22]: זֹרֵעַ[23] עַוְלָה יִקְצָר[24]־אָוֶן[25]: יַד חָרוּצִים[26]
תִּמְשֹׁל: יְשָׁרִים[27] יִשְׁכְּנוּ[28] אָרֶץ: עִם הַנְּעָרִים[29] אֲשֶׁר לִי
תִּדְבָּקִין[30]: שָׁמוֹר תִּשְׁמְרוּן אֶת־מִצְוֹת[31] יְהוָֹה אֱלֹהֵיכֶם: אַל־
תִּשְׂמְחִי[32] בַּת[33]־אֱדוֹם[34]: שֵׁם רְשָׁעִים[35] יִרְקָב[36]: כְּסִיל יִפְרֹשׂ[37]

אִוֶּלֶת[38]: זֶרַע וְקָצִיר וְקֹר[39] וָחֹם[40] וְקַיִץ וָחֹרֶף[41] וְיוֹם וָלַיְלָה לֹא יִשְׁבֹּתוּ[42]:

without[1] tattler[2] to cease[3] strife[4] to count[5] how long[6] injustice[7] to lie down, to sleep[8] in vain[9] to wake, to watch[10] the keeper, watchman[11] to rule[12] to be just[13] man[14] with[15] rich[16] poor[17] to cleave[18] to steal[19] not[20] to rob[21] poor[22] he that soweth[23] to reap[24] vanity[25] the diligent[26] upright[27] to dwell[28] young men[29] to keep fast[30] commandments[31] to be joyful[32] daughter[33] Edom[34] unrighteous, a sinner[35] to decay or perish quickly[36] to spread out, to extend[37] folly[38] cold[39] warmth, heat[40] autumn, harvest, frequently including (as here) the winter[41] to cease[42].

EXERCISE 45.

In that day shall be great[1] the mourning[2] in Jerusalem[3]. The Lord shall judge[4] the world[5] in righteousness[6]. In those days[7] I will pour out[8] my spirit[9] upon[10] all flesh[11]. Do ye thus[12] requite[13] the Lord[14]? The work shall be heavy[15] upon[16] the men. Of thee[17] she will require[18] the blood[19] of her brother[20], for[21] thou hast killed[22] him. I shall make[23] a covenant with[24] you, for you are my people[25], that I have chosen[26].

גָּדַל1 מִסְפֵּד2 יְרוּשָׁלַיִם3 שָׁפַט4 תֵּבֵל5 צֶדֶק6 יָמִים7 שָׁפַךְ8 רוּחַ9 עַל10
בָּשָׂר11 זֹאת12 גָּמַל13 seldom as here with ל עֲבֹדָה14 fem. כָּבֵד15 עַל16
trasl. at thy hand17 דָּרַשׁ18 דָּם19 אָח20 (with suff. אָחִי) כִּי21 קָטַל22 כָּרַת23
אֵת, (אִתִּי)24 עַם25 (with suff. עַמִּי) בָּחַר26.

§ 32. THE LENGTHENED FUTURE OR OPTATIVE.

1. The first persons in Sing. and Plur. of all the active future tenses are frequently lengthened by the syllable ָה, seldom ֶה, which has the tone and affects the final vowel of the future, in the same manner as the afformatives ו and ִי: as אֶקְטְלָה, נִקְטְלָה.

2. The lengthened form has the signification of the optative and expresses *self excitation, purpose, direction of the will:* as נִשְׂמְחָה let us be joyful! —

NOTE. In a few instances it is found attached to other persons: Is. 5, 19. Ez. 23, 20, Ps. 20, 4. (with ֶה).

§ 32. The lengthened Future or Optative. 55

Exercise 46.

אֶלְמְדָה[1] מִצְוֹתֶיךָ: אֶקְבְּרָה[2] אֶת־מֵתִי[3] שָׁמָּה[4]: נִדְרְשָׁה[5] אֶת־יְהוָה: נִקְרְבָה[6] הֲלוֹם[7] אֶל־הָאֱלֹהִים: אֶקְבְּצָה[8] מִיִּשְׂרָאֵל רָאשִׁים[9]: הַאֵין פֹּה[10] נָבִיא[11] עוֹד[12] וְנִדְרְשָׁה[13] מֵאֹתוֹ: אֶשְׁמְרָה לְפִי[14] מַחְסוֹם[15]: נִשְׁמְרָה דֶּרֶךְ יְהוָה: עַל־זֹאת[16] אֶסְפְּדָה[17]: בֹּאוּ[18] וְנִבְרְכָה[19] לִפְנֵי יְהוָה:

to learn[1] to bury[2] a dead person[3] thither[4] to seek[5] come near, approach[6] hither[7] to gather[8] heads, chiefs[9] here[10] prophet[11] further, besides[12] to ask, inquire[13] mouth[14] a muzzle[15] therefore[16] to wail[17] come[18] to bend the knee[19].

Exercise 47.

Let us keep the testimony[1] of thy mouth[2]. I may keep thy precepts[3]. Let us make a covenant, I and thou. I will pursue[4] after[5] David[6]. I will forget[7] my complaint[8]. Let us send[9] a letter[10] unto the king of Israel. I will remember[11] these things[12] and I will pour out my soul[13] in me[14]. I will make[15] with[16] you an everlasting covenant[17]. At[18] thy hand I will require[19] the flock[20] of my father.

עֵדוּת[1] פֶּה[2] (with suff. פִּי) פִּקּוּדִים[3] רָדַף[4] אַחֲרֵי[5] דָּוִד[6] שָׁכַח[7] שִׂיחַ[8] שָׁלַח[9] סֵפֶר[10] זָכַר[11] אֵלֶּה[12] נַפְשִׁי[13] עַל[14] (with pl. suff.) כָּרַת[15] לְ[16] בְּרִית עוֹלָם[17] מִן[18] (prefix) דָּרַשׁ[19] צֹאן[20]:

§ 33. VAV CONVERSIVE.

1. The preterite when connected by ו with a preceding verb in the *future* or *imperative* is made dependant upon this verb, and its time is thereby seemingly changed — it receiving a future meaning.

Vice versa the future when connected by ו with a *past tense* either expressed or understood, receives the signification of the preterite. See § 102. 1. 2. 3. 4.

2. This ו is called *Vav Conversive* (וָו הַהִפּוּךְ). Prefixed to the preterite it is the simple וְ or וּ conjunctive: as אָמַר he said, וְאָמַר and he will say, פָּעַל he made, וּפָעַל and he will make. Prefixed to the fut. it has Patach

and following Dagesh, before א Kamets (§ 14, II. 2.): as יִשְׁמֹר be will keep, וַיִּשְׁמֹר and he kept, וָאֶשְׁמֹר and I kept.

3. The pret. with Vav conv. removes the accent in the first and second person sing. to the ultimate syllable: as קָטַ֫לְתִּי, but וְקָטַלְתִּ֫י, אָמַ֫רְתָּ, but וְאָמַרְתָּ֫.

4. The fut. with vav conv. suffers the removal of its accent from the ultima to the penult, and consequently the last long vowel is changed into a short one. This rule, however, can never be applied to the fut. Kal of the *regular* verbs, because the penult here is always a closed syllable, § 9, 12, r. *General exception to this rule:* When the third radical is א, or the accent is a principal distinctive.

5. Syntactical rules, § 102.

EXERCISE 48.

וַיֹּאמֶר שָׁאוּל לָעָם אֲשֶׁר אִתּוֹ פִּקְדוּ[1]־נָא[2] וּרְאוּ[3] מִי הָלַךְ
מֵעִמָּנוּ[4] וַיִּפְקְדוּ וְהִנֵּה אֵין יוֹנָתָן[5] וְנֹשֵׂא[6] כֵלָיו[7]: וַיִּשְׁלַח[8] יוֹנָתָן
אֶת־קְצֵה[9] הַמַּטֶּה אֲשֶׁר בְּיָדוֹ וַיִּטְבֹּל[10] אוֹתָהּ בְּיַעְרַת[11] הַדְּבָשׁ:
וְהָיָה עֵקֶב[12] תִּשְׁמְרוּן אֵת הַמִּשְׁפָּטִים[13] הָאֵלֶּה וְשָׁמַר יְהוָֹה לָכֶם
אֶת־הַבְּרִית אֲשֶׁר כָּרַת[14] עִמָּכֶם: צֶדֶק[15] צֶדֶק תִּרְדֹּף[16] וְיָרַשְׁתָּ[17]
אֶת־הָאָרֶץ אֲשֶׁר־יְהוָֹה אֱלֹהֶיךָ נֹתֵן לָךְ: וַיִּמְשְׁכוּ[18] אֶת־יוֹסֵף[19]
מִן הַבּוֹר: וַיִּטְבְּלוּ אֶת־הַכְּתֹנֶת[20] בַּדָּם[21]: עֵינֶיךָ[22] בַּשָּׂדֶה אֲשֶׁר
יִקְצֹרוּן וְהָלַכְתְּ אַחֲרֵיהֶן[23]: וַיִּפְקֹד דָּוִד אֶת־הָעָם אֲשֶׁר אִתּוֹ:
וַיִּתְקַע[24] יוֹאָב[25] בַּשּׁוֹפָר[26]: וְהַמֶּלֶךְ לָעַט[27] אֶת־פָּנָיו[28] וַיִּזְעַק[29]
הַמֶּלֶךְ קוֹל גָּדוֹל[30] בְּנִי אַבְשָׁלוֹם[31] אַבְשָׁלוֹם בְּנִי בְנִי: דָּבָר שָׁלַח
אֲדֹנָי בְּיַעֲקֹב[32] וְנָפַל[33] בְּיִשְׂרָאֵל[32]: יְהוָֹה יִהְיֶה[34] בְכִסְלֶךָ[35] וְשָׁמַר
רַגְלְךָ מִלָּכֶד[36]: אִם תִּשְׁכַּב לֹא־תִפְחָד[37] וְשָׁכַבְתָּ וְעָרְבָה[38]
שְׁנָתֶךָ[39]:

number[1] interj: denoting respectful entreaty[2] and see[3] from us[4] n. p. m.[5] the bearer of[6] arms[7] to put forth[8] the end of[9] to dip[10] (honey) twig, honeycomb[11] because[12] judgments[13] to cut[14], כָּרַת בְּרִית to make a covenant (from the ancient custom of cutting up victims on such occasions.) justice, righteousness[15] to pursue[16] to inherit[17] to draw[18] n. p. m.[19] coat[20] blood[21] eyes[22] after[23] to blow[24] n. p. m.[25] trumpet[26] to wrap around, to muffle[27] face[28] to cry, to lament[29] great, loud[30] n. p. m.[31] בְּ into, upon; n. p. m.[32] to fall[33] shall be[34] strength, support[35] capture, noose[36] to be in dread[37] to be sweet[38] thy sleep[39]. * § 96, 3. 2.

Exercises 48.

And[1] God remembered his covenant with[2] Abraham. And[1] Abraham weighed[3] to Ephron[4] the silver[5]. And I hewed[6] two[7] tables[8] of stone[9], and he wrote[10] on[11] the tables the[13] ten[12] commandments[13]. And[1] a mighty[15] king shall stand up[14] and he shall rule (with) great[16] dominion[17]. And[1] Moses[18] wrote this law. And[1] Rachel stole the images[19] that (belonged) to her father. Hear[20], O Israel, the Lord, our God[21], the Lord is one[22]. And[1] thou shalt love[23] the Lord thy God. If[24] God will be[25] with me[26], and[1] will keep[27] me in this way[28], and[1] will give[29] me bread[30], then[31] will I serve[32] him forever[33]. God shall send[34] his angel[35] before[36] thee, and thou shalt take[37] a wife[38] to my son[39] from thence[40].

1 Connect „and“ with the verb! 2 אֶת 3 שָׁקַל 4 עֶפְרוֹן 5 כֶּסֶף 6 פָּסַל 7 שְׁנֵי־ 8 לֻחֹת
9 אֲבָנִים (stones) 10 כָּתַב 11 עַל 12 עֲשֶׂרֶת 13 הַדְּבָרִים; connect the article! 15 גִּבּוֹר,
after the noun! cf. §. 90, 2. עָמַד, 14 stand up 16 רַב 17 מִמְשָׁל cf. §. 90, 2. 18 מֹשֶׁה
19 תְּרָפִים 20 שְׁמַע 21 אֱלֹהִים 22 אֶחָד 23 אָהַב 24 אִם 25 יִהְיֶה 26 עִמָּדִי 27 שָׁמַר
28 דֶּרֶךְ 29 נָתַן 30 לֶחֶם 31 ו (vav Conv.) 32 עָבַד 33 לְעוֹלָם 34 שָׁלַח [fut. A.] 35 מַלְאָךְ
36 לִפְנֵי [with plur. suff. לְפָנַי etc.] 37 לָקַח 38 אִשָּׁה 39 בֵּן [with suff. בְּנִי etc.] 40 שָׁם:

§ 34. THE IMPERATIVE.

1. The imperative belongs to the second groundform: the infin. const., and in most instances is identical with it in form; as קְטֹל Inf. const. and קְטֹל Imp.

2. The verbs with A in the fut. retain the same in the imp.: as fut. יִשְׁכַּב he will lie down, יִלְבַּשׁ he will be clothed, Imp. שְׁכַב, לְבַשׁ.

3. The Chirek in the f. sing. and m. plur. is called by

the ancient grammarians תְּנוּעָה קַלָּה light vowel, its sound, originated from Sh'va, being so lightly passed over, that it cannot form a closed syllable with the following Sh'va, hence רִדְפוּ, read: ri-d'fu and not rid-fu, עִ·רְכוּ (§ 11, 7.).

4. To the imp. is annexed very often the paragogic ־ָה, expressive of wish and entreaty, emphasis. With paragogic ־ָה the form קְטֹל becomes קָטְלָה, the form קְטַל becomes קִטְלָה: as שְׁמֹר, שָׁמְרָה; שְׁכַב, שִׁכְבָה.

5. Before Makkef the Cholem is changed into Kamets-Chatuph: as דְּרָשׁ־נָא enquire, I pray thee. שְׁפָט־צֶדֶק judge righteously.

6. In pause the dropped vowels O or A in the forms קְטֹלִי, קְטֹלוּ return: as מִשְׁפַּט אֱמֶת שְׁפֹטוּ execute true judgment.

7. After the imp. and fut. if the latter be lengthened (optat.), נָא is often put, as a particle of incitement and entreaty: I pray thee! (the German: doch! the Latin: dum with the imp. or quaeso, age.): as שְׁלַח־נָא יָדְךָ put forth thy hand. אֵרְדָה־נָּה I will go down.

8. Syntactical rules. § 104.

EXERCISE 50.

טְבֹלִי פַּת[1] בַּחֹמֶץ[2]: שִׁפְטוּ דַל וְיָתוֹם[3]: חֶסֶד[4] וּמִשְׁפָּט שְׁמֹר:
זֹאת זָכְרָה לִי יְהוָֹה לְטוֹבָה[5]: שָׁמְרָה זֹאת לְעוֹלָם[6]: אֶת־יְהוָֹה
הַגָּדוֹל[7] וְהַנּוֹרָא[8] זְכֹרוּ: לִקְטוּ אֲבָנִים[9]: נְצֹר[10] לְשׁוֹנְךָ[11] מֵרָע[12]:
כִּתְבוּ[13] לָכֶם אֶת־הַשִּׁירָה[14] הַזֹּאת: זָכוֹר כִּי עָפָר אֲנָחְנוּ:
שִׁמְעוּ[15] דְּבַר[16] יְהוָֹה: דִּרְשְׁנָה נָשִׁים[17] אֶת־יְהוָֹה: נִצְּרִי מִצְוַת[18]
אִמֵּךְ[19]: סִפְרִי הַכּוֹכָבִים: כִּרְתוּ[20] עֵץ[21] וְשִׁפְכוּ[22] עַל[23] הָעִיר
סֹלְלָה[24] חִזְקוּ[25] וְאִמְצוּ[26]: שִׁלְחָה הַנַּעַר[27] אִתִּי: שְׁמָר[28]־תָּם[20]
וּרְאֵה[30] יָשָׁר כִּי־אַחֲרִית[31] לְאִישׁ שָׁלוֹם: שִׂמְחוּ צַדִּיקִים בַּאדֹנָי:
שִׁכְבִי עַד הַבֹּקֶר: עִבְרוּ[32] מְהֵרָה[33] אֶת־הַמַּיִם כִּי־כָכָה יָעַץ[34]

עֲלֵיכֶם[34] אֲחִיתֹפֶל[35]: וַתִּקְרָא[36] אִשָּׁה חֲכָמָה[37] מִן־הָעִיר שִׁמְעוּ
שִׁמְעוּ אִמְרוּ־נָא אֶל־יוֹאָב קְרַב עַד־הֵנָּה: דִּרְשׁוּ טוֹב וְאַל־רָע:

morsel, sc. of bread[1] vinegar[2] orphan[3] mercy[4] for good[5] for ever[6] great[7] terrible[8] stones[9] keep[10] tongue[11] evil[12] to write[13] song[14] to hear[15] the word of[16] women[17] the commandment of[18] mother[19] to hew[20] tree[21] to cast[22] against[23] a mound, rampart[24] to be strong[25] to be courageous[26] boy, youth[27] to mark[28] the perfect (man)[29] behold[30] the end[31] to pass over[32] quickly, hastily[33] to advise, with עַל against one[34] n. p. m.[35] then cried[36] wise[37]. (f.)

EXERCISE 51.

Flee[1] (pl. m.) from this place. Write (pl. f.) a letter to the king. Keep (sing. f.) the word of[2] the Lord. Seek[3] (pl. m.) the Lord. Seek (sing. f.). Seek (pl. f.). Seize[4] (pl. m.) the prophets of[5] Baal[6]. Shut[7] (pl. f.) the door[8]. Keep (paragog.) this (f.) forever[9]. Preserve[10] (paragog.) my soul[11], for pious[12] I (am). Remember (parag.) this (f.) my God! Stretch[13] out[13] thy hand towards* Him. Send (parag. fut. A.) me, I pray thee, one[14] of the young men[15]. Offer[16] unto God thanksgiving[17]. Sacrifice[18] (pl. m.) to your God in the land! Trust[19] in[20] the Lord with[21] all thine heart[22]. Remember (following Makkef!) I pray thee, the word[23] of thy father.

בְּרַח[1] דְּבַר[2] דָּרַשׁ[3] תָּפַשׂ[4] נְבִיאֵי[5] בַּעַל[6] סָגַר[7] דֶּלֶת[8] לְעוֹלָם[9] שָׁמַר[10]
נַפְשִׁי[11] חָסִיד[12] פָּרַשׂ[13], אֶל *with pl. suff. אֶחָד[14] נְעָרִים[15] זָבַח[16] [fut. A.]
תּוֹדָה[17] זָבַח[18] בָּטַח[19] [fut. A.] אֶל[20] בְּ[21] לֵב[22] [with suff. לִבִּי] דְּבַר[23].

§ 35. THE PARTICIPLE.

1. The participles are formed from the first ground-form (the preterite). Kal has two participles, one active and one passive. In the act., the first radical takes וֹ or ֹ, the second ֵ; in the pass., the pretonic Kamets remains (in sing. masc.), and וּ (or sometimes, in order to form pass. substantives ִי § 56, 3.) is inserted between the two last radicals: קָטוּל killed; אָסוּר fettered, אָסִיר a prisoner.

2. The participle involves in its signification the person or thing to which the action is attributed: as שֹׁמֵר keeping, properly one that keeps, or a keeper, אֹהֵב a loving person,

friend, אָהוּב a beloved person. The participle thus having the character of a noun is treated as such: receiving the article: as הָאֹהֵב, and possessing the same terminations of gender and number. (§ 57, § 58).

3. The part. preceded by the personal pronoun expresses present time: as אָנֹכִי הֹלֵךְ I go.

4. קֹטֵל (or קוֹטֵל) is the regular participle of the verbs middle A, like קָטַל; the participles of the verbs middle E and O are identical in form with the pret.: as זָקֵן (to be or grow old) pret., זָקֵן part. יָגֹר (to fear) pret., יָגֹר or יָגוֹר part.

5. Sometimes poetically, the old union-syllable ִי is appended to the st. const. m. and f. of the part. act.: as שֹׁכְנִי סְנֶה the inhabitant of the thorn-bush. 5. Mos. 33, 16. הַהֹפְכִי הַצּוּר who changes the rock; Ps. 114, 8. יֹשְׁבִי Ps. 123, 1. אֹסְרִי 1. Mos. 49, 11. אֹהַבְתִּי Hos. 10, 11. Sometimes the י is not read: as שֹׁכַנְתִּי, יֹשַׁבְתִּי Jer, 22, 23. 51, 13.

6. The inflection of the participles active and passive are:

Part. act.				*Part. pass.*			
S.		P.		S.		P.	
m.	קוֹטֵל	m.	קוֹטְלִים	m.	קָטוּל	m.	קְטוּלִים
f.	קוֹטֶלֶת (קוֹטְלָה)	f.	קוֹטְלוֹת	f.	קְטוּלָה	f.	קְטוּלוֹת

7. Syntactical rules. § 107.

Exercise 52.

אֱלֹהִים מֹשֵׁל בַּכֹּל: יְהוָה אֹהֵב[1] צַדִּיקִים: שֹׁמְרִים הֵם אֶת־
דֶּרֶךְ יְהוָה כַּאֲשֶׁר[2] שָׁמְרוּ אֲבוֹתָם[3]: דְּבוֹרָה שֹׁפְטָה אֶת־יִשְׂרָאֵל
בָּעֵת הַהִיא: יִשְׁפֹּט יְהוָה הַשֹּׁפֵט הַיּוֹם בֵּין[4] יִשְׂרָאֵל וּבֵין עַמּוֹן:
הַזֹּרְעִים בְּדִמְעָה[5] בְּרִנָּה[6] יִקְצֹרוּ: כָּשַׁל[7] עוֹזֵר[8] וְנָפַל עָזֻר:
הֲלֹא־הִיא כְתוּבָה עַל־סֵפֶר[9] הַיָּשָׁר: יֵשׁ[10] עֹשֶׁר[11] שָׁמוּר
לְרָעָה[12]: גּוֹזֵל אָבִיו[13] וְאִמּוֹ[14] וְאֹמֵר אֵין[15]־פָּשַׁע[16] חָבֵר[17] הוּא
לְאִישׁ מַשְׁחִית[18]: קוֹל[19] דְּבָרִים[20] אַתֶּן שֹׁמְעוֹת: מִי־הָאִישׁ
הֶחָפֵץ[21] חַיִּים: מַיִם גְּנוּבִים יִמְתָּקוּ[22]: אַתְּ רוֹבֶצֶת[23] תַּחַת[24]

מַשָּׂאֵךְ[25]: צִדְקַת[26] יְהוָה עֹמֶדֶת[27] לָעַד[28]: סוֹמֵךְ[29] יְהוָה לְכָל־הַנֹּפְלִים: הָאֲנָשִׁים[30] הָאֵלֶּה שְׁלֵמִים[31] הֵם: אֵלֶּה הַפְּקוּדִים אֲשֶׁר פָּקַד מֹשֶׁה וְאַהֲרֹן: הֶחָכָם עֵינָיו בְּרֹאשׁוֹ וְהַכְּסִיל בַּחֹשֶׁךְ הוֹלֵךְ: אֹהֵב כֶּסֶף לֹא־יִשְׂבַּע[32] כֶּסֶף: שֹׁמֵר רוּחַ לֹא יִזְרָע: יְהוָה נֹתֵן לַיָּעֵף[33] כֹּחַ: דּוֹר הֹלֵךְ וְדוֹר בָּא וְהָאָרֶץ לְעוֹלָם עֹמָדֶת:

to love[1] as[2] their fathers[3] between[4] tear[5] joy[6] to totter[7] to help[8] book[9] there is, are[10] riches[11] evil, harm[12] his father[13] his mother[14] (it is) not[15] transgression[16] companion[17] destruction, corruption[18] sound[19] words[20] desire[21] to be sweet[22] to lie down[23] under[24] thy burden[25] righteousness of[26] to stand, endure[27] for ever[28] to uphold[29] men[30] peaceable[31] to have abundance of[32] faint[33].

EXERCISE 53.

The Lord raiseth up[1] (those that are) bowed down[2]. Three[3] kings[4] are standing up[5]. Wherefore[6] do ye transgress[7] the commandment[8] of the Lord? The wealth of[9] the sinner[10] is laid up[11] for the just. The iniquity of[12] Ephraim[13] is bound up[14], his sin[15] is hid[16]. She dwells[17] in the midst[18] of my people. Ye (fem.) go[19] the way[20] of all the earth. The beasts[21] of the field flee[21] from[22] the lion[23]. The door[24] is opened[25]. Wherefore liest thou[26] upon[27] thy face[28]? The ant[29] gathereth[30] her food[31] in the harvest[32]. The fool foldeth[33] his hands[34] together[33].

זָקַף 1 כָּפַף 2 שְׁלֹשָׁה 3 מְלָכִים 4 עָמַד 5 לָמָּה־זֶּה 6 עָבַר 7 פֶּה 8 st. const. פִּי חַיִל 9 st. const. חֵיל, חוֹטֵא 10 צָפַן 11 עָוֹן 12 st. const. עֲוֹן, אֶפְרַיִם 13 צָרַר 14 חַטָּאתוֹ 15 (fem.) צָפַן 16 שָׁכַן 17 בְּתוֹךְ 18 הָלַךְ בּ 19 דֶּרֶךְ 20 חַיּוֹת 21 בָּרַח 21 מִפְּנֵי 22 אֲרִי 23 דֶּלֶת 24 (fem.) פָּתַח 25 נָפַל 26 עַל 27 פָּנֶיךָ 28 נְמָלָה 20 [fem.] אָגַר 30 מַאֲכָל 31 קָצִיר 32 חָבַק 33 יָדָיו 34:

§ 36. NIPHAL.

1. The two principal forms again pointed out in the paradigm by larger type, are the preterite נִקְטַל and the inf. const. הִקָּטֵל. To the first corresponds the participle נִקְטָל, with the exception of having like all the other participles of the passive conjugations Kamets under

the second radical. The rest of the forms coincide with the second principal form הִקָּטֵל, for הִנְקָטֵל.

2. From the original יְהִנְקָטֵל (§ 31, 1.) arises יִנְקָטֵל (§ 12. 6, B. 3.), from this, יִקָּטֵל (§12, 4), the future Niphal. The first person of the fut. is sometimes found with Chirek under א: as אִשָּׁפֵט I shall judge. The optative always has Chirek: as אִמָּלְטָה I will escape.

3. The 3 pers. fem. of the pret. נִקְטְלָה is in pause נִקְטָלָה (§ 14. Rising II), identical with the feminine of the participle נִקְטָלָה. They are distinguished by the position of the accent: רוּחַ נִשְׁבָּרָה (*Milra*) part., וּזְרֹעוֹ נִשְׁבָּרָה (*Milel*) is preterite. (§ 9, 12, I. Note.)

4. In the Infin. after ב and ל, the ה occasionally drops and its vowel recedes (§ 12, 6. B. 3.): as בִּכָּשְׁלוֹ for בְּהִכָּשְׁלוֹ.

5. The infin., imp. and fut., when followed by a monosyllabic word, throw back the tone, shortening the final Tsere into Seghol (§ 9, 12, r., § 14, Shortening c.): as יִלָּכֶד בָּהּ he shall be taken by her, תִּכָּתֶב זֹאת this shall be written.

6. With distinctive accents Patach is sometimes put for Tsere: as וַיִּנָּפַשׁ and he was refreshed, וַיִּגָּמַל and he was weaned.

7. The second and third persons plur. f. *regularly have Patach*, but once with Tsere: תֵּעָגֵנָה Ruth 1, 13.

8. The imper. of Nif. is reflexive or reciprocal in meaning, for no passive verb would allow an imperative.

9. The participle passive of Kal and the part. Nif. thus differ in meaning: the part. Nif. representing the noun to which it belongs as being acted upon in *present time*, whilst the part. pass. of Kal does not take *the time* into consideration: as הַדֶּלֶת נִפְתְּחָה the door opened *now*, הַדֶּלֶת פְּתוּחָה the door opened, הַקָּנֶה הַנִּשְׁבָּר the cane broken *now*, הַקָּנֶה הַשָּׁבוּר the broken cane.

§ 36. Niphal. 63

10. The Inflection of the participle is:

S. m.	נִקְטָל	P. m.	נִקְטָלִים
f.	נִקְטֶלֶת (נִקְטָלָה)	f.	נִקְטָלוֹת

Exercise 54.

רְשָׁעִים[1] יִכָּשְׁלוּ בְּרָעָה[2]: דֶּרֶךְ רְשָׁעִים כָּאֲפֵלָה[3] לֹא יָדְעוּ בַּמֶּה[4] יִכָּשֵׁלוּ[5]: עָשִׁיר וָרָשׁ[6] נִפְגָּשׁוּ[7]: הוֹלֵךְ בְּחָכְמָה יִמָּלֵט[8]: תִּשָּׁבֵר[9] כָּעֵץ עַוְלָה[10]: רְשָׁעִים בְּרֶשֶׁת[11]־זוּ טָמָנוּ[12] נִלְכְּדָה[13] רַגְלָם[14]: נַפְשֵׁנוּ[15] כְּצִפּוֹר[16] נִמְלְטָה מִפַּח[17] יוֹקְשִׁים[18] הַפַּח נִשְׁבָּר וַאֲנַחְנוּ נִמְלָטְנוּ: זְרוֹעוֹת[19] רְשָׁעִים תִּשָּׁבַרְנָה וְסוֹמֵךְ צַדִּיקִים יְהוָה: דָּל מֵרֵעֵהוּ[20] יִפָּרֵד[21]: שֹׁפֵךְ[22] דַּם הָאָדָם בָּאָדָם דָּמוֹ יִשָּׁפֵךְ: הוֹי צִיּוֹן[23] הִמָּלְטִי: בַּטּוֹבָה[24] יִקָּצוּף[25] שׂוֹנֵא[26] וּבְרָעָה[27] יִפָּרֵד אוֹהֵב[28]: הִפָּרֵד מִשֹּׂנַאֲךָ וּמֵאוֹהֵב הִזָּהֵר[29]: הִשָּׁפֵט טֶרֶם[30] תִּשְׁפֹּט: נִכְסְפָה[31] נַפְשִׁי לְחַצְרוֹת[32] יְהוָה: הָלֹךְ הָלַכְתָּ כִּי־נִכְסֹף נִכְסַפְתָּ לְבֵית אָבִיךָ: הִשָּׁמְרוּ לָכֶם פֶּן[33]־תִּשְׁכְּחוּ[34] אֶת־בְּרִית יְהוָה אֱלֹהֵיכֶם אֲשֶׁר כָּרַת עִמָּכֶם: גִּבּוֹר לֹא־יִנָּצֵל[35] בְּרָב[36]־כֹּחַ: אֵין־חֹשֶׁךְ וְאֵין צַלְמָוֶת[37] לְהִסָּתֶר[38] שָׁם[39] פֹּעֲלֵי[40] אָוֶן: יְהוָה עָלֶיךָ נִסְמַכְתִּי[41] מִנְּעוּרָי[42]: זֶרַע צַדִּיקִים נִמְלָט[43]: פֹּשְׁעִים[44] נִשְׁמְדוּ[45] יַחְדָּו[46] אַחֲרִית[47] רְשָׁעִים נִכְרָתָה:

wicked[1] mischief[2] darkness[3] at what[4] stumble[5] (the Tsere in Pause! § 14 Rising II.) poor[6] to meet each other[7] to deliver[8] to break[9] wickedness[10] net[11] to hide[12] to take, catch[13] their foot[14] our soul[15] bird[16] snare[17] fowlers[18] arms[19] neighbour, friend[20] to separate[21] to shed[22] Zion[23] prosperity[24] to be grieved[25] enemy[26] adversity[27] friend[28] to take heed[29] before[30] to long[31] courts[32] that not, lest[33] to neglect, forget[34] to be delivered[35] multitude[36] shadow of death[37] to hide one's self[38] there[39] the worker of[40] to trust[41] youth[42] to be delivered[43] the transgressor[44] to be destroyed[45] together[46] the end, future[47].

Exercise 55.

The soul[1] of Jonathan[2] was knit[3] with[4] the soul of David. And[5] the number[6] of[6] the children[7] of[7] Israel shall be as[8] the sand[9] of the sea, which will not be numbered[10].

Is not[11] the whole[12] land before thee[13]? separate[14] thyself, I pray thee, from me[15]. And[5] they separated themselves the one[16] from the other[17]. Suddenly[18] Babylon[19] is fallen and destroyed[20]. Were ye also[21] sold for[22] slaves[23]? Thus[24] saith the Lord: Behold[25], I[25] will give[26] this city into the hand of[27] the king of Babylon, and thou shalt not escape[28] out of his hand[29] but[30] shalt be caught[31] and given into his hand. We are sold, ye (fem.) are sold, thou (fem.) art sold, ye will be delivered[32]. And in all[33] things[33] that I have said to you, be circumspect[34].

1 נֶפֶשׁ f. 2 יְהוֹנָתָן 3 קָשַׁר 4 בְּ 5 connect „*and*" with the verb: and shall be וְהָיָה
6 מִסְפַּר 7 בְּנֵי 8 כְּ 9 חוֹל m. 10 סָפַר 11 הֲלֹא 12 כָּל־ 13 לְפָנֶיךָ 14 פָּרַד 15 מֵעָלָי
16 אִישׁ מֵעַל אָחִיו 17 18 פִּתְאֹם 19 בָּבֶל (fem.) 20 שָׁבַר 21 גַּם 22 לְ 23 עֲבָדִים 24 כֹּה
25 behold I הִנְנִי 26 Part. act. 27 בְּיַד 28 מָלַט Ni. 29 מִיָּדוֹ 30 כִּי 31 תָּפַשׂ Ni.
32 מָלַט Ni. 33 כֹּל 34 שָׁמַר Ni.

§ 37. PIEL AND PUAL.

1. The first principal form is קִטֵּל, the second קַטֵּל. With the second are allied: the imp. קַטֵּל, the fut. יְקַטֵּל, the part. מְקַטֵּל. In Pual the two principal forms are identical.

2. Under the second radical the pret. Piel has Tsere, which changes in the inflection into Patach; as קִטֵּל, קִטַּלְתִּי, קִטַּלְתְּ. Occasionally even the principal form is found with Patach: as אִבַּד וְשִׁבַּר he destroyed and broke in pieces, especielly before Makkef: לִמַּד־דַּעַת he teaches wisdom. Seghol in the following three verbs: דִּבֶּר to speak, כִּבֶּס to wash, כִּפֶּר to atone.

3. As the first radical in Piel and Pual must be vocalized for the following Dag., the preformatives of these conjugations can retain their original Sh'va: as יְקַטֵּל, מְקַטֵּל.

4. The participle in these and all the other conjugations (except Kal and Nif.) has a prefixed מ.

§ 37. Piel and Pual. 65

5. The inflection of the participles in Piel and Pual is as follows:

	Part. Piel.				*Part. Pual.*			
	S.		P.		S.		P.	
m.	מְקַטֵּל	m.	מְקַטְּלִים	m.	מְקֻטָּל	m.	מְקֻטָּלִים	
f.	מְקַטֶּלֶת	f.	מְקַטְּלוֹת	f.	מְקֻטֶּלֶת	f.	מְקֻטָּלוֹת	

Note I. Without מ the participle seldom occurs: as שַׁבֵּחַ אֲנִי I praise, Ec. 4, 2. לֻקָּח taken, 2 Ki. 2, 10.

Note II. The feminine in Piel is usually ֶ—ת, the ending ָ—ה indicating a nominal signification: as מְכַשֵּׁפָה a sorceress, witch. In Pual the fem. in ָ—ה is rarely found: מְעֻשָּׁקָה Is. 23, 12, מְיֻלָּדָה id. 29, 15.

6. In those forms of Piel and Pual, which have Sh'va under the second radical, the characteristic Dag. is often dropped: as שִׁלְחָה for שִׁלְּחָה she dismissed.

7. The part. Pual like that of Nif. is distinguished by Kamets in the last syllable: as מְקֻטָּל.

8. The infin., imp. and fut., when followed by Makkef, or a word having the tone on the penult, generally take Seghol in the final syllable: as קַדֶּשׁ־לִי sanctify unto me; יְבַקֶּשׁ־לוֹ he seeks him.

Exercise 56.

בַּת־בָּבֶל[1] הַשְּׁדוּדָה[2] אַשְׁרֵי שֶׁיְּשַׁלֶּם[3]־לָךְ אֶת־גְּמוּלֵךְ[4] שֶׁגָּמַלְתְּ[5]
לָנוּ: תַּחֲנוּנִים[6] יְדַבֶּר[7]־רָשׁ: נִכְבָּדוֹת[8] מְדֻבָּר בָּךְ עִיר הָאֱלֹהִים:
כַּבֵּד[9] אֶת־יְהֹוָה מֵהוֹנֶךָ[10]: אָנָּה[11] יְהֹוָה מַלְּטָה נַפְשִׁי: תּוֹחֶלֶת[12]
מְמֻשָּׁכָה[13] מַחֲלָה[14] לֵב[15]: חַטָּאִים[16] תְּרַדֵּף[17] רָעָה[18]: בִּקֶּשׁ[19]־
לֵץ[20] חָכְמָה וָאָיִן[21]: בְּיָדְךָ יְהֹוָה לְגַדֵּל[22] וּלְחַזֵּק[23] לַכֹּל: שֹׁמֵר[24]
תּוֹכַחַת[25] יְכֻבָּד: בַּקְּשׁוּ־צֶדֶק בַּקְּשׁוּ עֲנָוָה[26]: תּוֹרָה יְבַקְשׁוּ
מִכֹּהֵן[27]: כַּבְּסִי[28] מֵרָעָה לִבֵּךְ: לָמָּה שִׁלַּמְתֶּם רָעָה תַּחַת טוֹבָה:
הַיְשֻׁלַּם תַּחַת טוֹבָה רָעָה: מְכַבֵּד אָבִיו יְכֻבַּד מִבָּנָיו[29]: יְהֹוָה

יְשַׂגֵּב[30] אֶבְיוֹן[31] מֵעוֹנִי[32]: אֱלֹהִים יְבַקֵּשׁ אֶת־הַנִּרְדָּף וְהַנִּרְדָּף
יְבַקֵּשׁ אֶת־אֱלֹהִים: בִּקְשׁוּ חָזוֹן[33] מִנָּבִיא וְתוֹרָה מִכֹּהֵן וְעֵצָה[34]
מִזְּקֵנִים[35]: הַסְּפִינָה[36] חִשְּׁבָה[37] לְהִשָּׁבֵר: חֹנֵן[38] אֶבְיוֹן מְכַבֵּד
עֶלְיוֹן[39]: אָדָם לְעָמָל[40] יֻלָּד[41]: גָּדוֹל יְהוָה וּמְהֻלָּל[42] מְאֹד:
שְׁמוּעָה[43] טוֹבָה תְּדַשֶּׁן[44]־עָצֶם[45]: הַשֹּׁחַד יְעַוֵּר[46] פִּקְחִים[47]
וִיסַלֵּף[48] דִּבְרֵי[49] צַדִּיקִים: אִיּוֹב אָמַר אֶל־אִשְׁתּוֹ[50] כְּדַבֵּר אַחַת[51]
הַנְּבָלוֹת[52] תְּדַבֵּרִי גַּם אֶת־הַטּוֹב נְקַבֵּל[53] מֵאֵת הָאֱלֹהִים וְאֶת־
הָרָע לֹא נְקַבֵּל: בְּחֶסֶד וֶאֱמֶת יְכֻפַּר[54] עָוֹן[55]: זַמְּרוּ[56] לֵאלֹהִים
זַמֵּרוּ:

Babylon[1] to destroy[2] to reward[3] גְּמוּל any act done, good or evil[4] to do, show good or evil to any one[5] entreaties[6] to speak[7] דִּבֶּר תַּ' to speak entreatingly, glorious things[8] to honor[9] wealth, plenty[10] interj. of entreaty, I pray[11] hope[12] to defer[13] sickness[14] the heart[15] sinners[16] to pursue[17] wickedness[18] to seek[19] a scorner[20] אַיִן not[21] (including the verb *to be,*) to make great[22] to give strength[23] to regard[24] reproof[25] meekness[26] priest[27] to wash[28] בָּנִים sons, children[29] to raise[30] poor, indigent[31] affliction[32] a vision[33] counsel[34] ancients[35] ship[36] to be about[37] to be merciful[38] (const. with acc.,) the Most High[39] toil, trouble[40] to bear, bring forth[41] to praise[42] a report[43] to make fat[44] bone, body[45] to blind[46] seeing, having the eyes open[47] to pervert[48] the words of[49] his wife[50] one of[51] foolish women[52] to receive[53] to forgive[54] sin[55] to sing hymns, praises[56].

EXERCISE 57.

Haman[1] stood up to make request[2] for[3] his life[4]. Behold[5], the righteous[6] shall be recompensed[7] on the earth. The Lord rewards[7] the man of violence[8]. I taught[9] ye (the) law[10]. Miriam[11] sung[12] praises[12] to the Lord, with[13] the harp[14]. I have preached[15] righteousness in a great[17] congregation[16]. Did ye hope[18] in[19] the Lord? Why[20] have ye (f.) not met[21] the traveller[22], with bread and water? I shall not lie[23], thou (f.) wilt not lie, ye will not lie, they (f.) will not lie. Do (pl. fem.) not profane[24] the name[25] of our God. This (is) the law, (which) the Lord commanded[26] to teach you. Thou (f.) art gathering[27] ears. Five[28] cities[29] in the land of Egypt[30] are speaking[31] the tongue of[32] Canaan[33]. The poor[34] (women) are seeking[35] bread. The ears are gathered by the poor. The tongue (f.) of Canaan is spoken in Egypt.

הָמֹן 1 בִּקֵּשׁ 2 Pi. עַל 3 נַפְשׁוֹ 4 הֵן 5 צַדִּיק 6 שָׁלֵם 7 [Pi. act.] חָכָם 8 לָכַד 9 Pi.
תּוֹרָה 10 כְּרָמִים 11 זָמַר 12 Pi. כ 13 כִּנּוֹר 14 בָּשַׂר 15 Pi. קָהָל 16 m. רַב 17
שָׁבַר 18 Pi. אֵל 19 מַדּוּעַ 20 קָדַם 21 Pi. אֹרַח 22 שָׁקַר 23 Pi. חָלַל 24 Pi. שֵׁם 25
צִיָּה 26 לָקַט 27 Pi. שִׁבֳּלִים 27 חָמֵשׁ 28 עָרִים 29 [f.] מִצְרַיִם 30 דָּבַר 31 Pi. שְׂפַת 32
כְּנַעַן 33 אֶבְיוֹנוֹת 34 בָּקַשׁ 35 Pi.

§ 38. HIPHIL AND HOPHAL.

1. The first principal form is הִקְטִיל, the second הַקְטִיל. From the second are drawn all the other forms: imp. הַקְטֵל, fut. יַקְטִיל, part. מַקְטִיל, for יְהַקְטִיל, מְהַקְטִיל (§ 12. 6. B. 3.). In Hophal, even the two principal forms are the same.

2. Besides the lengthened fut. (§ 32) a shortened, or *apocopated future* exists, which in the regular verb is recognized only in Hiphil by a shortened form in Tsere: as יַקְטִיל fut., יַקְטֵל apocopated fut.

3. The apocop. fut. is especially found:

a. In expressions of command and wish, more usually in prohibitions with אַל: as יַכְרֵת he may cut off, Ps. 12, 4. תּוֹצֵא let her bring forth, 1. Mos. 1, 24. אַל־תַּסְתֵּר hide not, Ps. 27, 9. אַל־תַּשְׁחֵת destroy not, Ps. 57, 1. Hence called: *Jussive*.

b. After Vav. Conv. excepting in the first person, which generally retains ִ־י: as וַיַּקְטֵל, but וָאַשְׁמִיד and I destroyed, Am. 2, 9. וָאַשְׁלִיךְ and I cast, Zec. 11, 13. וָאַמְלִיךְ and I made king, 1. Sam. 12, 1.

4. Before Makkef the Tsere of the imp. and apoc. fut. becomes Seghol: as הַסְכֶּן־נָא become familiar! Job 22, 21. וַיַּחֲזֶק־בּוֹ and he laid hold upon him.

5. The tone in Hi. differs from that of the other conjugations, in not resting upon the afform. ָ־ה, ִ־י and ן:

as תַּקְטִ֫ילִי, הִקְטִ֫ילוּ, הִקְטִ֫לָה. With Vav Conv., however, they receive in the pret. the tone: as וְהִבְדִּילָ֫ה and she shall divide, Ex. 26, 33.

6. In the inf. after בכל generally no contraction takes place, and the form remains בְּהַקְטִיל; occasionally, however, the ה drops and its vowel recedes: as לַשְׁמִיד to destroy, Is. 23, 11. לַשְׁבִּית to put an end to, Am. 8, 4. לַאֲדִיב to cause to languish, 1. Sam. 2, 33.

7. In Hophal there is a second form with Kubbuts: as הֻשְׁלַךְ he is cast, Da. 8. 11. In the part. this form occurs more frequently, than the reg. one. מֻקְטָר, Mal. 1, 11. מֻדְבָּק, Ps. 22, 16.

8. The inflection of the participles in Hiphil and Hophal are:

Part. Hiphil.		*Part. Hophal.*	
S.	P.	S.	P.
m. מַקְטִיל	m. מַקְטִילִים	m. מֻקְטָל	m. מֻקְטָלִים
f. מַקְטֶלֶת	f. מַקְטִילוֹת	f. מֻקְטֶלֶת	f. מֻקְטָלוֹת

EXERCISE 58.

בֵּין־קֹ֫דֶשׁ[1] לְחֹל[2] לֹא הִבְדִּילוּ[3]: הִכְשַׁלְתֶּם[4] רַבִּים בַּתּוֹרָה:
וַיֹּאמֶר[5] שְׁמוּאֵל[6] אֶל־כָּל־יִשְׂרָאֵל הִנֵּה שָׁמַעְתִּי בְּקֹלְכֶם וָאַמְלִיךְ[7]
עֲלֵיכֶם מֶלֶךְ: וַיַּבְדֵּל אֱלֹהִים בֵּין הָאוֹר וּבֵין הַחֹשֶׁךְ: אַל־תַּלְשֵׁן[8]
עֶבֶד אֶל אֲדוֹנָיו[9]: וַתַּשְׁלֵךְ[10] אִשָּׁה אַחַת פֶּלַח[11] רֶכֶב[12] עַל־[13]
רֹאשׁ אֲבִימֶלֶךְ: אַדְנֵי[14] הָאָרֶץ עַל־מָה הָטְבָּעוּ[15]: בְּיָדְךָ אַפְקִיד[16]
רוּחִי יְהוָֹה אֵל אֱמֶת: לְזוּת[17] שְׂפָתַיִם[18] הַרְחֵק[19] מִמֶּךָּ: אֶרֶךְ[20]
אַפַּיִם[2] יַשְׁקִיט[22] רִיב[23]: כָּל־מִנְחַת[24] כֹּהֵן כָּלִיל[25] תָּקְטָר[26]:
וַיַּמְלֵךְ דָּוִד אֶת־שְׁלֹמֹה[27] בְנוֹ[28] עַל־יִשְׂרָאֵל: הַמַּשְׂכִּלִים[29]
יַזְהִירוּ[30] כְּזֹהַר[31] הָרָקִיעַ[32]: מְאֹד מְאֹד הַשְׁפֵּל[33] רוּחֲךָ כִּי אַחֲרִית
כָּל־אֱנוֹשׁ רִמָּה[34]: עָשִׁיר יְדַבֵּר כֻּלָּם[35] מַקְשִׁיבִים[36] וְעַד מָרוֹם[37]
מְנַשְּׂאִים[38] מִלָּיו[39]: הַרְחֵק מֵרָשָׁע וְיִרְחַק[40] הוּא מִמֶּךָּ: נַזְכִּירָה[41]

שֵׁם יְהוָה׃ כְּסִילִים מָתַי תַּשְׂכִּילוּ׃ וַתֹּאמֶר הָאִשָּׁה אֶל־יוֹאָב הִנֵּה רֹאשׁוֹ מֻשְׁלָךְ אֵלֶיךָ בְּעַד[42] הַחוֹמָה[43]׃ הַשְׁלֵךְ עַל־יְהוָה יְהָבְךָ[44]׃

holy[1] profane[2] to divide, to show difference[3] cause to stumble[4] said[5] n. p. m.[6] to make a king[7] to slander[8] master, § 82, 4. b.[9] to cast[10] a piece[11] the upper millstone[12] upon[13] fundament, foundations of[14] to sink in, to fasten in[15] to commit[16] perverseness[17] lips[18] to put far[19] slowness[20] anger[21] to give rest, to still[22] contention, quarrel[23] an offering to God[24] (especially a bloodless offering) wholly, entirely[25] to burn sacrifices[26] Solomon[27] his son[28] to be wise, pious[29] to shine[30] brightness[31] firmament[32] to humble[33] worm, collect. worms[34] all[35] (they all, § 98, 2.) to hearken[36] hight[37] to lift up, exalt[38] words[39] to be far off[40] to mention with praise, i. e. to praise[41] over[42] wall[43] lot, fate[44].

Exercise 59.

Do not cause[1] a stranger[2] to dwell[1] in[3] thy house[4]. This woman lay[5] upon her son[6] and he died[7] and she took[8] my living[9] son from my bosom[10] and laid[11] her dead[12] son beside me[13] while[14] I slept[15]. And they stript[16] Joseph[17] of his coat[18] and they cast[19] him into[20] the pit[21]. The wife[22] of Potiphar[23] slandered[24] Joseph. Ye shall not deliver[25] the servant[26] to[27] his master[28] who is escaped[29] from[30] his master unto ye. My sons[31] strip off[32] your garments[33], my daughters[34] clothe[35] the naked[36]. This woman is clothing the poor. Hide[37] (sing. f.) the child[38]. Hide (pl. f.) this money. This girl[39] is hiding her brother. Darius[40] was made king[41] over the realm[42] of the Chaldeans[43]. The girls[44] are warned[45]. If[46] your father[47] taught you wisdom[48] and knowledge[49], then[50] a good property[51] was given[52] you as a possession[52].

שָׁכַן 1 Hi. Jussiv, not: אַל, § 108 זָר 2 בְּתוֹךְ 3 בֵּיתֶךְ 4 שָׁכַב 5 בְּנָהּ 6 וַיָּמָת 7 וַתִּקַּח 8

חַי 9 (with the Article § 80, 2. § 90, 2.) חֵיק 10 שָׁכַב 11 Hi. מֵת 12 אֶצְלִי 13 ו 14 יָשֵׁן 15

פָּשַׁט 16 Hi. (with two acc. § 85, 2. b.) יוֹסֵף 17 כְּתָנְתּוֹ 18 שָׁלַךְ 19 Hi. § 19, 6. 20

בּוֹר 21 אֵשֶׁת 22 פּוֹטִיפַר 23 לָשַׁן 24 Hi. סָגַר 25 Hi. Juss. עֶבֶד 26 אֶל 27 אֲדוֹנָיו 28

נָצַל 29 fut. Niph. מֵעִם 30 בָּנַי 31 פָּשַׁט 32 Hi. בִּגְדֵיכֶם 33 בְּנוֹתַי 34 לָבַשׁ 35 Hi.

עֲרוּמִים 36 צָפַן 37 Hi. יֶלֶד 38 יַלְדָּה 39 דָּרְיָוֶשׁ 40 מָלַךְ 41 Ho. מַלְכוּת 42 כַּשְׂדִּים 43

נְעָרוֹת 44 זָהַר 45 Ho. אִם 46 אֲבִיכֶם 47 חָכְמָה 48 דַּעַת 49 אָז 50 נַחֲלָה 51 [fem.] נָחַל 52 Ho.

§ 39. HITHPAEL.

1. In Hithpael the two principal forms coincide.

2. The rules given above (§ 12, 5.) apply to Hithpael. In Verbs commencing with a sibilant, transposition occurs: as הִשְׁתַּמֵּר, for הִתְשַׁמֵּר. Before צ, the ת is changed into ט: as נִצְטַדֵּק, for נִתְצַדֵּק (§ ibid.).

3. Verbs commencing with ד, ט, ת, sometimes also with נ, כ and the sibilants, assimilate the ת of Hithp.: as הִדַּמָּה, for הִתְדַּמָּה (§ 12, 4.).

4. The pret. has usually Patach in the final syllable: as הִתְחַזֵּק to show one's self courageous, 2. Ch. 13, 7. Patach occurs also in the fut. and imp., especially in pause, and in the future, when expressing command or wish: as הִתְעַנַּג delight thyself, Ps. 37, 4; הִתְקַדָּשׁ sanctify thyself, Jos. 3, 5. אַל־תִּתְעַלַּם hide not thyself, Ps. 55, 2. יִתְבָּרַךְ שְׁמוֹ His name be blessed! In pause the Patach oftentimes is lengthened into Kamets: הִתְאַזָּר he girded himself, Ps. 93, 1. יִתְאַבָּל he mourns, Ez. 7, 12.

5. When the accent is thrown forward by Vav Conv. (§ 33, 3.), the Tsere in the pret. sometimes is shortened into Chirek: וְהִתְגַּדִּלְתִּי וְהִתְקַדִּשְׁתִּי I will show myself great and holy, Ez. 28, 23. וְהִתְקַדִּשְׁתֶּם and ye shall show yourself holy, Le. 11, 44.

NOTE I. A form of very seldom occurrence is *Hothpael* (with Kameth-Chatuph or Kubbuts under the preform. ה), the sense of which is purely passive, as הָתְפָּקְדוּ they were mustered, numbered, Num. 1, 47. הֻכַּבֵּס (arising from הָתְכַּבֵּס) to be purified, Lev. 13, 55. הֻטַּמָּאָה to be defiled, Deut. 24, 4. הֻדַּשַּׁן to be made fat, Is. 34, 6.

NOTE II. In later Hebrew (Mishna and Talmund) a pret. form Nithpael is very frequently used in a purely passive sense: as נתארמלה she became a widow, נתגיירה she was made a proselyte, נתגרשה she was divorced, נתרפא he was cured, etc. In Biblical Hebrew this form three times only occurs: וְנִכַּפֵּר to be forgiven, Deut. 21, 8. וְנִוַּסְּרוּ to be instructed, corrected, Ez. 23, 48. נִשְׁתָּוָה to be alike, Prov. 27, 15.

§ 39. HITHPAEL.

6. Forms followed by Makkef, take Seghol: as יִתְעַלֶּם־שָׁלֶג the snow hides itself, Job, 6, 16

7. The inflection of the participle is:

S. m. מִתְקַטֵּל f. מִתְקַטֶּלֶת P. m. מִתְקַטְּלִים f. מִתְקַטְּלוֹת

EXERCISE 60.

בְּזֹאת יִתְהַלֵּל¹ הַמִּתְהַלֵּל הַשְׂכֵּל² וְיָדֹעַ³ אֶת־יְהֹוָה: יֵשׁ מִתְעַשֵּׁר⁴ וְאֵין⁵ כֹּל⁶: אִם לֹא חֵלֶק⁷ לְךָ בַּבִּינָה אַל תִּתְחַכָּם⁸ פֶּן־תִּהְיֶה⁹ לָבוּז¹⁰: אַל תִּצְטַדֵּק¹¹ לִפְנֵי־אֱלֹהִים וְלִפְנֵי מֶלֶךְ אַל תִּתְחַכָּם: הַמִּשְׂתַּכֵּר¹² וְלֹא בְמִשְׁפָּט מִשְׂתַּכֵּר אֶל־צְרוֹר נָקוּב¹⁴: טוֹב לָאִישׁ אֲשֶׁר יִשְׁתַּמֵּר מָעוֹן: הַצַּדִּיקִים יִתְמְכוּ¹⁵ כָבוֹד וְהִתְעַנְּגוּ¹⁶ עַל רֹב שָׁלוֹם: אָכֵן¹⁷ אַתָּה אֵל מִכְתַּתֵּר¹⁸ יְהֹוָה בְּעֵת צָרָה¹⁹ יָצֹרְפוּ²⁰ וְיִתְלַבְּנוּ²¹ צַדִּיקִים: גַּם בְּמַעֲלָלָיו²² יִתְנַכֶּר²³ נָעַר: מִתְהַדֵּר²⁴ בְּאַדֶּר²⁵ זָר²⁶ אִישׁ מִתְכַּבֵּד²⁷ בִּכְבוֹד²⁸ שֶׁקֶר²⁹: אַל תִּתְעַצֵּב³⁰ כִּי הַשִּׂמְחָה³¹ תַּגְדִּיל³² חָכְמָה וְעִצָּבוֹן³³ יַכְבִּיר³⁴ כֶּסֶל³⁵:

to glory¹ to understand² to know³ to feign one's self rich⁴ not⁵ (including the verb „to have") anything⁶ part⁷ to think one's self wise⁸ thou becomest⁹ contempt¹⁰ to justify one's self¹¹ to earn wages¹² bag¹³ to bore, pierce¹⁴ to obtain¹⁵ to delight one's self¹⁶ surely, truly¹⁷ to hide one's self¹⁸ distress, adversity¹⁹ to purify²⁰ to cleanse one's self²¹ works, deeds²² to be recognised²³ to decorate one's self²⁴ cloak, mantle²⁵ strange²⁶ to show one's self honorable²⁷ honor of²⁸ lie, falsehood²⁹ to grieve one's self³⁰ joy³¹ to make great³² sorrow³³ to multiply³⁴ folly³⁵.

EXERCISE 61.

Behold men beat¹ at² the door. And³ Jonathan stripped³ himself of the robe⁴, that (was) upon⁵ him, and gave it⁶ to David. Little⁸ children⁷ came forth⁹ out of the city and mocked¹⁰ Elisha¹¹. David is hiding himself¹² in the desert¹³. Joseph made himself strange¹⁴ unto his brethren¹⁵. Before Thee¹⁶, O Lord! we shall not be justified¹⁷. Women disguising themselves¹⁸ and putting on¹⁹ other²¹ garments²⁰. Always²² we shall purify ourselves²³ and walk²⁴ with²⁵ the Lord. Do not hide thyself²⁶ from thine own²⁷ flesh²⁷. Consider²⁸ (pl. f.) the deeds²⁹ of the wicked³⁰ and turn away[31] from them. Do not feign yourselves rich[32], if in truth the Lord has not given[33] you wealth[34].

1 דָּפַק Part. Hith. 2 עַל 3 פָּשַׁט Hith. (with acc.) 4 מְעִיל 5 עַל (with plur. suff. עָלַי) 6 וַיִּתְנַהֵג: 7 נְעָרִים 8 קְטַנִּים (§ 90, 2) 9 יָצָא 10 קָלַס Hith. (with foll. בּ) 11 אֱלִישָׁע 12 סָתַר 13 מִדְבָּר 14 נָכַר 15 אֶחָיו 16 לְפָנֶיךָ 17 צָדַק 18 חָפַשׂ Hith. 19 לָבַשׁ 20 בְּגָדִים 21 אֲחֵרִים (§ 90, 2.) 22 תָּמִיד 23 קָדַשׁ 24 הָלַךְ Hith. 25 אֵת 26 עָלַם Hith. 27 בְּשָׂרְךָ 28 שָׂכַל with Hith. עַל 29 מַעֲשֵׂי 30 רְשָׁעִים 31 רָחַק Hith. 32 עָשַׁר 33 נָתַן 34 עֹשֶׁר:

CHAPTER VII.

THE GUTTURALS.

§ 40. VERBS PE GUTTURAL.

1. When the first radical is one of the gutturals אהחע, in all the forms requiring simple Sh'va, it receives Sh'va comp. as עֲמַדְתֶּם to stand (§ 5.).

2. When standing for *vocal* Sh'va, it is generally Chateph Patach: as עֲמֹד for עְמֹד; יַעֲמֹד from the Inf. const. עֲמֹד.

3. The helping vowel under the serviles איתן is always that of the Chateph: as יַעֲמֹד (§ 14, Rising I B.).

4. If the Sh'va be *silent*, the vowel added to it must be either identical or homogeneous with the preceding: as נֶעֱמַד, for נְעְמַד (Pret. Niph.), Seghol and Chirek being homogeneous (§ 3, 3.) הָעֳמַד, for הָעְמַד (Pret. Hof.], יַעֲמִיד, for יַעְמִיד.

5. In forms with the afformatives ָה, וּ, ִי, before which the vowel of the second radical drops, the comp. Sh'va loses its Sh'va points: as יַעַמְדוּ, from יַעֲמֹד; תָּעָמְדִי, from תָּעֳמַד; נֶעֶמְדָה, from נֶעֱמַד.

6. The future of the verbs Fut. O. in most cases has Chateph-Patach: as יַעֲבֹד to serve. The verbs Fut. A. take Chateph-Seghol: as יֶחֱזַק to be strong.

NOTE. Sometimes verbs with Chateph-Seghol take Patach, when the form is augmented by afformatives: as יֶאֱסֹר to bind, with Suff. יַאַסְרֵהוּ, יֶאֱסֹף to collect, יַאַסְפוּ, תַּאַסְפִי.

§ 40. VERBS PE GUTTURAL. 73

7. Some verbs retain simple Sh'va under the guttural. This is most frequently the case with ח: as יַחְמֹד to covet, יֶחְסַר to want, lack.

8. The Inf., Imp. and Fut. Nif., which require a Dag. for the assimilated נ Nif. (§ 12, 4.), will lengthen the vowel under אִיתָן, to compensate for the Dag.: as יֵחָרֵת to cut in, engrave, for יִחָּרֵת, יֵעָמֵד for יִעָמֵד. ר in this characteristic is associated with the gutturals: as יֵרָדֵף to pursue.

EXERCISE 62.

אַל־תֶּאֱהַב שֵׁנָה[1]: הֲיַהֲפֹךְ[2] כּוּשִׁי[3] עוֹרוֹ[4]: לֹא יַחְפֹּץ[5] כְּסִיל
בִּתְבוּנָה[6]: אַל־תַּחֲרֹשׁ[7] עַל־רֵעֲךָ רָעָה וְהוּא יוֹשֵׁב[8] לָבֶטַח[9] אִתָּךְ:
בְּטוּב[10] צַדִּיקִים תַּעֲלֹץ[11] קִרְיָה[12] וּבַאֲבֹד רְשָׁעִים רִנָּה: צַדִּיק
מִצָּרָה נֶחֱלָץ[13]: בְּדַעַת[14] צַדִּיקִים יֵחָלֵצוּ: גַּם אֱוִיל[15] מַחֲרִישׁ[16]
חָכָם יֵחָשֵׁב[17]: אֹהֵב יַיִן וָשֶׁמֶן[18] לֹא יַעֲשִׁיר[19]: עֵץ חַיִּים הַחָכְמָה
לַמַּחֲזִיקִים[20] בָּהּ: טֶרֶם תִּבְחַן[21] אַל תַּאֲשִׁים[22] דְּרֹשׁ וַחֲקֹר[23]
וְאַחַר[24] תִּשְׁפֹּט: אַל תַּחְשֹׂךְ[25] עֵזֶר[26] מֵאֶבְיוֹן: לֹא תַעֲזוֹב[27]
דִּבְרֵי[28] חֲכָמִים כִּי מֵהֶם תֶּאֱלַף[29] חָכְמָה: בְּמֹשֵׁל רָשָׁע יֵאָנַח[30]
עָם: פֶּתִי[31] יַאֲמִין[32] לְכָל דָּבָר: בְּרֹב דְּבָרִים לֹא יֶחְדַּל[33]־
פָּשַׁע[34]: מְאַחֵז[35] בְּזֶפֶת[36] יִדְבַּק בְּיָדָיו וּמִתְחַבֵּר[37] לְרָשָׁע יֶאֱלַף
אָרְחוֹתָיו[38]: עָרוּם[39] רָאָה רָעָה וְנִסְתָּר וּפְתָיִים[40] עָבְרוּ[41]
וְנֶעֱנָשׁוּ[42]: שֹׂנֵא[43] בֶּצַע[44] יַאֲרִיךְ[45] יָמִים: אַכְזְרִיּוּת[46] חֵמָה[47]
וְשֶׁטֶף[48] אָף[49] וּמִי יַעֲמֹד לִפְנֵי קִנְאָה[50]:

sleep[1] to change[2] Ethiopian[3] skin[4] to have delight[5] understanding[6] to devise[7] to dwell[8] securely[9] prosperity[10] to rejoice[11] city[12] to draw, deliver[13] intelligence[14] a fool[15] to keep silent[16] to count[17] oil[18] to become rich[19] to lay hold[20] to examine[21] to condemn, punish[22] to explore[23] after, then[24] to hold back, restrain[25] help[26] to leave, miss[27] the words of[28] to learn[29] to mourn[30] the fool, simple[31] to believe[32] to be wanting[33] trespass[34] to seize[35] pitch[36] to join one's self[37] way[38] prudent man[39] simple[40] to pass on[41] to punish[42] to hate[43] unjust gain[44] to lengthen[45] fierceness, cruelty[46] fury[47] a flood[48] wrath[49] envy[50].

EXERCISE 63.

In the place of[1] great[2] men[2] do not stand[3]. The house of[4] the righteous shall stand. The fatherless[5] and the widow[6] do (m. pl.) not oppress[7]. And[8] Pharaoh[9] heard[10] this thing and[8] he sought[11] to slay[12] Moses[13]. Thou shalt not oppress[14] a hired[14] servant[15], do (f. s.) not take[16] to pledge[16] the raiment[17] of a widow. My heart[18] trusted[19] in the Lord and I am helped[20] and my heart rejoiceth[21]. The Lord said unto these wicked: as[22] you have forsaken[23] me, thus[24] I will forsake you, as you have plowed[25] wickedness[26], thus you shall reap[27] iniquity[28], and[8] I will cause you to eat[29] the fruit[30] of falsehood[31]. Let be put to silence[32] the lying lips[33], which speak[34] against[35] the righteous arrogancy[36]. O[37] sword[38]! put thyself[39] into[40] thy scabbard[41] and rest[42].

מְקוֹם 1 גְּדֹלִים 2 עָמַד 3 § 104, 2. בַּיִת 4 m. יָתוֹם 5 אַלְמָנָה 6 עָשַׁק 7
8 connect *and* with the verb. פַּרְעֹה 9 שָׁמַע 10 [Fut. A] בִּקֵּשׁ 11 Pi. הָרַג 12 מֹשֶׁה 13
שָׂכִיר 14, 15 חָבַל 16 בֶּגֶד 17 לִבִּי, לֵב 18 m. בָּטַח 19 with ב עָזַר 20 Nif. עָלַז 21 Fut.
כַּאֲשֶׁר 22 עָזַב 23 כֵּן 24 חָרַשׁ 25 רֶשַׁע 26 קָצַר 27 עַוְלָתָה 28 אָכַל 29 [§ 25 7, 5]
פְּרִי 30 כַּחַשׁ 31 Pause אָלַם 32 Jussiv Nif. שִׂפְתֵי־שָׁקֶר 33 [f.] דָּבַר 34 Part. עַל 35
עָתָק 36 הוֹי 37 חֶרֶב 38 [f.] אָסַף 39 Nif. אֶל 40 תַּעַר 41 רָגַע 42 Nif.:

§ 41. VERBS AYIN GUTTURAL.

1. These verbs are subject to the same variations as the verbs Pe Guttural, taking Sh'va comp. in all those forms where the second radical has Sh'va: as רָחֲקָה to go far away, for רָחְקָה; תִּשְׁחֲטִי to slaughter, for תִּשְׁחְטִי.

2. The fut. and imp. in these verbs are regularly A: as יִרְחַק.

3. Pi. Pu. and Hith., which require the characteristic doubling of the second radical, lengthen the vowel under the first to compensate for the omitted Dag.: as בֵּרֵךְ for בֵּרֵּךְ, מְבָרֵךְ for מְבָרֵּךְ, מְבֹרָךְ for מְבֹרָּךְ.

Before ה, ח and ע the preceding vowel very often remains short: as בִּעֵר to destroy, צִחֵק to mock, מְטַהֵר to cleanse.

§ 41. VERBS AYIN GUTTURAL. 75

4. In Pi. and Hithp. the Tsere of the last syllable is shortened to Seghol by throwing back the accent, which often occurs after Vav Conv.: as וַיְגָ֫רֶשׁ and he drove away, for יְגָרֵשׁ, וַיְשָׁ֫רֶת and he ministered, for יְשָׁרֵת, or when a monosyllabic word or one with the tone on the penult follows: as לְצַ֫חֶק בִּי to mock me, לְשָׁ֫רֶת שָׁם to minister there. (§ 14, Shortening c.).

EXERCISE 64.

כַּמַּיִם יִתְלַבֵּן בֶּגֶד[1] וּבָאֵשׁ יִצָּרֵף כֶּסֶף וְהָאָדָם בַּלִּמּוּדִים[2]: עַל
זָקֵן בַּל[3] תִּלְעַג[4] זְכוֹר כִּי גַּם אַתָּה תִּזְקַן[5]: הֲיִתְפָּאֵר[6] הַגַּרְזֶן
עַל הַחֹצֵב[7] בּוֹ: יְהוָֹה יְבָרֵךְ[8] אֶת־עַמּוֹ בַשָּׁלוֹם: גָּרֵשׁ[9] לֵץ וְיֵצֵא[10]
מָדוֹן: אָדָם כַּצֵּל יִבְרַח[11] וְלֹא יַעֲמוֹד[12]: וַיהוָֹה בֵּרַךְ אֶת־אַבְרָהָם
בַּכֹּל: מְבָרֵךְ רֵעֵהוּ בְּקוֹל גָּדוֹל בַּבֹּקֶר הַשְׁכֵּים[13] קְלָלָה תֵּחָשֶׁב[14]
לוֹ: וַיְמָאֵן[15] יַעֲקֹב לְהִתְנַחֵם[16]: וַיֹּאמֶר הַמֶּלֶךְ אֶל־הָאִשָּׁה אַל־
נָא תְכַחֲדִי[17] מִמֶּנִּי דָּבָר אֲשֶׁר אָנֹכִי שֹׁאֵל[18] אֹתָךְ: אֵת אֲשֶׁר
תְּבָרֵךְ מְבֹרָךְ: בֶּן[19]־אָדָם אֱמָר־לָהּ אַתְּ אֶרֶץ לֹא מְטֹהָרָה[20]
הִיא: הִטַּהֲרוּ וְהַחֲלִיפוּ[21] שִׂמְלֹתֵיכֶם[22]: לֹא־תְכַחֲשׁוּ[23] וְלֹא
תְשַׁקְּרוּ[24] אִישׁ בַּעֲמִיתוֹ[25]: אִישׁ־מִרְמָה[26] יְתָעֵב[27] יְהוָֹה: בָּרְכִי
נַפְשִׁי אֶת־יְהוָֹה וְאַל־תִּשְׁכְּחִי כָּל־גְּמוּלָיו:

garment[1] training, instruction[2] not[3] to mock[4] to grow old[5] to boast one's self[6] to hew[7] to bless[8] to cast out[9] shall go[10] to flee[11] to continue[12] early[13] § 105, 6. a curse[14] to refuse[15] to comfort, console one's self[16] to hide[17] to ask[18] son of[19] to purify, to clean[20] to change[21] garments[22] to deny, deal falsely[23] to lie[24] fellow-man[25] deceit, fraud[26] to abhor[27].

EXERCISE 65.

Serve[1] (p. m.) the Lord in truth[2], and if (it be) evil[3] in your eyes[4] to serve the Lord, choose you[5] this day[6] whom you will serve, whether[7] the gods, which your fathers[9] served[8] or[10] the gods of[11] the Amorites[12], in whose land[13] you dwell; I and my house[14], we will serve the Lord. And[15] the people said[15], God forbid[16] that we should forsake[17] the

Lord, to serve other[18] gods; for the Lord drove out[19] from before us[20] all the people[21]; also we will serve the Lord, for he is our God. Do not deny[22] your (pl. m.) God. The Lord trieth[23] the righteous. They cried[24] unto God and were delivered[25]. Truth (f.) does not spring up[26] until[27] the lie[29] is rooted out[28]. We bless[30] you in the name of the Lord. And he drove out the man. How long[31] refuse[32] ye to keep my commandments? Haste thee[33] (fem. s.) escape[34] (f. s.) thither[35]. How long will ye despise[36] intelligence[37], will ye regard[38] it as[39] an adversary[40], whilst[41] it loves[42] you, seeks[43] your welfare[44], to lead[45] you in the way of[46] integrity[47].

1 עָבַד 2 אֱמֶת [f.] 3 רַע 4 בְּעֵינֵיכֶם 5 Dat. 6 הַיּוֹם 7 אִם 8 verb before the noun
9 אֲבוֹתֵיכֶם 10 וְאִם 11 אֱלֹהֵי 12 הָאֱמֹרִי 13 בְּאַרְצָם [§ 23, 4, § 96. 2.] 14 בֵּיתִי 15 וַיֹּאמֶר
16 חָלִילָה לָּנוּ 17 transl. from forsaking [§ 30, 1.] 18 אֲחֵרִים [the adj. after the noun § 90, 2.]
19 גָּרַשׁ Pi. 20 מִפָּנֵינוּ 21 עַמִּים 22 כָּחַשׁ Pi. Jussive with ב 23 בָּחַן Fut. 24 זָעַק
25 מָלַט Pause! 26 צָמַח Fut. 27 עַד 28 שָׁרַשׁ Pu. 29 כָּזָב m. 30 בָּרַךְ Pi. pret. עַד
31 אָנָה 32 מָאֵן Pi. pret. 33 מָהַר Pi. 34 מָלַט Nif. 35 שָׁמָּה 36 נָאַץ 37 תְּבוּנָה [f.]
38 חָשַׁב 39 לְ 40 אָיַב Part. act. f. 41 וְ 42 אָהַב transl. it [f.] is loving 43 דָּרַשׁ trans. seeking
44 טוֹב 45 נָהַל Pi. the vowel short! 46 דֶּרֶךְ 47 תָּמִים :

§ 42. VERBS LAMED GUTTURAL.

1. To this class belong only verbs with ח · ע and ה (ה with Mappik § 7) as the third radical.

2. Their peculiarities are:

a. These gutturals when final require the A sound before them, hence every other mutable vowel is changed into Patach; the Inf., Imp. and Fut. therefore have A: as יִשְׁלַח to send, שְׁלַח.

b. The gutturals preceded by the immutable vowels וֹ, וּ, ִי, ֵי take Patach furtive (§ 6.): as שָׁמוּעַ, גָּבוֹהַּ, מַשְׁלִיחַ, רֵיחַ.

3. The forms with Tsere before the final guttural either retain the Tsere and then Pat. furt. must follow, or Tsere is changed into Patach: as מְשַׁלֵּחַ or מְשַׁלַּח.

NOTE. The form with Tsere and Pat. furt. is found more frequently at the *end* of a period (with distinctive accent): as יִזָּרֵעַ Lev. 11, 37, but יִזָּרַע Na. 1. 14. פִּתֵּחַ Job 12, 18, but פִּתַּח Job 30. 11.

4. In the second sing. f. of the pret., which ends with two vowelless consonants, the guttural takes Patach instead of Sh'va: as שָׁמַעַתְּ, for שָׁמַעְתְּ; the sing. f. form of the participles, take two Patachs instead of two Seghols: as שֹׁמַעַת for שֹׁמֶעֶת.

EXERCISE 66.

מֵרָעֵב לֹא תִמְנַע[1] לָחֶם׃ הָלוֹךְ הָלְכוּ הָעֵצִים לִמְשֹׁחַ[2] עֲלֵיהֶם[3]
מֶלֶךְ׃ סְלַח[4]־נָא לַעֲוֹן[5] הָעָם הַזֶּה׃ לֹא יֶחְדַּל[6] אֶבְיוֹן מִקֶּרֶב[7]
הָאָרֶץ עַל־כֵּן[8] פָּתֹחַ[9] תִּפְתַּח אֶת־יָדְךָ לְאֶבְיוֹנְךָ בְּאַרְצֶךָ׃ פְּתַח־
פִּיךָ לְאִלֵּם[10]׃ שְׁאוֹל[11] וַאֲבַדּוֹן[12] לֹא תִשְׂבַּעְנָה וְעֵינֵי[13] אָדָם לֹא
תִשְׂבַּעְנָה׃ אָמַר עָצֵל אֲרִי בַחוּץ בְּתוֹךְ[14] רְחֹבוֹת אֵרָצֵחַ[15]׃ לֹא
לָנֶצַח[16] יִשָּׁכַח אֶבְיוֹן׃ יַיִן יְשַׂמַּח[17] לְבַב[18] אֱנוֹשׁ׃ חֲכַם בְּנִי וְשַׂמַּח
לִבִּי׃ אֱלֹהֵי[19] הַשָּׁמַיִם הוּא יַצְלִיחַ[20] לָנוּ׃ מַצְדִּיק[21] רָשָׁע
וּמַרְשִׁיעַ[22] צַדִּיק תּוֹעֲבַת[23] יְהוָה׃ שֹׁמֵעַ אֶל־אֶבְיוֹנִים יְהוָה׃
שָׂרָה[24] שֹׁמַעַת פֶּתַח[25]־הָאֹהֶל׃ טוֹב לִשְׁמֹעַ גַּעֲרַת[26] חָכָם׃
אִישׁ־אֹהֵב חָכְמָה יְשַׂמַּח אָבִיו׃ שְׁמַע יִשְׂרָאֵל יְהוָה אֱלֹהֵינוּ יְהוָה
אֶחָד׃ שֵׁם אֱלֹהִים אֲחֵרִים[27] לֹא יִשָּׁמַע עַל־פִּיךָ׃

to withhold[1] to anoint[2] § 97, 2.[3] to pardon[4] iniquity of[5] to cease[6] midst of[7] therefore[8] to open[9] dumb[10] hell[11] destruction[12] the eyes of[13] in[14] to slay[15] for ever[16] to cheer, to gladden[17] the heart of[18] the God of[19] to cause or make to prosper[20] to justify[21] to condemn[22] abomination of[23] n. p. f.[24] door[25] § 85, 4. b. rebuke of[26] other[27].

EXERCISE 67.

Behold upon the mountains[1] (are) the feet of[2] him that bringeth good tidings[3], that publisheth[4] peace[5]. Dost thou (f. sing.) not know[6] whither[7] the men[8] did go? I flee[9] from the face[10] of Sarai[11]. And he rose up[12] to flee unto[13] Tarshish[14]. And David said: arise[15] and let us flee[16]. But[17] to the king of Judah[18], which sent[19] you to inquire[20] of the Lord, thus[21] shall ye say[22] to him: because[23] thine heart[24] (is) tender[25] and* thou hast humbled thyself[26] before[27] the Lord and* hast rent[28] thy clothes[29], I also have heard thee. I will hear what God will speak. Again[30] (there) shall be heard in this[31] place the voice of joy[32]. The house of[33] the wicked shall be overthrown[34], but[17] the tent[35] of the upright[36] shall flourish[37]. He that trusteth[38] in his own heart, is a fool[39], but whoso walketh[40] wisely[41] he shall be delivered[42].

1 הָרִים 2 רַגְלֵי the bringer of (him that br.) g. tidings 3 part. Pi. of בָּשַׂר 4 part. Hi. of שָׁמַע 5 שָׁלוֹם 6 pret. יָדַע 7 אָנָה 8 the noun *after* the verb (§ 107, 4.) 9 part. f. s. בָּרַח 10 מִפְּנֵי 11 שָׂרֵי 12 וַיָּקָם 13 (§ 19, 6.) 14 תַּרְשִׁישׁ 15 קוּמִי 16 fut. parag. in pause 17 וְ 18 יְהוּדָה 19 part. with article 20 with acc. דָּרַשׁ 21 כֹּה 22 תֹאמְרוּ 23 יַעַן 24 לְבָבְךָ 25 רַךְ 26 Ni. כָּנַע 27 מִפְּנֵי 28 קָרַע 29 בְּגָדֶיךָ 30 עוֹד 31 (§ 94, 2) 32 שִׂמְחָה * Vav conv. 33 בֵּית 34 Ni. שָׁמַד 35 אֹהֶל 36 יְשָׁרִים 37 Hi. פָּרַח 38 part. with ב, בָּטַח 39 כְּסִיל 40 part. הָלַךְ 41 (in wisdom) חָכְמָה 42 מָלַט.

CHAPTER VIII.

THE SUFFIXES OF THE VERB.

§ 42. IN GENERAL.

1. The suffixes of the verb are:

Person:		1.		2.		3.
Sing.	com.	ִנִי	m.	ךָ	m.	הוּ (וֹ)
			f.	ךְ	f.	הָ (ָהּ)
Plur.	com.	נוּ	m.	כֶם	m.	ם
			f.	כֶן	f.	ן

NOTE. מוֹ, poetically used for ם: as כִּסָּמוֹ it covered them.

2. The suff. are annexed to the verbal forms by vowels, called: *Union vowels;* to the pret. by the A. vowel (ָ or ַ), to the future by the E. vowel (ֵ or ֶ). The union vowel is only applied to the verbal forms, ending with a

consonant: as קָטַל, קְטָלַנִי he killed me; whilst with all the forms ending with a vowel the suffixes are connected immediately: as קָטְלוּ, קְטָלוּנִי they k. m.

§ 43. THE PRETERITE WITH SUFFIXES.

1. The lengthening of the word by the suffixes causes the dropping of the pretonic Kamets. Hence the pret. undergoes the following changes:

	Person. 1.	*Person.* 2.	*Person.* 3.
S.		קָטַלְתָּ into קְטַלְתָּ	קָטַל into קְטָל* (קְטָלַ before נִי)
	קָטַלְתִּי into קְטַלְתִּי	קָטַלְתְּ קְטַלְתִּי	קָטְלָה קְטָלַת
P.	קָטַלְנוּ קְטַלְנוּ	קְטַלְתֶּם, קְטַלְתֶּן } קְטַלְתּוּ	קָטְלוּ קְטָלוּ

2. Verbs middle E retain this vowel before the suffixes: as אֲהֵבְךָ to love, לְבֵשָׁם to put on a garment. In Pi. and other forms with final ֵ, this ֵ changes before the suffixes ךָ, כֶם, כֶן into Seghol; before the other suff. it falls away entirely: as קִטֵּל, קִטֶּלְךָ, קִטֶּלְכֶם, קִטְּלַנִי.

3. The form קָטְלַת sometimes undergoes a contraction: ַ־תוּ for ַ־תְהוּ; ַ־תָּה for ַ־תְהָ, as גְּמָלַתּוּ she weaned him, I. Sam. 1, 24. אֲחָזַתָּה (fear) has laid hold on her, Jer. 49, 24.

Exercise 68.

בְּחַנְתָּנוּ אֱלֹהִים צְרַפְתָּנוּ[1] כִּצְרָף־כָּסֶף: וְאַתָּה יִשְׂרָאֵל עַבְדִּי[2] יַעֲקֹב אֲשֶׁר בְּחַרְתִּיךָ זֶרַע אַבְרָהָם אֹהֲבִי אַל־תִּירָא[3] כִּי־עִמְּךָ אָנִי אִמַּצְתִּיךָ[4] אַף־עֲזַרְתִּיךָ אַף־תְּמַכְתִּיךָ בִּימִין צִדְקִי[5]: יְהוָה הִלְבִּישַׁנִי[6] בִּגְדֵי[7]־יֶשַׁע[8] מְעִיל[9] צְדָקָה יְעָטָנִי: אֵלִי אֵלִי לָמָּה[10] עֲזַבְתָּנִי: עֲזָבַנִי כֹחִי: וְלֹא־אָבָה[11] יְהוָה לִשְׁמֹעַ אֶל־בִּלְעָם וַיַּהֲפֹךְ לְךָ אֶת־הַקְּלָלָה לִבְרָכָה כִּי אֲהֵבְךָ יְהוָה אֱלֹהֶיךָ: בַּת־שָׁאוּל אֲהֵבַתְהוּ: אֲהַבְתִּיךָ כִּי אֲהַבְתִּנִי: סָמוֹךְ הַצַּדִּיק כִּי הַצְּדָקָה הִיא סְמָכַתְהוּ: אֲנִי גְּמַלְתִּיכֶם הַטּוֹבָה וְאַתֶּם גְּמַלְתּוּנִי הָרָעָה:

* קְטַל before grave suff.

אֲשַׁלֵּם[12] תּוֹדוֹת[13] לַיהוָה כִּי הוּא פִּלְּטַנִי[14] מֵרָעָה: הָרְשָׁעִים כְּתֶבֶן[15] לִפְנֵי רוּחַ וּכְמֹץ[16] גְּנָבַתּוּ[17] סוּפָה[18]: אַתָּה יְהוָה יְדַעְתַּנִי וּבְחַנְתָּנִי:

to prove[1] my servant[2] fear[3] to strengthen[4] my righteousness[5] to clothe[6] (with two acc. § 85, 2, 6.) garments of[7] salvation[8] the robe of[9] why[10] to be willing[11] to repay[12] thanksgiving[13] to deliver[14] straw[15] chaff[16] to carry off[17] a hurricane[18].

EXERCISE 69.

She did[1] him good and not evil all the days of[2] her life[3]. For[4] a short[6] moment[5] I have forsaken thee (s. f.), but[7] with[4] everlasting[9] kindness[8] I will have mercy on[10] thee (s. f.). Thine[11] (are) (the) heavens also[12] Thine (is) (the) earth, Thou hast founded[13] them. Sarah[14] has driven[15] me out of her house[16]. No[17] fear of[18] God (is) in this place and they will kill[19] me. Very[22] refined[20] (is) Thy saying[21], and Thy servant[23] loveth[24] it. Dost thou (s. f.) know[25] the men that have asked[26] thee (s. f.) for[27] my name[28]? I do not know[29] them. Who has killed him? her? them? We have touched[30] thee, (s. m.) thee, (s. f.) her, him. Thou (s. f.) hast touched her, him, us, them (p. f.). Why hast thou (s. f.) forsaken us? her? me? him? They have forsaken them, you. Why has she persecuted[31] him? us? you? (p. f.) thee? (s. f.) her? He has gathered them, you, thee, us.

1 with acc. גָּמַל 2 יְמֵי 3 with pl. suff. חַיִּים 4 כְּ 5 רֶגַע 6 קָטֹן 7 וְ 8 חֶסֶד 9 עוֹלָם 10 Pi. with acc. to have m. on: רַחֵם 11 לְךָ 12 אַף 13 יָסַד 14 שָׂרָה 15 Pi. גָּרַשׁ 16 בַּיִת, with suff. בֵּית 17 אֵין 18 יִרְאַת 19 הָרַג 20 part. pass. צָרַף 21 (f.) אִמְרָתְךָ 22 מְאֹד 23 עַבְדְּךָ 24 אָהֵב 25 יָדַע 26 שָׁאַל 27 לְ 28 with suff. שֵׁם. שְׁמִי 29 pret. 30 נָגַע 31 רָדַף.

§ 44. THE FUTURE WITH SUFFIXES.

1. The Cholem of fut. Kal, before ךָ, כֶם and כֶן changes into Kamets-Chatuph; before the other suff. it drops: as יִקְטְלֵנִי, יִקְטָלְכֶם, יִקְטָלְךָ.

2. The verbs with the fut. A. (including the verbs Ayin and Lamed Guttural) not only retain their A sound (Patach), but even lengthen it into Kamets, the syllable

becoming an open one: as יְלַבְּשֵׁנִי he will clothe me; יְגָאֲלוּהוּ they pollute him.

3. Pi. loses or shortens its Tsere, like Kal its Cholem: as יְקַבֶּצְךָ he will gather thee, יְקַבְּצֵם.

4. The plur. fem. forms, 2. and 3. person (in נָה) are changed into the corresponding masc. forms (in וּ) before connection with suffixes: as אַמְהֹתַי לְזָר תַּחְשְׁבֻנִי my maids count me for a stranger. Job 19, 15.

5. In pause, there is occasionally inserted instead of the union vowel *a union syllable* ַן , ֶן , called: Nun epenthetic, as יְבָרְכֶנְהוּ.

נ epenthetic is usually assimilated to the first letter of the suffix and expressed by Dag. forte. These suffixes are:

	Person. 1.	*Person.* 2.	*Person.* 3.
Sing. c.	ַנִּי and ֶנִּי	ֶךָּ, (ֶכָּה)	m. ֶנּוּ f. ֶנָּה
Plur.	ֶנּוּ and ֶנְנוּ		

EXERCISE 70.

קְנֵה[1] חָכְמָה קְנֵה בִינָה אַל־תַּעַזְבֶהָ וְתִשְׁמְרֶךָּ תְּכַבֵּדְךָ כִּי
תְחַבְּקֶנָּה[2]: אַשְׁרֵי מַשְׂכִּיל[3] אֶל־דָּל בְּיוֹם רָעָה יְמַלְּטֵהוּ יְהוָה:
יְהוָה יִסְעָדֶנּוּ[4] עַל־עֶרֶשׂ[5] דְּוָי[6]: גַּאֲוַת[7] אָדָם תַּשְׁפִּילֶנּוּ: מַעֲשֶׂיךָ[8]
יְקָרְבוּךָ[9] מַעֲשֶׂיךָ יְרַחֲקוּךָ[10]: יְהַלֶּלְךָ זָר וְלֹא־פִיךָ נָכְרִי[11] וְאַל־
שְׂפָתֶיךָ[12]: אִוֶּלֶת קְשׁוּרָה[13] בְלֶב־נָעַר שֵׁבֶט מוּסָר[14] יַרְחִיקֶנָּה
מִמֶּנּוּ: עַד לֹא מֵת[15] אִישׁ בַּל תְּאַשְּׁרֶנּוּ[16]: אַל תְּהַלֵּל אִישׁ
טֶרֶם תִּשְׁמָעֶנּוּ: יְהוָה אֹהֵב צַדִּיקִים וְיִשְׁמְרֵם: יְהוָה יִשְׁמָרְךָ
מֵרָע: מָה־אֱנוֹשׁ כִּי־תִזְכְּרֶנּוּ וּבֶן־אָדָם כִּי תִפְקְדֶנּוּ וַתְּחַסְּרֵהוּ[17]
מְעַט מֵאֱלֹהִים וְכָבוֹד וְהָדָר תְּעַטְּרֵהוּ[18]: יְשַׂגֶּבְךָ יְהוָה: בְּךָ
בָּטְחוּ אֲבוֹתֵינוּ[19] בָּטְחוּ וַתְּפַלְּטֵמוֹ: לְמִי תְמַשְּׁלוּנִי[20]:

buy, acquire[1] to embrace[2] to be attentive[3] to sustain[4] the bed of[5] sickness[6] pride, arrogance[7] deed, act[8] to bring near[9] to put far away, remove[10] stranger, foreigner[11] lips[12] to bind[13] correction[14] had died[15] to pronounce happy[16] to make inferior[17] to crown[18] (§ 85. 2. b.) our fathers[19] to compare[20].

EXERCISE 71.

The Lord will requite[1] me according to[2] my righteousness[3]. The name of[4] God will set thee on high[5], will send thee help[6] from the sanctuary[7] and sustain[8] thee out of Zion. From the extremity of[9] the heaven, thy God will gather[10] thee. Now[11] I shall gather them, thee (s. f.), you (p. f.), her. When[12] my brother[14] will meet thee[13] and ask[15] thee: whose[16] (art) thou? Thou wilt meet him, she will meet you. Thou (s. f.) wilt meet her. Why dost thou ask me (fut.). They (pl. f.) will ask us. They (pl. mas.) will ask you. Who will honor[17] him, that dishonoreth[18] his life[19]? Now will love[20] me my husband[21]. Thou (s. f.) wilt love him. They (pl. f.) will love her. You (pl. m.) will love us.

1 גָּמַל 2 כְּ 3 צִדְקִי 4 שֵׁם 5 שׂגב Pi. set on high, 6 עֶזְרְךָ thee help (§ 93, 6.) 7 קֹדֶשׁ
8 סָעַד fut. A. 9 קְצֵי 10 קבץ Pi. 11 עַתָּה 12 כִּי 13 פָּגַשׁ 14 אָחִי 15 שָׁאֵל (usually שָׁאַל)
with Vav conv. fut. A. 16 to whom 17 כבד Pi. 18 בּוֹזֶה 19 נַפְשׁוֹ 20 אָהַב fut. A. 21 אִישׁ.

§ 45. THE INFINITIVE WITH SUFFIXES.

1. The infin. Kal when connected with suffixes appears in the form קְטֹל, and according to its signification receives either the verbal suffixes or the nominal suffixes: as קָטְלֵנִי to kill me; קָטְלִי my killing.

2. With the suffixes ךָ, כֶם, כֶן a form sometimes occurs with Kamets under the second radical: as אֲכָלְךָ thy eating.

3. The infin. קַטֵּל assumes with suff. the form קַטְּל: as לְשַׂטְנוֹ to hinder him.

EXERCISE 72.

תְּנָה[1]־לָּנוּ מֶלֶךְ לְשָׁפְטֵנוּ׃ וַיֹּאמֶר שְׁמוּאֵל אֶל־שָׁאוּל אֹתִי שָׁלַח יְהוָה לְמָשָׁחֲךָ לְמֶלֶךְ עַל־יִשְׂרָאֵל׃ בְּנֵי[2] יְהוּדָה מְכַרְתֶּם[3] לִבְנֵי[4] הַיְּוָנִים[4] לְמַעַן[5] הַרְחִיקָם מֵעַל[6] גְּבוּלָם[7]׃ עִמָּנוּ יְהוָה אֱלֹהֵינוּ לְעָזְרֵנוּ׃ זָכוֹר אֶת־יוֹם הַשַּׁבָּת לְקַדְּשׁוֹ[8]׃ שָׁאוּל וַאֲנָשָׁיו עֹטְרִים[9]

אֶל־דָּוִד וְאֶל־אֲנָשָׁיו לְתָפְשָׂם[10]: בְּיוֹם אֲכָלְכֶם מִמֶּנּוּ וְנִפְקְחוּ[11]
עֵינֵיכֶם[12]: בְּקוּם[13] רְשָׁעִים יִסָּתֵר אָדָם וּבְאָבְדָם יִרְבּוּ[14] צַדִּיקִים:
וַיֹּאמֶר דָּוִד לְשָׁאוּל הִנֵּה הַיּוֹם הַזֶּה נְתָנְךָ יְהוָֹה בְּיָדִי וְאָבִי
רְאֵה[15] אֶת־כְּנַף[16] מְעִילְךָ בְּיָדִי כִּי בְּכָרְתִי אֶת־כְּנַף מְעִילְךָ וְלֹא
הֲרַגְתִּיךָ[17] דַּע[18] כִּי אֵין בְּיָדִי רָעָה וָפֶשַׁע:

give[1] the sons, children of[2] to sell[3] Greeks[4] in order that[5] away from, from[6] territory[7] keep holy[8] to surround[9] to seize, capture[10] to open[11] your eyes[12] when rise[13] become many, multiply[14] see[15] the skirt of[16] to kill[17] know[18].

EXERCISE 73.

He suffered[1] no[2] man to do them wrong[3]. And[4] the manna[6] left off[5] from the morrow[7] after they had eaten[8] of the produce[9] of the land. David has sent comforters[10] unto thee to search[11] the city, (§ 57, 5. ב) to spy it out[12] and to overthrow[13] it. And[4] Ruth[15] said[14] entreat[16] me not (§ 104, 2.) to leave[17] thee (s. f.). Haman[18] has devised[19] against[20] the Jews[21] to destroy[22] them. Preserve[23], my son, the law of[24] thy mother[25], when thou goest[26], it shall lead[27] thee, when thou sleepest[28], it shall keep thee[29].

1 הַנִּיחַ 2 no לֹא (before the verb) 3 עָשַׁק 4 Vav Conv. 5 שָׁבַת 6 מָן 7 מָחֳרָת
8 transl. in their eating 9 עֲבוּר 10 part. Pi. נחם 11 חָקַר 12 Pi. רגל 13 הָפַךְ 14 תֹּאמֶר
15 רוּת 16 with ב פָּגַע 17 עָזַב 18 הָמָן 19 חָשַׁב 20 עַל 21 יְהוּדִים 22 Pi. אבד 23 נָצַר
24 תּוֹרַת 25 אִמְּךָ Hithp. הלך 26 transl. in thy going. 27 תַּנְחֶה 28 inf. with ב. שָׁכַב
29 with pl. suff. שָׁמַר עַל,

§ 46. THE IMPERATIVE WITH SUFFIXES.

1. The form קְטֹל changes before its annexion to suff. into קָטְל, as the infinitive. The form קִטְלִי and קִטְלוּ remain unchanged; קְטֹלְנָה takes the form of קִטְלוּ.

2. In verbs Ayin and Lamed Guttural, the A vowel of the final syllable is retained and lengthened into Kamets: as שְׁלָחֵנִי send me; שְׁאָלוּנִי ask me.

EXERCISE 74.

שָׁפְטֵנִי יְהוָה כְּצִדְקִי[1]: בַּקֵּשׁ שָׁלוֹם וְרָדְפֵהוּ: הַדְרִיכֵנִי[2] בַּאֲמִתֶּךָ[3] וְלַמְּדֵנִי[4] כִּי אַתָּה אֱלֹהֵי יִשְׁעִי[5]: סָמְכֵנִי יְהוָה: חַלְּצֵנִי[6] יְהוָה וּגְאָלֵנִי[7]: סְעָדֵנִי יְהוָה פֶּן־אֶכָּשֵׁל: טַהֲרֵנִי[8] וְאֶטְהָר[9]: יִרְאֵי[10] יְהוָה הַלְלוּהוּ כָּל־זֶרַע יַעֲקֹב כַּבְּדוּהוּ: חֶסֶד וֶאֱמֶת אַל־יַעַזְבֻךָ קָשְׁרֵם עַל־גַּרְגְּרוֹתֶיךָ[11] כָּתְבֵם עַל־לוּחַ[12] לִבֶּךָ[13]: אַל־תְּאַשֵּׁר[14] בְּדֶרֶךְ רָעִים פְּרָעֵהוּ[15] אַל־תַּעֲבָר־בּוֹ: פַּלְּטוּנִי מִיַּד צָר: פַּלְּטֵהוּ מִיַּד רָשָׁע: אַתָּה יָדַעְתָּ יְהוָה זָכְרֵנִי וּפָקְדֵנִי וְהִנָּקֶם[16] לִי מֵרֹדְפַי[17]:

according to my rigteousness[1] to lead[2] in Thy truth[3] to teach[4] my salvation[5] to deliver[6] to redeem[7] to cleanse, purify[8] to be or become clean, pure[9] ye that fear[10] thy throat[11] the table[12] thy heart[13] to enter[14] to avoid[15] to revenge[16] persecutor[17].

EXERCISE 75.

Hear me (pl. m.) and entreat[1] for[2] me to[1] the king. Remember me, pray[3], and strengthen[4] me, pray, only[5] this once[6], that[7] I may be avenged[8] on[8] my enemies[9]. Gather[10] them from among[11] the people[12] (pl.). Fear[13] the Lord and love Him. If[14] iniquity[15] (be) in thy hand, put it far away[16] and[17] let[18] not[17] wrong[19] dwell[18] in thy tents[20]. And he said: draw[21] thy sword[22], and thrust me through[23] therewith[24], lest[25] these uncircumcised[27] come[26] and* thrust me through and* abuse[28] me. Hear (s. f.) us. Hear (pl. f.) me. Help[29] (pl. f.) me. Help (pl. m.) him. Bury[30] (pl. f.) her, for she is a king's daughter.

1 with פָּנַי, ב 2 לְ 3 נָא 4 Pi. חזק 5 אַךְ 6 (§ 94, 3.) f. פַּעַם 7 וְ 8 Ni. optat. with נקם, בְּ
9 אֹיְבָי 10 Pi. קבץ 11 בֵּין 12 גּוֹיִם 13 יָרֵא 14 אִם 15 אָוֶן 16 Hi. רחק 17 וְאַל
18 § 104, 2. Hi. שָׁכַן 19 עַוְלָה 20 אֹהָלֶיךָ 21 שָׁלַף 22 חַרְבְּךָ 23 דָּקַר 24 בָּהּ (חֶרֶב f.)
25 פֶּן 26 יָבֹאוּ 27 עֲרֵלִים 28 with בְּ, Hith. עלל * Vav. Conv. 29 עָזַר 30 קָבַר:

§ 47. THE PARTICIPLE WITH SUFFIXES.

The participles of Kal and Pi. lose their final Tsere and like the infin. according to their signification, receive either the nominal or verbal suffixes: as שֹׁמְרֵנִי he who keeps me, שֹׁמְרִי my keeper.

§ 49. THE PARTICIPLE WITH SUFFIXES. 85

EXERCISE 76.

יְהוָה שֹׁפְטֵנוּ׃ אֵל מְאַזְּרֵנִי[1] חָיִל[2]׃ מְכַבְּדַי אֲכַבֵּד׃ קֹדֶשׁ[3]
יִשְׂרָאֵל לַיהוָה כָּל־אֹכְלָיו יֶאְשָׁמוּ[4]׃ נִשְׁבַּע[5] יְהוָה בִּימִינוֹ[6] אִם־[7]
אֶתֵּן[8] אֶת־דְּגָנֵךְ[9] עוֹד מַאֲכָל לְאֹיְבַיִךְ[10] וְאִם יִשְׁתּוּ[11] בְנֵי־נֵכָר[12]
תִּירוֹשֵׁךְ[13] כִּי מְאַסְפָיו[14] יֹאכְלֻהוּ וְהִלְלוּ אֶת־יְהוָה וּמְקַבְּצָיו[15]
יִשְׁתֻּהוּ׃ הַחָכְמָה תְּאַלֵּף[16] בָּנֶיהָ[17] אוֹהֲבֶיהָ אָהֵבוּ חַיִּים׃ יְהוָה
שֹׁמְרֶךָ יְהוָה צִלְּךָ[18] עַל־יַד יְמִינֶךָ׃ יִלְבְּשׁוּ[19] שׂוֹטְנַי[20] כְּלִמָּה[21]׃
כְּצִנַּת[22]־שֶׁלֶג[23] בְּיוֹם קָצִיר צִיר[24] נֶאֱמָן[25] לְשֹׁלְחָיו׃ מֹשֵׁל[26]
מַקְשִׁיב[27] עַל־דְּבַר[28]־שָׁקֶר כָּל־מְשָׁרְתָיו[29] רְשָׁעִים׃ יִשְׂמְחוּ בְּךָ
כָּל־מְבַקְשֶׁיךָ יֹאמְרוּ[30] תָמִיד[31] יִגְדַּל[32] יְהוָה אֹהֲבֵי תְּשׁוּעָתֶךָ[33]׃
אֲבָרְכָה מְבָרְכֶיךָ וּמְקַלֶּלְךָ[34] אָאֹר[35]׃ מְבֹרָכָיו יִירְשׁוּ[36] אָרֶץ
וּמְקֻלָּלָיו יִכָּרֵתוּ[37]׃

to gird[1] (§ 85, 2, b.) strength[2] (that which is) holy, consecrated to God[3] to be or become guilty[4] to swear[5] by his right (hand)[6] if[7] (§ 108, 4.) I give[8] corn[9] enemies[10] drink[11] the alien[12] new wine, must[13] to gather[14] to store up[15] to teach[16] her, its children[17] shade[18] to clothe[19] adversaries[20] confusion[21] as the cold of[22] snow[23] messenger[24] faithful[25] a ruler[26] to hearken[27] word of[28] servant[29] say[30] continually[31] to be great[32] salvation[33] to curse[34] I will curse, devote to destruction[35] shall inherit[36] to be destroyed[37].

EXERCISE 77.

These (are) our judges[1] that judge us. The land[2] shall not be expiated[3] of[4] the blood that is shed[5] therein[6], but[7] by[8] the blood of him that shed[9] it. For I was ashamed[10] to ask of the king a force[11] to help us against[12] the enemy[13] in the way: because[14] we had spoken[15] unto the king, saying[16], The hand of[17] our God (is) upon* all them that seek[18] Him for good[19]; but[20] His power[21] and His wrath[22] (is) against* all them that forsake Him[23]. They that curse[24] thee shall be cursed, and they that bless[25] thee shall be blessed. Lord, who is like unto[26] Thee, who deliverest[27] the poor[28] and the needy[29] from him that robbeth[30] him.

1 part. שָׁפַט 2 Dative=to the land (f.) 3 Pu. כָּפַר 4 לְ 5 Pu. שָׁפַךְ 6 בְּ 7 כִּי־אִם 8 בְּ
9 part. 10 בֹּשְׁתִּי 11 חַיִל 12 מִן 13 אוֹיֵב 14 כִּי 15 אָמַר 16 לֵאמֹר 17 יַד *עַל

25 Pi. part. בָּרֵךְ 24 part. אָרַר 23 part. 22 אַפּוֹ 21 עֻזּוֹ 20 וְ 19 לְטוֹבָה 18 Pi. part. בקשׁ
: 30 part. גָּזַל 29 אֶבְיוֹן 28 עָנִי 27 מַצִּיל 26 (before grave suff. כְּכוֹ) כָּמוֹ

CHAPTER IX.

IRREGULAR VERBS.

§ 48. VERBS פ״א.

1. The verbs of which the first radical is א partake of all the peculiarities of the verbs Pe Guttural. In some of them, however, the א is quiescent in either Cholem or Tsere, hence they are called: נָחֵי פ׳ א = quiescent the פ i. e. the first radical א.

2. In the fut. Kal the five following verbs: אָבַד to perish, אָבָה to be willing, אָכַל to eat, אָמַר to say and אָפָה to bake, have the א quiescent in Cholem: as תֹּאכַל thou wilt eat, יֹאבַד he will perish. In the first person the א drops: as אֹמַר I shall say. The verbs אָחַז to take hold, אָסַף to collect, have beside the regular form יֶאֱחֹז, יֶאֱסֹף, the form of the פ״א: יֹאחֵז, וַיֹּסֶף 2. Sam. 6, 1.

3. The final syllable has generally Patach, Tsere is for the most part used in syllables with a distinctive accent: יֹאבַד Job 3, 3. יֹאבֵד Job 20, 7. תֹּאכַל 1. Mos. 3, 14, תֹּאכֵל 1. Mos. 2, 16.

4. With Vav Conv. the accent is thrown back: וַיֹּ֫אכַל, וַיֹּ֫אמֶר; but with a distinctive accent, Milra: וַיֹּאמַר. וַיֹּאכַל.

5. The inf. Kal of אָמַר with לְ, is לֵאמֹר, for לֶאֱמֹר (§ 12, 6. B. 3.).

6. In the verbs אָזַל to go away, אָחַר to tarry, to delay, אָתָה to come, the א quiesces in Tsere: as אֵזַל, for אֶאֱזַל. יֵאתֶה, for יֶאֱתֶה, אֵחַר, for אֶאֱחַר (cf. § 12, 6. B. 3.).

EXERCISE 78.

עֵד[1]־כְּזָבִים[2] יֹאבֵד׃ בְּמוֹת[3] אָדָם רָשָׁע תֹּאבַד תִּקְוָה[4]׃ נֹצֵר
תְּאֵנָה[5] יֹאכַל פִּרְיָהּ[6]׃ חֶרֶב[7] תֹּאכַל בָּשָׂר[8] וְלֹא תִפְגַּע[9] נֶפֶשׁ[10]
וְכָזָב[11] מִנֶּפֶשׁ וְעַד בָּשָׂר יְכַלֶּה[12]׃ אַל תֹּאמַר נִסְתְּרָה דַרְכִּי[18]
מֵיְהוָֹה וּבִמְרוֹם[14] שָׁמָיו[15] מִי יִזְכְּרֵנִי׃ וַיִּרְדְּפוּ בְּנֵי[16] יְהוּדָה אַחֲרֵי
אֲדֹנִי[17] בֶזֶק[17] וַיֹּאחֲזוּ אֹתוֹ וַיְקַצְּצוּ[18] אֶת־בְּהֹנוֹת[19] יָדָיו וְרַגְלָיו[20]׃
אִם תֹּאבֶה בְּנִי תֶּחְכָּם׃ לֹא יֵאָמֵר לַחַלָּשׁ[21] גִּבּוֹר וְלַסָּכָל[22]
מַשְׂכִּיל[23] כִּי לְפִי[24] מַעֲלָלוֹ יְהֻלַּל אִישׁ׃ וַיֹּאפוּ בְּנֵי יִשְׂרָאֵל אֶת־
הַבָּצֵק[25] עֻגֹת[26] מַצּוֹת[27] כִּי לֹא חָמֵץ[28] כִּי־גֹרְשׁוּ[29] מִמִּצְרַיִם׃
עִם־לָבָן גַּרְתִּי[30] וָאֵחַר עַד־עָתָּה[31]׃

witness[1] lie, falsehood[2] § 82, 5. and § 83, 6; when dies[3] expectation, (supply *his*)[4] fig tree[5] fruit[6] sword[7] flesh, *body*[8] meet, reach unto[9] soul[10] lie, falsehood[11] ruins, destroys[12] my way[13] hight of[14] his heaven[15] sons of[16] p. n. m.[17] to cut off[18] thumbs, great toes[19] feet[20] weak[21] fool[22] wise, prudent[23] in proportion, according to[24] dough[25] cakes[26] (§ 85, 3) unleavened[27] leavened[28] drive out[29] I have sojourned[30] now[31].

EXERCISE 79.

Say ye to the righteous (man), because[1] (he is) good, that[2] he shall eat the fruit of[3] his doings[4]. Not shall escape[5] the wicked, and the patience of[6] the righteous shall not be in vain[7]. And[8] the children of Israel[9] said: who shall give[10] us flesh[11] to eat[10]? We remember (pret.) the fish[12], which we did eat in Egypt[13] freely[14]. Eat thou not the bread of an evil eye[15] (i. e. an envious, malignant person), for eat, saith[16] he to thee, but[17] his heart[18] is not[19] with[20] thee. The children of Israel are not willing to hearken to thee. And[8] the asses[21] of[22] Kish[23] were lost[24],

כִּי 1 כִּי 2 פְּרִי 3 מַעֲלָל 4 מלט 5 Ni. תִּקְוַת 6 fem. אָבַד 7 Vav Conv. 8 בְּנֵי יִשְׂרָאֵל 9
אכל 10 Hi. (give to eat) בָּשָׂר 11 דָּגָה 12 מִצְרַיִם 13 חִנָּם 14 רַע עַיִן 15 fut. 16 ו 17
לִבּוֹ 18 בַּל 19 עִם 20 אֲתוֹנוֹת 21 (fem.) ל or אֲשֶׁר ל 22 (§ 80, 10) קִישׁ 23 אָבַד 24 :

§ 49. VERBS ל״א.

1. In verbs of which the third radical is א, the א qui-

esces whenever the final syllable has A or E, and lengthens final Patach into Kamets: as מָצָא, for מָצַא (§ 14. Lengthening, 3.); מָלֵא to be full.

2. Before the consonantal afformatives (ת, נ) א quiesces in the pret. Kal in Kamets: מָצָאתָ, in the pret. of all the other conjugations in Tsere: נִמְצֵאתָ; in the imp. and fut. of all the conjugations in Seghol: as תִּמְצֶאנָה, מְצֶאנָה.

3. The verbs middle E, like יָרֵא to fear, retain Tsere throughout the rest of the forms: as יָרֵאתָ, מָלֵאתִי I have filled.

4. The part. fem. is commonly formed by contraction מֹצֵאת, for מֹצְאֶת (§ 12, 6. B. 3.).

NOTE. The Infinitive sometimes has the termination אֹת or וֹת, as שְׂנֹאת Prov. 8, 13. הִנָּבְאֹת Zech. 13, 4. שַׁמּוֹת Ez. 36, 3.

EXERCISE 80.

הֲלֹא אָב[1] אֶחָד[2] לְכֻלָּנוּ[3] הֲלֹא אֵל אֶחָד בְּרָאָנוּ[4] מַדּוּעַ[5] נִבְגַּד[6]
אִישׁ בְּאָחִיו[7] לְחַלֵּל[8] בְּרִית אֲבוֹתֵינוּ[9]: לֵב טָהוֹר[10] בְּרָא־לִי
אֱלֹהִים וְרוּחַ נָכוֹן[11] חַדֵּשׁ[12] בְּקִרְבִּי[13]: שַׁלַּח[14] לַחְמְךָ[15] עַל־
פְּנֵי[16] הַמָּיִם כִּי־בְרוֹב[17] הַיָּמִים[18] תִּמְצָאֶנּוּ[19]: עֵת לַהֲרוֹג וְעֵת
לִרְפּוֹא[20] עֵת לֶאֱהֹב וְעֵת לִשְׂנֹא[21]: שָׂנֵאתִי קְהַל[22] מְרֵעִים[23]:
עָרֵב[24] לָאִישׁ לֶחֶם שָׁקֶר וְאַחַר[25] יִמָּלֵא[26]־פִיהוּ[27] חָצָץ[28]: גַּם־
לְרֵעֵהוּ יִשָּׂנֵא רָשׁ וְאֹהֲבֵי[29] עָשִׁיר רַבִּים: אַל־תְּקַנֵּא[30] בְּאַנְשֵׁי[31]
רָעָה: עֲטֶרֶת[32] תִּפְאֶרֶת שֵׂיבָה[33] בְּדֶרֶךְ צְדָקָה תִּמָּצֵא: אֱלֹהִים
יַכְאִיב[34] וְיֶחְבָּשׁ[35] יִמְחַץ[36] וְיָדָיו תִּרְפֶּאנָה: לֹא אֵל־חָפֵץ רֶשַׁע[37]
אַתָּה יְהוָה שָׂנֵאתָ כָּל־פֹּעֲלֵי אָוֶן: יָרָבְעָם[38] חָטָא[39] וְהֶחֱטִיא[40]
אֶת־יִשְׂרָאֵל: לֹא־תִשְׂנָא אֶת־אָחִיךָ בִּלְבָבֶךָ[41]:

father[1] one[2] to all of us[3] to create[4] why[5] to deal treacherously[6] against his brother[7] to profane[8] our fathers[9] clean[10] right[11] renew[12] within me[13] to cast[14] bread[15] upon (the surface)[16] multitude of = after many[17] days[18] to find[19] to heal, cure[20] to hate[21] congregation of[22] evil doers[23] agreeable, sweet[24] afterwards[25] to fill[26] his mouth[27] gravel-stones[28] (§ 85, 2. a.) friends of[29] to be envious[30] men of[31] (§ 83, 6) crown[32] gray hair[33] to wound, to injure[34] to bind up[35] to split, to dash[36] unrighteousness[37] n. p. m.[38] sin[39] (§ 25, 7)[40] thy heart[41].

§ 50: VERBS פ״ן. 89

EXERCISE 81.

I said, Lord heal[1] my soul[2], for I have sinned[3] against[4] Thee. And Moses said unto the people: ye have sinned a great[6] sin[5]. And[7] (there) remained[8] two of[9] (the) men in the camp[10], the name of the one[11] was Eldad[12] and the name of the other[13] Medad[14] and[7] they prophesied[15] in the camp, and[7] (there) said a young man[16] to Moses: Eldad and Medad do prophesy in the camp. And[7] Joshua[17] said: my lord[18] Moses forbid[19] them. And Moses said unto him, enviest[20] thou for my sake[21]? would[22] God[22] that[22] all the Lord's people (were) prophets[23]. The ear[25] is not filled[24] with[26] hearing. In the lips[27] of the intelligent (man)[28] wisdom is found[29]. And[7] Jehosheba[30] stole Joash[31] and hid[32] him from* Athalia[33], and he was[34] hid[35] in the house of the Lord six years.

1 רָפָא 2 נַפְשִׁי 3 חָטָא 4 לְ 5 חֲטָאָה 6 גְדֹלָה 7 Vav Conv. 8 Ni. שׁאר 9 שְׁנֵי

10 מַחֲנֶה 11 אֶחָד 12 אֶלְדָּד 13 שֵׁנִי 14 מֵידָד 15 Hith. נבא 16 נַעַר 17 יְהוֹשֻׁעַ 18 אֲדֹנִי

19 כְּלָא 20 part Pi. קנא 21 לִ 22 וּמִי יִתֵּן 23 נְבִיאִים 24 fut. Ni. מלא 25 [fem.] אֹזֶן

26 מִ 27 שִׂפְתֵי 28 נָבוֹן 29 Ni. fut. 30 יְהוֹשֶׁבַע 31 יוֹאָשׁ 32 Hi. fut. סתר 33 עֲתַלְיָהוּ

34 וַיְהִי 35 part. Hith. חבא 36 שֵׁשׁ 37 שָׁנִים מִפְּנֵי*.

§ 50. VERBS פ״ן.

1. The verbs, of which the first radical is נ, lose נ, whenever it should take Sh'va, by assimilation, hence the second radical is doubled, i. e. receives Dag. forte: as יִגַּשׁ, for יִנְגַשׁ, הִגִּישׁ, for הִנְגִּישׁ (§ 12, 4.). Before a gutt. the assimilation does not take place: as יִנְאַק, הִנְחִיל (ibid.). In the infin. and imp., נ drops without compensation, the following letter commencing the word: as גַּשׁ (Dag. lene); before Makkef גֶּשׁ־, with pargog. ה, גְּשָׁה. The regular form of the imp. is found occasionally: as נְטֹשׁ leave, נִדְרוּ vow ye. (See 3 of this §.)

2. With these verbs, in order to make the infin. dissyllabic, it takes the fem. nominal ending ֶ ֶת, or ַ ַת when the second or third radical is a guttural: as גֶּשֶׁת, גַּעַת to touch. (See 3 of this §.)

3. In most cases, these verbs have a fut. and imp. O,

many A: as יִפֹּל to fall, יִגַּשׁ. The imp. and infin. of verbs with fut. O, are regular: as נְפֹל, inf. בִּנְפֹל.

4. The verb נָתַן to give, has besides the irregularities of the verbs פ"ן the peculiarity, that it also assimilates its final נ before the afformatives ת and נ: as נָתַתָּ, for נָתַנְתָּ, נָתַנּוּ, for נָתַנְנוּ; infin. תֵּת, for תֶּנֶת (2); with בכלם: בְּתֵת, כְּתֵת, לָתֵת, מִתֵּת; imp, תֵּן, תְּנִי, תְּנוּ, with parag. ה: תְּנָה; fut. אֶתֵּן, תִּתֵּן.

5. In לָקַח to take, the ל is analogous to the נ of the verbs פ"ן. Fut. יִקַּח, for יִלְקַח, inf. קַחַת, with בכלם: בְּקַחַת, לָקַחַת, מִקַּחַת; imp. קַח, קְחִי, קְחוּ, קַחְנָה. Ho. יֻקַּח, for יֻלְקַח (§ 14, Short. b.); but Ni. always נִלְקַח.

EXERCISE 82.

חֹפֵר[1] גּוּמָּץ[2] בּוֹ יִפֹּל[3] וּפֹרֵץ[4] גָּדֵר[5] יִשְּׁכֶנּוּ[6] נָחָשׁ[7]: אֱוִיל יִנְאַץ[8]
מוּסַר אָבִיו: כֹּל[9] אֲשֶׁר לָאִישׁ יִתֵּן בְּעַד[10] נַפְשׁוֹ[11]: לֹא תִקֹּם[12]
וְלֹא תִטֹּר[13]: אֵת אֲשֶׁר־תִּדֹּר[14] שַׁלֵּם[15]: מִשָּׁמַיִם הִבִּיט[16] יְהוָֹה
רָאָה אֶת־כָּל־בְּנֵי הָאָדָם: הֲנֹטַע[17] אֹזֶן הֲלֹא יִשְׁמָע אִם־יֹצֵר[18]
עַיִן הֲלֹא יַבִּיט: פִּי[19] כְסִילִים יַבִּיעַ[20] אִוֶּלֶת: הֻסַּג[21] אָחוֹר[22]
מִשְׁפָּט וּצְדָקָה מֵרָחוֹק[23] תַּעֲמֹד: חָכְמָה וּמַדָּע[24] תֶּן־לִי: הַחָכְמָה
וְהַמַּדָּע נָתוּן לָךְ וְעֹשֶׁר וְכָבוֹד אֶתֶּן־לָךְ: תְּנָה בְנִי[25] לִבְּךָ[26] לִי
וְעֵינֶיךָ דְּרָכַי[27] תִּצֹּרְנָה[28]: שַׁל[29] נְעָלֶיךָ[30] מֵעַל[31] רַגְלֶיךָ[32]:
גְּשָׁה[33]־נָּא וּשְׁקָה[34]־לִּי בְּנִי: וַיִּגַּשׁ וַיִּשַּׁק־לוֹ: עֵת לָטַעַת וְעֵת
לַעֲקוֹר[35] נָטוּעַ: הָרְשָׁעִים כַּמֹּץ[36] אֲשֶׁר תִּדְּפֶנּוּ[37] רוּחַ[38]: בַּרְזֶל[39]
מֵעָפָר[40] יֻקָּח: תֶּן לִי הַנֶּפֶשׁ[41] וְהָרְכוּשׁ[42] קַח לָךְ: בְּתֵת יְהוָֹה
לָכֶם בָּעֶרֶב בָּשָׂר לֶאֱכֹל: לֹא תִקַּח שֹׁחַד:

to dig[1] a pit[2] to fall[3] to break down[4] a fence[5] to bite[6] serpent[7] to despise, contemn[8] all,every thing[9] for, in behalf of[10] soul, life[11] to revenge[12] to keep, retain *sc. anger*[13] to make a vow[14] to pay, perform[15] to look[16] to plant[17] to form, make[18] the mouth of[19] to pour forth, utter[20] to turn away[21] backward[22] afar off[23] knowledge[24] my son[25] thy heart[26] my ways[27] to observe[28] to put off[29] shoes[30] from[31] feet[32] to step near[33] to kiss[34] root out, pluck up[35] the chaff[36] to drive away[37] a wind[38] iron[39] earth[40] persons[41] (coll.) substance, property[42].

Exercise 83.

Put forth[1] thine hand and touch[2] his flesh[3]. He made[4] a pit[5], and digged[6] it, and is fallen into the ditch[7], (which) he made[8]. Keep[9] thy tongue[10] from evil and thy lips[11] from speaking[12] guile[13]. And[14] she vowed[15] a vow[16] and said: O Lord of Hosts[17], if[18] Thou wilt remember me and wilt give to thine handmaid[19] a man-child[20], then[21] I will give him to the Lord all the days of[22] his life. And he dreamed[23], and behold[24], a ladder[25] set up[26] on* the earth, and the top of it[27] reached[28] to[29] heaven. Righteousness[30] delivereth[31] from death[32]. To take away[33] my life[34] they devised[35]. Lord give us Thy help[36]. Thou shalt not inherit[37] in our father's house[38]. This woman said to me: give (s. f.) thy son[39] and we will eat him to day[40] and I will give my son to-morrow[41].

1 שָׁלַח 2 נָגַע 3 בְּשָׂרוֹ 4 כָּרָה 5 בּוֹר 6 חָפַר 7 שַׁחַת 8 פָּעַל 9 fut. O. נָצַר 10 לְשׁוֹנְךָ

11 שְׂפָתֶיךָ 12 Pi. דבר 13 מִרְמָה 14 Conv. ו 15 fut. O נָדַר 16 נֶדֶר 17 צְבָאוֹת 18 אִם

19 אֲמָתְךָ 20 זֶרַע אֲנָשִׁים 21 ו 22 יְמֵי 23 חָלַם 24 הִנֵּה 25 סֻלָּם 26 part. Ho. נצב

27 רֹאשׁוֹ 28 part. Hi. נָגַע 29 (§ 19, 6,) local ה 30 m. צְדָקָה 31 Hi. fut. נצל 32 מָוֶת

33 לָקַחַת 34 נַפְשִׁי 35 זָמַם 36 יְשׁוּעָתְךָ 37 נָחַל 38 בֵּית 39 בְּנֵךְ 40 הַיּוֹם 41 מָחָר

* אַרְצָה (§ 85, 4, 6.).

§ 51. VERBS פ״י.

1. The verbs of which the first radical is י are divided into three classes:

a. The first class comprises those, in which י is used as נ in the verbs פ״נ, i. e. י is assimilated and indicated by Dagesh in the next letter. In this class are four verbs, which all have צ as the second radical: יצת (Ni. נִצַּת, Hi. הִצִּית) to set on fire, to kindle, יָצַע to spread down, to strew, יָצַק to pour, pour out, יָצַר to form.

b. The second class is but slightly irregular. The weak letter י quiesces in the preceding vowel in fut. Kal and all forms of Hi. The fut. Kal retains Chirek: as יִיטַב from יָטַב; Hi. changes the Chirek into Tsere: as יֵיטִיב for יַיְטִיב (Patach + י = a + i = e, § 12, 7. b. 2.). To this class belong six verbs: יָצַר (fut. יִיצַר and יֵצַר, apoc. יִיצֶר and יֵצֶר.) יָשַׁר to be straight, right, יָטַב to be good, יָנַק to suck, יָלַל to wail, lament, יָקַץ to awake.

c. The other verbs פ״י belong to the third class. The verbs of this class are properly פ״ו, but the ו is changed at the beginning of the word into י: as יָלַד, for ולד, יָשַׁב, for ושב (§ 12, 7. a.). In those conjugations, which have a characteristic letter at the beginning (Ni., Hi., Ho.) the original ו, being now in the middle of the word, returns: Ni. pret. נוֹלַד, fut. אִוָּלֵד, Hi. הוֹלִיד, Ho. הוּלַד. In Hithp. the ו in a few verbs only is restored: as הִתְוַדַּע, from יָדַע, to know.

The preformatives have not the usual vowel, but one homogeneous to ו: נוֹלַד, for נִוְלַד, הוֹלִיד, for הִוְלִיד, הוּלַד, for הֻוְלַד (12, 7. b. 2.).

2. In fut. Kal the י drops. The preformatives now forming open syllables, lengthen the Chirek into Tsere: as יֵלֵד, for יִילֵד. With conv. ו: וַיֵּלֶד; in Hiphil with conv. ו: וַיּוֹלֶד.

3. About half these verbs have the future E. The others with future A retain י quiescent in Chirek: as יִירַשׁ to take possession of, to inherit.

4. The infin. const. is formed as with פ״נ, i. e. the י drops and the segholate ending ֶ-ֶת (§ 66.) (with Gutt. ַ-ַת) is appended: as לֶדֶת, with בכלם: כְּלֶדֶת, בְּלֶדֶת, מִלֶּדֶת, לָלֶדֶת. Occasionally, it has the fem. termination ָ-ה, like לֵדָה to bear, רְדָה to go down.

5. The imp. לֵד, שֵׁב, with ה parag. שְׁבָה.

6. The fut. Kal of the Verbs יָרַשׁ to take possession of, יָבֵשׁ to be or become dry, יָגַע to labor, toil, is formed like the second class: יִירַשׁ, יִיבַשׁ יִיגַע (3), but in Ni., Hi., Ho. they are inflected like the third class: as הוֹבִישׁ, הוֹגִיעַ, יוֹרִישׁ.

7. The verb יָלַךְ to go, belongs to פ״י, taking its *irregular forms* from פ״ה: fut. Kal יֵלֵךְ, imp. לֵךְ, infin. לֶכֶת, Hi. הוֹלִיךְ.

In all cases, however, where the verbs פ״י are regular it is inflected as from הָלַךְ: pret. Kal הָלַךְ, part. Kal הוֹלֵךְ. Hith. הִתְהַלֵּךְ.

Exercise 84.

אֶת־חֻקֹּתַי[1] תִּשְׁמְרוּ לָלֶכֶת בָּהֶם׃ לְכוּ־בָנִים[2] שִׁמְעוּ־לִי יִרְאַת[3] יְהוָֹה אֲלַמֶּדְכֶם׃ לֹא־תֵלֵךְ רָכִיל[4] בְּעַמֶּךָ׃ וַיֵּשְׁבוּ[5] וַיֹּאכְלוּ שְׁנֵיהֶם[6] יַחְדָּו[7] וַיֹּאמֶר אֲבִי[8] הַנַּעֲרָה[9] אֶל־הָאִישׁ הוֹאֶל[10]־נָא וְלִין[11] וְיִטַב[12] לִבֶּךָ׃ וַיּוֹאֶל הַלֵּוִי[13] לָשֶׁבֶת אֶת־הָאִישׁ׃ אָח לְצָרָה יִוָּלֵד[14]׃ יִרְאַת יְהוָֹה תּוֹסִיף[15] יָמִים[16]׃ סֹבֵא[17] וְזוֹלֵל[18] יִוָּרֵשׁ[19]׃ אֵשׁ וּמַיִם הִצַּג[20] לְפָנֶיךָ[21] שְׁלַח יָדְךָ בַּאֲשֶׁר תִּרְצֶה[22]׃ הֵיטִיבוּ[23] דַּרְכֵיכֶם[24] וּמַעַלְלֵיכֶם׃ אֵשׁ קְדַחְתֶּם[25] עַד עוֹלָם תּוּקָד[26]׃ רְפָאֵנִי יְהוָֹה וְאֵרָפֵא הוֹשִׁיעֵנִי[27] וְאִוָּשֵׁעָה כִּי תְהִלָּתִי[28] אָתָּה׃ אֱלֹהֵי עוֹלָם יְהוָֹה לֹא יִיעַף[29] וְלֹא יִיגָע[30]׃ אָנָה[31] אֵלֵךְ מֵרוּחֶךָ וְאָנָה מִפָּנֶיךָ[32] אֶבְרָח׃ אִם־אֶסַּק[33] שָׁמַיִם שָׁם[34] אָתָּה וְאַצִּיעָה[35] שְׁאוֹל[36] הִנֶּךָּ׃ בְּשָׁלוֹם יַחְדָּו[37] אֶשְׁכְּבָה וְאִישָׁן[38] כִּי אַתָּה יְהוָֹה לְבָדָד[39] לָבֶטַח תּוֹשִׁיבֵנִי[40]׃ הוֹגַעְתֶּם[41] יְהוָֹה בְּדִבְרֵיכֶם[42] וַאֲמַרְתֶּם בַּמָּה[43] הוֹגָעְנוּ בֶּאֱמָרְכֶם כָּל[44]־עֹשֵׂה[45] רָע טוֹב בְּעֵינֵי יְהוָֹה׃ הֹקַר[46] רַגְלְךָ[47] מִבֵּית רֵעֶךָ פֶּן יִשְׂבָּעֲךָ[48] וּשְׂנֵאֶךָ׃ דְּעִי כִּי רַע וָמָר[49] עָזְבֵךְ אֶת־יְהוָֹה׃

statute, law[1] sons[2] the fear of[3] slander, הָלַךְ רָכִיל to slander[4] to sit down[5] both of them[6] together[7] the father of[8] the damsel[9] to consent[10] and lodge all night[11] to be good, merry[12] Levite[13] to bear, bring forth[14] to add, increase[15] days[16] a drunkard[17] squanderer, prodigal[18] to become poor[19] to put, place[20] before thee[21] to be pleased to do anything[22] to make good[23] your ways[24] to kindle[25] to burn[26] to help, succor[27] praise, object of praise[28] to be wearied[29] to be fatigued[30] whither[31] from thy presence[32] (prop. f. thy face) to ascend[33] there[34] to spread down, make one's bed[35] grave[36] together, at one time[37] to sleep[38] alone[39] to make dwell[40] to weary, be troublesome[41] words[42] in what[43] every one[44] that doeth[45] to make rare[46] thy foot[47] to be satiated, weary[48] bitter[49].

EXERCISE 85.

Rebuke[1] not a scorner[2], lest[3] he hate[4] thee; rebuke a wise man[5], and he will love thee. Give (instruction) to a wise man, and he will be yet[7] wiser[6]; teach[8] a just man and he will increase[9] in learning[10]. (It is) good to go to the house of mourning[11]. Go, eat with[12] joy[13] thy bread[14]. And* the king put forth[15] his hand, saying[16], lay hold[17] on him. And* his hand dried up. When[18] your children[20] shall ask[19] their fathers[21] in time to come[22], saying, what (mean) these stones[23]? Then[24] ye shall let know[25] your children, saying, Israel came over[26] this Jordan[27] on[28] dry land[29]. For[30] the Lord your God dried up[31] the waters of[32] Jordan from before you[33], until[34] ye were passed over[35]. That[36] all the people of[38] the earth might know[37] the hand of the Lord. Labor[39] not to be rich[40]. Know thou the God of thy father and serve[41] Him. Boast[42] not thyself of[43] to-morrow[44], for thou knowest[45] not what a day[47] may bring forth[46]. We will do thee good[48].

1 Hi. Juss. יכח 2 לֵץ 3 פֶּן 4 שָׂנֵא 5 לְחָכָם 6 fut. A. (to be wiser) חכם 7 עוֹד
8 Hi. ידע 9 Hi. with acc. יסף 10 לֶקַח 11 אֵבֶל 12 בּ 13 שִׂמְחָה 14 לַחְמֶךָ 15 שָׁלַח
16 לֵאמֹר 17 with acc. תָּפַשׂ 18 כִּי 19 שָׁאַל 20 בְּנֵיכֶם 21 אֲבוֹתָם 22 in t. t. come מָחָר
23 אֲבָנִים 24 ו 25 Hi. pret. 26 to come over עָבַר 27 יַרְדֵּן 28 בּ 29 יַבָּשָׁה 30 אֲשֶׁר 31 Hi.
32 מֵי 33 מִפְּנֵיכֶם 34 עַד 35 inf. = your passing over 36 לְמַעַן 37 inf. (connect 36 and 37)
38 עַמֵּי 39 Juss. יָגַע 40 Hi. inf. with ל 41 עָבַר 42 Hith. Juss. הלל 43 בּ 44 יוֹם מָחָר
45 fut. 46 fut. יָלַד 47 יוֹם 48 to do good יטב Hi. *Vav Conv.

§ 52. VERBS ע"ע.

The verbs belonging to this class are contracted, the second radical having been repeated in the root, as סבב, now סַב, hence termed ע"ע.

Irregularities:

1. The repeated letter is generally written but once, with a Dag., which is, however, omitted at the end of the word: as סַב, for סַבּ, but סַבּוּ (§12, 4. Note).

2. The resulting monosyllabic word from this contraction is vocalized similarly to the regular verbs, but differs in

this particular: the vowel of the second radical in the regular verb recedes to the first radical of the verb ע״ע: as imp. סֹב, for סְבֹב, like קְטֹל, fut. יָסֹב, for יִסְבֹּב, like יִקְטֹל, (comp. 3), (§14, Rising III.).

Note I. Infin. and fut. Ni. excepted, which have Patach instead of Tsere.

3. The preformative forming an open syllable, which requires long vowels, has the pretonic Kamets: fut. Kal יָסֹב, for יִסְבֹּב, fut. Hi. יָסֵב, for יַסְבֵּב; hence this Kamets drops, when the tone is thrown forward: as תְּסֻבֶּינָה (§ 14. Reject. 1.).

4. When the afformative begins with a consonant (תָּ, תְּ, תִּי, נוּ, נָה) a helping vowel is used: 1) to avoid the meeting of three consonants with but one vowel: as סְבַבְתָּ = סַבֹּתָ; 2) to render more perceptible the doubling of the radical. This helping vowel is Cholem in the pret. (written fully or defectively): as סַבּוֹתָ or סַבֹּתָ, and in the future ֶי: as תְּסֻבֶּינָה.

5. This helping vowel receiving the tone, shortens the vowel in Hi., and in the forms with נָה in the imp. and fut. Kal: as הֲסִבּוֹתָ, סֻבֶּינָה.

6. In Pi., Pu. and Hith., which require Dag. in the second radical, in order to avoid the meeting of three similar consonants, as סִבְבֵּב = סֹבֵב, a long vowel (invariably Cholem) enters instead of Dag. Thus the forms Poel, Poal, Hithpoel, arise, which are regularly inflected: as הִסְתּוֹבֵב, סוֹבַב, סוֹבֵב.

7. With convers. ו the Cholem of the fut. Kal is shortened into Kamets-Chatuph, and the Tsere of the fut. Hi. into Seghol: as וַיָּסָב, וַיָּסֶב (§ 33, 4.).

8. Before suffixes the same change takes place, for the

same reason (§ 14, Short. c.): as יְחָנֵּנוּ may He be gracious to us; תְּחָגֻּהוּ ye shall solemnize it; or Kubbuts is chosen instead: as יְמֻשֵּׁנִי, Hiph. יְסִבֵּנִי, Tsere into Chirek (the strong sharpening) (§ 14, Short. b.)

9. The accent is not here thrown forward upon the afformatives ָ־ה, וּ, ִ־י, as with regular verbs: as סַבָּה, סַבּוּ, סַבּוֹתִי.

NOTE II. In Kal are found examples of middle O (according to יָכוֹל § 29, 1.): as רֹבּוּ they shoot arrows. Gen. 49, 23. רֹמּוּ they are lifted up. Job 24, 24. The fut. A. of these verbs has Tsere under the preformatives: as יֵמַר it is bitter, Is. 24, 9. וָאֵקַל and I am despised, Gen. 16, 5. יֵחַם it is hot, De. 19, 6.

NOTE III. Ni. in the final syllable has Tsere occasionally: as נָמֵס, הִמֵּס, נָקֵל, נָסֵבָּה; sometimes Cholem נָרוֹץ he is broken, Eze 29, 7. נָבֹזּוּ they are spoiled, Am. 3, 11.

NOTE IV. Hi. sometimes takes Patach in the final syllable, especially with gutturals: הֵמַר he has embittered, Job 27, 2. הֵתַז he cuts off, Is. 18, 5. הֵדַק, הֵקַל.

NOTE V. In many of these verbs the vowel of the preformatives in Kal, Ni., Hi. and Ho. is short and Dag. forte follows. This Dagesh compensates for the one omitted in the second radical, as it occurs generally with this class of verbs in Chaldee: fut. Kal יִסֹּב and יָסֹב; יִדֹּם (fr. דמם), יִשֹּׁם shall be astonished, 1. Ki. 9, 8. יִקֹּד to bow the head; Hi. יַסֵּב Jud. 18, 23. יַמֵּר Ex. 23, 21.

EXERCISE 86.

מָה[1]־רַבּוּ[2] מַעֲשֶׂיךָ[3] יְהוָה: גּוֹל[4] עַל־יְהוָה דַּרְכֶּךָ: הַקְשִׁיבָה
אֶל־רִנָּתִי[5] כִּי־דַלּוֹתִי[6] מְאֹד: אָז[7] יְדַבֵּר[8] יְהוֹשֻׁעַ[9] לַיהוָה בְּיוֹם
תֵּת יְהוָה אֶת־הָאֱמֹרִי[10] לִפְנֵי בְּנֵי יִשְׂרָאֵל וַיֹּאמֶר שֶׁמֶשׁ[11] בְּגִבְעוֹן[12]
דּוֹם[13] וְיָרֵחַ[14] בְּעֵמֶק[15] אַיָּלוֹן[16] וַיִּדֹּם הַשֶּׁמֶשׁ וְיָרֵחַ עָמָד עַד־יִקֹּם
גּוֹי אֹיְבָיו: וַיַּרְעֵם[17] יְהוָה בְּקוֹל[18]־גָּדוֹל בַּיּוֹם הַהוּא עַל־פְּלִשְׁתִּים[19]

וַיְהֻמֵּם[20] וַיִּנָּגְפוּ[21] לִפְנֵי יִשְׂרָאֵל׃ וְחַגֹּתֶם[22] אֹתוֹ חַג[23] לַיהוָה
שִׁבְעַת[24] יָמִים בַּשָּׁנָה[25] בַּחֹדֶשׁ הַשְּׁבִיעִי[26] תָּחֹגּוּ אֹתוֹ׃ כֹּה[27] אָמַר
יְהוָה אִם־תָּפֵרוּ[28] אֶת־בְּרִיתִי[29] הַיּוֹם וְאֶת בְּרִיתִי הַלָּיְלָה גַּם בְּרִיתִי
תֻּפַר אֶת־דָּוִד עַבְדִּי׃ אֲשֶׁר[30] לֹא־יִסָּפֵר צְבָא[31] הַשָּׁמַיִם וְלֹא
יִמַּד[32] חוֹל הַיָּם כֵּן אַרְבֶּה[33] אֶת־זֶרַע דָּוִד עַבְדִּי׃ הַדֶּלֶת[34] תִּסּוֹב[35]
עַל־צִירָהּ[36] וְעָצֵל עַל־מִטָּתוֹ[37]׃ יְהוָה שֹׁפְטֵנוּ יְהוָה מְחֹקְקֵנוּ[38]
הוּא יוֹשִׁיעֵנוּ[39]׃ חִדְלוּ הָרֵעַ[40]׃ כִּי הִנֵּה בָעִיר אֲשֶׁר־נִקְרָא
שְׁמִי[41] עָלֶיהָ[42] אָנֹכִי מֵחֵל[43] לְהָרַע׃ לָמָּה תִקְרֶאנָה לִי נָעֳמִי[44]
וְשַׁדַּי[45] הֵמַר[46] וְהֵרַע לִי מְאֹד׃ הֵמָּה חַתִּים[47] נְסוֹגִים[48] אָחוֹר
וְגִבּוֹרֵיהֶם יֻכַּתּוּ[49]׃ בְּתוֹכִי יִשְׁתּוֹמֵם[50] לִבִּי׃

adverb[1] (§ 24, 3.) to be many[2] works[3] to roll, to commit[4] my outcry, cry for help[5] to be languid, weakened[6] then[7] (§ 101, II, b.)[8] Joshua[9] Amorite[10] sun[11] Gibeon[12] to stay, stand still[13] moon[14] valley[15] Ajalon[16] cause thunder[17] thunder[18] (prop. voice, sound) Philistines[19] to confound[20] to defeat[21] to celebrate[22] festival[23] seven[24] year[25] seventh[26] so, thus[27] to break, make void[28] my covenant with[29] as[30] the host of[31] to measure[32] I will increase[33] door[34] to turn[35] hinge[36] his bed[37] to inscribe laws, to rule[38] to save[39] to do evil[40] my name[41] (§ 96, 2.)[42] to open, begin[43] n. p. f. (my sweetness)[44] the Almighty[45] to embitter[46] (sc. life,) to be terrified, dismayed[47] to recede[48] to beat down[49] to be astonished, confounded[50].

EXERCISE 87.

Three[1] times[2] thou shalt keep a feast[3] to me in the year. And he rolled[4] the stone[5] from[6] the mouth of[7] the well[8]. The Lord of Hosts[9] will defend[10] Jerusalem[11]. The soul of[12] the wicked desireth[13] evil, his neighbor is not favored[14] in his eyes[15]. This day will I begin[16] to magnify thee[17] in the sight of[18] all Israel. And I will defend[19] this city, to save[20] it. And the Lord discomfited[21] Sisera[22]. Hills[23] melted[24] like[25] wax[26]. He that trusteth[27] in[28] the Lord, mercy[29] shall compass[30] him about[30]. Beseech[31], I pray you, God, that[32] He will be gracious[33] unto us. Hazael[34], king of Syria[35], oppressed[36] Israel. And the Lord was gracious[37] to them and had compassion[38] on them. (He) whom thou blesseth[39] (is) blessed[40], and (he) whom thou curseth[41] is cursed[42]. Why[43] art thou cast down[44], O my soul[45]? hope[46] thou in[47] God!

1 שָׁלֹשׁ 2 רְגָלִים 3 to keep a feast חגג 4 Hi. fut. with Vav Conv. גלל 5 אֶבֶן 6 מֵעַל

7 פִּי 8 בְּאֵר 9 יְהוָֹה צְבָאוֹת 10 Hi. fut. גנן 11 יְרוּשָׁלַיִם 12 נֶפֶשׁ 13 אוֹתָהּ 14 Ho. fut. חנן

15 עִנְיָן 16 Hi. חלל 17 Pi. inf. גדל 18 עֵינֵי 19 pret. with Vav Conv. גנן 20 Hi. ישע

21 fut. with Conv. ו, הכם 22 סִיסְרָא 23 הָרִים 24 Ni. מסס 25 כְּ 26 דּוֹנַג 27 part. בָּטַח

28 בְּ 29 חֶסֶד 30 Pi. fut. סבב 31 חֵיל; 32 וּ 33 חנן 34 חֲזָאֵל 35 אֲרָם 36 לחץ

37 fut. with Vav Conv. 38 Pi. fut. with Vav Conv. with acc. רחם 39 Pi. fut. ברך 40 Pu. part.

41 fut. ארר 42 Ho. fut. 43 כַּמָּה 44 Hith. fut. שחח 45 (f.) נַפְשִׁי 46 Hi. יחל 47 לְ :

§ 53. VERBS ע״ו AND ע״י.

To the ע״ע the verbs ע״ו are nearly related. To this class belong those verbs of which the second radical is ו, which are best compared with the preceding עע, whereby the points of similarity or difference can be rendered most conspicuous.

In common with ע״ע:

1. The stem is monosyllabic.

2. The preformatives have long vowels: in fut. Kal and in the pret. Ni. Kamets (Tsere in rare cases).

3. The forms Poel, Poal, Hithpoel.

4. The insertion of the helping (union) vowel Cholem before the consonantal afformatives, but only in Ni. and Hi., not in Kal and Ho.

5. These peculiarities originate from the principle, that the weak letter ו cannot retain its consonantal power between two vowels; (not even between a following vowel and a preceding vocal Sh'va,) the ו either drops or quiesces, and as with ע״ע its vowel recedes to the first radical: pret. קָם, instead of קָוַם; inf. קוּם, for קְוֹם; fut. יָקוּם, for יִקְוֹם (§ 12, 6. B. 3); Hi. הֵקִים, for הִקְוִים (§ ibid. § 12, 7, a.); Ho. הוּקַם, for הָקְוַם (§ 12, 6, B., 3.) (Kamets-Chat. now in an open syllable becomes ו (§ 14, Length. 1.).

6. These verbs differ from ע״ע in the following points:

a. The vowel in ע״ו is longer: ו in Kal, י ִ in Hi., a vowel-letter quiescing in it.

b. The Ni. has a final Cholem נָקוֹם, for נָקָם; fut. יִקּוֹם, for יִקָּוֵם (the ו becoming וֹ, § 12, 7. b. 2.), after removing the mutable Patach in pret., and Tsere and the pretonic Kamets in fut.

7. Intransitive verbs occur with middle E. and O: מֵת, מֵתָה, מַתָּ (for מֵתְתָּ § 12, 6. B.). Part. מֵת; Inf. מוֹת; Fut. יָמוּת; בּוֹשׁ, בּוֹשָׁה, בֹּשְׁתָּ; Fut. יֵבוֹשׁ.

Note. In some verbs. the ו of the inf., imper. and fut. is always quiescent in Cholem: as אוֹר to be light, בּוֹא to come, בּוֹשׁ to be ashamed, וַיָּבוֹא and he came.

8. The apocopated Fut. is יָקֹם, with Vav Conv. וַיָּקָם, with gutturals וַיָּסַר.

9. The usual form of 2. and 3. pers. pl. fem. is given in the paradigm: תְּקוּמֶינָה; a form like תָּשֹׁבְןָ is sometimes met with.

10. Several verbs ע״ו in common with ע״ע (§ 52 Note 5.) double the first radical: as הִסִּית, for הֵסִית. Some thus modify the signification: as הֵנִיחַ to cause to rest, הִנִּיחַ to permit, suffer; הֵלִין to pass the night, הִלִּין to complain, murmur.

11. Verbs ע״י. Verbs having for their second radical a quiescent י have a twofold inflection in Kal; they are partially inflected like the Kal of ע״ו, partially like its Hiphil, after having removed the characteristic syllable of Hiphil (הָ and הֵ). Several verbs occur only in this form, others possess both forms of ע״ו and ע״י: as לוּן and לִין.

Note. The fut. of Hiphil can be distinguished from that of Kal, by the signification only: as יָבִין he understands (Kal), תְּבִינֵם he gives them understanding, Job 32, 8 (Hiphil).

Note II. Not seldom Kal and Hi. agree in sense in these verbs (ע״ו and ע״י): גּוּל to rejoice, Kal and Hi. רוּב to quarrel, Kal and Hi. שׂוּם to set, put, Kal and Hi. etc.

EXERCISE 88.

בָּז[1] לְרֵעֵהוּ חֲסַר[2]־לֵב׃ מִפְּנֵי[3] שֵׂיבָה[4] תָּקוּם[5] וְהָדַרְתָּ[6] פְּנֵי[7]
זָקֵן׃ מִי שָׂם[8] פֶּה[9] לָאָדָם אוֹ[10] מִי־יָשׂוּם אִלֵּם אוֹ חֵרֵשׁ[11] אוֹ
פִקֵּחַ[12] אוֹ עִוֵּר[13] הֲלֹא אָנֹכִי יְהוָה׃ מֵשִׁיב[14] רָעָה תַּחַת טוֹבָה
לֹא תָמוּשׁ[15] רָעָה מִבֵּיתוֹ[16]׃ דֹּבֵר[17] שְׁקָרִים[18] לֹא־יִכּוֹן[19] לְנֶגֶד[20]
עֵינָי׃ יְהוָה בַּשָּׁמַיִם הֵכִין[21] כִּסְאוֹ[22]׃ יְהוָה בְּחָכְמָה יָסַד[23] אָרֶץ
כּוֹנֵן[24] שָׁמַיִם בִּתְבוּנָה׃ בִּנְפֹל[25] אוֹיִבְךָ אַל־תִּשְׂמָח וּבִכָּשְׁלוֹ אַל־
יָגֵל[26] לִבֶּךָ׃ מַעֲנֶה[27]־רַךְ[28] יָשִׁיב[29] חֵמָה[30]׃ דּוֹם[31] לַיהוָה
וְהִתְחוֹלֵל[32] לוֹ׃ צַדִּיק לְעוֹלָם בַּל יִמּוֹט[33]׃ צְדָקָה תְּרוֹמֵם[34] גּוֹי׃
בַּכְּרָמִים[35] לֹא־יְרֻנָּן[36] לֹא יְרֹעָע[37]׃ הָסֵר[38] כַּעַס[39] מִלִּבֶּךָ׃ וַיִּפְגַּע
יַעֲקֹב בַּמָּקוֹם וַיָּלֶן שָׁם כִּי־בָא[40] הַשֶּׁמֶשׁ וַיִּקַּח מֵאַבְנֵי[41] הַמָּקוֹם
וַיָּשֶׂם[42] מְרַאֲשֹׁתָיו[43] וַיִּשְׁכַּב בַּמָּקוֹם הַהוּא׃ בְּאֶחָד[44] לַחֹדֶשׁ
הוּקַם.[45] הַמִּשְׁכָּן׃ יֵשׁ מִתְעַשֵּׁר[46] וְאֵין כֹּל מִתְרוֹשֵׁשׁ[47] וְהוֹן רָב׃
בִּינָה[48] הֲגִיגִי[49]׃ דֶּרֶךְ שֶׁקֶר הָסֵר מִמֶּנִּי׃ יְהוָה מֵקִים מֵעָפָר דָּל׃
שִׂימוּ לְבַבְכֶם עַל דַּרְכֵיכֶם׃ בְּךָ יְהוָה בָּטְחוּ צַדִּיקִים וְלֹא־בוֹשׁוּ[50]׃
תַּאֲוַת[51] עָצֵל תְּמִיתֶנּוּ[52]׃ סוּס[53] מוּכָן[54] לְיוֹם מִלְחָמָה[55] וְלַיהוָה
הַתְּשׁוּעָה[56]׃ עַל־כָּל־מַעֲשֶׂה[57] יָבִאֲךָ[58] הָאֱלֹהִים בַּמִּשְׁפָּט׃

to despise[1] (§ 107, 4.) void of[2] (§ 84, 7.) before[3] gray hair[4] to rise up[5] to honor[6] the face of[7] to make[8] mouth[9] or[10] deaf[11] open-eyed[12] blind[13] to return[14] (§ 107, 4.) to depart[15] his house[16] to tell[17] lies[18] to be firm, established[19] before[20] to establish[21] his throne[22] to found, to lay the foundation (of a building)[23] to set up, fix[24] ב bef. inf. const.[25] (§ 106, 2.) to exult, rejoice[26] answer[27] soft[28] to turn away[29] wrath[30] to rest[31] to wait[32] to totter, to shake[33] to raise[34] vineyards[35] to shout, sing[36] to shout with joy[37] to remove, put away[38] anger, grief[39] to set[40] (prop. to come) stones of[41] to put, set, lay[42] מְרַאֲשֹׁת (from רֹאשׁ) place of the head, hence: at his head[43] first[44] to raise[45] pretend to be rich[46] § 26, 6. pretend to be poor[47] to mark, attend[48] meditation, prayer[49] to be ashamed, disappointed[50] desire, lust of[51] to kill[52] horse[53] to be prepared, ready[54] war[55] help, victory[56] deed, act[57] to bring, lead[58].

EXERCISE 89.

And the Lord spake[1] to Moses, saying: Send[2] men, that[3] they may search[4] the land of Canaan. And the men

went up[5] and came[6] into the land and searched it. And they returned[7] from searching of the land after[8] forty[9] days[10]. And they came to Moses and brought back[11] word[13] to him[12] and said: we came to the land whither[14] thou sentest us and surely[15] it is very[16] good. Nevertheless[17] the people be strong[18] that dwell[19] in the land. And they murmured[20] against[21] Moses and said: Would God that[22] we had died[23] in the land of Egypt. And wherefore hath the Lord brought[24] us to this land, to fall[25] by[26] the sword. And they said one to another[27], Let us make[28] a captain[29], and let us return into Egypt. And David besought[30] God for[31] the child[32], and he fasted[33] and went in (pret.) and stayed all night[34] and lay[35] upon the earth[36]. And the elders[37] of his house arose[38] (and went) to him[39], to raise[40] him up from the earth: but he would not[41]. And it came to pass[42] on the seventh[43] day that[44] the child died. And David saw[45] that his servants[46] whispered[47] and he perceived[48] that the child[49] was dead. Then[50] he arose from the earth and washed[51] and anointed[52] (himself[52]) and came into the house of God; then[50] he returned into his (own) house and (when) he asked, they put[53] bread before him and he did eat.

1 Pi. with Vav Conv. דבר 2 (§ 84, 2) 3 ו 4 (§ 101, 3. a.) תור 5 ויעלו 6 בוא 7 שוב 8 מקץ 9 ארבעים 10 sing. (§ 92, 3) 11 Hi. שוב 12 אתו 13 דבר 14 אשר 15 וגם 16 טובה 17 אפס כי 18 (§ 90, 2) עז 19 partic. with the article (§ 96, 8) 20 Ni. לון 21 על 22 (§ 116, a) would God that: לו 23 pret. מות 24 part. Hi. בוא 25 נפל 26 ב 27 (§ 97, 4) איש אל-אחיו 28 parag. fut. נתן 29 ראש 30 Pi. with Vav Conv. בקש 31 בעד 32 נער 33 צום 34 pret. to stay all night לון 35 pret. שכב 36 ארצה 37 זקני 38 with Vav Conv. קום 39 על 40 Hi. קום 41 אבה 42 ויהי 43 שביעי 44 Vav Conv. 45 וירא 46 עבדיו 47 Hithp. part. לחש 48 Hi. בין 49 Pause! ילד 50 Vav Conv. 51 רחץ 52 Hi. סוך 53 Hi. שים.

§ 54. VERBS ל״ה.

1. The third radical of these verbs was originally י, of some few ו.

2. All forms ending with the third radical, change י into

ה: as גָּלָה, for גָּלַי (§ 12, 7. a.), excepting the pass. part. Kal, which is regular גָּלוּי.

3. To all those forms ending with a consonantal afformative, (תָּ, תְ, תִי, נוּ, נָה) the original י returns. This י quiesces in the pret. Kal in Chirek: as גָּלִיתָ, in the pret. of the other active conjugations, promiscuously in Tsere and Chirek: as גִּלֵּיתָ and גִּלִּיתָ, in the pret. of the Passives, only in Tsere: as גֻּלֵּיתָ; in the imperative and future in Seghol: as תִּגְלֶינָה, גְּלֶינָה.

4. In the 3. pers. fem. sing. pret., ה is commuted into ת, in order to avoid the repetition of ה: as גָּלְתָה, for גָּלְהָה.

5. Before the vocal afformatives (וּ, ִי) the ה drops: as גָּלוּ, תִּגְלִי, for גָּלְהוּ, prop. גָּלְיוּ, תִּגְלְהִי (§ 12, 6. B. 3.).

6. The ה quiesces

in all the pret. forms in Kamets: as גָּלָה, נִגְלָה, גִּלָּה etc.;

in all the imperat. f. in Tsere: as גְּלֵה, הִגָּלֵה, גַּלֵּי etc.;

in all the fut. and part. f. in Seghol: as גֹּלֶה, אֶגְלֶה, נִגְלֶה, אֶגָּלֶה etc.

7. The inf. const. ends in all the conjugations with וֹת: as גְּלוֹת, הִגָּלוֹת, גַּלּוֹת etc.

8. The apocopated future is formed by throwing off the ה with the preceding Seghol, whence in Kal and Hiphil forms would arise, having three consonants and but one vowel: as יִגְלְ, from יִגְלֶה, יַגְלְ, from יַגְלֶה, which to avoid a helping Seghol is used: as יִגֶל Kal, יֶגֶל Hi. (formed like the Segholates § 66.). With a guttural the helping vowel is Patach: as יִשַׁע let him look, (§ 14, Rising IV.) with Pe Guttural, וַיַּעַשׂ and he made, (§ 66, 10.).

NOTE I. Sometimes the first syllable is not affected by the guttural: as וַיִּחַר and it was kindled, וַיִּחַד and he rejoiced, וַיִּחַן and he encamped.

NOTE II. The preformatives of the apocopated Future, forming an open syllable sometimes has Tsere: as וַנֵּפֶן and we turned; וַתֵּתַע and she wandered.

Note III. The helping vowel can be omitted in case the first radical is softer in sound than the second, (a liquid before a mute): as וַיִּשְׁבְּ and he took captive, וַיַּשְׁקְ and he gave to drink.

9. In the verb רָאָה to see, the apocop. fut. has two forms: יֵרֶא and with Vav Conv. וַיַּרְא.

10. הָיָה to be, pret. 2. pers. pl. הֱיִיתֶם, with ו: וִהְיִיתֶם; inf. const. הֱיוֹת, with prefixes בִּהְיוֹת, לִהְיוֹת; imp. הֱיֵה; fut. יִהְיֶה; fut apocop. יְהִי, in pause יֶהִי, with Vav Conv. וַיְהִי.

11. חָיָה to live. 2. pers. pl. pret. Kal חֲיִיתֶם, inf. חֲיוֹת, imp. חֲיֵה, with ו: וֶחְיֵה, fut. יִחְיֶה, fut. apoc. יְחִי, in pause יֶחִי, Hiphil pret. הֶחֱיָה, inf. הַחֲיוֹת.

12. שָׁחָה (original שָׁחַו) to bow down. Hithp. הִשְׁתַּחֲוָה, fut. יִשְׁתַּחֲוֶה, fut. apoc. יִשְׁתַּחוּ (for יִשְׁתַּחְו) (§ 14. Rising IV.)

13. The annexing of suffixes, occasions various changes: the termination ה with the preceding vowel drops before the suffix: as עָנָנִי (from עָנָה) he answered me, צִוְּךָ (from צוה) he has commanded thee. Piel אֲכַלְּךָ, (from כלה), for אֲכַלֶּךָ, Hiph. הֶעֶלְךָ. In the third person fem. sing. pret., the suffix is attached invariably to the form גָּלָת: as עָשָׂתְנִי, he has made me, Piel כִּסָּתְנִי, (shame) has covered me, § 44, 16, וְכִלַּתּוּ it shall consume it, for כִּלָּתְהוּ.

Exercise 90.

בְּחָכְמָה יִבָּנֶה[1] בָּיִת: אֱמֶת קְנֵה[2] וְאַל־תִּמְכֹּר: הַסָּכָל יַרְבֶּה[3]
דְבָרִים[4]: רֹאֶה בֶעָבִים[5] לֹא יִקְצֹר: הַחָכְמָה לֹא תְסֻלֶּה[6] בְּכֶתֶם[7]
אוֹפִיר[8]: אֱכֹל בְּשִׂמְחָה לַחְמֶךָ וּשְׁתֵה[9] בְלֶב־טוֹב יֵינֶךָ: נַעַר
הָיִיתִי גַּם־זָקַנְתִּי וְלֹא רָאִיתִי צַדִּיק נֶעֱזָב: מִי גֶבֶר יִחְיֶה וְלֹא
יִרְאֶה מָּוֶת[10] יְמַלֵּט נַפְשׁוֹ מִיַּד שְׁאוֹל: סוֹד[11] אַחֵר[12] אַל־
תְּגָל[13]: נַפְשֵׁנוּ חִכְּתָה[14] לַיהוָֹה: אֹטֵם[15] אָזְנוֹ[16] מִזַּעֲקַת[17] דָּל
גַּם־הוּא יִקְרָא וְלֹא יֵעָנֶה[18]: הֱיֵה עֵינַיִם לָעִוֵּר וְרַגְלַיִם לַפִּסֵּחַ[19]:
אַל־תַּעַן כְּסִיל כְּאִוַּלְתּוֹ פֶּן־תִּשְׁוֶה[20]־לוֹ גַם־אָתָּה: עֵת לִפְרוֹץ[21]
וְעֵת לִבְנוֹת עֵת לִבְכּוֹת[22] וְעֵת לִשְׂחֹק[23] עֵת לַחֲשׁוֹת[24] וְעֵת

לְדַבֵּר׃ לֹא תַעֲשׂוּ[25] עָוֶל בַּמִּשְׁפָּט׃ דִּרְשׁוּנִי וִחְיוּ נְאֻם[26] יְהוָֹה׃
רוּחַ אֵל עָשָׂתְנִי וְנִשְׁמַת[27] שַׁדַּי תְּחַיֵּנִי׃ אִם־רָעֵב שֹׂנַאֲךָ[28] הַאֲכִילֵהוּ
לָחֶם וְאִם־צָמֵא[29] הַשְׁקֵהוּ[30] מָיִם׃ יַעַנְךָ יְהוָֹה בְּיוֹם צָרָה׃
לִישׁוּעָתְךָ[31] קִוִּיתִי[32] יְהוָֹה׃ הַחֲזֵק[33] בַּמּוּסָר[34] אַל־תֶּרֶף[35]׃ אַל־
תִּתְרַע[36] אֶת־בַּעַל[37] אַף[38]׃ בְּכָל־סוֹד אֲשֶׁר תְּגַלֶּה לְרֵעֲךָ זְכוֹר
אַל תִּשְׁכַּח אוּלַי[39] יֵהָפֵךְ בְּיוֹם מָחָר לִהְיוֹת צָרְךָ[40]׃ יֵשׁ אוֹהֲבִים
כְּצֵל[41] הַמַּעֲלוֹת[41] בִּפְנוֹת[42] הַשֶּׁמֶשׁ עָמְדוּ[43] מִיֶּשַׁע[44]׃ דַּעַת
חָסַרְתָּ[45] מַה קָּנִיתָ[46] קָנִיתָ דַעַת מַה חָסַרְתָּ׃

to build[1] to buy[2] to make or do much, increase[3] words[4] clouds[5] to be weighed[6] for the gold of[7] Ophir[8] to drink[9] death[10] secret of[11] another person[12] to disclose, reveal[13] to wait[14] to stop[15] his ear[16] the cry of[17] to answer[18] lame[19] to be equal[20] to break down[21] to weep[22] to laugh[23] to keep silence[24] to do[25] a declaration of[26] breath of, mind of[27] enemy[28] thirsty[29] to give to drink[30] help[31] wait for, hope in[32] to hold fast, adhere to[33] instruction, correction[34] to let go[35] to associate[36] possessor, owner, lord[37] anger בַּעַל אַף a possessor of anger = an angry man[38] § 89, 4. perhaps[39] enemy[40] sun-dial (literally: the shadow of the degrees)[41] to turn[42] to stop from, to desist[43] help, assistance[44] to want, to be without[45] to possess[46].

EXERCISE 91.

If ye walk[2] in my statutes[1], and keep[4] my commandments[3] and do[5] them, then[6] I will turn[7] graciously[7] unto you, and make you fruitful[8] and multiply[9] you, and establish[10] my covenant with[11] you. Ye shall not afflict[12] a fatherless child. If thou afflict[13] him and he cry[14] at all[15] unto me, I will surely[16] hear his cry[17]. And the Lord spake to Joshua, saying: As[18] I was with[19] Moses, (so) I will be with thee: I will not fail[20] thee, nor[21] forsake thee. Only[22] be thou strong[23] and very courageous[24], that[25] thou mayest observe[26] to do according to all the law, which Moses, my servant[27], commanded[28] thee: turn[29] not from it to[30] the right hand[31] or[32] to the left[33]. This[34] book[35] of the law shall not depart[36] out of thy mouth[37], but[38] thou shalt meditate[39] therein day and night[40], that[41] thou mayest observe[42] to do according to all that is written therein. If thou return to[43] the Almighty[44], thou shalt be built up[45]. From the confined space[46] I called[47] upon the Lord[48], the Lord answered[49] me in the large space[50]. The Lord is on my side[51]: what can (§ 101, III. 1.) do[52] unto me man? (It is) better[53] to trust[54] in[55] the Lord, than[56] to put confidence[57] in man. Thou hast thrust[58] sore[59] at me that[60] I might fall; but[61] the Lord helped me. Be[26] not wise[63] in thine (own) eyes. And he despised[64] the birthright[65]. My well-beloved[68] hath[67] a vineyard[66]. And he fenced[69] it and clearedit of stones[70] and built[71] a tower[72] in the midst of it, and he looked[73] that[74] it should bring forth[75] grapes[76], and it brought forth wild grapes[77].

1 חֻקּוֹתַי 2 Kal. fut. הָלַךְ 3 מִצְוֹתַי 4 fut. 5 pret. עָשָׂה 6 Conv. ו 7 פָּנָה פָּרָה Hi.
8 with Vav Conv. 9 Hi. with Vav Conv. רָבָה 10 Hi. with Vav Conv. קוּם 11 אֵת 12 Pi. עָנָה
13 fut. 14 fut. צָעַק 15 infin. abs. (§ 105, 1) 16 inf. abs. (§ 105, 1) 17 צַעֲקָתוֹ 18 כַּאֲשֶׁר
19 עַם 20 Hi. רָפָה 21 וְלֹא 22 רַק 23 (fut. A.) חָזַק 24 (fut. A.) אָמֵן 25 infin. with ל
26 שָׁמַר 27 עֲבָדַי 28 Pi. צָוָה 29 סוּר 30 acc. (§ 85, 4) 31 יָמִין 32 ו 33 שְׂמֹאל
34 (§ 83, 9) 35 סֵפֶר 36 מוּשׁ 37 מִפִּיךָ 38 Conv. ו 39 הָגָה 40 יוֹמָם וָלַיְלָה 41 לְמַעַן
42 fut. 43 עַד 44 שַׁדַּי 45 בָּנָה 46 מֵצַר 47 with acc, קָרָא 48 יָהּ 49 עָנָה 50 מֶרְחָב
51 on my side = to me 52 עָשָׂה 53 טוֹב 54 חָסָה 55 בְּ 56 (§ 91, 1) מִ 57 בָּטַח 58 דָּחָה
59 inf. abs. (§ 105 1) 60 with inf. ל 61 ו 62 הָיָה 63 חָכָם 64 with Vav Conv. בָּזָה 65 בְּכוֹרָה
66 כֶּרֶם 67 bath = was to 68 יְדִידִי 69 Pi. עָזַק 70 Pi. סָקַל 71 בָּנָה 72 מִגְדָּל 73 Pi. קָוָה
74 with inf. ל 75 עָשָׂה 76 עֲנָבִים 77 בְּאֻשִׁים.

§ 55. VERBS DOUBLY ANOMALOUS.

Doubly anomalous verbs have two radicals, both subject to the anomalies of the different irregular verbs: as נָשָׂא to bear, carry, belong to פ״נ and ל״א, אָבָה to be willing, to פ״א and ל״ה.

Verbs of the most frequent occurrence of this kind are:

a. ל״ה and פ״א, אָפָה to bake, fut. Kal יֹאפֶה.

b. ל״ה and פ״נ, נָכָה to smite, pret. Hi. הִכָּה, part. מַכֶּה, fut. יַכֶּה, with Vav Conv. וַיַּךְ, imp. הַכֵּה, apocop. הַךְ, inf. הַכּוֹת, particip. Ho. מֻכֶּה; נָטָה to bow, incline, fut. Kal יִטֶּה, with Vav Conv. וַיֵּט, fut. Hi. יַטֶּה, with Vav Conv. וַיַּט.

c. פ״נ and ל״א, נָשָׂא, fut. Kal יִשָּׂא, inf. שְׂאֵת and שֵׂאת, imper. נְשָׂא and שָׂא.

d. ל״א and פ״י, יָצָא to go out, fut. Kal יֵצֵא, imp. צֵא, inf. צֵאת, Hi. pret. הוֹצִיא, fut. יוֹצִיא.

e. ל״ה and פ״י, יָדָה to throw, Hi. to confess, to give thanks. Piel fut. וַיַּדּוּ and they cast, (for וַיְיַדּוּ (§ 12, Reject. B. 3.), Hi. fut. יוֹדֶה, with suff. אוֹדְךָ, pret. הוֹדָה, part. מוֹדֶה.

f. ע״ו and ל״א בּוֹא to come, Kal pret. בָּא, בָּאתִי, fut. אָבוֹא, Hi. to cause to come, lead, bring, pret. הֵבִיא, fut. יָבִיא.

EXERCISE 92.

וְהָיָה בְּאַחֲרִית[1] הַיָּמִים וְאָמְרוּ עַמִּים רַבִּים לְכוּ וְנַעֲלֶה[2] אֶל־הַר[3]־יְהוָֹה אֶל־בֵּית אֱלֹהֵי יַעֲקֹב וְיוֹרֵנוּ[4] מִדְּרָכָיו[5] וְנֵלְכָה בְּאֹרְחֹתָיו[6] כִּי מִצִּיּוֹן תֵּצֵא[7] תוֹרָה וּדְבַר[8]־יְהוָֹה מִירוּשָׁלָםִ׃ יוֹדוּךָ[9] עַמִּים אֱלֹהִים יוֹדוּךָ עַמִּים כֻּלָּם׃ טוֹב וְיָשָׁר יְהוָֹה עַל־כֵּן יוֹרֶה חַטָּאִים בַּדָּרֶךְ׃ בֵּאלֹהִים בָּטַחְתִּי לֹא אִירָא[10] מַה־יַּעֲשֶׂה אָדָם לִי׃ טוֹב לַגֶּבֶר כִּי־יִשָּׂא[11] עֹל[12] בִּנְעוּרָיו[13]׃ גֵּר לֹא תוֹנֶה[14] וְלֹא תִלְחָצֶנּוּ[15]׃ שֹׁחַד מֵחֵק[16] רָשָׁע[17] יִקָּח לְהַטּוֹת[18] אָרְחוֹת[19] מִשְׁפָּט׃ הַט[20] אָזְנְךָ וּשְׁמַע דִּבְרֵי[21] חֲכָמִים[22] וְלִבְּךָ תָּשִׁית[23] לְדַעְתָּם׃ אַל־תִּמְנַע[24] מִנַּעַר מוּסָר כִּי־תַכֶּנּוּ[25] בַשֵּׁבֶט לֹא יָמוּת[26]׃ מְכַסֶּה[27] פְשָׁעָיו לֹא יַצְלִיחַ[28] וּמוֹדֶה[29] וְעֹזֵב יְרֻחָם[30]׃ אַל־תֵּט[31] יָמִין[32] וּשְׂמֹאל[33] הָסֵר רַגְלְךָ מֵרָע׃ שִׁבְתְּךָ[34] וְצֵאתְךָ[35] וּבֹאֲךָ[36] יָדַע יְהוָֹה׃ שְׁאַל[37]־נָא בְהֵמוֹת[38] וְתֹרֶךָּ וְעוֹף הַשָּׁמַיִם וְיַגֶּד[39]־לָךְ׃ אוֹ שִׂיחַ[40] לָאָרֶץ וְתֹרֶךָּ וִיסַפְּרוּ[41] לְךָ דְּגֵי[42] הַיָּם׃ מִי לֹא־יָדַע בְּכָל־אֵלֶּה כִּי יַד־יְהוָֹה עָשְׂתָה זֹּאת[43]׃ אֶת־יְהוָֹה אֱלֹהֶיךָ תִּירָא אֹתוֹ תַעֲבֹד[44] וּבוֹ תִדְבָּק וּבִשְׁמוֹ תִּשָּׁבֵעַ׃

the end, remoteness of[1] to go up[2] the mountain of[3] to teach[4] ways[5] paths[6] to go forth[7] the word of[8] to give thanks, to praise[9] to fear, be afraid[10] to bear[11] the yoke[12] youth[13] to vex, to be extortionate[14] to oppress[15] out of the bosom[16] subject of the sentence[17] to pervert[18] the ways of[19] to incline[20] the words of[21] wise men[22] to set, direct, turn[23] to withhold[24] to beat[25] to die[26] to cover[27] to prosper[28] to confess[29] to obtain mercy[30] to incline[31] the right hand[32] the left hand[33] (§ 85, 4.) to sit, abide[34] to go out[35] to come[36] to ask, interrogate[37] the beasts[38] to tell[39] to speak[40] to declare[41] the fishes of[42] (§ 81. 1.)[43] to serve[44].

Exercise 93.

My son, fear[1] thou the Lord and the king. Jerusalem bear[2] thy shame[3]. Peradventure[4] there be[5] fifty[6] righteous within[7] the city: wilt thou also[8] destroy[9] and not spare[10] the place for[11] the fifty righteous that are therein[12]? Thou shalt not bear a false[14] report[13], neither[15] shalt thou answer[16] in[17] a quarrel[18] to incline[19] after[20] many to wrest[21] (judgment). Trust[22] in the Lord, and He shall bring forth[23] thy righteousness[24] as the light. Who would not fear[25] Thee, O King of nations[26]? Arise[27], get thee out[28] from this land[29] and return[30] to the land of thy kindred[31]. I (am) a little[33] lad[32]: I know[34] not (how) to go out[35] or come in[36]. Thou comest to me with[37] a sword and with a spear[38], but[39] I come to thee in the name of the Lord of Hosts[40]. This day will the Lord deliver[41] thee into[42] my hand, and I will smite[43] thee and take[44] thine head from thee[45], that[46] all the earth may know[47] that[48] there is[49] a God in Israel. Go and I will be with[50] thy mouth, and teach[51] thee what thou shalt say[52]. And[53] Jehu[54] came to Jezreel[55] and Jezebel[56] heard (of it): and[53] she put[57] paint[58] (on) her eyes and[53] tired[59] her head and[53] glanced[60] out at[61] the window[62]. And Jehu came in at[63] the gate[64], and[53] he lifted up[65] his face[66] to the window, and said: Who (is) on my side[67], who? And[53] there glanced out on[68] him two[69] (or) three[70] eunuchs[71]. And he said, Throw[72] her down. So[53] they threw her down: and[53] (some) of her blood spirted[73] on the wall[74], and on the horses: and he trod her under foot[75].

1 ירא 2 Jerusalem fem. (§ 57, 5 נשׂא ב 3 בְּלֶכְתֵּךְ 4 אוּלַי 5 יֵשׁ 6 חֲמִשִּׁים 7 בְּתוֹךְ
8 אַף 9 ספה 10 נשׂא 11 לְמַעַן 12 בְּקִרְבָּהּ 13 שֵׁמַע 14 שָׁוְא 15 and not 16 ענה 17 עַל
18 רִיב 19 נטה 20 אַחֲרֵי 21 Hi. נטה 22 בטח 23 Hi. pret. with C. ו, יצא 24 צִדְקֶךָ
25 fut. ירא 26 גּוֹיִם 27 קום 28 יצא 29 fem. 30 שׁוב 31 מוֹלַדְתֵּךְ 32 נַעַר 33 קָטֹן
34 fut. ידע 35 inf. יצא 36 inf. בוא 37 ב 38 חֲנִית 39 ו 40 צְבָאוֹת 41 Pi. סגר 42 ב
43 Hi. pret. with C. ו, נכה 44 Hi. pret. with C. ו, סור 45 מֵעַל 46 ו 47 fut. ידע 48 כִּי
49 יֵשׁ 50 עִם 51 Hi. pret. with C. ו, ירה 52 Pi. דבר 53 Conv. ו 54 יֵהוּא 55 [§ 19, 6] יִזְרְעֶאל
56 אִיזֶבֶל 57 Hi. fut שׂום 58 [transl. she made with (ב) paint her eyes] פּוּךְ 59 Hi. fut. יטב
60 Hi. fut. שׁקף 61 בְּעַד 62 חַלּוֹן 63 ב 64 Pause! שַׁעַר 65 fut. נשׂא 66 פָּנִים 67 אִתִּי
68 אֶל 69 שְׁנַיִם 70 שְׁלֹשָׁה 71 סָרִיסִים 72 שׁמט 73 fut. with C. ו, נזה 74 קִיר
75 fut. with C. ו, רמם.

CHAPTER X.

NOUNS.

§ 56. IN GENERAL.

FORMATION AND INFLECTION.

1. The nouns are: a) *Primitives*, b) *Derivatives*. The more numerous derivatives are for the most part derived from verbs: *Verbal nouns;* as מַתָּנָה a gift, from נתן to give; דַּעַת knowledge, from ידע to know. Nouns derived from other nouns are called: *Denominatives:* as קַשָּׁת archer, from קֶשֶׁת bow.

2. The derivation is effected in the same manner as with verbs:

a. By *Vocalization*, or the modification of vowels: as מֶלֶךְ king, from מָלַךְ to reign.

b. By *Reduplication*, or the doubling of one radical, generally the second, or of two of the radicals: as גַּנָּב thief, from גנב to steal, אֲסַפְסֻף rabble, (people *gathered* together from all quarters) from אסף to gather.

c. By *Augmentation*, i. e. the prefixing or postfixing of one or more of the formative letters האמנתיו (*nomina he-*

emantica): as מָקוֹם place, from קוּם to stand, קַדְמוֹן eastern, from קדם to be, come before, in front.

3. *a.* ***By Vocalization:***

קָטָל, this class contains as many adjectives as substantives, which, being of the old participial form (cf. act. part. in verbs ע"ו: קָם = קָאֵם, for קָוֵם), express either the attribute, or the attribute and subject together: as חָכָם wise, or wise man, זָהָב gold (the glittering, sc. metal). Frequently the product or result of an action is signified: as וָלָד child, prop. he that is born, natus; רָקָב an object seized with rottenness, (from רָקַב to rot).

קָטֵל, these nouns are intransitive, but when derived from transitive verbs, passive: as אָבֵל mourning, טָמֵא unclean, זָקֵן old, בָּשֵׁל cooked, done.

קָטוֹל, (partic. of verbs mid. O) intransitive and passive adjectives, a few only in use as substantives: as גָּדוֹל great, קָרוֹב near, שָׁלוֹם peace.

קוֹטֵל, קֹטֵל, (regular act. partic.) (cf. § 35).

קָטוּל, (reg. pass. part.) passive and intransitive adjectives: as מָשׁוּחַ anointed, עָצוּם strong.

קָטִיל, (Chaldaizing) (pass. part.) 1. passive substantives: as אָסִיר prisoner, captive, from אָסַר to bind, to fetter, (it is distinguished from קָטוּל by being always used as a noun, while the latter is a participle only). 2. Names of dignity are often thus formed: as נָסִיךְ a sovereign, ruler, פָּקִיד an officer, נָגִיד overseer, קָצִין a judge, prince. 3. The season or time in which the action of the verb is performed: as קָצִיר harvest (prop. time of cutting, reaping) חָרִישׁ time of plowing.

קְטָל (for קְטָאל, hence the *Kamets immutable*), קְטֵל (for קְטֵיל, hence the Tsere *immutable*), קְטִיל, קְטוֹל, קְטוּל mostly inf. forms of abstract meaning: כְּתָב a writing, יְלֵל a howling, צְחוֹק laughter, נְצִיב a military post, גְּבוּל a border.

קֶטֶל, קֵטֶל, קֹטֶל cf. § 66.

3. *b.* *By Reduplication* :

קַטָּל (Kamets immutable), a) adjectives intensifying the sense: חַלָּשׁ *very* weak, קַנָּא jealous, b) nouns of habitual occupation: טַבָּח cook, גַּנָּב thief, חָרָשׁ (for חַרָּשׁ) smith.

קִטֵּל, adjectives, denoting a permanent bodily defect: עִוֵּר blind, אִלֵּם dumb, חֵרֵשׁ (for חִרֵּשׁ) deaf.

קִטּוֹל, a small class, adjectives and substantives: גִּבּוֹר strong, substantively: a strong one, hero, שִׁכּוֹר adj. and subst. drunk, intoxicated, a drunkard, צִפּוֹר a bird, prop. the chirping, twittering, from צפר (Arab.) to twitter, to pipe.

קַטּוּל, passive and intransitive: שַׁכּוּל bereaved, חַנּוּן compassionate, חָרוּץ (for חַרּוּץ) a diligent one.

קַטִּיל, adjectives and substantives: צַדִּיק righteous, אַסִּיר fettered. Instruments of action: כַּשִּׁיל an axe, a hoe.

קִטְלָל, nouns in which the third radical is doubled: פִּרְחָח a young brood, knaves; שַׁאֲנָן quit, undisturbed; רַעֲנָן green, fresh.

{קְטַלְטַל, קְטַלְטֹל,} nouns in which the last two radicals are doubled: אֲדַמְדַּם reddish, שְׁחַרְחֹר blackish, denoting colors, i. e. an inclination to the color specified (English: *ish*). Many nouns of this class, compensate for the reduplication of the radical by doubling or lengthening the vowel: כּוֹכָב star, for כַּבְכָּב, from כב (Arab.) to shine, to glitter; טוֹטָף, for טַפְטָף a band, a fillet, from טף (Arab.) to bind about; בָּבֶל, for בַּלְבֶּל, Aram. to confuse, Hebr, בָּלַל..

3. *c.* *By Augmentation* :

א. *Prefixed:*

I. מ as a preformative occurs frequently, it comes either from מ, מַה, to give the idea of an objective: *who*, *what*, *somewhat*, or it is related by its labial character to the preposition ב = *in*, *by*, *on*. Accordingly, nouns of this class denote something, somewhat, 1) in which, 2) by which, 3) at which, or on which the action expressed by the root is performed:

1) מִזְבֵּחַ an altar, (from זבח to sacrifice) i. e. on which sacrifices are offered; מִרְעֶה pasture, (from רעה to feed) i. e. where there is feeding, מַאֲרָב an ambush, (fr. ארב to lurk) where there is lurking; מָקוֹם place, (fr. קום to stand) where one stands.

2) מַפְתֵּחַ key, (from פתח to open) an instrument *by which* one opens a lock; מַכְתֵּשׁ a mortar, (fr. כָּתַשׁ to beat to pieces, to pound) a vessel for pulverizing.

3) מַלְקוֹחַ booty, (fr. לָקַח to take) = what is taken; מִשְׁלַח a possession, (fr. שָׁלַח to stretch forth the hand) object to which one stretches his hand.

II. תּ, generally abstract substant., hence for the most part with f. formation: תִּקְוָה the hope, (fr. קוה to hope); תְּפִלָּה prayer, (fr. פלל to pray) תְּשׁוּבָה a return, a reply, (fr. שׁוּב to return); תֵּימָן m. the south, (fr. ימן to be on the right hand).

III. א, is a prepositive, a) usually to give easy pronunciation, when the first of the two initial consonants is a sibilant: אֶתְמוֹל and תְּמוֹל yesterday; אֶצְעָדָה and צְעָדָה bracelet: אֶזְרוֹעַ and זְרוֹעַ arm; b) to intensify the action: אַכְזָב drying up (properly deceiving, lying, from כזב to lie), אַכְזָר bold, daring. (Aktal, the regular Arabic form of the comparative and superlative).

IV. י, often in proper names: as יִצְחָק Isaac, יַעֲקֹב Jacob. Some are formed from the future, the 3. p. m. s. having been converted into a substantive: as יִצְהָר oil, (properly: it shines, gives light, from צהר to shine, lighten); יָרִיב adversary, enemy, (prop. he strives, from ריב Hi. to strive), יַלְקוּט a bag (prop. it gathers, from לקט to gather, to collect); יְקוּם an existing, living thing (prop. it is, stands, from קום to be, stand).

ב. *Affixed:*

1. The most important is ־ָה (to which ־ַת or ־ֶת corresponds): this, besides indicating the fem. gender (§ 57.) is appended: a) to the infinitive, to give it a substantive sense: שְׁמָעָה the hearing; דַּעַת knowledge, b) to convey an abstract meaning; בַּקָּשָׁה a request, חַטָּאָה sin. אִוֶּלֶת foolishness, עִוֶּרֶת blindness, קַדַּחַת (fr. קדח to burn) the burning or heat of fever.

2. וֹם, ־ם, וֹן, ־ָם, ־ָן, (the last not so often, the Kamets frequently immutable). These terminations form:

a. Adjectives: חִיצוֹן outer, exterior; אַחֲרוֹן hinder, latter.

b. Concrete and abstract nouns: בִּנְיָן a building, רְעָבוֹן hunger, scarcity.

c. Diminutives: אִישׁוֹן (from אִישׁ) little man (of the eye), pupil; צַוְּרוֹן (from צַוָּר or צַוָּאר) neck.

d. וֹם occurs many times as an adverbial termination: פִּתְאֹם suddenly, שִׁלְשׁוֹם and שִׁלְשֹׁם the day before yesterday.

e. ־ָם, an old accusative ending, the words that have retained it, are mostly adverbs: חִנָּם in vain, רֵיקָם emptily, vainly, מָחֳרָתָם to-morrow.

3. ־ִי, this termination forms a) adjectives from nouns: צְפוֹנִי northern, from צָפוֹן the north, תַּחְתִּי lower, from תַּחַת the under part, b) Gentile nouns and patronymics: יִשְׂרְאֵלִי an Israelite, עִבְרִי a Hebrew, יְהוּדִי a Jew, מִצְרִי an Egyptian. The feminine is either ־ִית or ־ִיָּה: מִצְרִית an Egyptian woman, עִבְרִיָּה a Hebrew woman.

4. ־ִית, וּת form abstract nouns: רֵאשִׁית the beginning, מַלְכוּת kingship, rule.

4. Compound words are for the most part proper nouns: as מַלְכִּיאֵל (El is King), אֲבִימֶלֶךְ (Ab is King). Compound appellatives are rare: מַאְפֵּלְיָה horrible, frightful darkness (the appended יָהּ God, intensifies the idea § 91, d.).

5. The primitive as well as the derivative nouns are inflected, to indicate:

a. the grammatical conditions of gender and number;
b. the attributive relations of the noun. These latter are twofold:

1. A noun in the genitive or possessive case follows as an attribute, with which the preceding word is joined or put in the Const. state (§ 19, 5.): דְּבַר הַמֶּלֶךְ the king's word.

2. Suffixes are appended to the noun: דְּבָרִי my word.

§ 57. THE GENDER.

1. The genders are two: *masculine* and *feminine*; a *neuter* gender in Hebrew is wanting.

2. The gender can be ascertained: a) from the signification of the noun, b) from its termination.

3. Masculine by signification:

a. The names of men and males in general: as אָב father, מֶלֶךְ king.

b. The common and proper nouns of nations, rivers, mountains and months: as עָם people, נָהָר river, הַר mountain, חֹדֶשׁ month, כְּנַעַן Canaan, יַרְדֵּן the Jordan, סִינַי Sinai, נִיסָן Nisan, the first month of the Hebrew year.

c. The names of seasons: as אָבִיב Spring.

d. The names of metals: as זָהָב gold; except נְחֹשֶׁת copper, and עֹפֶרֶת lead, which are fem.

4. Masculine by termination:

א) The masc. has no characteristic termination, hence nouns ending with original radical letters can most frequently be considered masculine: as בֶּגֶד a garment.

ב) Nouns ending with ה, preceded by Seghol: as שָׂדֶה a field.

ג) Most of those nouns ending with ִי—, וֹם, ָם—, ָן— or ָן—: as עִבְרִי a Hebrew, פִּדְיוֹם a ransom, קָרְבָּן a sacrifice, אִישׁוֹן the pupil of the eye.

5. Feminine by signification:

a. Names of women and females in general: אִשָּׁה woman, מַלְכָּה queen, צְבִיָּה a female gazelle.

b. Common and proper nouns of countries, cities, towns: as עִיר city, אֶרֶץ land, country, אַשּׁוּר Assyria, יְרוּשָׁלַיִם Jerusalem.

NOTE. In case the names of countries or cities represent the people or nation living in them, they are masculine; as יְהוּדָה (applied to the people) Jews. Compare: יְהוּדָה נָפַל Isa. 3, 8. and הָיְתָה יְהוּדָה לְקָדְשׁוֹ Ps. 114, 2. מִצְרַיִם Isa. 19, 16.

c. Names of the members of the body, which are in pairs: as יָד hand, רֶגֶל foot.

6. Feminine by termination:

I. Nouns with the *accented* final syllable ־ָה: as חָכְמָה wisdom.

II. Nouns with the unaccented final syllable ־ֶת and after gutturals ־ַת: as עֲטֶרֶת crown, מוֹדַעַת acquaintance, and with the accented ending ־ִית, ־וּת, ־ָת: as אַחֲרִית the end, מַלְכוּת kingdom, מָחֳרָת the morrow.

7. Many nouns are used in both genders: as רוּחַ wind, אֵשׁ fire, דֶּרֶךְ way.

EXERCISE 94.

רֹאשׁ אֲרָם[1] דַּמֶּשֶׂק[2] וְרֹאשׁ אֶפְרַיִם[3] שֹׁמְרוֹן[4]: יִשְׂרָאֵל יָשַׁב בְּאֶרֶץ מִצְרַיִם בְּאֶרֶץ גֹּשֶׁן: כֶּעָלֶה[5] צַדִּיקִים יִפְרָחוּ[6]: וַיֵּלֶךְ יְהוּדָה אֶת[7]־שִׁמְעוֹן אָחִיו וַיַּכּוּ אֶת־הַכְּנַעֲנִי יוֹשֵׁב[8] צְפַת[9]: וַיִּלְכֹּד יְהוּדָה אֶת־עַזָּה[9] וְאֶת־אַשְׁקְלוֹן[9] וְאֶת־עֶקְרוֹן[9]: וַיְהִי יְהוָֹה אֶת־יְהוּדָה וַיֹּרֶשׁ[10] אֶת־הָהָר כִּי לֹא לְהוֹרִישׁ[11] אֶת־יֹשְׁבֵי הָעֵמֶק כִּי רֶכֶב בַּרְזֶל[12] לָהֶם: לֹא בְחֶרֶב וּבַחֲנִית[13] וּבְכִידוֹן[14] יְהוֹשִׁיעַ* יְהוָֹה: וַיֵּצֵא דָוִד וַיַּךְ גַּם[15] אֶת־הָאֲרִי גַּם[15] הַדֹּב: יֵשׁ יִתְרוֹן[16] לַחָכְמָה מִן[17]־הַסִּכְלוּת[18] כִּיתְרוֹן[19] הָאוֹר מִן הַחֹשֶׁךְ: וַתִּבֶן צוֹר[20] מָצוֹר[21] לָהּ[22] וַתִּצְבָּר[23]־כֶּסֶף כֶּעָפָר וְחָרוּץ[24] כְּטִיט[25]־חוּצוֹת[26]: יְמִין יְהוָֹה רוֹמֵמָה[27] יְמִין יְהוָֹה עֹשָׂה חָיִל[28]: עַיִן תִּלְעַג[29] לְאָב וְתָבֻז

לִיקְּהַת [30] אֵם [31] יִקְּרוּהָ [32] עֹרְבֵי [33] -נַחַל [34] וְיֹאכְלוּהָ בְנֵי-נָשֶׁר [35] ׃
שֵׁן [36] רֹעָה [37] וְרֶגֶל מוּעָדֶת [38] מִבְטָח [39] בּוֹגֵד [40] בְּיוֹם צָרָה׃

Aramaea, Syria[1] Damascus[2] Ephraim (the kingdom of Israel)[3] Samaria[4] a leaf[5] to sprout, blossom[6] with[7] inhabitant of[8] n. p. of a city[9] take possession of[10] to dispossess, drive out[11] (§ 83, 6.)[12] spear[13] javelin[14] *ישׁע (ה of Hi. retained) (§ 117)[15] preeminence, excellence[16] more than[17] (§ 91, 2.) folly[18] (§ 12, 6. B. 3.)[19] Tyre[20] fortress[21] (§ 97, 2.)[22] to heap up[23] fine gold[24] the mire of[25] street[26] to be high, lofty[27] strength, עָשָׂה חָיִל to do valiantly[28] (§ 96, 4)[29] יִקְּהַת const. st. of יִקָּהָה obedience, respect[30] mother[31] to pick out[32] ravens of[33] the valley[34] young eagles[35] tooth, masc.[36] רֹעָה (part m. from רָעַע, with accentless ָה) to be broken, to be rotten[37] (for מְמֹעֶדֶת § 37, 5 Note I) to be made to waver[38] trust in[39] (§ 83, 4.) an unfaithful man.[40]

EXERCISE 95.

By reason of[1] (the) cold[2] (the) sluggard[3] will not plow[4], therefore[5] shall he beg[6] in harvest, and have nothing[7]. The ravens[8] brought[9] to Elijah[10] bread and flesh in the morning, and bread and flesh in the evening. Tyre[11] was a mart of[12] nations. Reprobate[13] (§ 90, 2.) silver they call them, because the Lord hath rejected[14] them. Their land[16] is full[15] of silver and gold[17]. The silver and the gold was weighed in the house of God by the hand of[18] the priest[19]. Lo, the winter[20] is past[21], the rain[22] is over[23] (and) gone[24]; the fig tree[25] putteth forth[26] her green[27] figs[27]. When[28] a wicked[29] man dieth, (his) expectation[31] shall perish[30]: and the hope[32] of unjust[33] (men) perisheth. Weeping[36] may endure[35] for a night[34], but[37] joy[39] (cometh) in[38] the morning. The realm[41] of Jehoshaphat[42] was quiet[40], and his God gave him rest[43] round about[44]. When[45], pride[46] cometh[45], then[47] cometh shame[48]. The end[49] of the wicked shall be cut off[50]. A river went out to water[51] the land. Gihon[52] compasseth[53] the whole land of Ethiopia[54]. Sinai[55] and Tabor[56] are[57] mountains. Siv[58] is[57] the second[59] month. Hebron[60] is[57] the city of graves[61]. The eye[62] sees[63], the ear hears.

1 By reason of מִן 2 חֹרֶף 3 עָצֵל 4 חָרַשׁ 5 Conv. ו 6 שָׁאַל Pause! 7 to have nothing אַיִן.

כָּלֵא 14 כָּאַב 13 part. Ni. כָּאַב 12 סְחַר 11 צֹר 10 אֱלִיָּה; 9 part. Hi. בּוֹא 8 עַרְבִים
20 כָּתָיו 19 כֹּהֵן 18 עַל־יַד 17 זָהָב 16 אַרְצָם 15 Ni. fut. with Conv. ו, with acc. (§ 85, 2 a)
28 inf. with ב (§ 106, 2) 27 פַּנֵּיהָ 26 חָנַט 25 תְּאֵנָה 24 (§ 84, 2) הָלַךְ 23 חָלַף 22 גֶּשֶׁם 21 עָבַר
38 ל 37 ו 36 בֶּכִי 35 לִין 34 בָּעֶרֶב 33 אוֹנִים 32 תּוֹחֶלֶת 30 אָבַר 31 תִּקְוָה 29 רָשָׁע
to give rest נוּחַ Hi. 42 יְהוֹשָׁפָט 41 מַלְכוּת 40 to be quiet שָׁקַט, with Conv. ו 39 רִנָּה
50 Ni. part. כָּרַת 49 אַחֲרִית 48 קָלוֹן 47 Conv. ו 46 זָדוֹן 45 part. 44 מִסָּבִיב 43 with Conv. ו
59 שְׁנֵי 58 זִיו 57 (§ 77, 3) 56 תָּבוֹר 55 סִינַי 54 כִּישׁ 53 part. סָבַב 52 גִּיחוֹן 51 Hi. שָׁקָה
63. רָאָה 62 עֵין 61 קִבְרִים 60 חֶבְרוֹן

§ 58. THE PLURAL AND DUAL.

1. Masculine nouns form their plural by adding ִים—, feminine by adding וֹת to the singular: as סוּסִים, from סוּס horse, בְּאֵרוֹת, from בְּאֵר a well.

NOTE I. The masc. plural sometimes is ִין—: as מִלִּין Job 18, 2. Prov. 31, 3. Micha 3, 12. More seldom ִי—: as רִמֹּנִי Cant. 8, 2. מִנִּי Ps. 45, 9. In later Hebrew (Mishna) the ending ִין— is the common one: as מַשְׁקִין, מַפְסִיקִין, קוֹרִין; sometimes without the ן: as מְכוּזָרִי, נִירִי, חַלָּלִי. A few add ַי— after the Syriac: שַׁדַּי, and thus אֲדֹנָי Lord (§ 82, 4. b.).

2. Nouns ending with ִי—, take ם only: as עִבְרִים, from עִבְרִי, or the final י of the noun is omitted and indicated by Dagesh: as לְוִיִּם, from לֵוִי.

3. Nouns ending in ֶה— drop this syllable when forming the plural: as חֹנִים, from חֹנֶה (part. act. from חָנָה to encamp.)

4. Fem. nouns in ָה—, ֶת—, וּת change these terminations into וֹת: as תּוֹרָה law, pl. תּוֹרוֹת; כֶּתֶרֶת a crown, pl. כְּתָרוֹת (§ 72.) עֵדוּת a precept, pl. עֵדוֹת.

5. The fem. ending ִית— is to be considered as a contraction from ִיֶת—; hence the plural (ֶת— being changed into וֹת) ִיּוֹת—: as תַּבְנִית pattern, model. pl. תַּבְנִיּוֹת.

Nouns with two fem. terminations in ִית— and ִיָּה—, form the plural from the latter, thus תַּחְתִּיּוֹת the lowest parts, the depths; עִבְרִיּוֹת Hebrew women, f.. עִבְרִית and עִבְרִיָּה.

Note II. Some nouns form the plural irregularly: as מַלְכוּת kingdom, pl. מַלְכִיּוֹת, מְנָיוֹת and מְנָאוֹת, from מָנָה a part, portion; אֲמָהוֹת, for אֲמוֹת, from אָמָה a maid servant, טְלָאִים, for טְלִים, from טָלֶה a lamb, מִכְלָאוֹת, for מִכְלוֹת, from מִכְלָה a fold. Such, or similar plural terminations by prefixing י, א or ה, are very common in the language of the Mishna: as אִמָּהוֹת, from אֵם mother; אוֹתִיּוֹת, from אוֹת letter; סִימָנִיּוֹת, from סִימָן sign; שִׁדְרָאוֹת, from שִׁדְרָה back-bone, spine.

Cf. Geiger, Lehrbuch zur Sprache der Mischna. P. 49, 8.

6. Nouns used in both genders (§ 57, 7.), in the plural often terminate both in ־ִים and וֹת: as נְפָשִׁים and נְפָשׁוֹת.

7. Nouns (both masc. and fem.) representing objects, consisting naturally or artificially of two parts or in pairs (especially the members of human or animal bodies) terminate in ־ַיִם, called the *Dual ending:* as רַגְלַיִם feet, יָדַיִם hands: מֶלְקָחַיִם (m.) tongs, snuffers.

8. In a few instances the dual denotes not a pair, but simply the number *two:* as יוֹמַיִם two days, שְׁנָתַיִם two years.

Note III. In the dual ending the tone rests on the penult (־ַ), the Chirek being only a helping vowel, which drops, when the word is lengthened.

9. Many nouns occur only in the form of a plural: as פָּנִים face, חַיִּים life, זְקוּנִים old age.

10. A considerable number of masc. nouns form their plural in וֹת: as אָב father, pl. אָבוֹת; אוֹצָר treasure, pl. אוֹצָרוֹת; בּאֹר or בּוֹר cistern; גַּג roof, מִזְבֵּחַ altar; חֲלוֹם dream; חִזָּיוֹן vision; כִּסֵּא seat, throne; לוּחַ tablet; לַיִל night; מָאוֹר light; מָטָר rain; מָקוֹם place; מַקֵּל staff, stick; מִשְׁכָּן habitation; נֵר lamp; עוֹר skin; עָפָר dust; צוֹם a fast, fasting; קוֹל voice; קְרָב encounter, battle; שׁוֹפָר trumpet, curved horn; שֻׁלְחָן a table; שֵׁם name, etc., and vice versa many fem. nouns in ־ִים: as שָׁנָה year, pl. שָׁנִים; אִשָּׁה woman, pl. נָשִׁים; אֶבֶן stone, אֲבָנִים; בֵּיצָה egg; דְּבֵלָה a cake of dried figs; דְּבוֹרָה a bee; דָּת law; חִטָּה wheat; חֲשֵׁכָה darkness; יוֹנָה dove; לְבֵנָה brick or tile; מִלָּה word;

נְמָלָה ant; עִיר city, pl. עָרִים; פִּשְׁתָּה flax; שְׂעֹרָה barley; תְּאֵנָה fig-tree etc.

EXERCISE 96.

עֲשָׂהאֵל[1] קַל[2] בְּרַגְלַיִם כְּאַחַד[3] הַצְּבָיִם[4] אֲשֶׁר בַּשָּׂדֶה: וַיֹּאחֲזוּ
פְלִשְׁתִּים אֶת־שִׁמְשׁוֹן[5] וַיְנַקְּרוּ[6] אֶת־עֵינָיו וַיּוֹרִידוּ[7] אוֹתוֹ עַזָּתָה[8]
וַיַּאַסְרוּהוּ[9] בַּנְחֻשְׁתַּיִם[10] וַיְהִי טוֹחֵן[11] בְּבֵית הָאֲסוּרִים[12]: לֹא
לַקַּלִּים הַמֵּרוֹץ[13] וְלֹא לַגִּבּוֹרִים הַמִּלְחָמָה וְגַם לֹא לַחֲכָמִים לֶחֶם
וְגַם לֹא לַנְּבֹנִים[14] עֹשֶׁר וְגַם לֹא לַיֹּדְעִים[15] חֵן[16] כִּי עֵת וָפֶגַע[17]
יִקְרֶה[18] אֶת־כֻּלָּם: מָוֶת וְחַיִּים בְּיַד לָשׁוֹן[19]: אֵין־חֵלֶק לַלְוִיִּם
בְּקֶרֶב שִׁבְטֵי[20] יִשְׂרָאֵל כִּי־כְהֻנַּת[21] יְהוָֹה נַחֲלַת[22] הַלְוִיִּם: כַּחֹמֶץ
לַשִּׁנַּיִם[23] וְכֶעָשָׁן[24] לָעֵינַיִם כֵּן הֶעָצֵל לְשֹׁלְחָיו: הַחֵפֶץ[25] לַיהוָֹה
בְּעֹלוֹת[26] וּזְבָחִים[27] כִּשְׁמֹעַ[28] בְּקוֹל יְהוָֹה: רְקַב[29] עֲצָמוֹת[30]
קִנְאָה[31]: הַמֶּלֶךְ שְׁלֹמֹה אָהַב מֹאֲבִיּוֹת[32] עַמֹּנִיּוֹת[32] אֲדֹמִיּוֹת[32]
צִדֹנִיּוֹת[32] חִתִּיּוֹת[32]: מִיָּוָן[33] עָמְדוּ[34] אַרְבַּע[35] מַלְכֻיּוֹת[36]: וַיַּחֲלֹם[37]
פַּרְעֹה וְהִנֵּה שֶׁבַע[38] שִׁבֳּלִים[39] עֹלוֹת[40] בְּקָנֶה[41] אֶחָד בְּרִיאוֹת[42]
וְטֹבוֹת: לֹקֵחַ נְפָשׁוֹת[43] חָכָם: הֵן גּוֹיִם כְּמַר[44] מִדְּלִי[45] וּכְשַׁחַק[46]
מֹאזְנַיִם[47] נֶחְשָׁבוּ[48]:

n. p.[1] light, swift[2] one of[3] roebucks[4] Samson[5] to bore through, put out[6] to bring down[7] to Gaza[8] to bind[9] fetters of copper[10] to grind[11] (§ 107, 8.) captives, prisoners[12] a running, race[13] men of understanding[14] men of skill[15] favor[16] chance[17] to happen[18] tongue[19] tribe of[20] priesthood, office of the priest[21] possession, estate of[22] the teeth[23] the smoke[24] delight[25] burnt offering[26] sacrifice[27] hear, obey[28] decay, rottenness[29] bone[30] jealousy, envy[31] gent. noun fem. pl.[32] p. n. of a son of Japhet (Gen. 10, 2. 4) the founder of the Greeks, *Ionians*[33] stand up, arise[34] four[35] kingdom[36] to dream[37] seven[38] ears of corn[39] come up[40] stalk, cane[41] full[42] souls[43] a drop of[44] a bucket[45] the small dust[46] a balance[47] to count[48].

EXERCISE 97.

The Lord heareth[1] the poor[2]. And[3] Absalom[4] prepared[5] him horses and men to run[6] before[7] him. There is no[8] God, are the thoughts[9] of the wicked. God knoweth[10] the secrets[11] of the heart. Judgments[13] are prepared[12] for scorners, and stripes[14] for the back[15] of fools. And[16] Uzziah[17] built towers in Jerusalem and in the desert and digged[18] many wells[19], for he had[20] much cattle[21], husbandmen[22] (also) and vine-dressers[23] in the mountains and in Carmel[24]: for he loved husbandry[25]. There are[27] six[26] (things), which[28] the Eternal hateth[29]: yea[30], seven[31] (are) an abomination[32] unto Him[33]: lofty[34] eyes, a lying tongue[35], and hands that shed innocent blood[36], a heart that[28] deviseth[37] thoughts[38] of iniquity, feet that[28] are swift[39] in running[40] to mischief[41], a false witness[42] (that) breatheth[43] lies[44] and (he that) soweth[45] discord[46] among[47] brethren. Many sorrows[48] (shall be) to the wicked. Job[49] was a father to the poor, eyes to the blind[50] and feet to the lame[51]. God (is) father of the orphans[52] and judge of the widows.

7 לְפָנַי with suff., לִפְנֵי 6 part. רזין 5 עֲשָׂה 4 אַבְשָׁלוֹם 3 conv. ו 2 אֶבְיוֹן 1 part.

12 Ni. pret. כון 11 תַּעֲלָמָה 10 part. 9 מְזִמָּה 8 there is no אֵין, before a noun אֵין [§ 108, 1]

18 חָצַב 17 עֻזִּיָּהוּ 16 conv. ו 15 גֵו 14 מַהֲלֻמָּה 13 [שְׁפָט before the pl. ending:] שֶׁפֶט

24 כַּרְמֶל 23 [the Tsere drops] כֹּרֵם 22 אִכָּר 21 מִקְנֶה 20 to him [was] 19 בּוֹר

32 תּוֹעֲבַת 31 שֶׁבַע 30 ו 29 שָׂנֵא 28 [§ 96, 4] 27 הֵנָּה 26 שֵׁשׁ 25 אֲדָמָה, part. he was loving

37 part. חָרַשׁ 36 דָּם-נָקִי 35 לְשׁוֹן שָׁקֶר 34 רָם 33 [an abomination of his soul] נַפְשׁוֹ

inf. fr. רוין 39 Pi. part. מהר 38 [before the genitive the pretonic Kamets drops] מַחֲשָׁבָה

44 [שְׁקָר bef. the pl. ending] שֶׁקֶר 43 Hi. fut. פּוּחַ 42 עֵד שֶׁקֶר 41 רָעָה 40 to run,

51 פִּסֵּחַ 50 עִוֵּר 49 אִיּוֹב 48 מַכְאוֹב 47 בֵּין 46 only in plural מְדָן 45 Pi. part. שָׁלַח

,[the pretonic Kamets drops] יָתוֹם

§ 59. THE CONSTRUCT STATE.

The word standing in the construct state (§ 19, 5.) suffers an alteration of its form:

a. Nouns in ה ֶ change it into ה ֵ: as מַחֲנֶה camp, מַחֲנֵה יִשְׂרָאֵל Israel's camp.

b. Nouns in י ַ change it into י ֵ: as חַי living, life, חֵי פַרְעֹה by the life of Pharaoh!

c. Feminine nouns with final ה ָ change it into ת ַ: as מַלְכָּה, מַלְכַּת.

120 PART I. EXERCISES.

d. The plural and dual terminations ◌ִים and ◌ַיִם are changed into ◌ֵי־: as סוּסֵי the horses of, עֵינֵי the eyes of.

NOTE I. The vowel changes, which the word in const. state undergoes will be shown in the following § §.

NOTE II. In poetry the const. st. sometimes is found with paragogic וֹ or ◌ִי־: as בְּנוֹ 4. Mos. 23, 18, מַעְיָנוֹ Ps. 114, 8. אֹסְרִי 1. Mos. 49, 11. נֶאְדָּרִי 2. Mos. 15, 6. שֹׁכְנִי 5. Mos. 33, 16.

EXERCISE 98.

דֶּרֶךְ עָצֵל כִּמְשֻׂכַת[1] חָדֶק[2]: רַבָּה רָעַת[3] הָאָדָם בָּאָרֶץ: נְבֻכַדְנֶאצַּר[4] מֶלֶךְ בָּבֶל הִגְלָה[5] אֶת־כָּל־יְרוּשָׁלַיִם וְאֶת־כָּל־הַשָּׂרִים וְאֵת כָּל־גִּבּוֹרֵי חַיִל[6] וְכָל־הֶחָרָשׁ[7] וְהַמַּסְגֵּר[8] לֹא נִשְׁאַר[9] זוּלַת[10] דַּלַּת[11] עַם־הָאָרֶץ: בְּנַחַל קִישׁוֹן[12] שָׁחַט[13] אֵלִיָּהוּ[14] אֶת־נְבִיאֵי הַבָּעַל[15]: כָּל־אֱלֹהֵי הָעַמִּים אֱלִילִים[16] וַיהוָה שָׁמַיִם עָשָׂה: שִׁמְעוּ זֹאת הַזְּקֵנִים וְהַאֲזִינוּ[17] כֹּל יֹשְׁבֵי הָאָרֶץ הֶהָיְתָה זֹּאת בִּימֵיכֶם וְאִם בִּימֵי אֲבֹתֵיכֶם[18]: כִּי־גוֹי עָלָה עַל־אַרְצִי[19] עָצוּם[20] וְאֵין מִסְפָּר[21] שִׁנָּיו שִׁנֵּי אַרְיֵה[22]: כְּמַרְאֵה[23] סוּסִים מַרְאֵהוּ וּכְפָרָשִׁים[24] כֵּן יְרוּצוּן[25] כְּאַנְשֵׁי מִלְחָמָה יַעֲלוּ חוֹמָה[26]: מֹאזְנֵי צֶדֶק אַבְנֵי[27] צֶדֶק אֵיפַת[28] צֶדֶק וְהִין[29] צֶדֶק יִהְיֶה לָכֶם: יִרְאַת[30] יְהוָה טְהוֹרָה עֹמֶדֶת לָעַד: מִרְמָה בְּלֶב־חֹרְשֵׁי[31] רָע וּלְיוֹעֲצֵי[32] שָׁלוֹם שִׂמְחָה: מָחָר[33] אַתָּה וּבָנֶיךָ עִמִּי גַּם אֶת־מַחֲנֵה[34] יִשְׂרָאֵל יִתֵּן יְהוָה בְּיַד פְּלִשְׁתִּים:

hedge, fence[1] (a species of) thorn[2] wickedness[3] p. n. m.[4] to carry captive[5] the force[6] engraver, artificer[7] smith[8] to remain[9] save[10] poverty, hence the poorest sort[11] p. n.[12] to kill, (animals) to slay (persons)[13] Elijah[14] Baal, the tutelary god of the Phenicians[15] idols[16] to give ear, to listen[17] fathers[18] my land[19] mighty[20] number[21] lion[22] the appearance[23] horseman, rider[24] to run[25] a wall, rampart[26] stone, weight[27] an Ephah, (a corn measure)[28] a Hin, (a liquid measure)[29] the fear[30] to imagine[31] to counsel[32] to-morrow[33] the camp[34].

EXERCISE 99.

The wisdom[1] of a man maketh his face[3] to shine[2]. The Lord smote[4] the first-born[5] of Egypt. The inhabitants[6] of Jebus[7] said to David, Thou shalt not come hither[8]. Nevertheless[9] David took[10] the castle[11] of Zion[12], which is the city of David. The Lord is far[13] (§ 79, 3. a.) from the wicked: but[27] He heareth[15] the prayer[14] of the righteous. All Israel saw that the wisdom of God was in[16] Solomon, to do judgment[17]. The queen[18] of Sheba[19] heard (of) the fame[20] of Solomon and she came to prove[21] him with hard[22] questions[22]. Of the Lord (are) the goings[23] of man[24]. Man's[25] are the projects[26] of the heart, but[27] from the Lord (comes) the answer[28] to the tongue's (request) (transl.): the answer of the tongue. Abel[29] was a keeper[30] of sheep[31] and Cain[32] was a tiller[33] of the ground[34]. And the man Moses was very great in the land of Egypt, in the eyes of Pharaoh, and in the eyes of the people.

חָכְמָה [1] Hi. fut. אוּר [2] פָּנִים [3] נָכָה Hi. [4] בְּכוֹר [5] יֹשֵׁב [6] יְבוּס [7] הֵנָּה [8] ו Conv. [9]

לָכַד [10] מְצוּדָה [11] צִיּוֹן [12] רָחוֹק [13] תְּפִלָּה [14] fut. [15] בְּקֶרֶב [16] מִשְׁפָּט [17] מַלְכָּה [18]

שְׁבָא [19] שֵׁמַע [20] Pi. נסה [21] חִידָה [22] מִצְעָד* [23] גֶּבֶר [24] לְאָדָם [25] מַעֲרָךְ* [26] ו [27]

מַעֲנֶה [28] הֶבֶל [29] רֹעֶה [30] צֹאן [31] קַיִן [32] עֹבֵד [33] אֲדָמָה [34]. * (ָ) drops

§ 60. RULES FOR THE INFLECTION OF MASCULINE NOUNS.

1. The formation of the Feminine, Plural, Dual, Construct state, and the connection of the noun with suffixes, in addition to the changes mentioned in the preceding paragraphs, cause considerable vowel changes.

2. These changes are principally effected by the tone, which moves forward one or more syllables, producing greater or less modifications in the form of the word.

3. Generally the two last vowels only of the word are changed by the inflection, the third from the end being very seldom affected.

4. The penultimate vowel, being mutable, may be rejected, the ultimate either rejected or shortened.

5. Two grades occur in the change of vowels, which are represented by the two forms of the construct state: the const. state in the singular: דְּבַר and the construct st.

in the plural: דִּבְרֵי. The comparison of these two forms shows:

a. In the construct st. sing. the vowel in penult is rejected and that of the ultimate is retained, but shortened: דְּבַר, fr. דָּבָר.

b. In the construct st. plur. both vowels of the penult as well as of the ultimate are rejected: דִּבְרֵי, properly it is דְּבְרֵי, the Chirek under ד being only a helping vowel.

6. In the vowel changes therefore are distinguished two classes: a lower grade, corresponding to the const. state sing., and a higher grade, corresponding to the const. state plural.

7. The following forms are inflected according to the lower grade: the singular forms with suffixes, the feminine form, the plural in the absolute state, and the plural forms with light suffixes. According to the higher grade: the plural forms with the grave suffixes: as חָכָם, const. st. sing. חֲכַם, const. st. pl. חַכְמֵי (prop. חַכְמֵי), fem. חָכְמָה, pl. חֲכָמִים, with light suff. sing. and plur. חֲכָמֵי, חַכְמֵי, with grave suff. pl. חַכְמֵיכֶם.

NOTE I. For Segholate forms, (which are not included in the above rules) see § 66.

NOTE II. Feminine nouns having no distinctive feminine termination: as בְּאֵר a well, are inflected like the masculine, excepting that they regularly form their plural in וֹת, which form remains unchanged before suffixes and in the construct state.

§ 61. DECLENSION OF MASCULINE NOUNS,

1. With reference to the vowel changes exhibited in the foregoing paragraph, the nouns are classed as follows:

CLASS I. Nouns with immutable vowels.
CLASS II. Nouns with a mutable vowel in the ultimate.
CLASS III. Nouns with a mutable vowel in the penult.
CLASS IV. Nouns with mutable vowels in both syllables: the ultimate and penult.
CLASS V. The Segholate forms.

2. This division is observed in the Paradigms. For the sake of brevity we will use the terms: *first*, *second*, *third*, *fourth* and *fifth declensions*.

§ 62. FIRST DECLENSION.

1. To this belong all nouns, of which the vowels are immutable, (§ 14, 1.): as עִיר city, קוֹל voice, לְבוּשׁ garment, גִּבּוֹר hero, מַשְׁחִית destroyer.

2. Some difficulty arises with Kamets and Tsere, as these vowels are sometimes mutable and sometimes immutable. In forms similar to קָם and גֵּר, Kamets and Tsere are immutable, being derived from קוּם and גּוּר and standing for קָאם, גֵּיר (§ 3, 6. Note 4.). In forms like קְטָל, קַטָּל, the Kamets is immutable, standing for קְטָאל, קַטָּאל (§ 56, 3. a. b.): גַּנָּב thief, טַבָּח executioner, כְּתָב writing. To the form קַטָּל belong פָּרָשׁ rider, for פַּרָּשׁ, חָרָשׁ engraver, artificer, for חַרָּשׁ.

EXERCISE 100.

וְהָיָה רֵאשִׁיתְךָ[1] מִצְעָר[2] וְאַחֲרִיתְךָ יִשְׂגֶּה[3] מְאֹד׃ אַל־תֵּצֵא
לָרֹב[4] מַהֵר[5] פֶּן[6] מַה־תַּעֲשֶׂה בְּאַחֲרִיתָהּ בְּהַכְלִים[7] אֹתְךָ רֵעֶךָ׃
אִסְרוּ[8] הַסּוּסִים עֲלוּ[9] הַפָּרָשִׁים[10] לִבְשׁוּ[11] הַסִּרְיֹנוֹת[12]׃ אַל־
יָנוּסוּ[13] הַקַּלִּים וְאַל־יִמָּלְטוּ[14] הַגִּבּוֹרִים׃ כִּי בָא עָלֶיהָ עַל־בָּבֶל
שׁוֹדֵד[15] וְנִלְכְּדוּ[16] גִּבּוֹרֶיהָ כִּי אֵל גְּמֻלוֹת[17] יְהוָה שַׁלֵּם יְשַׁלֵּם׃
וְהָלְכוּ גוֹיִם לְאוֹרֵךְ׃ יְהוָה בֵּרַךְ[18] אֶת־אַחֲרִית אִיּוֹב מֵרֵאשִׁתוֹ[18]׃
לֹא בְחַיִל וְלֹא בְכֹחַ כִּי[19] אִם[19]־בְּרוּחִי אָמַר יְהוָה צְבָאוֹת[20]׃ עִיר
פְּרוּצָה אֵין חוֹמָה אִישׁ אֲשֶׁר אֵין מַעְצָר[21] לְרוּחוֹ׃ כִּי־קָרוֹב[22]
יוֹם־יְהוָה עַל־כָּל־הַגּוֹיִם כַּאֲשֶׁר[23] עָשִׂיתָ יֵעָשֶׂה לָּךְ גְּמֻלְךָ יָשׁוּב[24]
בְּרֹאשֶׁךָ׃ אֵל רָמִים[25] יִשְׁפֹּט׃ וַאֲנִי הִנֵּה נְתַתִּיךָ[26] הַיּוֹם לְעִיר
מִבְצָר[27] וּלְעַמּוּד[28] בַּרְזֶל וּלְחֹמוֹת נְחֹשֶׁת[29] עַל־כָּל־הָאָרֶץ׃ גֵּרִים
אֲנַחְנוּ לְפָנֶיךָ יְהוָה׃ כִּי אַתָּה יְהוָה תָּאִיר[30] נֵרִי׃

beginning[1] small[2] to increase[3] contention, quarrel[4] hastily[5] for fear that[6] to put to shame[7] to harness[8] to go up[9] (§ 80. 5.)[10] to put on[11] coats of mail[12] to flee[13] escape[14] a spoiler[15] to conquer[16] the recompense[17] (§ 91, 2.)[18] (§ 118)[19] the hosts[20] control[21] near[22] (§ 96, 3.)[23] turn back, return[24] to be high[25] (§ 96, 4.) to give, to *make*[26] fortification, hence: a fortified city[27] (§ 83, 6.) a column[28] copper[29] to give light, illuminate[30].

EXERCISE 101.

Hear counsel, and receive[1] instruction[2], that[3] thou mayest[4] be wise in thy (latter) end. And[5] David ran, and stood upon[6] the Philistine[7] and slew him[8] and cut off[9] his head. And when[10] the Philistines saw their champion[11] was dead, they fled[12]. And David took[13] the head of the Philistine and brought[14] it to Jerusalem. And Haman took the apparel[15] of the king and the horse of the king and arrayed[16] Mordecai[17], and brought him on horseback[18] through[19] the street[20] of the city, and proclaimed[21] before him, Thus[22] shall it be done unto the man whom the king delighteth to honor[23]. Her lamp[24] goeth not out[25] by[26] night. And[5] Delilah[27] said to Samson[28], Tell[29] me, I pray thee, wherein[30] thy great strength (lieth), and wherewith[31] thou mightest be bound[32] to afflict thee? Then[5] Samuel[33] took a vial[34] of oil[35], and poured[36] it upon his head, and kissed[37] him, and said, Is it not because[38] the Lord hath anointed[39] thee to (be) captain[40] over His inheritance[41]? And[5] the king of Babylon[43] slew[42] all the princes[44] of Judah[45] in Riblah[46].

1 Pi. קַבֵּל 2 מוּסָר 3 לְמַעַן 4 fut. [(§ 101. III. a)] 5 Conv. ו 6 אֶל 7 פְּלִשְׁתִּי 8 Pi. מוּת
9 כָּרַת 10 Conv. ו 11 transl: that (כִּי) their champion גִּבּוֹר 12 נוּס 13 לָקַח 14 Hi. בּוֹא
15 לְבוּשׁ 16 Hi. לָבַשׁ 17 מָרְדְּכַי 18 to bring on horseback רכב Hi. 19 בְּ 20 רְחוֹב 21 קָרָא
22 כָּכָה, honor יְקָר, delighting in חָפֵץ בְּ, transl. in whose honor the king is delighting
23 (§ 96, 2) 24 נֵר 25 כָּבָה 26 בְּ 27 דְּלִילָה 28 שִׁמְשׁוֹן 29 Hi. parag. imp. (§ 34, 4. § 104, 1) נגד
30 בַּמֶּה 31 בַּמֶּה 32 Ni. fut. אָסַר 33 שְׁמוּאֵל 34 פַּךְ 35 שֶׁמֶן 36 (§ 51, 1. a) יָצַק 37 נָשַׁק
38 כִּי 39 מָשַׁח 40 נָגִיד 41 נַחֲלָתוֹ 42 שָׁחַט 43 בָּבֶל 44 plur. שַׂר שָׂרִים 45 יְהוּדָה
46 רִבְלָה, ה here with par. רִבְלָתָה.

§ 63. SECOND DECLENSION.

1. Under this are included all nouns having a mutable

vowel in the final syllable; they are either monosyllabic, or their preceding vowels are immutable.

Ad I. (in the Paradigm.) Monosyllabic words with a mutable A sound (Kamets or Patach).

a. Nouns with Kamets: as גָּג roof, יָד hand (יָדְךָ, יֶדְכֶם), דָּם blood (דִּמְכֶם).

b. Nouns with Kamets, doubling the final consonant, when the word is lengthened at the end: as יָם sea, pl. יַמִּים, זְמָן time, זְמַנִּם. The Kamets is shortened (§ 14, Short. c.).

c. Nouns with Patach: שַׁד, dual שָׁדַיִם breasts, בַּר son, בְּרִי my son.

d. Nouns with Patach, which double the final radical (derivates from ע"ע): as הַר mountain, (with article הָהָר) plur. הָרִים (for הַרִּים), עַם people, pl. עַמִּים, חַי living, pl. חַיִּים, שַׂר chief, prince, pl. שָׂרִים (for שַׂרִּים).

Ad II. Polysyllabic nouns with final Kamets or Patach: as מִשְׁפָּט judgment, כּוֹכָב star. Several nouns double the last radical: a) אוּלָם vestibule, porch, אוּלַמִּים; אוֹפָן a wheel, אוֹפַנִּים; מַחְשָׁךְ darkness, dark place, מַחְשַׁכִּים; אֶתְנָן gift, אֶתְנַנִּים; שַׁאֲנָן adj. quiet, subst. wantonness, pride, שַׁאֲנַנִּים; שׁוֹשָׁן a lily, שׁוֹשַׁנִּים. b) מוֹרָג threshing-sledge, מוֹרִגִּים, גַּלְגַּל wheel, גַּלְגַּלִּים.

Ad III. Monosyllabic nouns with mutable Tsere. Chirek in שִׁמְךָ is the helping vowel. Other nouns of this kind, drop the Tsere only in the construct state plural, hence also with the grave plur. suffixes: as עֵץ tree, עֵצְךָ, עֵצִי, עֵצִים, עֲצֵי, עֲצֵיכֶם, עֲצֵי, גֵּו back, גֵּוִי, גֵּוְךָ; דֵּעַ knowledge, דֵּעִי, רֵעַ companion, friend, רֵעִי, רֵעֲךָ . . .

Ad IV. 1) Several nouns of this class in the const. st. have final Patach: as מִסְפֵּד lamentation, מִסְפַּד; מִזְבֵּחַ altar, מִזְבַּח; מַרְבֵּץ couching place, מַעֲשֵׂר tithe. 2) Before the suffixes ךָ, כֶם, כֶן some of these take Seghol: as מַקֶּלְכֶם your staff; מוֹפֶתְכֶם your sign, wonder. 3) Some nouns retain the Tsere in the plural absolute: as שַׁלִּישׁ

descendant of the third generation, שִׁלֵּשִׁים. 4) Several double the last consonant: as סַנְסַן palm-branch, סַנְסִנִּים; כַּרְמֶל well cultivated plain-orchard, כַּרְמִלּוֹ.

Ad V. Nouns with Cholem, changing it into Kubbuts before the doubled final radical: as קַרְדֹּם an axe, קַרְדֻּמִּים; חַרְטֹם sacred writer, person skilled in hieroglyphics חַרְטֻמִּים; כַּרְכֹּב margin, border, כַּרְכֻּבִּים; גַּבְנֹן hight, summit, גַּבְנֻנִּים. To these also belong the derived nouns in ִי—, which often double the י, when the word is lengthened: as נָכְרִי a stranger, נָכְרִיָּה; יְהוּדִי a Jew, יְהוּדִיִּים and יְהוּדִים.

Ad VI. Participles Kal, Piel and Hithpael, with the exception of ל״ה. Observe here that the forms with the suffixes ךָ, כֶם, כֶן are fourfold: 1) קֹטֶלְךָ, in Pause קֹטְלֶךָ. 2) With Ayin guttural אֹהַבְךָ. 3) With Lamed guttural שֹׁלֵחֲךָ. 4) אֹיִבְךָ (on account of the י).

Ad VII. Participles and other derivatives from verbs ל״ה, which terminate in ֶה—: as רֹאֶה seer, קֵצֶה end, change ֶה— in ֵה— in the const. state and drop ֶה— entirely before any of the afformatives: as רֹאֶה: const. state רֹאֵה, with suff. רֹאִי, plur. רֹאִים, with local ָה—: as מַטָּה downwards, from מַטֶּה, מַעְלָה upwards, from מַעֲלֶה.

In a few instances the original termination ִי— (§ 13, 7. a.) is restored. Thus with suff. מְכַסֶּיךָ (*sing.*) thy covering (as from מְכַסֶּי); מִקְנֶיךָ (sing.) Is. 30, 23, מַרְאַיִךְ (sing.) (erroneously taken for the plural). Ca. 2, 14. עֹשָׂיו his Creator Ps. 149, 2.

EXERCISE 102.

לֹא עָזַבְתָּ דֹרְשֶׁיךָ יְהוָֹה: כֹּה־אָמַר יְהוָֹה עֹשֶׂךָ בֹּרַאֲךָ יַעֲקֹב וְיֹצֶרְךָ יִשְׂרָאֵל אַל־תִּירָא כִּי גְאַלְתִּיךָ קָרָאתִי בְשִׁמְךָ לִי־אָתָּה: יְהוָֹה לִי בְּעֹזְרָי וַאֲנִי אֶרְאֶה[1] בְשֹׂנְאָי: מַלְכוּתְךָ[2] מַלְכוּת כָּל־עֹולָמִים: אַל־יֵבֹשׁוּ בִי קֹוֶיךָ[3] אֲדֹנָי יֱהוִֹה[4] צְבָאוֹת אַל־יִכָּלְמוּ[5] בִי

מְבַקְשֶׁיךָ אֱלֹהֵי יִשְׂרָאֵל׃ אֲנִי יְהוָה מְקַדִּשְׁכֶם אָמַר יְהוָה׃ כִּי־מִשְׁפַּט
אֱמֶת שְׁפֹטוּ וְחֶסֶד וְרַחֲמִים[6] עֲשׂוּ אִישׁ אֶת־אָחִיו[7]׃ אַל־תְּהִי
בְתֹקְעֵי[8]־כָף בַּעֹרְבִים[9] מַשָּׁאוֹת[10] אִם־אֵין־לְךָ לְשַׁלֵּם לָמָּה יִקַּח
מִשְׁכָּבְךָ[11] מִתַּחְתֶּיךָ[12]׃ מִשְׁפְּטֵי־יְהוָה אֱמֶת׃ יְהוָה אַתָּה עֹזֵר
לִי הָפַכְתָּ מִסְפְּדִי[13] לְמָחוֹל[14] לִי פִּתַּחְתָּ[15] שַׂקִּי[16] וַתְּאַזְּרֵנִי[17]
שִׂמְחָה׃ הוֹי חֹשְׁבֵי־אָוֶן[18] וּפֹעֲלֵי רָע עַל־מִשְׁכְּבוֹתָם בְּאוֹר הַבֹּקֶר
יַעֲשׂוּהָ כִּי יֶשׁ־לְאֵל[19] יָדָם׃ בְּמוֹתְךָ[20] יִמְעַט[21] מִסְפַּר מְקַנְאֶיךָ[22]
וְיִרְבּוּ דוֹבְרֵי שֶׁקֶר אַחֲרֶיךָ׃ לַפִּיד[23] אִישׁ בְּיַד שִׁכּוֹר[24] מֶמְשָׁלָה[25]
בְּיַד נָבָל[26]׃ קָנֵה רֵעִים[27] יְמַלְּטוּךָ מִצָּרָה וְאוֹהֲבִים יַעְזְרוּךָ[28]
לִמְצוֹא טוֹב׃ בְּאֶפֶס[29] עֵצִים תִּכְבֶּה[30]־אֵשׁ וּבְאֵין[29] נִרְגָּן יִשְׁתֹּק
מָדוֹן׃

supply: my desire[1] kingdom[2] to wait on[3] (§ 18. Note)[4] to be ashamed[5] compassion, pity[6] (§ 97, 4,)[7] to strike[8] to become a surety, to pledge[9] debt[10] couch, bed[11] (§ 75, 7.)[12] lamentation[13] dance[14] to loosen, untie[15] sackcloth[16] to gird[17] (§ 85, 1. b.) iniquity[18] in the power of[19] מָוֶת with suff.[20] (§ 66, 14.) to be or become little, few[21] to envy[22] a torch[23] intoxicated, drunk[24] dominion, rule[25] wicked, foolish[26] friend[27] to help, assist[28] without[29] to go out, be extinguished[30].

EXERCISE 103.

And[1] the scribes[2] of the king were called at[3] that time[4], and it was written according to all that Mordecai commanded to the Jews and to the rulers[5] of the provinces[6]. Receive[7] my instruction, the fathers' instruction, our instruction. The angel[9] of the Lord encampeth[8] round about the just and delivereth[10] them. And[1] the Philistines gathered[11] their camps together[11] to fight[12] with[13] Israel. The Lord thy God walketh[14] in the midst of thy camp, to deliver[15] thee and to give up[16] thine enemies[17] before thee; therefore[1] shall[18] thy camp be[18] holy[19]. And[1] Jethro[20], the priest of Midian[21], Moses' father-in-law[22], heard (of) all that God had done for[23] Moses, and for Israel, his people, and he said: I, thy father-in-law, am come[24] to thee. Blessed[25] (be) the Lord, my strength[26], which teacheth[27] my hands to war[28]. My refuge[29], my deliverer[30] and (He) in whom[31] I trust[32]; who subdueth[33] my people under me[34]. The Lord is thy keeper[35]: the Lord is thy shade[36]. The Lord upholdeth[37] all that fall[38]. My son meddle[39] not with rebels[40]. Whoso mocketh[41] the poor reproacheth[42] his Maker[43]. He that trusteth[44] in his (own) heart[45] is a fool. Deceit (is) in the heart of them that imagine[46] evil: but to the counselors[47] of peace (is) joy.

1 Conv. ו 2 סִפֵּר 3 בּ 4 fem. עֵת 5 שַׂר 6 מְדִינָה 7 לָקַח 8 part. חָנָה 9 מַלְאָךְ
10 Pi. חָלַץ 11 קָבַץ 12 Ni. לָחַם 13 בּ 14 Hit. part. הלך 15 Hi. נצל 16 נָתַן 17 אֹיֵב
18 הָיָה 19 קָדוֹשׁ 20 יִתְרוֹ 21 מִדְיָן 22 חֹתֵן 23 ל 24 part. 25 part. Kal. ברך 26 צוּר
27 Pi. part (§ 96, 8) לכד 28 קָרָב 29 (doubles the last cons.) מִשְׂגָּב 30 Pi. part. פָּלַט 31 בּוֹ
32 pret. חָסָה 33 part. (§ 96, 8) רדד 34 (§ 75, 7) תַּחְתָּי 35 part. שָׁמַר 36 (doubles the last cons.) צֵל
37 part. סָמַךְ 38 part (§ 96, 8) 39 Hit. ערב 40 שֹׁנֶה 41 with ל, part. לָעַג
42 Pi. pret. חרף 43 part. עָשָׂה 44 with בּ, part. בָּטַח 45 [doubles the last cons.] לֵב
46 part. חָרַשׁ 47 part. יָעַץ.

§ 64. THIRD DECLENSION.

1. This declension comprises all nouns with an immutable vowel in the final syllable and mutable Kamets or Tsere in the penult: as גָּדוֹל great; אֵמוּן faithfulness, truth; זִכָּרוֹן remembrance.

2. The Kamets or Tsere of the penult is dropped in the const. state and invariably when the word is lengthened. In forms like זִכָּרוֹן, Dagesh of the middle Radical is likewise dropped: as זִכְרוֹן. Words as פַּרְזוֹן ruler, leader, with suff. פִּרְזוֹנוֹ (Chirek helping vowel); רְעָבוֹן famine, with suff. רַעֲבוֹן, for רְעָבוֹן (§ 14, Rising I. b. B.).

3. Some nouns of the form זִכָּרוֹן, when inflected, take Seghol instead of Chirek. Thus חִזָּיוֹן vision, const. state חֶזְיוֹן, plur. חֶזְיוֹנוֹת; עִשָּׂרוֹן a tenth part (dry measure), plur. עֶשְׂרוֹנִים.

4. A few nouns of this class retain the Kamets: as שָׁלִישׁ a measure, (prob. the third part of an Ephah), and a peculiar class of soldiers. מָעוֹז refuge, fortress מָעֻזִּי; מָגֵן shield מָגִנִּי; שָׁבוּעַ week Pl. שָׁבֻעִים and שָׁבֻעוֹת, const. st. שְׁבֻעוֹת.

§ 64. Third Declension. 129

5. In this class are comprehended several nouns, which double the last radical: as עָרוֹם naked, עֲרֻמִּים; חָרוּל nettle, חֲרֻלִּים.

6. In several nouns of the form מָקוֹם place, especially those derived from verbs ע״ו, וֹ is changed into וּ: as מָנוֹס flight, with suff. מְנוּסִי; מָנוֹחַ rest, pl. מְנוּחִים; מָעוֹן habitation, pl. מְעוּנִים; מָגוֹר fear, pl. מְגוּרִים; מָצוֹר fortress, with suff. מְצוּרֶךָ; מָתוֹק sweetness, pl. מְתוּקִים.

Exercise 104.

יְהוָה זֹקֵף[1] כְּפוּפִים[2]: נְצֹר לְשׁוֹנְךָ מִדַּבֵּר מִרְמָה: לֵב חָכָם
לִימִינוֹ וְלֵב כְּסִיל לִשְׂמֹאלוֹ: קָדוֹשׁ קָדוֹשׁ קָדוֹשׁ יְהוָה צְבָאוֹת
מְלֹא[3] כָל־הָאָרֶץ כְּבוֹדוֹ[4]: לְצַדִּיק זִכְרוֹן[5] עוֹלָם[6]: בָּא זָדוֹן[7] וַיָּבֹא
קָלוֹן[8] וְאֶת[9]־צְנוּעִים[10] חָכְמָה: אֶהֱבוּ אֶת־יְהוָה כָּל־חֲסִידָיו
אֱמוּנִים[11] נֹצֵר יְהוָה: אֶבֶן[12] שְׁלֵמָה[13] רְצוֹן[14] יְהוָה: הָיְתָה
לְמָשָׁל[15] בְּיִשְׂרָאֵל הֲגַם שָׁאוּל בַּנְּבִיאִים: כְּבֹד אֱלֹהִים הַסְתֵּר[16]
דָּבָר וּכְבֹד מְלָכִים חֲקֹר[17] דָּבָר: כְּצִפּוֹר נוֹדֶדֶת[18] מִן־קִנָּהּ[19] כֵּן
אִישׁ נוֹדֵד מִמְּקוֹמוֹ: יְהוָה אֲדֹנֵינוּ מָה־אַדִּיר[20] שִׁמְךָ בְּכָל־הָאָרֶץ:
אֵין מִלָּה[21] בִּלְשׁוֹנִי הֵן[22] יְהוָה יָדַעְתָּ כֻלָּהּ: אַל־תִּגְּעוּ[23] בִּמְשִׁיחָי[24]
וְלִנְבִיאַי אַל־תָּרֵעוּ: בִּישִׁישִׁים[25] חָכְמָה: לְשׁוֹן חֲכָמִים מַרְפֵּא[26]:
רָשָׁע כַּחֲלוֹם[27] יָעוּף[28] וְלֹא יִמְצָאֻהוּ[29] וְיֻדַּד[30] כְּחֶזְיוֹן[31] לָיְלָה:
קְדֹשִׁים תִּהְיוּ כִּי קָדוֹשׁ אֲנִי יְהוָה אֱלֹהֵיכֶם: יְהוָה יָסַד־אֶרֶץ
עַל־מְכוֹנֶיהָ[32] בַּל־תִּמּוֹט עוֹלָם וָעֶד[33]: לֹא הַכִּילַי[34] אֲדוֹן הָעֹשֶׁר[35]
אֲבָל[36] הָעֹשֶׁר אֲדוֹן הַכִּילָי:

to raise[1] to bend, bow down[2] the fullness of[3] glory, majesty[4] (supply: is = His majesty fills the whole earth) remembrance[5] (§ 83, 6)[6] wantonness[7] ignominy[8] with[9] lowly[10] faithful[11] weight[12] perfect[13] delight, acceptance[14] proverb[15] to conceal[16] to search out[17] to wander[18] nest[19] mighty[20] word[21] behold[22] to touch[23] the anointed (applied to priests, kings,)[24] old, aged man[25] healing[26] a dream[27] to fly away, vanish[28] (§ 76, 2. c.)[29] Hi. to chase away[30] vision[31] foundation, basis[32] עַד perpetuity, eternity, עוֹלָם וָעֶד = eternity *and* eternity = forever and ever[33], avaricious, hard-hearted[34] riches[35] but[36].

EXERCISE 105.

Our Redeemer[1], the Lord of Hosts (is) His name, the Holy One of Israel. The multitude[2] of all the nations[3] that fight[4] against[5] Israel and that distress[6] them shall be as a dream of a night vision[7] (of the vision of night). The upright[8] shall inherit[9] (what is) good. A son[10] honoreth[11] (his) father, and a servant his master[12]: if then[13] I (be) a father, where[14] (is) mine honor[15]? and if I (be) a master[16], where is my fear[17]? saith the Lord of Hosts unto you, O[18] priests, that despise[19] my name. As[20] a dew[21] upon the grass (is) the favor[22] of a king. God stilleth[23] the noise[24] of the seas[25], the noise of their waves[26] and the tumult[27] of the people[28]. The Lord reigneth[29], clouds[30] and darkness[31] (are) round about Him[32]: righteousness and judgment (are) the habitation[33] of His throne[34]. He that walketh[35] uprightly[36] and worketh[37] righteousness[38], and speaketh[39] truth in his heart[40]. He (that) backbiteth[41] not with[42] his tongue, nor doeth evil to his fellow[43], nor taketh up[45] a reproach[44] against his neighbor[46]; He that doeth[47] these (things) shall never[49] totter[48]. God stands[50] at[51] the right hand of the poor.

גֹּאֵל 1 הָמוֹן 2 גּוֹי 3 צָבָא 4 part. (§ 96, 8) עַל 5 צוּק 6 Hi. part. with ל, חָזוֹן 7 תָּמִים 8

נָחַל 9 בֵּן 10 11 fut. (§ 101, I. c.) אָדוֹן 12 וְאִם 13 אַיֵּה 14 כָּבוֹד 15 אֲדֹנִים 16 (§ 82, 4 b.)

מוֹרָא 17 18 (§ 80, 5) בָּזָה 19 part. כְּ 20 טַל 21 רָצוֹן 22 שָׁבַח 23 Hi. part. שָׁאוֹן 24

יָם 25 (doubles the last cons.) גַּל 26 (doubles the last cons.) הָמוֹן 27 לְאֹם plur., doubles

the last cons. — 28 [strong shortening of the vowel § 14, II. Shortening c)] מָלַךְ 29 pret. Pause!

30 sing. עֲרָפֶל 31 סָבִיב 32 with plur. suff. מָכוֹן 33 כִּסְאוֹ 34 35 part. Kal תָּמִים 36

פָּעַל 37 part. צֶדֶק 38 דבר 39 part. Kal. לֵבָב 40 רָגַל 41 pret. עַל 42 רֵעַ 43 חֶרְפָּה 44

נָשָׂא 45 pret. קָרוֹב 46 47 part. in const. state מוֹט 48 Ni. fut לְעוֹלָם 49 50 fut. ל 51.

§ 65. FOURTH DECLENSION.

1. To this belong nouns of two syllables either with mutable Kamets in both, or with Kamets in the second and Tsere in the first, or with Kamets in the first and Tsere in the last: as דָּבָר word, לֵבָב heart, זָקֵן old.

§ 69. Fourth Declension. 131

2. Vowel changes in this declension;

a. Kamets or Tsere in the first syllable always drop: זְקֵנִי · לְבָבִי · דְּבָרִי.

b. Kamets and Tsere in the last syllable, are changed in the const. state sing. and before the suffixes כֶן · כֶם in sing. into Patach: as דְּבַר · זְקַן · לְבַב · דְּבַרְכֶם · זְקַנְכֶם · לְבַבְכֶם.

c. In the plural and before the light suffixes sing. and pl. final Kamets and Tsere are retained: as דְּבָרִים · זְקֵנִים · זְקֵנִי · דְּבָרִי · לְבָבוֹת.

d. In the const. state plur. and before the grave suffixes plur. final Kamets and Tsere drop: as דִּבְרֵי · זִקְנֵיכֶם; but חַכְמֵי · שַׁעֲרֵי · עַנְוֵי, the helping vowel is Patach on account of the guttural.

3 In כָּנָף wing, זָנָב tail, צֵלָע rib, the helping vowel in the plural is Patach instead of Chirek: as כַּנְפֵי · זַנְבוֹת · צַלְעוֹת.

4. In a few nouns of the form קָטָל and קֵטָל, the Segholate form (§ 66.) is used in the const. st. and before suffixes: as עָשָׁן smoke, const. state עֲשַׁן and עֶשֶׁן; עָנָף branch, with suff. עַנְפְּכֶם; צֵלָע rib, const. st. צֵלַע and צֶלַע, with suffixes צַלְעִי.

5. Some nouns of the form קָטֵל take the Segholate form in the const. st. e. g. כָּתֵף shoulder, const. st. כֶּתֶף; גָּדֵר wall, const. st. גֶּדֶר; יָרֵךְ hip, const. st. יֶרֶךְ; גָּזֵל robbery, const. st. גֶּזֶל; אָרֵךְ long, const. st. אֶרֶךְ; כָּבֵד heavy, once const. st. כְּבַד; עָרֵל uncircumcised, const. st. עֲרַל and עֶרֶל.

6. Some nouns of the form קָטֵל retain Tsere in the plur. const. st. e. g. יָשֵׁן sleeping, const. יְשֵׁנֵי; אָבֵל mourning, אֲבֵלֵי; שָׂמֵחַ joyful, שְׂמֵחֵי (but also שִׂמְחֵי) שָׁכֵחַ forgetful, שְׁכֵחֵי; חָפֵץ delighting, חֲפֵצֵי.

Exercise 106.

רֹאשׁ [1] דְּבָרְךָ יְהוָה אֱמֶת׃ יְהוָה נֹתֵן לֶחֶם לָרְעֵבִים׃ זָרַח[2]
בַּחֹשֶׁךְ אוֹר לַיְשָׁרִים׃ יְהוָה מְהַלֵּךְ עַל־כַּנְפֵי[3] רוּחַ׃ בְּרָקִים[4]

לַמָּטָר עָשָׂה׃ חַיֵּי בְשָׂרִים[5] לֵב מַרְפֵּא[6]׃ הַכְּסִיל חֹבֵק[7] אֶת־יָדָיו
וְאֹכֵל אֶת־בְּשָׂרוֹ׃ סוֹד[8] יְהוָה לִירֵאָיו׃ אַרְבָּעָה[9] הֵם קְטַנֵּי[10]־
אָרֶץ וְהֵמָּה חֲכָמִים מְחֻכָּמִים[11] הַנְּמָלִים עַם לֹא עָז[12] וַיָּכִינוּ[13]
בַקַּיִץ לַחְמָם׃ שְׁפַנִּים[14] עַם לֹא־עָצוּם וַיָּשִׂימוּ בַסֶּלַע[15] בֵּיתָם׃
מֶלֶךְ אֵין לָאַרְבֶּה[16] וַיֵּצֵא חֹצֵץ[17] כֻּלּוֹ׃ שְׂמָמִית[18] בְּיָדַיִם תְּתַפֵּשׂ[19]
וְהִיא בְּהֵיכְלֵי מֶלֶךְ׃ הֲדַר[20] זְקֵנִים שֵׂיבָה׃ הֹלֵךְ אֶת־חֲכָמִים
יֶחְכָּם׃ יְהוָה יֹשֵׁב עַל־חוּג[21] הָאָרֶץ וְיֹשְׁבֶיהָ לוֹ כַּחֲגָבִים[22]׃
תְּמִימִים[23] יִשְׁכְּנוּ יַחַד[24] וְיִתְעַנְּגוּ עַל רוֹב שָׁלוֹם וּבְנֵי בְלִיַּעַל[25]
יִתְפָּרְדוּ אֵין שָׁלוֹם לָרְשָׁעִים׃ בִּקְהַל[26] מְשַׂחֲקִים[27] יִשְׂחַק[28] וּבְסוֹד[29]
בּוֹכִים בֶּכֶה׃

the summit[1] to break forth[2] wing[3] lightning[4] flesh, body[5] quietness, softness[6] to fold[7] counsel[8] four[9] little[10] (§ 83, 7.) Pual: to be made wise, hence: exceeding wise[11] strong[12] to prepare[13] the coney[14] rock[15] locust (§ 82, 1.)[16] division[17] (by bands) a spider[18] to catch[19] (§ 76, 2. d.) ornament[20] circle[21] locust (a peculiar species, small and edible)[22] upright one[23] conjointly[24] worthlessness, lowness[25] (§ 89, 4.) an assembly[26] to rejoice, to play, dance (Pi.)[27] to laugh, rejoice, dance[28] a circle, an assembly[29].

EXERCISE 107.

The Word of our God shall stand[1] forever. And[2] the Lord had rained down[3] manna[4] upon the Israelites to eat, and had given them (of) the corn[5] of heaven. The Lord is far from the wicked. Two[6] (things) have I required[7] of Thee[8], deny[9] me[10] (them) not before[11] I die[12]! Remove far[15] from me vanity[13] and lies (transl. the word of lie)[14]: give me not poverty[16] nor[17] riches[18]. Lest I be full[19], and deny (Thee)[20], and say, Who is the Lord? or lest I be poor[21], and steal[22], and take[23] the name of my God (in vain). Fear the Lord, (ye) his saints[24]: for there is no[25] want[26] to them that fear[27] Him. If ye hearken[28] to these judgments and keep[29] and do[29] them, the Lord thy God shall keep[29] unto thee His covenant. And He will love[29] thee, and bless[29] thee and multiply[29] thee: he will bless[29] thy corn, thy wine[30], thine oil[31], thy flocks[32] and thy herds[33]. Speak ye to[34] the heart of Jerusalem, and call unto[35] her, that her warfare[36] is accomplished[37], that her iniquity[39] is pardoned[38], for she hath received[40] of the hand of the Lord, double[41] for[42] all her sins[43].

transl. from 9 כָּנַע 8 מֵאִתָּךְ 7 שָׁאַל 6 שְׁתַּיִם 5 דָּגָן 4 כֵּן 3 Hi. מָטַר 2 C. ו 1 קוּם

19 fut. שָׂבַע 17 עָשֵׁר 17 ו 16 רֵאשׁ 15 Hi. רָחַק 14 כָּזָב 13 שָׁוְא 12 fut. 11 בְּטֶרֶם 10 me

25 אַיִן there is no: 24 קָדוֹשׁ 23 pret. תָּפַשׂ 22 pret. גָּנַב 21 Ni. fut. יָרַשׁ 20 Pi. pret. כחשׁ

31 יִצְהָר 30 תִּירוֹשׁ 29 pret. with C. ו 28 with acc. שָׂבַע 27 to his fearers = יָרֵא 26 כַּחְסוֹר

(generally masc. צָבָא 35 with pl. suff. אֶל 34 עַל 33 (§ 82, 1.) בָּקָר 32 (§ 82, 1.) צֹאן

41 כִּפְלַיִם 40 לָקַח 30 (gen. masc., here fem.) עָוֹן 38 Ni. pret. רצה 37 כָּלֵא 36 *here fem.*)

.43 חַטֹּאתֶיהָ 42 ב

§ 66. FIFTH DECLENSION.

1. In this are embraced the large class of nouns called *Segholates*, which had originally three consonants, with but one vowel, following the first one. In order to make them dissyllabic, a helping vowel has been added, regularly Seghol, hence the term: *Segholate forms.* The original vowel was: short a, i, or o (ַ , ִ , ָ): as מַלְךְ, סִפְר, קָדְשׁ. By the addition of the helping Seghol under the second consonant, the short vowel being now in an open syllable is lengthened. The Chirek becomes Tsere, the Kamets-Chatuph, Cholem, the Patach, however, irregularly changes into Seghol, in pause only does it lengthen regularly into Kamets; thus the original מַלְךְ, סִפְר, קָדְשׁ become מֶ֫לֶךְ, in pause מָ֫לֶךְ, סֵ֫פֶר, קֹ֫דֶשׁ.

2. The second vowel being only a helping vowel, all words of this declension are Milel.

3. On the lengthening of the word the original form is resumed: as מַלְכִּי, סִפְרוֹ, קָדְשְׁךָ.

Note I. Hence He local (§ 19, 6.) appended to a Segholate, requires the original form: as אַ֫רְצָה to the land (אֶ֫רֶץ, orig.

אַרְץ); בַּ֫יְתָה to the house (בַּיִת, orig. בַּיְת). When the original vowel in the segholate form is o, ָה is accented: as צָעֳרָ֫ה, אֹהֱלָ֫ה.

4. In the const. state sing. the forms קֹדֶשׁ, סֵפֶר, מֶלֶךְ remain unaltered.

NOTE II. זֶרַע seed, חֶדֶר an apartment, room, סַחַר gain, profit, נֶטַע plantation, plant, הֶבֶל a breath, a vain thing, in const. st.: זְרַע, חֲדַר, סְחַר, נְטַע, הֲבֵל.

5. A kindred form of this class, embraces all those words of three consonants with but one vowel after the *second* one: as דְּבַשׁ honey; גְּבַר and גֶּבֶר man; שְׁכֶם shoulder; לְשַׁד moisture; דְּיוֹ ink; אֲגַם marsh, marshy place, and the infinitives of Kal, of the form קְטֹל, קְטֵל. They agree with the Segholates in inflection: as דִּבְשִׁי, שִׁכְמִי, קָטְלִי.

6. From this form (5. vowel under the second consonant) are taken the plural absolute and the plural forms with light suffixes: as מְלָכִים, סְפָרִים, קֳדָשִׁים, מְלָכַי, סְפָרֶיךָ.

7. From the regular (מַלְךְ etc.) are formed the plural construct state and the plural with grave suffixes: as מַלְכֵי, סִפְרֵי, קָדְשֵׁי, מַלְכֵיהֶם, סִפְרֵיכֶן, קָדְשֵׁיהֶן.

NOTE III. When the final radical is one of the בגדכפת, the aspirated pronunciation of the plural absolute is retained in the const. st. and before the grave suffixes; as מַלְכֵי, מַלְכֵיהֶם, but in sing. מַלְכִּי, מַלְכְּכֶם.

8. In the form of two Seghols, as מֶלֶךְ, the first generally stands for the original Patach (מַלְךְ). But a considerable number had Chirek originally: as בֶּגֶד garment, בֶּטַח trust, confidence, בֶּרֶךְ knee, גֶּשֶׁם rain, זֵכֶר remembrance etc., with suffixes: זִכְרִי, בִּגְדִי.

9. In the forms with two Seghols (מֶלֶךְ) and Tsere with Seghol (סֵפֶר), some (most of which are Pe gutt.) have Seghol as the original short vowel: as אֵבֶר pinion, with

suff. אֶבְרוֹ ، חֵלֶב fat, חֵלֶק part, חֵפֶץ delight, עֵגֶל calf, עֵזֶר help, עֵרֶךְ valuation, נֶגֶד before, over against, (כְּנֶגְדּוֹ Gen. 2, 18, 20. as over against him, i. e. the counterpart of him), עֶשֶׂר ten etc.

10. When the third radical is a guttural, the helping vowel under the second radical is Patach: as זֶרַע seed, יֵשַׁע salvation, אֹרַח way. When the second radical is a guttural, both vowels of the forms קֶטֶל and קֵטֶל are Patach: as נַעַר boy, lad, יַעַר wood, forest.

12. The form קֹטֶל has in a few instances Kubbuts in the inflection before suffixes: as סֹבֶךְ thicket, סֻבְּכוֹ; גֹּדֶל greatness, גֻּדְלוֹ (also גָּדְלוֹ); קֹמֶץ handful, קֻמְצוֹ.

12. The form קֹטֶל with middle letter guttural takes Kamets before the suffixes ךָ, כֶם, כֶן: as אָהָלְךָ thy tent, פָּעָלְךָ thy deed, work (Inf. with suff. § 45).

13. The form קֹטֶל vocalizes the plural absolute:

1) פְּעָלִים actions, כְּפָרִים cypress-flowers, רְמָחִים spears.
2) with Pe gutt.: עֳפָרִים gazelles, אֳרָחוֹת ways, but also without guttural: הַקֳּדָשִׁים (thus always with the article).
3) The two nouns שֹׁרֶשׁ root, and קֹדֶשׁ holiness, have שָׁרָשִׁים and קֳדָשִׁים. The noun אֹהֶל tent, has pl. אֹהָלִים, whence אֹהָלָיו, אֹהָלֶיךָ, but also אָהֳלֵי, אָהֳלֵיכֶם; אֹרַח way, makes אֹרְחֹתָיו, אָרְחֹתָם.

14. With ע״ו and ע״י the segholate form is only distinguishable in the sing. absolute. With ו the form קַטְל lengthens the Patach before ו into Kamets: as מָוֶת death, before י the Patach remains unchanged: as זַיִת olive. In all the other forms the ו and י lose their consonantal power and are contracted with the preceding vowel into a diphthong: a + ו = וֹ; a + י = ֵ (§ 12, 7. b. 2.); hence מוֹת, זֵית; אָוֶן adversity, with suff. אוֹנִי; תָּוֶךְ midst, const. תּוֹךְ, with suff. תּוֹכִי; בַּיִת house, const. בֵּית, with suff. בֵּיתִי.

15. I. The Segholates of the verb ל״ה, exhibit the

three original forms as follows: פְּרִי fruit, (פַּרְיְ), חֲצִי half, (חֶצְיְ), חֳלִי sickness, (חָלְיְ); hence פְּרִי in pause פֶּרִי, suff. פִּרְיִי; חֲצִי, חֵצִי, suff. חֶצְיִי, חֳלִי in pause חֹלִי, suff. חָלְיִי.

II. From such nouns of ל״ה, the third radical of which was originally ו, arise שַׁחוּ, from שַׁחְוְ, תֹּהוּ, בֹּהוּ from תָּהְוְ, בָּהְוְ (§ 12, 7, b. 3.)

EXERCISE 108.

אֹרַח[1] צַדִּיקִים כְּאוֹר נֹגַהּ[2]: כָּל־דַּרְכֵי־אִישׁ זַךְ[3] בְּעֵינָיו וְתֹכֵן[4] רוּחוֹת יְהוָֹה: יְהוָֹה עֶזְרֵנוּ וּמָגִנֵּנוּ[5]: וְהָיָה הַצַּדִּיק כְּעֵץ שָׁתוּל[6] עַל־פַּלְגֵי[7]־מָיִם אֲשֶׁר פִּרְיוֹ[8] יִתֵּן בְּעִתּוֹ וְעָלֵהוּ לֹא־יִבּוֹל[9]: בְּאָזְנֵי כְסִיל אַל־תְּדַבֵּר כִּי־יָבוּז לְשֵׂכֶל[10] מִלֶּיךָ: הַלְלוּ אֵל בְּקָדְשׁוֹ הַלְלוּהוּ כְּרֹב גֻּדְלוֹ[11]: יְהוָֹה נֹתֵן לַכֹּל אֶת־אָכְלָם[12]: רָאִיתִי עֲבָדִים עַל־סוּסִים וְשָׂרִים הֹלְכִים כַּעֲבָדִים עַל־הָאָרֶץ: לֹא יְמַלֵּט רֶשַׁע[13] אֶת־בְּעָלָיו[14]: עַל־כֶּרֶם אִישׁ עָצֵל עָבַרְתִּי וְהִנֵּה גֶּדֶר[15] אֲבָנָיו[16] נֶהֱרָסָה[17]: בַּבֹּקֶר זְרַע אֶת־זַרְעֶךָ: גְּדֹלִים מַעֲשֵׂי יְהוָֹה הוֹד[18] וְהָדָר פָּעֳלוֹ[19]: זִבְחֵי[20] אֱלֹהִים רוּחַ נִשְׁבָּרָה: גֶּבֶר מַחֲלִיק[21] עַל־רֵעֵהוּ רֶשֶׁת פּוֹרֵשׂ[22] עַל־פְּעָמָיו[23]: חוֹשֵׂךְ שִׁבְטוֹ שׂוֹנֵא בְנוֹ וְאֹהֲבוֹ שִׁחֲרוֹ[24] מוּסָר: שֹׁמֵר נַפְשׁוֹ נֹצֵר דַּרְכּוֹ: לֵב אָדָם יְחַשֵּׁב[25] דַּרְכּוֹ וַיהוָֹה יָכִין[26] צַעֲדוֹ[27]: לֹא תָבוּז לֶעָנִי[28] בְּעָנְיוֹ[29]: הָרָשׁ יְכַבֵּד בְּחָכְמָתוֹ[30] וְהֶעָשִׁיר בְּעָשְׁרוֹ: בֵּין רְשָׁעִים לֹא תֵשֵׁב וּכְחֶבֶל[31] מְלוֹצְצִים[32] אֱטֹם אָזְנֶיךָ: אַל תִּירָא מָוֶת כִּי זֶה חֶלְקֶךָ: כַּשֶּׁמֶשׁ מֵאִיר לַכֹּל כֵּן רַחֲמֵי יְהוָֹה עַל כָּל מַעֲשָׂיו גָּדְלוֹ יָעִידוּ[33] הַשָּׁמַיִם וְחַסְדּוֹ מָלְאָה הָאָרֶץ: עַזָּה כַמָּוֶת אַהֲבָה קָשָׁה[34] כִשְׁאוֹל קִנְאָה רְשָׁפֶיהָ[35] רִשְׁפֵּי אֵשׁ שַׁלְהֶבֶתְיָה[36]: אִם־יִתֵּן אִישׁ אֶת־כָּל־הוֹן בֵּיתוֹ בְּאַהֲבָה בּוֹז יָבוּזוּ לוֹ:

the path[1] brightness, splendor[2] pure[3] to weigh[4] shield[5] to plant[6] rill[7] fruit[8] to wither[9] intelligence[10] greatness[11] food[12] wickedness[13] possessor, person given or addicted to a thing[14] the wall[15] stone[16] to break, pull down[17] (§ 93, 7.) magnificence[18] the deed[19] sacrifice (§ 83, 4.)[20] to flatter[21] to spread[22] step, footstep[23] to seek early, diligently[24] (§ 93, 3. = seeks early it, the correction) to devise[25] to direct, prepare[26] step[27] poor, afflicted[28] fr. עָנִי affliction, misery[29] wisdom[30] company[31] scorner, scoffer[32] to testify, bear witness[33] hard, vehement[34] flame, burning[35] the flame of Jah, i. e. kindled by God[36].

Exercise 109.

Bless the Lord my soul[1], and my innermost[2] (bless) His holy[3] name. I will lift up[4] mine eyes to the hills[5], from whence[6] cometh my help[7]. My help (cometh) from[8] the Lord, who made[9] heaven and earth. He will not suffer[10] thy foot[12] to totter[11]. The earth is full[14] of the goodness[13] of the Lord. Say not, I will do so[16] to him as[15] he has done to me: I will render[17] to the man according to his work[18]. And[19] Hiram[20] sent to Solomon, saying, I have heard what[21] thou sentest to me for[21]: (and) I[22] will do all thy desire[23] concerning[24] cedar-trees (trees of cedars)[25], and concerning fir[26]-trees. My servants shall bring[27] (them) down[27] from Lebanon[28] unto[29] the sea, and thou[30] shalt do my desire in[31] giving bread for my household (bread of my house). Saul[32] and Jonathan[33], lovely[34] and pleasant[35] in their lives, also[36] in their death were not parted[37], they were swifter[40] than[38] eagles[39], they were stronger[42] than lions[41]. Arise, walk through[43] the land in[44] the length[45] of it and in the breadth[46] of it; for I will give it unto thee. My flesh[48] and my heart[49] faileth[47], (but) God (is) the strength[50] of my heart, and my portion[51] for ever.

1 fem. נֶפֶשׁ 2 plur. קֶרֶב 3 (§ 83, 6. b.) 4 נָשָׂא 5 הַר (with the art. הָהָר; in plur. § 17, 1)

6 מֵאַיִן 7 עֵזֶר 8 מֵעִם 9 = the maker of (part. עשׂה) 10 נָתַן 11 רֶגֶל 12 (subst. with art.) מוֹט

13 חֶסֶד 14 (§ 85, 2.) מָלֵא 15 כַּאֲשֶׁר 16 כֵּן 17 Hi. שׁוּב 18 פֹּעַל 19 Conv. ו 20 חִירָם

21 (§ 111, 2.) אֵת אֲשֶׁר 22 [§ 93, Note] אֲנִי 23 חֵפֶץ 24 ב 25 אֶרֶז 26 בְּרוֹשׁ 27 Hi. יָרַד

28 [§ 80, 3.] לְבָנוֹן 29 [§ 19, 6.] 30 [§ 93, Note] אַתָּה 31 with inf. ל 32 שָׁאוּל 33 יוֹנָתָן

34 Part. Ni. with art. אהב 35 with art. נָעִים 36 ו 37 Ni. פָּרַד 38 [§ 91, 1. 2.] 39 נֶשֶׁר

40 pret. קָלַל 41 pl, אֲרִי, ות 42 [pl. גָּבַר גָּבְרוּ — גָּבֵרְוּ] 43 ב 44 ל 45 אֹרֶךְ 46 רֹחַב

47 כָּלָה 48 שְׁאֵר 49 לֵבָב 50 צוּר 51 חֵלֶק.

§ 67. THE FORMATION OF FEMININES.

1. The feminine termination ָה is appended to the masc. noun, affecting it in the same manner as the light suffixes. I. סוּס, fem. סוּסָה; מוֹצָא, מוֹצָאָה; II. Decl. מוֹקֵד, fem. מוֹקְדָה; אֹרֵחַ, אֹרְחָה; חֹזֶה, fem. חֹזָה. III. Decl. גָּדוֹל, גְּדוֹלָה; מֵקִים, מְקִימָה; IV. Decl. חָכָם, חֲכָמָה; זָקֵן, זְקֵנָה. V. Decl. מֶלֶךְ, מַלְכָּה; עֶלֶם, עַלְמָה; עֵגֶל, עֶגְלָה; אֹכֶל, אָכְלָה; צַיִד, צֵידָה.

2. The toneless fem. ending ֶת, modifies a) the antepenult like ָה: as גְּדֶרֶת wall, from גָּדֵר; b) the penult like the Seghol in מֶלֶךְ, for מַלְךְ, viz. by the Seghol of ֶת the preceding vowel, with a few exceptions, becomes like it in sound: Patach and Kamets become Seghol: as פַּחַת, פַּחֶתֶת; עֲצָרָה, עֲצֶרֶת; Tsere becomes Seghol: גָּדֵר, גְּדֶרֶת; Chirek (ִי) becomes Seghol: גְּבִיר, גְּבֶרֶת.

When ֶת is appended to the nouns in ִי and ו (Derivatives from ל״ה), i-et and u-et are contracted into ִית and וּת. שְׁבִי, שְׁבִית (for שְׁבִיֶת), שְׁבוּת (for שְׁבוּת).

§ 68. DECLENSION OF FEMININES.

In inflection feminine nouns undergo less change than masculine ones, and are classed as follows:

CLASS I. Nouns with immutable vowels before the feminine termination ָה: as גְּדוֹלָה, קְטַלָּה, חֻקָּה statute, law.

CLASS II. Nouns with mutable Kamets or Tsere before the fem. termination ָה: as עֵצָה counsel, תּוֹעֵבָה abomination, צְדָקָה righteousness.

CLASS III. Nouns derived from the segholate form of the masculine: as מַלְכָּה, from מֶלֶךְ; נַעֲרָה a young woman, from נַעַר; אִמְרָה word, saying, from אֵמֶר; חֶזְקָה strength, from חֹזֶק.

CLASS IV. Nouns properly Segholates, terminating in

§ 69. FIRST DECLENSION OF FEM. NOUNS. 139

—ֶ—ֶת (with gutturals —ַ—ַת) —ֶ—ֶת, —ֶ—ֶת: as גְּבֶרֶת mistress; אֵשֶׁת wife: כְּתֹנֶת coat.

§ 69. FIRST DECLENSION.

In this declension the ending only undergoes changes in the const. st.: —ָה is commuted into —ַת: as חֻקָּה const. st. חֻקַּת.

Before light suffixes the Patach of —ַת being in an open syllable becomes Kamets: as סוּסָתִי, but סוּסַתְכֶם. The plural סוּסוֹת remains unchanged in all forms.

He local (—ָה) changes the fem. termination —ָה into —ָת: as מָרָתָה, from מָרָה n. p. (bitter fountain).

EXERCISE 110.

יְהוָה יֹדֵעַ תַּעֲלֻמוֹת[1] לֵב׃ תְּחִלַּת[2] חָכְמָה יִרְאַת יְהוָה׃ אַשְׁרֵי
תְמִימֵי[3]־דָרֶךְ הַהֹלְכִים[4] בְּתוֹרַת יְהוָה׃ הַשֶּׁמֶשׁ כְּחָתָן[5] יֹצֵא
מֵחֻפָּתוֹ[6] יָשִׂישׂ[7] כְּגִבּוֹר לָרוּץ אֹרַח׃ מִקְצֵה[8] הַשָּׁמַיִם מוֹצָאוֹ[9]
וּתְקוּפָתוֹ[10] עַל־קְצוֹתָם[8] וְאֵין* נִסְתָּר[11] מֵחַמָּתוֹ[12]׃ אַךְ[13] אֶל־
אֱלֹהִים דּוּמִיָּה[14] נַפְשִׁי מִמֶּנּוּ יְשׁוּעָתִי׃ אֲשַׁלֵּם תּוֹדוֹת לַיהוָה כִּי
הִצִּיל[15] נַפְשִׁי מִמָּוֶת׃ הַדְרִיכֵנִי בִּנְתִיב[16] מִצְוֺתֶיךָ כִּי בוֹ חָפָצְתִּי׃
שִׁמְעוּ רְחוֹקִים[17] אֲשֶׁר עָשִׂיתִי וּדְעוּ קְרוֹבִים[18] גְּבוּרָתִי׃ נַפְשִׁי
תָּגִיל בַּיהוָה תָּשִׂישׂ בִּישׁוּעָתוֹ׃ לְשׁוֹנִי תֶּהְגֶּה[19] צִדְקֶךָ[20] כָּל־הַיּוֹם
תְּהִלָּתֶךָ[21]׃ שֹׁמֵר פִּיו[22] וּלְשׁוֹנוֹ שֹׁמֵר מִצָּרוֹת נַפְשׁוֹ׃ רַבּוֹת רָעוֹת
צַדִּיק וּמִכֻּלָּן יַצִּילֶנּוּ יְהוָה׃ בְּרָעָתוֹ יִדָּחֶה[23] רָשָׁע׃ לוּלֵי[24] תוֹרָתְךָ
שַׁעֲשֻׁעָי[25] אָז אָבַדְתִּי בְעָנְיִי׃ אֱלֹהֵי עוֹלָם יְהוָה אֵין חֵקֶר[26]
לִתְבוּנָתוֹ׃

secret[1] the beginning[2] perfect[3] (§ 83, 7.) (§ 96, 8.)[4] bridegroom[5] bridal-chamber[6] to rejoice[7] the end, extremity[8] a going out, a rising[9] circuit[10] to hide, conceal[11] the heat[12] only[13] silent resignation[14] (i. e. perfectly resigned) to deliver, rescue[15] path[16] far off, remote[17] near[18] to utter[19] righteousness[20] praise[21] his mouth[22] push, thrust down[23] unless[24] delight[25] searching, אֵין · לֹא חֵקֶר unsearchable[26]. (§ 108, 1.)*

EXERCISE 111.

My soul, wait[3] thou only[1] upon[2] God; for my hope[4] (is) from Him. He only (is) my rock[5] and my salvation[6]: He (is) my defence[7], I shall not totter[8]. As[9] the man (is), (so is) his might[10]. Thou shatterest the ships[11] of Tarshish with[12] an east[14] wind[13]. According to Thy name O God, so (is) Thy praise[15] unto[16] the ends[17] of the earth. The fear[18] of the Lord (is) clean[19], enduring[20] forever. My son[21], walk[22] not thou in the way of wicked; refrain[23] thy foot from their path[24]. And Rechab[25] and Baanah[26] came into[27] the midst[28] of the house, and the king lay[29] on[30] his bed[31] in his bed[32]chamber[33], (in the chamber of h. b.) and they smote him, and slew[34] him. Behold, we (were) binding[35] sheaves[36] in the field, and, lo, my sheaf arose, and also[37] stood upright[38]; and behold, your sheaves surrounded[39], and prostrated themselves[40] to my sheaf. Go and cry[41] unto the gods, which ye have chosen; let them save[42] you[43] in the time[44] of your distress[45]. And ye have this day scorned[46] your God, who himself[47] saved[48] you out of all your evils[49] and your troubles[50].

1 אַךְ 2 לְ 3 דָּמַם 4 תִּקְוָה 5 צוּר 6 יְשׁוּעָה 7 [doubles the last cons.] מִשְׂגָּב 8 Ni. מוט
9 כְּ 10 גְּבוּרָה 11 אֳנִיָּה 12 בְּ 13 רוּחַ 14 קָדִים 15 תְּהִלָּה 16 עַל 17 קֶצֶו 18 יִרְאָה
19 טָהוֹר 20 [part.] עָמַד 21 בֵּן 22 Kal 23 מָנַע 24 נְתִיבָה 25 רֵכָב 26 בַּעֲנָה 27 עַד
28 תָּוֶךְ 29 part. שָׁכַב 30 עַל 31 מִטָּה 32 חֶדֶר 33 מִשְׁכָּב 34 Hi. מות 35 Pi. אלם
36 אֲלֻמָּה, [plur. ־ִים — and ות] 37 גַּם 38 Ni. Pause! נָצַב 39 fut. סָבַב 40 Hith. with C. ו, שׁחה
41 זָעַק 42 Hi. fut. יָשַׁע 43 dative 44 עֵת 45 צָרָה 46 מָאַס 47 הוּא 48 part.
49 רָעָה 50 צָרָה.

§ 70. SECOND DECLENSION.

1. The words of this declension drop the Kamets and Tsere in the inflection, excepting in the plural absolute: as שָׁנָה year, שְׁנַת, שְׁנָתִי, but שָׁנוֹת.

2. When Sh'va precedes the termination ־ָה, ־ַת (as in paradigm) a helping vowel is used: as צִדְקַת, for צִדְקַת, from צְדָקָה.

3. In the following words Kamets and Tsere are immutable, hence all these words belong to the first declension: יַבָּשָׁה (the feminine of קַטָּל § 62, 2.) dry land; חֲשֵׁכָה (for חֲשֵׁיכָה) darkness; בַּקָּשָׁה request; נְאָצָה reproach; פָּרָשָׁה (for פַּרָּשָׁה) exposition; אַזְכָּרָה memorial; הַצָּלָה deliverance; הַכָּרָה a knowing; צָרָה (fr. צרר, Kamets to comp. the Dagesh), רָעָה evil, (fr. רעע); בָּרָה pure, (fr. ברר); גֵּרָה rumination, (גרר); מְאֵרָה curse, (ארר); מְגֵרָה a saw, (fr. גרר); זָרָה strange, (fr. זור); בָּמָה hight; עֵדָה witness; מְלֵאָה full; טְמֵאָה unclean; אֲבֵדָה something lost; גְּזֵלָה robbery; אֲפֵלָה darkness; בְּרֵכָה pool; גְּנֵבָה something stolen; מְרֵרָה gall; שְׂרֵפָה burning; תְּאֵנָה fig; מַהְפֵּכָה overthrow; מַגֵּפָה plague etc.

4. Several nouns take in the const. st. and before suff. the Segholate form ‒ֶ‒ֶת or ‒ֶ‒ַת: as

מַמְלָכָה	kingdom,	const.	מַמְלֶכֶת,	with suff.	מַמְלַכְתִּי
מִשְׁפָּחָה	family,	"	מִשְׁפַּחַת,	"	מִשְׁפַּחְתִּי
מְלָאכָה	work,	"	מְלֶאכֶת,	"	מְלַאכְתְּךָ
מֶרְכָּבָה	chariot,	"	מֶרְכֶּבֶת,	"	מֶרְכַּבְתּוֹ
מֶמְשָׁלָה	government,	"	מֶמְשֶׁלֶת,	"	מֶמְשַׁלְתּוֹ
מִלְחָמָה	war,	"	"	"	מִלְחַמְתִּי
תִּפְאָרָה	ornament,	"	תִּפְאֶרֶת,	"	תִּפְאַרְתּוֹ

בְּהֵמָה cattle, with suff. בְּהֶמְתְּךָ, בְּהֶמְתֵּנוּ; עֲטָרָה crown, const. עֲטֶרֶת; גְּבִירָה mistress, const. גְּבֶרֶת; לֶהָבָה flame, const. לַהֶבֶת.

EXERCISE 112.

מְתוּקָה[1] שְׁנַת[2] הָעֹבֵד[3]: בְּבִרְכַּת יְשָׁרִים תָּרוּם[4] קָרֶת[5]: בְּרָכוֹת לְרֹאשׁ צַדִּיק: בְּפֶשַׁע שְׂפָתַיִם מוֹקֵשׁ[6] רָע וַיֵּצֵא מִצָּרָה צַדִּיק: צַדִּיק יְהוָֹה צְדָקוֹת[7] אָהֵב: כָּל־לְבָבוֹת דּוֹרֵשׁ[8] יְהוָֹה וְכָל־יֵצֶר[9] מַחֲשָׁבוֹת[10] מֵבִין[11]: נֵר יְהוָֹה נִשְׁמַת[12] אָדָם חֹפֵשׂ[13] כָּל־חַדְרֵי[14]־בָטֶן: תּוֹעֲבַת[15] יְהוָֹה כָּל־גְּבַהּ[16]־לֵב: חֲמַת מֶלֶךְ מַלְאֲכֵי[17] מָוֶת:

בְּרָב[18]־עָם הַדְרַת[19]־מֶלֶךְ וּבְאֶפֶס[20] לְאֹם[21] מְחִתַּת[22] רָזוֹן[23]:
יֵדַע[24] צַדִּיק נֶפֶשׁ[25] בְּהֶמְתּוֹ[26]: עֹבֵד אַדְמָתוֹ[27] יִשְׂבַּע[28]־לָחֶם:
יְהוָֹה אֵלִי בְּדוֹר דּוֹרִים[29] שְׁנוֹתֶיךָ: לֹא מַחְשְׁבוֹתַי מַחְשְׁבוֹתֵיכֶם
וְלֹא דַרְכֵיכֶם דְּרָכַי נְאֻם יְהוָֹה: מִכָּל[30] מִשְׁמָר[31] נְצֹר לִבֶּךָ כִּי
מִמֶּנּוּ תּוֹצְאוֹת[32] חַיִּים: עַד־מָתַי עָצֵל תִּשְׁכָּב מָתַי תָּקוּם
מִשְּׁנָתֶךָ: מְעַט שֵׁנוֹת מְעַט תְּנוּמוֹת[33] מְעַט חִבֻּק[34] יָדַיִם לִשְׁכָּב:
וּבָא כִמְהַלֵּךְ[35] רֵאשֶׁךָ[36] וּמַחְסֹרְךָ[37] כְּאִישׁ מָגֵן[38]: רַבּוֹת מַחֲשָׁבוֹת
בְּלֶב־אִישׁ וַעֲצַת יְהוָֹה הִיא תָקוּם[39]:

sweet[1] sleep[2] laborer[3] to be exalted[4] a city[5] snare, gin[6] righteous acts[7] to search[8] form, imagination[9] thought[10] to understand[11] the breath, spirit[12] to search[13] chamber, inward part[14] abomination[15] high, proud (§ 83, 7.)[16] messenger[17] the multitude[18] the honor[19] the want[20] people[21] destruction, ruin[22] prince[23] to know, regard[24] the life[25] beast[26] ground[27] to be satisfied[28] throughout all ages (§ 91, 3. b.)[29] above, more than all[30] a watching, guarding[31] issue, result[32] slumber[33] folding[34] one that travels[35] poverty[36] want[37] a man of a shield = armed with a shield[38] to stand[39].

EXERCISE 113.

The Lord will render[1] to every[2] man[2] his righteousness[3] and his faithfulness[4]. The lips[5] of a fool enter[6] into[7] contention[8]. How[9] shall we sing[10] the Lord's song[11] in a strange[13] land[12] (in the land of a. st. § 83, 6. b.). My sighs[15] (are) many[14]. And[16] if[16] there be (fut.) in a man a sin[17] (deserving) the judgment of death, and he be put[18] to death[18], and thou hang[19] him on[20] a tree; his body[22] shall not remain[21] all night[21] upon the tree, for he that is hanged[24] is a curse[23] of God, that[25] thou defile[26] not the land, which the Lord thy God giveth thee (for) an inheritance[27]. And he said, Thy brother came with[28] subtlety[29] and hath taken[30] thy blessing[31]. Whoso stoppeth[32] his ear at[33] the cry[34] of (the) poor, he also shall cry[35] (himself), but[36] shall not be answered. Jealousy[37] (is) the rage[38] of a man[39], therefore[40] he will not spare[41] in the day of vengeance[42]. The sacrifice of wicked ones (is) an abomination to the Lord: but[36] the prayer of upright ones (is) His delight[43]. My rigteousness I hold fast[44] and will not let it go[45] all[46] the while[46] my breath[47] (is) in me.

1 Hi. שׂגב 2 אִישׁ 3 צְדָקָה 4 אֱמוּנָה 5 שָׂפָה 6 fut. בּוֹא 7 בְּ 8 רִיב 9 אֵיךְ 10 Hi. שִׁיר
11 שִׁיר 12 אֲדָמָה 13 נֵכָר 14 pret. רָבַב 15 אֲנָחָה 16 וְכִי 17 חֵטְא 18 Hophal pret. מוּת
19 pret. הָלָה 20 עַל 21 Hi. לוּן 22 נְבֵלָה 23 קְלָלָה 24 part. pass. 25 וְ 26 Pi. טמא
27 נַחֲלָה 28 בְּ 29 מִרְבָּה 30 Conv. ו, לקח 31 בְּרָכָה 32 part. אָטַם 33 מִן 34 זְעָקָה
35 קָרָא 36 ו 37 קִנְאָה 36 חֵמָה 39 גֶּבֶר 40 ו 41 חָבַל 42 נָקָם 43 רָצוֹן
44 Hi. pret. with חזק ,ב 45 Hi. רָפָה 46 כָּל־עוֹד 47 נְשָׁמָה.

§ 71. THIRD DECLENSION.

The nouns of this class, having already been changed in form by the addition of the feminine ending, remain unaltered, with the exception of the plural absolute, which is formed like that of the masculine Segholates in — — : as מַלְכּוֹת queens, from מַלְכָּה, like מְלָכִים, from מֶלֶךְ king, but const. st. מַלְכוֹת, and so with suffixes מַלְכוֹתַי.

Exercise 114.

יְהוָה צְבָאוֹת בֹּחֵן צַדִּיק רֹאֶה כְלָיוֹת[1] וָלֵב׃ בְּנִי אִם־חָכַם לִבֶּךָ יִשְׂמַח לִבִּי גַם־אָנִי[2]׃ וְתַעֲלֹזְנָה[3] כִלְיוֹתָי בְּדַבֵּר שְׂפָתֶיךָ מֵישָׁרִים[4]׃ אִמְרוֹת[5] יְהוָה אֲמָרוֹת טְהֹרוֹת כֶּסֶף צָרוּף בַּעֲלִיל[6] לָאָרֶץ[7] מְזֻקָּק[8] שִׁבְעָתָיִם[9]׃ נִחַם[10] יְהוָה צִיּוֹן נִחַם כָּל־חָרְבֹתֶיהָ[11] וַיָּשֶׂם מִדְבָּרָהּ כְּעֵדֶן[12] וְעַרְבָתָהּ[13] כְּגַן יְהוָה׃ כְּשֻׁעָלִים[14] בָּחֳרָבוֹת נְבִיאֶיךָ יִשְׂרָאֵל הָיוּ׃ מִי־מָדַד[15] בְּשָׁעֳלוֹ[16] מַיִם וְשָׁמַיִם בַּזֶּרֶת[17] תִּכֵּן[18] וְכָל[19] בַּשָּׁלִשׁ[20] עֲפַר הָאָרֶץ וְשָׁקַל[21] בַּפֶּלֶס[22] הָרִים וּגְבָעוֹת[23] בְּמֹאזְנָיִם׃ כָּל־אָרְחוֹת יְהוָה חֶסֶד וֶאֱמֶת לְנֹצְרֵי בְרִיתוֹ וְעֵדֹתָיו[24]׃ אֹרְחוֹתֶיךָ יְהוָה לַמְּדֵנִי׃ הֶהָרִים יָמוּשׁוּ[25] וְהַגְּבָעוֹת תְּמוּטֶינָה וְחַסְדִּי מֵאִתֵּךְ לֹא יָמוּשׁ וּבְרִית שְׁלוֹמִי לֹא תָמוּט נְאֻם־יְהוָה׃

reins, kidneys[1] (§ 94, 2,)[2] to exult[3] right things[4] the saying[5] furnace[6] (§ 83, 10.)[7] to refine[8] seven-fold (§ 92, 4.)[9] to comfort[10] ruin[11] Eden[12] the plain[13] a fox[14] to measure[15] the palm of his hand[16] the span[17] to mete out[18] to comprehend[19] a measure (prob. a third part of an Ephah)[20] to weigh[21] the scales[22] the hill[23] testimony[24] to give way, to depart[25].

EXERCISE 115.

The land of Canaan (is) a land of mountains and valleys[1], (and) drinketh[4] water of[2] the rain[3] of heaven. And the inhabitants of Gibeon[5] took worn[7] shoes[6] upon their feet and worn outer[8] garments[8] upon them. My beloved[10] is like[9] to a gazelle[11]; behold, he[12] cometh leaping[13] over[14] the mountains, bounding[15] over the hills[16]. Ye, mountains of Israel, ye shall shoot forth[18] your branches[17], and bear[20] your fruit[19] for[21] my people of Israel. For, behold, I[22] (am) for[23] you, and[24] I will turn[25] unto you, and[24] the cities[26] shall be inhabited[27], and the ruins[28] shall be built, and[24] I will settle[29] you after[30] your former[31] state[31]. Thou hast said in thy heart I will go up[33] into[32] the heaven; I will sit upon the mount of appointment[34], in the two sides[35] (the remotest parts) of the north[36], yet[37] thou shalt be brought down[39] to the grave[38], to the two sides of the pit. They went up the ascent[40] to the city and found damsels[41], going out to draw water.

בִּקְעָה 1 לְ 2 מָטָר 3 שָׁתָה 4 גִּבְעוֹן 5 נַעַל 6 fem. בָּלֶה fem. בָּלָה 7 שַׂלְמָה 8
דָּמָה 9 part. דּוֹד 10 צְבִי 11 זֶה 12 דָּלַג 13 Pi. עַל 14 קָפַץ 15 Pi. גִּבְעָה 16 עָנָף 17 sing.
נָתַן 18 פְּרִי 19 נָשָׂא 20 לְ 21 22 (§ 75, 3.) אֶל 23 וְ 24 Conv. פָּנָה 25 עָרִים 26 יָשַׁב 27 Ni.
חָרְבָּה 28 יָשַׁב 29 Hi. כְּ 30 קַדְמָה 31 plur. 32 (§ 85, 4) עָלָה 33 מוֹעֵד 34 יַרְכָּה
35 Dual. c. st. צָפוֹן 36 אַךְ 37 שְׁאוֹל 38 יָרַד 39 Ho. מַעֲלֶה 40 c. st. (§ 83, 4) נַעֲרָה 41.

§ 72. FOURTH DECLENSION.

1. The nouns of this class generally agree with the masculine Segholates. The const. st. sing. remains unchanged, and before suffixes the original short vowel (ַ, ִ, ָ) reappears: as מִשְׁמֶרֶת, with suff. מִשְׁמַרְתִּי. In the pl. absolute the following is peculiar to nouns of this class, that the vowel preceding the plural termination (which in the masc. Segholates is Kamets: מְלָכִים) drops: as מִשְׁמְרוֹת; in the form ◌ֹ◌ֶת a trace of the (o) is preserved in ◌ֳ: as שִׁבֹּלֶת, plur. שִׁבֳּלִים; כֻּתֹּנֶת, plur. כֻּתָּנוֹת, const. state כָּתְנוֹת; but גֻּלְגֹּלֶת, pl. גֻּלְגְּלוֹת; מַחֲלֹקֶת, pl. מַחְלְקוֹת.

NOTE. There are several nouns of this class in whose plural absolute, Kamets and Tsere appear in the penult: כֹּתֶרֶת chapiter, pl. כּוֹתָרוֹת; מַאֲכֶלֶת knife, pl. מַאֲכָלוֹת; תּוֹכַחַת reproof, pl. תּוֹכָחוֹת; טַבַּעַת ring, pl. טַבָּעוֹת; מִקְלַעַת, pl. מִקְלָעוֹת carved work, מֵינֶקֶת nurse, pl. מֵינִיקוֹת (as if from מֵינִקָה); מַחֲרֶשֶׁת plowshare, plur. מַחֲרֵשׁוֹת; עַשְׁתֹּרֶת Astarte, plur. עַשְׁתָּרוֹת; בַּצֹּרֶת draught, pl. בַּצָּרוֹת.

2. As קֶטֶל in general, the form in ֶ ֶת takes before suffixes either Patach or Chirek: Patach, if the masc. terminates in A (ַ or ָ); Chirek, if the masc. terminates in Tsere or Chirek: מִשְׁמֶרֶת, with suff. מִשְׁמַרְתִּי, from the masc. מִשְׁמָר; שֶׁבֶת (infinit. פ"י) שִׁבְתִּי, from the masc. שֵׁב; מֵינֶקֶת nurse, מֵינִקְתּוֹ, from the masc. מֵינִיק.

3. Before the suffix ךָ Seghol occasionally occurs: as אֶשְׁתְּךָ thy wife, otherwise אִשְׁתִּי. לֶכֶת (Inf. from הלך) has Seghol with all the suffixes לֶכְתִּי, לֶכְתְּךָ, לֶכְתּוֹ.

4. The form ֶ ֶת is inflected in certain words (especially when the masculine has וּ) with Kubbuts: as נְחֹשֶׁת (masc. נָחוּשׁ), with suff. נְחֻשְׁתִּי; מַשְׂכֹּרֶת wages, מַתְכֹּנֶת measure, מַחֲלֹקֶת division.

5. In many words the two forms ָה and ֶת exist, either by the use of both in the absolute, or of the form ָה in the absolute only. In both cases the form in ֶת is most frequently used in the const. state: as עֲצָרָה assembly and עֲצֶרֶת, const. עֲצֶרֶת; עֲשָׂרָה and עֲשֶׂרֶת, מַחֲשָׁבָה thought and מַחֲשֶׁבֶת, מְלָאכָה work, מַמְלָכָה kingdom, dominion.

EXERCISE 116.

אֶהְיֶה כַטַּל לְיִשְׂרָאֵל יִפְרַח¹ כַּשּׁוֹשַׁנָּה² יֵלְכוּ יוֹנְקוֹתָיו³ וִיהִי כַזַּיִת⁴ הוֹדוֹ⁵: עֲטֶרֶת⁶ זְקֵנִים בְּנֵי בָנִים וְתִפְאֶרֶת⁷ בָּנִים אֲבוֹתָם: כְּכֶלֶב⁸ שָׁב⁹ עַל־קֵאוֹ¹⁰ כְּסִיל שׁוֹנֶה¹¹ בְאִוַּלְתּוֹ: הִנֵּה כְעֵינֵי עֲבָדִים אֶל־יַד אֲדוֹנֵיהֶם¹² כְּעֵינֵי שִׁפְחָה¹³ אֶל־יַד גְּבִרְתָּהּ¹⁴ כֵּן

עֵינֵינוּ אֶל־יְהוָֹה אֱלֹהֵינוּ׃ כַּעַס לְיוֹלַדְתּוֹ בֵּן כְּסִיל׃ בָּרְכוּ יְהוָֹה
כָּל־מַעֲשָׂיו בְּכָל־מְקֹמוֹת מֶמְשַׁלְתּוֹ[15]׃ הוֹי הַבֹּגְדִים בַּיהוָֹה
בְּאָמְרָם שָׁוְא[16] עֲבֹד אֱלֹהִים וּמַה־בֶּצַע[17] כִּי שָׁמַרְנוּ מִשְׁמַרְתּוֹ[18]׃
וְאַתֶּם תִּהְיוּ־לִי מַמְלֶכֶת[19] כֹּהֲנִים וְגוֹי קָדוֹשׁ אֵלֶּה הַדְּבָרִים אֲשֶׁר
תְּדַבֵּר אֶל־בְּנֵי יִשְׂרָאֵל׃ כֹּה אָמַר יְהוָֹה זָכַרְתִּי לָךְ חֶסֶד[20]
נְעוּרַיִךְ[21] לֶכְתֵּךְ אַחֲרַי בַּמִּדְבָּר בְּאֶרֶץ לֹא זְרוּעָה׃ בִּרְבוֹת[22]
רְשָׁעִים יִרְבֶּה־פָּשַׁע וְצַדִּיקִים בְּמַפַּלְתָּם[23] יִרְאוּ׃

to blossom[1] the lily[2] sucker, sprout[3] the olive tree[4] beauty[5] the crown[6] glory, honor[7] the dog[8] to return[9] the vomit[10] to repeat[11] master, lord[12] female servant, handmaid[13] mistress[14] dominion[15] vain[16] profit[17] the charge, law[18] a kingdom[19] kindness[20] boyhood[21] to increase[22] fall, ruin[23].

EXERCISE 117.

Beforetime[1] in Israel, when a man went (transl. in his going) to inquire[2] (of) God, thus he spake, come[3], let us go to the seer[4]. The hope[5] of righteous ones (shall be) gladness[6], but the expectation[7] of wicked ones shall perish. And[8] Hezekiah[9] wrote letters[10] to[11] all Israel, that[12] they should come to the House of the Lord at Jerusalem. And[8] the Lord made garments[13] for the skin[14] (of the skin § 82, 4.) to Adam[15] and his wife[16] and clothed them. And ye shall keep mine ordinance[17]. And[8] he took the crown[18] of their king from off[19] his head. Though[20] thou shouldest bray[21] the fool[22] in the mortar[23] among[24] the ground-corn[25] with the pestle[26], (yet) will not his foolishness[28] depart[27] from him[19]. Thy kingdom[29] (is) an everlasting[30] kingdom, and Thy dominion[31] (endureth) throughout[32] all[33] generations. And[8] a certain[34] woman cast[35] an upper[37] millstone[36] upon Abimelech's[38] head, and shivered[39] his skull[40]. And it shall be, when[41] he sitteth (about (the time of) his sitting) upon the throne[42] of his kingdom[43], that[44] he shall write him a copy[45] of this law in[46] a book.

1 לְפָנִים 2 with acc. דָּרַשׁ 3 imp. pl. הָלַךְ 4 רֹאֶה 5 תּוֹחֶלֶת 6 שִׂמְחָה 7 תִּקְוָה 8 C. ו
9 יְחִזְקִיָּהוּ 10 אִגֶּרֶת 11 עַל 12 with inf. ל 13 כְּתֹנֶת 14 עוֹר 15 אָדָם 16 אִשְׁתּוֹ
17 מִשְׁמֶרֶת 18 עֲטֶרֶת 19 מֵעַל 20 אִם 21 fut. כָּתַשׁ 22 אֱוִיל 23 מַכְתֵּשׁ 24 בְּתוֹךְ 25 רִיפוֹת

עֲלֵי 26 סִיר 27 אִוֶּלֶת 28 מַלְכֻיּוֹת 29 כָּל־עוֹלָמִים (of all eternity § 83, 6.) 30 מֶמְשֶׁלֶת 31
ב 32 (§ 88, c.) 33 אַחַת 34 שָׁלַךְ Hi. 35 רֶכֶב 37 פֶּלַח (lit. the rider, hence: the upper) רֶכֶב 36
אֲבִימֶלֶךְ 38 רָצַץ 39 גֻּלְגֹּלֶת 40 כ with inf. 41 כִּסֵּא 42 מַמְלֶכֶת 43 ו Conv. 44 מִשְׁנֶה 45 עַל 46.

§ 73. IRREGULAR NOUNS.

A. Derivatives of ל״ה.

1. אָב father, const. st. אֲבִי (like a Segholate form from ל״ה), with light suffixes: אָבִי, אָבִיךָ, with grave suffixes אֲבִיהֶם, אֲבִיכֶם, plur. אָבוֹת, const. st. אֲבוֹת.

2. אָח, brother, const. אֲחִי, with suff.: אָחִי, but אֲחִיכֶם, plural אַחִים, const. אֲחֵי, with suff.: אַחַי, אֶחָיו, אַחֶיךָ.

3. אָחוֹת sister, const. אֲחוֹת, with suff.: אֲחוֹתִי, (pl. abs. and const. does not occur), plur. with suff.: אַחְיוֹתַי, also אַחְוֹתַיִךְ. (The ending וֹת in the singular אָחוֹת is not the plural ending, but contracted from אָחָוֶת, cf. מוֹת, c. st. from מָוֶת).

4. חָם stepfather, with suff. חָמִיהָ, חָמִיךְ.

5. חָמוֹת stepmother, with suff. חֲמוֹתָהּ, חֲמוֹתֵךְ.

6. בֵּן son (for בֶּנֶה, from בָּנָה to build), const. st. בֶּן, before Makkeph בֶּן־; seldom בִּן; once בְּנִי and בְּנוֹ Num. 24, 3, Gen. 49, 11. With suffixes בְּנִי, בִּנְךָ; plural בָּנִים, const. st. בְּנֵי, with suff. בָּנַי etc.

7. בַּת daughter (for בֶּנֶת, fem. from בֵּן), const. st. בַּת, with suff.: בִּתִּי (for בִּנְתִּי), plur. בָּנוֹת, const. st. בְּנוֹת.

8. בַּיִת house (supposed to be derived from בָּנָה to build), const. st. בֵּית, with suff. בֵּיתִי; plur. בָּתִּים, const. st. בָּתֵּי, with suff. בָּתַּי.

9. אָמָה maid-servant, const. st. אֲמַת, with suff. אֲמָתִי; plur. אֲמָהוֹת, const. st. אַמְהוֹת.

10. כְּלִי vessel, plur. כֵּלִים.

11. פֶּה mouth (prop. for פְּאֶה), const. st. פִּי, with suff. פִּי my mouth, פִּיו and פִּיהוּ; plural פִּים (from פִּיִּים), פִּיּוֹת (Prov. 5, 4.) and פֵּיוֹת (Jud. 3, 16.).

B. Derivatives from Verbs ע״נ.

1. אִישׁ man (from אנשׁ), const. st. אִישׁ, with suff. אִישִׁי.

In plur. the original form reappears, אֲנָשִׁים (probably at first אֲנוֹשִׁים, fr. the sing. אֱנוֹשׁ) (seldom אִישִׁים), const. st. אַנְשֵׁי, with suff.: אֲנָשַׁי, אַנְשֵׁיכֶם.

2. אִשָּׁה woman (for אִנְשָׁה), const. st. אֵשֶׁת, with suff.: אִשְׁתִּי, plur. נָשִׁים.

C. Derivatives from ע״ו and ע״י.

1. יוֹם day, with suff.: יוֹמִי, dual יוֹמַיִם, plur. יָמִים, c. st. יְמֵי, with local (ָ־ה) יָמִימָה.

2. עִיר city, pl. עָרִים (once עֲיָרִים Ju. 10, 4.) c. st. עָרֵי.

D. A derivative from ע״א is רֹאשׁ head, (for רֶאֶשׁ Segholate form) plur. רָאשִׁים (for רְאָשִׁים (§ 14, Rising III.) const. st. רָאשֵׁי, with suff. רָאשַׁי, once with suff. רָאשָׁיו.

E. מַיִם water, c. st. מֵי and מֵימֵי, w. suff. מֵימַי, מֵימֶיךָ.

EXERCISE 118.

בַּיִת וָהוֹן נַחֲלַת[1] אָבוֹת וּמֵיְהוָה אִשָּׁה מַשְׂכָּלֶת[2]: מוּסַר אָב לִוְיַת[3] חֵן[4] לְרֹאשׁ בָּנִים: לֹא־יָמוּשׁ סֵפֶר הַתּוֹרָה הַזֶּה* מִפִּיךָ: עֶבֶד מַשְׂכִּיל בְּתוֹךְ אַחִים יַחֲלֹק[5] נַחֲלָה: כִּכְלוּב[6] מָלֵא עוֹף כֵּן בָּתֵּי רְשָׁעִים מְלֵאִים מִרְמָה: אֲבִי יְתוֹמִים וְדַיַּן[7] אַלְמָנוֹת אֱלֹהִים: לֹא־יִהְיֶה כְלִי[8]־גֶבֶר עַל־אִשָּׁה וְלֹא יִלְבַּשׁ גֶּבֶר שִׂמְלַת[9] אִשָּׁה כִּי־תוֹעֲבַת יְהוָה כָּל־עֹשֵׂה אֵלֶּה: כִּי יִקָּרֵא[10] קַן־צִפּוֹר לְפָנֶיךָ בַּדֶּרֶךְ בְּכָל־עֵץ אוֹ עַל־הָאָרֶץ אֶפְרוֹחִים[11] אוֹ בֵיצִים[12] וְהָאֵם רֹבֶצֶת[13] עַל־הָאֶפְרוֹחִים אוֹ עַל־הַבֵּיצִים לֹא־תִקַּח הָאֵם עַל הַבָּנִים: כַּבֵּד אֶת־אָבִיךָ וְאֶת־אִמֶּךָ לְמַעַן יַאֲרִכוּן יָמֶיךָ עַל הָאֲדָמָה אֲשֶׁר יְהוָה אֱלֹהֶיךָ נֹתֵן לָךְ: אָנֹכִי יְהוָה אֱלֹהֶיךָ אֵל קַנָּא[14] פֹּקֵד עֲוֹן אָבֹת עַל בָּנִים:

the inheritance[1] prudent[2] wreath[3] grace (§ 89, 2-)[4] divide, have part[5] bird-cage[6] judge, defender[7] apparel[8] garment[9] chance to be[10] the young of birds, a brood[11] egg[12] to crouch[13] jealous[14]. (§ 83, 9.)*

EXERCISE 119.

Who can[2] find a virtuous[1] woman (a. w. of virtue[1])? her price[5] (is) far[3] above[4] rubies. The heart of her husband does trust[6] in her. Her children arise up[7] and call her blessed[8]. Many daughters have done virtuously[1], but[9] thou[10] excellest[11] them all[12]. And[13] Isaac[15] abode[14] in[16] Gerar[17]. And[13] the men of the place asked (him) of[18] his wife; and he said, She is[19] my sister: for he feared to say, She is my wife; lest (said he), the men of the place should slay[20] me for[21] Rebekah[22]. These (are) the words of the letter[23], that Jeremiah[24], the prophet, sent from Jerusalem to the children of Israel, whom Nebuchadnezzar[26] had carried into exile[25] to Babylon: Thus saith the Lord: Build ye houses and abide (in them); and plant[27] gardens[28], and eat the fruit of them; Take[29] ye wives, and beget[30] sons and daughters; and take wives for your sons and give your daughters to husbands[31], that they may bear[32] sons and daughters. And seek[33] the peace of the cities, whither[34] I have caused you to be carried into exile[35].

1 חַיִל 2 fut. [§ 101 III, a)] 3 רָחוֹק 4 (§ 91) מִ 5 מֶכֶר 6 בטח, pret. with ב 7 קוּם pret.
8 ו with Conv., Pi. אִשֵּׁר to call blessed: 9 ו 10 (§ 93 Note.) 11 עָלָה, עַל pret. with following
12 כֹּל (with suff. כֻּלָּנוּ, כֻּלּוֹ etc.) 13 ו Conv. 14 יָשַׁב 15 יִצְחָק 16 בְּ 17 גְּרָר 18 לְ 19 (§ 77, 3)
20 הָרַג fut. (§ 108, 2) 21 עַל 22 רִבְקָה 23 סֵפֶר 24 יִרְמְיָה 25 גָּלָה Hi. to carry into exile
26 נְבֻכַדְנֶאצַּר 27 נָטַע 28 גַּן (doubles the last cons.) con. 29 לָקַח 30 יָלַד Hi. 31 אִישׁ
32 יָלַד 33 דָּרַשׁ 34 אֲשֶׁר־שָׁמָּה 35 גָּלָה Hi. to cause to be c. i. e.

§ 74. THE NUMERALS.

1. The numerals are either cardinal or ordinal. The cardinals must be considered as nouns, having two genders and the const. state.

2. CARDINALS.

Feminine. Const.	*Feminine.* Absol.	*Masculine.* Const.	*Masculine.* Absol.		
אַחַת	אַחַת	אַחַד	אֶחָד	1.	א
שְׁתֵּי	שְׁתַּיִם	שְׁנֵי	שְׁנַיִם	2.	ב
שְׁלֹשׁ	שָׁלֹשׁ	שְׁלֹשֶׁת	שְׁלֹשָׁה	3.	ג
אַרְבַּע	אַרְבַּע	אַרְבַּעַת	אַרְבָּעָה	4.	ד

Feminine. Const.	*Feminine.* Absol.	*Masculine.* Const.	*Masculine.* Absol.		
חֲמֵשׁ	חָמֵשׁ	חֲמֵשֶׁת	חֲמִשָּׁה	5.	ה
שֵׁשׁ	שֵׁשׁ	שֵׁשֶׁת	שִׁשָּׁה	6.	ו
שְׁבַע	שֶׁבַע	שִׁבְעַת	שִׁבְעָה	7.	ז
שְׁמֹנֶה	שְׁמֹנֶה	שְׁמֹנַת	שְׁמֹנָה	8.	ח
תְּשַׁע	תֵּשַׁע	תִּשְׁעַת	תִּשְׁעָה	9.	ט
עֶשֶׂר	עֶשֶׂר	עֲשֶׂרֶת	עֲשָׂרָה	10.	י
אַחַת עֶשְׂרֵה / עַשְׁתֵּי עֶשְׂרֵה		אַחַד עָשָׂר / עַשְׁתֵּי עָשָׂר		11.	יא
שְׁתֵּים עֶשְׂרֵה / שְׁתֵּי עֶשְׂרֵה		שְׁנֵים עָשָׂר / שְׁנֵי עָשָׂר		12.	יב
שְׁלֹשׁ עֶשְׂרֵה		שְׁלֹשָׁה עָשָׂר		13.	יג
אַרְבַּע עֶשְׂרֵה		אַרְבָּעָה עָשָׂר		14.	יד
חֲמֵשׁ עֶשְׂרֵה		חֲמִשָּׁה עָשָׂר		15.	טו
שֵׁשׁ עֶשְׂרֵה		שִׁשָּׁה עָשָׂר		16.	יו
שְׁבַע עֶשְׂרֵה		שִׁבְעָה עָשָׂר		17.	יז
שְׁמֹנֶה עֶשְׂרֵה		שְׁמֹנָה עָשָׂר		18.	יח
תְּשַׁע עֶשְׂרֵה		תִּשְׁעָה עָשָׂר		19.	יט

כ .20 עֶשְׂרִים, כא .21 אֶחָד וְעֶשְׂרִים, עֶשְׂרִים וְאֶחָד,
כב .22 שְׁנַיִם וְעֶשְׂרִים, ל .30 שְׁלֹשִׁים, מ .40 אַרְבָּעִים,
נ .50 חֲמִשִּׁים, ס .60 שִׁשִּׁים, ע .70 שִׁבְעִים, פ .80 שְׁמֹנִים.
צ .90 תִּשְׁעִים. Hundreds and Thousands: ק .100 מֵאָה, c. st.
מְאַת; ר .200 מָאתַיִם [for מְאָתַיִם (§ 13, 6. B. 3.)], ש .300 שְׁלֹשׁ
מֵאוֹת, ת .400 אַרְבַּע מֵאוֹת, תק .500 חֲמֵשׁ מֵאוֹת etc.
א̈ or א .1000 אֶלֶף, ב̈ .2000 אַלְפַּיִם, ג̈ .3000 שְׁלֹשֶׁת אֲלָפִים,
ד̈ .4000 אַרְבַּעַת אֲלָפִים. .10000 רְבָבָה, רִבּוֹ (plur. רְבָבוֹת myriads)
also עֲשָׂרָה אֲלָפִים. עֲשֶׂרֶת אֲלָפִים and עֲשָׂרָה אֶלֶף (Ez. 45. 1),

20000. עֶשְׂרִים אֶלֶף (רִבּוֹתַיִם Ps. 68, 18. שְׁתֵּי רִבּוֹא Neh. 7, 72.)
30000. שְׁלֹשִׁים אֶלֶף 100000. etc. מֵאָה אֶלֶף, 1000000. אֶלֶף אֲלָפִים.

Note I. From 13 to 19 incl. the units with the masculine, stand in the absolute state; with the feminine in the const. st.

Note II. The numerals are denoted by letters. The Units: from א to ט; the Tens: from י to צ; the Hundreds: from ק to ת and the final letters ץ. ף. ן. ם. ך: ך = 500, ם = 600, ן = 700, ף = 800, ץ = 900; but more usually תק = 500; תר = 600 etc. The connection of a decimal and a unit is seen in the table above. For 15 is employed ט״ו and not י״ה, this last being the abbreviation for יְהוָה (§ 18. Note). For the thousands and the higher numbers the dotted alphabet is used: as א̇ (or א̄) = 1000; ב̈ = 2000, ג̈ = 3000 etc.

Note III. The termination (ָה) of the numerals with masc. nouns is the adverbial-ending (§ 75, 1. Note). Before fem. nouns (ָה) is dropped, lest it be considered as the fem. ending (ָה) (§ 57, 6, I).

3. ORDINALS.

Fem.	Masc.	Fem.	Masc.
שִׁשִּׁית	שִׁשִּׁי 6th	רִאשׁוֹנָה	רִאשׁוֹן 1st
שְׁבִיעִית	שְׁבִיעִי 7th	שֵׁנִית	שֵׁנִי 2d
שְׁמִינִית	שְׁמִינִי 8th	שְׁלִישִׁית	שְׁלִישִׁי 3d
תְּשִׁיעִית	תְּשִׁיעִי 9th	רְבִיעִית	רְבִיעִי 4th
עֲשִׂירִית	עֲשִׂירִי 10th	חֲמִישִׁית	חֲמִישִׁי 5th

From the eleventh, the cardinals with the article are used instead of the ordinals, and follow the noun; when without the article, they are found both before and after it, especially in the numbering of years, months and days: as בְּשִׁבְעָה עָשָׂר יוֹם Gen. 8, 4. and בְּיוֹם עֶשְׂרִים וְאַרְבָּעָה Hag. 1, 15.

4. Syntactical rules see § 92.

Exercise 120.

וְהָיָה יְהוָה לְמֶלֶךְ עַל כָּל־הָאָרֶץ בַּיּוֹם הַהוּא יִהְיֶה יְהוָה אֶחָד

וּשְׁמוֹ אֶחָד׃ תּוֹרָה אַחַת וּמִשְׁפָּט אֶחָד יִהְיֶה לָכֶם וְלַגֵּר הַגָּר
אִתְּכֶם׃ אֵיכָה[1] יִרְדֹּף אֶחָד אֶלֶף וּשְׁנַיִם יָנִיסוּ[2] רְבָבָה׃ גַּלֵּה
סוֹדְךָ לְאֶחָד מֵאָלֶף׃ אֵלֶּה מוֹעֲדֵי[3] יְהוָֹה׃ בַּחֹדֶשׁ הָרִאשׁוֹן
בְּאַרְבָּעָה עָשָׂר לַחֹדֶשׁ בֵּין הָעַרְבָּיִם[4] פֶּסַח[5] לַיהוָֹה׃ וּבַחֲמִשָּׁה
עָשָׂר יוֹם לַחֹדֶשׁ הַזֶּה חַג הַמַּצּוֹת[6] לַיהוָֹה שִׁבְעַת יָמִים מַצּוֹת
תֹּאכֵלוּ׃ שִׁבְעָה שָׁבֻעוֹת[7] תִּסְפָּר־לָךְ מֵהָחֵל חֶרְמֵשׁ[8] בַּקָּמָה[9]
וְעָשִׂיתָ חַג שָׁבֻעוֹת לַיהוָֹה אֱלֹהֶיךָ׃ בַּחֹדֶשׁ הַשְּׁבִיעִי בְּאֶחָד לַחֹדֶשׁ
יִהְיֶה לָכֶם שַׁבָּתוֹן[10] זִכְרוֹן[11] תְּרוּעָה[12] מִקְרָא[13]־קֹדֶשׁ׃ אַךְ[14]
בֶּעָשׂוֹר לַחֹדֶשׁ הַשְּׁבִיעִי הַזֶּה יוֹם הַכִּפֻּרִים[15] הוּא לְכַפֵּר[16] עֲלֵיכֶם
לִפְנֵי יְהוָֹה אֱלֹהֵיכֶם׃ וְעִנִּיתֶם[17] אֶת־נַפְשֹׁתֵיכֶם בְּתִשְׁעָה לַחֹדֶשׁ
בָּעֶרֶב מֵעֶרֶב עַד־עֶרֶב תִּשְׁבְּתוּ[18] שַׁבַּתְּכֶם׃ בַּחֲמִשָּׁה עָשָׂר יוֹם
לַחֹדֶשׁ הַשְּׁבִיעִי הַזֶּה חַג הַסֻּכּוֹת[19] שִׁבְעַת יָמִים לַיהוָֹה׃ יוֹסֵף
הָיָה ל׳ וּמֹשֶׁה פ׳ שָׁנָה בְּעָמְדָם לִפְנֵי פַרְעֹה׃ אַבְרָהָם חַי קע״ה,
יִצְחָק ק״פ, יַעֲקֹב קמ״ז, יוֹסֵף ק״י, מֹשֶׁה ק״כ וְאַהֲרֹן קכ״ג
שָׁנָה׃ בִּשְׁנַת א̈ץמ״ה שָׁנָה לְמִסְפָּרֵנוּ (מִבְּרִאַת[20] הָעוֹלָם[21])
נוֹלַד אַבְרָהָם׃ הָעֹמֶר עֲשִׂירִית הָאֵיפָה וְהָאֵיפָה עֲשִׂירִית הַחֹמֶר[22]׃

how[1] put to flight[2] appointed festival[3] between the two evenings, twilight[4] the passover[5] unleavened bread[6] week[7] the sickle[8] standing corn[9] strict rest[10] a memorial[11] a sound of a trumpet[12] a convocation[13] only, but[14] expiation[15] to make an expiation[16] to afflict, humble[17] to celebrate, to keep[18] booth, tabernacle[19] creation[20] world[21] a measure for dry goods[22].

EXERCISE 121.

We (are) all one man's sons. We (are) twelve brethren, sons of our father, one (is) not[1], and the little one is this day with[2] our father in the land of Canaan. The whole congregation together[3] (was) forty and two thousand three hundred and three score, beside[4] their man-servants and their maid-servants, of whom[5] (there were) seven thousand three hundred thirty and seven: and they had[6] two hundred forty and five singing-men[7] and singing-women[7]. Their horses, seven hundred thirty and six: their mules[8], two hundred forty and five: (Their) camels[9], four hundred thirty and five: six thousand seven hundred and twenty asses. Two women went out. If[10] thou buy[11] a Hebrew[12] servant, six years[13] he shall serve: and in the seventh he shall go out free[14], for nothing[15]. Seven abominations (are) in the heart of the wicked. When[16] I break[17] the staff[18] of your bread, ten women shall bake[19] your bread in one oven[20] and[21] ye shall eat, and not be satisfied[22]. Eve[23] was the first woman. And the Lord spake to Moses on[24] the first[25] (day) of[26] the second month, in[27] the second year after[28] they were come[29] out of the land of Egypt.

1 (§ 75, 3.) with suff. אַיִן 2 אֵת 3 כְּאֶחָד 4 מִלְּבַד 5 of whom אֵלֶּה 6 to them (were) 7 part. Pi. masc. and fem. pl. of שִׁיר 8 פֶּרֶד 9 (doubles the last cons.) גָּמָל 10 כִּי 11 קָנָה 12 עִבְרִי 13 (§ 58, 10.) שָׁנָה 14 חָפְשִׁי 15 חִנָּם 16 with inf. ב 17 (in my breaking) שָׁבַר 18 מַטֶּה 19 pret. with Conv. ו 20 תַּנּוּר 21 Conv. ו 22 שָׂבַע 23 חַוָּה 24 ב 25 אֶחָד 26 (§ 83, 10.) ל 27 ב 28 with inf. and suff. (after their coming out) ל 29 יָצָא.

CHAPTER XI.

PARTICLES.

§ 75. IN GENERAL.

1. The particles which comprise adverbs, prepositions, conjunctions and interjections are divided into *inseparable* and *separable*. The inseparable are prefixed or postfixed syllables, of the most of them we have already treated, as בכלם § § 18, 19, local ָה § 19, 6.

2. The separable consisting of entire words are partly I. *primitive:* as (a) the negations לֹא, אַל and the poetic בַּל not; (b) local and temporal terms: as שָׁם, שָׁמָּה (with local ה) there, פֹּה here, אֵי where? אָז then; (c) expressing the manner and mode of actions: as כֹּה thus, נָא a par-

ticle of entreaty; partly II *derivative:* as מִבַּיִת within, יַחְדָּו together, סָבִיב circuit, הַרְבֵּה (Inf. Hi.) much, the interrogative adverbs לָמָּה why, מַדּוּעַ (compounded of the interrog. מָה and יָדוּעַ (p. pass. perceived, seen) why = what hast thou seen? cf. Gen. 20, 10.

NOTE. Fem. forms are frequently converted into adverbs, e. g. בָּרִאשׁוֹנָה sooner, בָּאַחֲרוֹנָה later, מְהֵרָה quickly, עַתָּה now (fr. עֵת time, prop. at the time), כָּלָה wholly, completely, אָמְנָה truly. On adverbs in ־ָם, see (§ 56 ב. 2. e) Nouns in the accus. are often adverbs, e. g. רוֹמָה haughtily, בֶּטַח safely, מֵאָה a hundred-fold, a hundred-times Prov. 17, 10. Cf. (§ 85, 4.). On Adverbs formed by לְ (see § 84, 3).

3. Some of the derivative adverbs, which include the signification of the verb or noun from which they are derived, are connected with suffixes: as הִנֵּה behold! lo! with suffixes: הִנֵּנִי, הִנְנִי and הִנֶּנִּי behold I, (properly: behold me) הִנְּךָ, הִנֵּךְ behold thou, הִנֶּנּוּ behold he, etc. עוֹד yet, as yet, still, w. suff.: עוֹדֶנִּי, עוֹדִי, עוֹדְךָ, עוֹדֶנּוּ, עוֹדֶנָּה I am, thou art, he, she is as yet or still; בְּעוֹד, בְּעֹד while, while yet: בְּעוֹדִי while yet I am; מֵעוֹד since: מֵעוֹדִי since I am.

אַיִן, const. st. אֵין not, with suff. אֵינֶנִּי I am or was not, אֵינְךָ, אֵינֶנּוּ, אֵינֶנָּה, אֵינָם.

יֵשׁ־ יֵשׁ there is, there are, with suff.: יֶשְׁךָ thou art, יֶשְׁנוֹ he is, יֶשְׁכֶם ye are.

אַי, const. st. אֵי where, אַיֶּכָּה where art thou? אַיּוֹ where is he? אַיָּם where are they? The force of the substantive verb *to be* is conveyed by all these adverbs.

4. *Prepositions.* The greater number of prepositions are nouns in the accusative or const. st.: as אֵצֶל (subst. the side) by, near, בֵּין (בַּיִן separation, interval) between, and they can be connected with other prepositions: as מִתַּחַת from under, from beneath, מֵאֵת from with, i. e. from, or they appear abbreviated as prefixes: thus ב״כ״ל״ם.

5. The prepositions being nouns can take suffixes (the

nominal suff., seldom the verbal suff.): as תַּחַת under, with suff.: תַּחְתַּי; אֵת with, is distinguished from אֵת the accusative particle, that the former with suffixes is commuted into אִתּ, the latter into אֹת (אוֹת): as אִתִּי with me; אֹתִי me.

6. Several prepositions were originally plural nouns, accordingly they receive only plural suffixes. To these belong: אַחַר, אַחֲרֵי behind, after, אַחֲרַי behind me, אַחֲרֶיךָ behind thee, אַחֲרָיו behind him etc.

אֶל (אֱלֵי poet.) towards, to: אֵלַי to me, אֵלֶיךָ, אֵלָיו, אֲלֵיכֶם.

בֵּין between, with suff. בֵּינִי, בֵּינְךָ; but also with pl. masc. and plur. fem. suff. בֵּינֶיךָ, בֵּינֵיכֶם, בֵּינוֹתֵינוּ, בֵּינוֹתָם.

עַד as far as, unto, (עֲדֵי poet.) with suffixes: עָדַי, עָדֶיךָ, עָדָיו, עֲדֵיכֶם.

עַל upon, over (עֲלֵי poet.) w. suff. עָלַי, עָלֶיךָ, עָלָיו, עֲלֵיהֶם.

תַּחַת under, below, beneath, תַּחְתַּי, תַּחְתֶּיךָ, תַּחְתָּיו, תַּחְתֵּינוּ, תַּחְתֵּיהֶם (with the sing. only, תַּחְתֵּנִי (verb. suff.) תַּחְתָּם, תַּחְתֶּנָּה).

7. *Conjunctions.* The conjunctions are unchangeable. On the conjunction ו and its vocalization, see (§ 12, 7. b.).

8. *Interjections.* אִי, אוֹי, אוֹיָה, הוֹי, אֲבוֹי, אָח, אֲהָהּ, הָהּ ah! אַלְלַי woe! alas!

Other parts of speech used as interjections: בִּי (it is supposed to be contracted from בְּעִי entreaty) I pray: always with אֲדֹנִי, אֲדֹנָי my Lord.

הָבָה and הָבוּ (Imp. of יָהַב to give) come! come on! go to!

הַס hist! hush! pl. הַסּוּ (Imp. Piel of הָסָה to be silent.)

חָלִילָה (fr. חלל to violate, break a covenant) profane! fie! far be it! followed by לְ of the person and inf. with מִן: as חָלִלָה לְּךָ מֵעֲשׂוֹת far be it from thee to do.

נָא I pray; used: I. with the imp. opt. and fut. II. with particles: אִמְרִי נָא say, I pray thee, אֵלְכָה־נָּא let me go, I pray the, אַל־נָא nay, or not so, I pray thee; אוֹי־נָא woe now! alas! At the beginning of a sentence: אָנָּא (written also אָנָּה) contracted from אָהּ־נָא oh now! I pray.

EXERCISE 122.

וְעַתָּה אִם־יֶשְׁכֶם עֹשִׂים חֶסֶד וֶאֱמֶת אֶת־אֲדֹנִי הַגִּידוּ לִי וְאִם־
לֹא הַגִּידוּ לִי וְאֶפְנֶה[1] עַל־יָמִין אוֹ עַל־שְׂמֹאל׃ יְהוָה אֲשֶׁר
הִתְהַלַּכְתִּי[2] לְפָנָיו יִשְׁלַח מַלְאָכוֹ[3] אִתָּךְ וְהִצְלִיחַ דַּרְכֶּךָ׃ לֹא
תָלִין[4] פְּעֻלַּת[5] שָׂכִיר[6] אִתְּךָ עַד־בֹּקֶר׃ לֵאלֹהִים עֵצָה וּתְבוּנָה
עִמּוֹ חָכְמָה וּגְבוּרָה׃ שֹׁמֵעַ תְּפִלָּה[7] עָדֶיךָ[8] כָּל־בָּשָׂר יָבֹאוּ׃
כֹּרֶה שַׁחַת בָּהּ יִפֹּל וְגֹלֵל[9] אֶבֶן אֵלָיו תָּשׁוּב׃ וַיִּתְהַלֵּךְ חֲנוֹךְ אֶת־
הָאֱלֹהִים וְאֵינֶנּוּ כִּי־לָקַח אֹתוֹ אֱלֹהִים׃ אִם־רָשַׁעְתִּי[10] אַלְלַי לִי׃
עוֹד[11] מְעַט וְאֵין רָשָׁע וְהִתְבּוֹנַנְתָּ[12] עַל־מְקוֹמוֹ וְאֵינֶנּוּ׃ וַיָּבֹאוּ
כָּל־שִׁבְטֵי יִשְׂרָאֵל אֶל־דָּוִד חֶבְרוֹנָה וַיֹּאמְרוּ לֵאמֹר הִנְנוּ עַצְמְךָ
וּבְשָׂרְךָ אֲנָחְנוּ וַיִּמְשְׁחוּהוּ לְמֶלֶךְ עֲלֵיהֶם[13]׃ וַיְהִי אַחַר הַדְּבָרִים
הָאֵלֶּה כֶּרֶם הָיָה לְנָבוֹת[14] הַיִּזְרְעֵאלִי[15]׃ וַיְדַבֵּר אַחְאָב מֶלֶךְ
שֹׁמְרוֹן אֶל־נָבוֹת לֵאמֹר תְּנָה־לִּי אֶת־כַּרְמְךָ וִיהִי־לִי לְגַן־יָרָק[16]
כִּי הוּא קָרוֹב אֵצֶל בֵּיתִי וְאֶתְּנָה לְךָ תַּחְתָּיו כֶּרֶם טוֹב[17] מִמֶּנּוּ
אִם טוֹב בְּעֵינֶיךָ אֶתְּנָה־לְךָ כֶסֶף[18] מְחִיר[19] זֶה׃ וַיֹּאמֶר נָבוֹת
אֶל אַחְאָב חָלִילָה לִּי מֵיְהוָה מִתִּתִּי אֶת־נַחֲלַת אֲבֹתַי לָךְ׃

to turn one's self[1] to walk, live[2] angel[3] to remain over night[4] wages[5] hireling, hired laborer[6] supplication, prayer[7] to, unto[8] to roll[9] to act wickedly, to be guilty[10] yet[11] diligently consider[12] (§ 97, 2.)[13] p. n. m.[14] the Jezreelite[15] herbs[16] (§ 91, 1.)[17] money[18] the price[19].

EXERCISE 123.

Inquire[1] (after) good, and not[2] evil, that[3] ye may[4] live: and[5] so[6] the Lord, the God of Hosts, shall be with[7] you, as[8] ye have said. How[9] do ye say[10], we (are) wise, and the law of the Lord (is) with[7] us? Lo, certainly[11] in[12] vain[13] made he (it), the pen[14] of the Scribes[15] (is) in vain. Deborah[16] abode under[17] the palm-tree[18] of Deborah, between[19] Ramah[20] and between Beth-el[20] in mount Ephraim[21]; and[22] the children of Israel came up to her for[12] judgment. Hezekiah trusted in the Lord God of Israel; so that[23] after[24] him was none[25] like[26] him among[27] all the kings of Judah. To the hired servant, at his day thou shalt give his hire[28], neither shall the sun go down[29] upon[30] it; for he is poor[31], and setteth his heart upon it, (and to it he beareth[32] his soul) lest[33] he call[34] against thee unto the Lord, and it be[35] sin unto[36] thee.

1 דָּרַשׁ with acc. 2 אַל 3 לְמַעַן 4 fut. 5 to connect with the verb 6 כֵּן 7 אֵת 8 כַּאֲשֶׁר 9 אֵיכָה 10 אָמַר fut. 11 אָכֵן 12 ל with the art. (§ 84, 3.) 13 שֶׁקֶר 14 יַעַט 15 כֹּפֶר 16 דְּבוֹרָה 17 תַּחַת 18 תֹּמֶר 19 בֵּין 20 רָמָה (§ 80, 3.) 20 בֵּית-אֵל 21 אֶפְרַיִם 22 ו Conv. 23 ו 24 אַחַר, אַחֲרֵי plur. const. 25 לֹא 26 כְּמוֹ, כָּמוֹ before light suff. 27 ב 28 שָׂכָר 29 בּוֹא 30 עַל 31 עָנִי 32 נָשָׂא part. 33 וְלֹא 34 fut. 35 pret. with Conv. ו 36 ב.

PART II.

S Y N T A X.

C H A P T E R I.

THE ESSENTIAL PARTS OF A SENTENCE.

§ 76. THE SUBJECT

1. The subject of a proposition appears either in the form of a substantive or in that of an adjective, const. infinitive or pronoun, supplying the place of the substantive.

2. When the sentence is without a definite subject, the *impersonal* construction is employed. The subject is then indicated :

a. By the third person of the passive conjugations (Ni. Pu. Ho.), e. g. לְזֹאת יִקָּרֵא אִשָּׁה it is called to this woman = she is called woman. Gen. 2. 23.

b. By the third person of the sing. active, e. g. קָרָא שְׁמוֹ he (some one) called his name. Gen. 11, 9.

c. By the third person of the plural active: as וַיַּגִּידוּ and they told, i. e. certain men told. 1. Sam. 19, 21.

d. By the second person of the future: as לֹא־תָבוֹא שָׁמָּה

there shall no one go thither. Isa. 7, 25, or by the infin. with the suff. of the second person; with regard to the latter a phrase of frequent occurrence is: עַד בֹּאֲךָ till thy coming = till one comes.

3. The third pers. sing. often has for a subject *it* understood: as וַיְהִי and it happened; חַם לִי it was warm to me.

4. The impersonal construction expressed by the 3. pers. passive, is often found with a following accusative: as וַיּוּשַׁב אֶת־מֹשֶׁה it was brought back Moses (acc.) = some one brought back Moses.

NOTE. A noun often is made prominent as subject at the beginning of a sentence or clause by אֶת, אֶת־, or אֵת is used for the purpose of emphasizing the subject in a passive or intransitive connection, e. g. Gen. 4, 18. Ex. 10, 8, 21, 28. Nu. 32, 5.

5. When the active subject can be conjectured from the action itself, the participle of the same verb is used as subject: as לֹא יִדְרֹךְ הַדֹּרֵךְ the treader (some one) shall not tread.

§ 77. THE COPULA.

1. The copula is generally not expressed, the relation of the subject and predicate being shown by placing them together: as גָּדוֹל הָאִישׁ the man is great; טוֹב יְהוָֹה God is good.

2. The verb הָיָה to be, is used to exactly define the time: as הַנָּחָשׁ הָיָה עָרוּם the serpent was crafty; אַהֲרֹן יִהְיֶה נְבִיאֶךָ Aaron shall be thy prophet, or to convey the proper conception of the verb: the *existence* or *non-existence* of the subject, which may be still more forcibly rendered by יֵשׁ or אַיִן (§ 75, 3.): as לֹא יִהְיֶה בְּךָ אֶבְיוֹן no needy shall be among you, Deut. 15, 4. הֲיֵשׁ יְהוָֹה בְּקִרְבֵּנוּ אִם־אָיִן Is the Lord among us or not, Ex. 17, 7.

3. The third person of the pers. pron. הוּא, הִיא, הֵם, הֵמָּה, הֵן, הֵנָּה, dropping the pronominal idea entirely and expressing only the verb *to be*, is employed to avoid ambiguity and to distinctly point out the noun or adjective standing in the predicate: as דָּוִד הוּא הַמֶּלֶךְ Da-

vid is the king, whereas דָּוִד הַמֶּלֶךְ could be taken as: the king David; or it is used, when the preceding subject is more remote from the predicate than usual: as אִשֵּׁה יְהוָה אֱלֹהֵי יִשְׂרָאֵל הוּא נַחֲלָתוֹ the fire-offerings (collectively) of the Lord, the God of Israel, are their inheritance, Jos. 13, 14. Even when the subject is of the first or second person, הוּא can be used as the copula: as אַתָּה הוּא אֱלֹהִים Thou art God; אַתֶּם הֵמָּה ye are. Zeph. 2, 12.

4. This use of the 3. pers. pron. as copula, particularly comes forth in union with the demonstr. pronoun, e. g. אֵלֶּה הֵם these are, Gen. 25, 16. מָה הֵנָּה אֵלֶּה what are these? Gen. 21, 29. מִי הוּא זֶה who is this? Esth. 7. 5.

§ 78. THE PREDICATE AND ITS AGREEMENT WITH THE SUBJECT.

1. The predicate appears either in the form of a verb, substantive, adjective, adj. pron., or even in that of a derivative adverb: as הַרְבֵּה much, מְעַט little, שְׂכָרְךָ הַרְבֵּה מְאֹד thy reward (shall be) very great, Gen. 15, 1. אֲנָשִׁים בָּהּ מְעָט the men within it (were) few. Eccl. 9, 14.

2. When the predicate is an adjective, adj. pronoun, participle or noun, it has no article (excepting the adjective in superlative [§ 91, 3.]), and by this it is distinguished from the subject, in case the latter is defined by the article or otherwise: לֹא טוֹבָה הָעֵצָה the counsel is not good, 2. Sam. 17, 7 כִּי־גִבּוֹר אָבִיךָ for thy father is a hero, ibi. 10.

3. The predicate generally agrees with the subject, when a verb, in gender, number and person: דָּלְפָה נַפְשִׁי מִתּוּגָה my soul melteth for sadness, Ps. 119, 28., when an adjective, participle or adj. pronoun, in gender and number: יָשָׁר דְּבַר יְהוָה the word of the Lord is upright, Ps. 33, 4. זֹאת הָאִשָּׁה וְזֶה־בְּנָהּ this (is) the woman, and this (is) her son, II. Kings 8, 5. Nevertheless the Hebrew allows more freedom in this respect than other languages, using a construction correspondent to the sense more than to the external form.

4. *Exceptions.*

a. When the predicate commences the sentence, the third person masc. sing. is occasionally used impersonally: as וַיְהִי לוֹ שְׁלֹשִׁים בָּנִים and he had thirty sons.

b. Nouns of multitude frequently take a plural verb: as וַיִּרְאוּ הָעָם and the people saw, and vice versa substantives used in the plural form (§ 82, 4.) are often joined with a verb singular: as בָּרָא אֱלֹהִים God created.

c. The predicate does not agree with the subject, but with the genitive belonging to it, in case the genitive is the more important word: as קוֹל דְּמֵי אָחִיךָ צֹעֲקִים the voice of thy brothers blood cries (Gen. 4, 10.), the predicate is governed by דְּמֵי the drops of blood. וְרוּחַ הַקָּדִים נָשָׂא אֶת־הָאַרְבֶּה and the east wind brought the locusts, Ex. 10, 13. רוּחַ feminine, but נָשָׂא refers to קָדִים. In the same manner with רֹב: רֹב שָׁנִים יוֹדִיעוּ חָכְמָה the multitude of years teach wisdom, Job 32, 7. and nearly always with כֹּל, וַיִּהְיוּ כָּל־יְמֵי אָדָם and all the days of Adam were.

d. A verb singular joined with the subject in plural and vice versa, often has a distributive signification: as בַּהֲמוֹת שָׂדֶה תַּעֲרוֹג the beasts (i. e. each of the beasts) of the field shall cry, Joel 1, 20. נָסוּ וְאֵין־רֹדֵף רָשָׁע the wicked (every wicked man) flee, although no one pursueth. Prov. 25, 1.

5. When the predicate belongs to several nouns or pronouns, the following rules must be observed: a) It generally takes the plural: as אֲנִי וּבְנִי שְׁלֹמֹה חַטָּאִים I and my son Solomon are sinners, I. Kings I, 21. b) When they are of different genders, the masculine is preferred to the feminine: as בָּנָיו וּבְנוֹתָיו אֹכְלִים his sons and his daughters (were) eating, Job 1, 13. c) When they are of different persons, the predicate follows the most important, i. e. the first person rather than the second, and the second in preference to the third: נִכְרְתָה בְרִית אֲנִי וָאָתָּה let us make a

covenant, I and thou, Gen. 31, 44.: as אֲנִי וְהַנַּעַר נֵלְכָה עַד־כֹּה I and the lad will go yonder, Gen. 22, 5. d) Sometimes, especially when the predicate precedes the subject, it agrees only with one of the nouns, most frequently with the nearest, being understood for the others: as וַיָּבֹא נֹחַ וּבָנָיו וְאִשְׁתּוֹ and Noah came in, and his sons and his wife (came in); וַתְּדַבֵּר מִרְיָם וְאַהֲרֹן and Miriam spoke and Aaron (spoke).

§ 79. VERBAL ARRANGEMENT.

1. As a leading principle, the word upon which the most stress is to be laid, always begins the sentence: as בְּרֵאשִׁית בָּרָא אֱלֹהִים *In the beginning* God created, בְּרֵאשִׁית as the most important word taking the lead; hence every word to be emphatic, precedes the rest.

2. In a simple and independent normal sentence, the words are in the natural succession of Subject, Predicate and Object: as בָּנֶיךָ אֹכְלִים וְשֹׁתִים יַיִן thy sons were eating and drinking wine, Job 1, 18.

3. The predicate precedes the subject:

a. When it is an adjective: as גָּדוֹל עֲוֹנִי my iniquity is great; Gen. 4, 13. טוֹבָה חָכְמָה עִם נַחֲלָה wisdom is good with an inheritance, Eccl. 7, 11.

b. When it is a verb connected with Conversive Vav; without this connection with ו the succession is regular: as וַיָּבֹא יִצְחָק and Isaac came, but וְיִצְחָק בָּא and I. came, וַיְהִי הָאִישׁ and the man was, but וְהָאִישׁ הָיָה.

c. When אֲשֶׁר, an adverb of negation לֹא etc., an interrogative pronoun or prefix, and particles like כִּי, אוּלַי stand before the predicate: as כָּל מְלַאכְתּוֹ אֲשֶׁר בָּרָא אֱלֹהִים all his work which God had created, Gen, 2, 3. לֹא נוֹתַר כָּל־יֶרֶק there was not left any green thing; הֲשֹׁמֵר אָחִי אָנֹכִי am I my brother's keeper? כִּי אֻמְלַל אָנִי for I languish; אוּלַי יַחְסְרוּן חֲמִשִּׁים הַצַּדִּיקִם חֲמִשָּׁה peradventure there shall lack five of the fifty righteous.

d. When a verb stands in jussive or the construction is

impersonal: as יִקָּווּ הַמַּיִם the waters shall be drawn together, יְהִי מְאֹרֹת let there be luminaries.

4. When the subject follows the predicate, the object takes its place after the subject: as בְּרֵאשִׁית בָּרָא אֱלֹהִים אֵת הַשָּׁמַיִם וְאֵת הָאָרֶץ.

5. The object connected with an interrogative pronoun or prefix, stands before the verb: as אֶת־שׁוֹר מִי לָקַחְתִּי וַחֲמוֹר מִי לָקַחְתִּי whose ox have I taken? or whose ass have I taken? 1. Sam. 12, 3.

6. Of two accusatives, the one of a person, the other of a thing, the former precedes; and the same rule obtains when besides the accusative of a thing the person stands in indirect relation to the verb: as כִּי אַתָּה תַּנְחִיל אֶת־הָעָם הַזֶּה אֶת־הָאָרֶץ for unto this people shalt thou divide for an inheritance the land Jos. 1, 6. הוּא עָשָׂה לָנוּ אֶת־הָרָעָה הַגְּדוֹלָה הַזֹּאת he has done us this great evil, I. Sam, 6, 9. וְאֶעֱשֶׂה עִמּוֹ חֶסֶד אֱלֹהִים that I may do the mercy of God unto him, 2. Sam, 9, 3.

Note. Many exceptions are to be found to the foregoing rules, but as by giving them, we would only confuse the mind of the student, they are omitted.

CHAPTER II.
SYNTAX OF THE PARTS OF SPEECH.*
§ 80 THE ARTICLE.

1. The article is omitted, when the noun is defined by a suffix, or a following genitive, or if it is a proper name: as בֵּית הַמֶּלֶךְ the house of the king; בֵּיתִי my house; אַבְרָהָם Abraham.

---

* The dependence of the several parts of compound sentences cannot be understood, until the student has become acquainted with the syntax of the parts of speech and the influence which they mutually exert in a proposition.

2. The adjective or the demonstrative pronoun *attributively* employed requires the article, when they belong to a *determined* substantive: as בֵּיתִי הַגָּדוֹל my large house; בֵּית מֶלֶךְ הַגָּדוֹל the large house of the king.

3. Proper names originally appellative, take the article: as הַלְּבָנוֹן the Lebanon (the white mountain), הָרָמָה Ramah (the Hight, the high city).

4. The article has occasionally demonstrative power: as הַיּוֹם this day; הַפַּעַם this time; הַשָּׁנָה this year.

5. The vocative case often takes the article: as הַמֶּלֶךְ O king!

NOTE. Except when the article could not have been joined to the nominative: not הַדָּוִד, O David!

6. The indefinite article is indicated by the omission of the הַ: as בַּיִת a house, אִישׁ a man; though sometimes expressed by the numeral אֶחָד: as נָבִיא אֶחָד a prophet, or אִישׁ in the sense of *person* indefinitely used, standing before nouns or adjectives, particularly before gentile names: אִישׁ צַדִּיק a just (man), אִישׁ גִּבּוֹר a hero, אִישׁ יְהוּדִי a Jew, אִישׁ עִבְרִי a Hebrew.

7. אֹפֵה הַמֶּלֶךְ · עֶבֶד שַׂר הַטַּבָּחִים, מִזְמוֹר דָּוִד may mean *the* baker, or *a* baker of the king; *the* servant, or *a* servant of the officer of the executioners; *the* song, or *a* song of David; to avoid ambiguity a circumlocution (אֲשֶׁר, לְ) is used: as אֹפֶה לְמֶלֶךְ אָנִי I am a baker of the king; הָאֹפֶה אֲשֶׁר לְמֶלֶךְ the baker of the king; מִזְמוֹר לְדָוִד a song of David; עֶבֶד לְשַׂר הַטַּבָּחִים a servant of the officer of the executioners.

8. The article must be repeated before several nouns following one another, even when of the same gender or number: as הַמַּסּוֹת הַגְּדֹלֹת אֲשֶׁר רָאוּ עֵינֶיךָ וְהָאֹתֹת וְהַמֹּפְתִים וְהַיָּד הַחֲזָקָה וְהַזְּרֹעַ הַנְּטוּיָה׃ the great trials which thine eyes saw, and the signs, and the wonders, and the strong hand, and the stretched-out arm.

9. On the article used as a relative pronoun, see (§ 96, 8.).

THE NOUN.

§ 81. GENDER.

1. For the neuter the masculine is sometimes used: as זֶה יִתְּנוּ כָּל־הָעֹבֵר עַל־הַפְּקֻדִים this (hoc) they shall give every one that passeth among them that are mustered, the feminine, however, most frequently: as מִי שָׁמַע כָּזֹאת who has heard such a thing? (דָּבָר res, negotium, a thing, must be considered here as omitted, and the part of speech agreeing with it, is employed most commonly in the feminine, as in German: dieses, for diese Sache, and in Latin: factum, for res facta). Hence a verb being the predicate of an antecedent sentence either expressed or understood, takes the feminine form: as וַתְּהִי חֹק בְּיִשְׂרָאֵל and it was a custom in Israel, Jud. 11, 39. (חֹק masc.) for וַיְהִי חֹק הַדָּבָר הַזֶּה; מֵאֵת יְהוָה הָיְתָה זֹאת from God was this, for הָיָה הַדָּבָר הַזֶּה; אַחַת שָׁאַלְתִּי מֵאֵת יְיָ one (thing) have I desired of the Lord, for דָּבָר אֶחָד שָׁאַלְתִּי. Comp. כִּי עָשִׂיתָ זֹּאת 1. Mos. 3, 14. and כִּי עָשִׂיתָ אֶת־הַדָּבָר הַזֶּה 1. Mos. 20, 10.

Adjectives with the feminine ending either in singular or plural, are often considered as abstract nouns, conveying a neuter sense: נְכֹחָה righteousness; הַגְּדֹלוֹת וְהַנּוֹרָאוֹת הָאֵלֶּה the great and fearful things (magna et timenda).

2. When the abstract stands for the concrete, the signification often determines the gender: as וְגָלוּת ... יִרְשׁוּ and the exile = the exiles shall possess. Obad. 1, 20.

§ 82. NUMBER.

1. The singular is often used in a collective sense: as בָּקָר cattle; צֹאן small cattle, flock; כֶּסֶף silver; חִטָּה wheat.

2. When these collectives occur in plural, their meaning is modified: as חִטִּים grains of wheat, כְּסָפִים money pieces.

3. The singular of patronymics with the article, very often has a plural signification: as הַיְבוּסִי the Jebusites.

4. The plural in some instances is employed to express dignity or majesty, hence it is called: *Plural of Majesty.*

To this belong:

a. אֱלֹהִים God, when meaning the true God most frequently takes a singular verb: as בְּרֵאשִׁית בָּרָא אֱלֹהִים In the beginning God created. Sometimes the verb stands in plural כַּאֲשֶׁר הִתְעוּ אוֹתִי אֱלֹהִים: when God caused me to wander, Gen. 20, 13. At a later period, however, the construction with the plural was avoided as polytheistic.

b. אֲדֹנָי (antiquated form of plural), the regular form is אֲדֹנִים, const. st. אֲדֹנֵי, from the sing. אָדוֹן master, lord. In addressing the Supreme Deity the form אֲדֹנָי is employed; in accosting a person of rank אֲדֹנַי (with Patach) Gentlemen! instead of אֲדֹנִי Sir!

c. שַׁדַּי the Almighty, ancient plural of שַׁד (Arab. שדיד strong, vehement).

d. קְדוֹשִׁים the Holiest, plur. of קָדוֹשׁ holy.

e. בַּעַל Lord, master, superior, when connected with suff. the plural commonly occurs: as בְּעָלָיו, בְּעָלֶיהָ his, her master, but בַּעֲלִי my husband.

With the plural of majesty the verbs stand in the singular, the adjectives and appositions either in the singular or plural.

5. Words with a plural form and singular signification occasionally occur: as נְקָמוֹת = נָקָם or נְקָמָה vengeance. The poets frequently take advantage of this license, to add power to their language, or to give a period a more musical termination, § 58, 9.

6. The plural of a compound expression conveying one idea (a noun in the const. state followed by a genitive) is formed by giving the first noun the plural termination: as בְּנֵי יִשְׂרָאֵל Israelites, the children of Israel.

THE CASES.

§ 83. CONSTRUCT STATE AND THE GENITIVE.

1. The genitive having no proper form is only recognised by the preceding construct state: as בְּנֵי יוֹסֵף Joseph's sons.

2. Nouns in the const. state cannot be connected by וְ; the cattle and horses of the king cannot be translated בְּקַר וְסוּס הַמֶּלֶךְ, but בְּקַר הַמֶּלֶךְ וְסוּסוֹ; not מַשְׁקֵה וְאֹפֵה מֶלֶךְ מִצְרַיִם, but מַשְׁקֵה מֶלֶךְ מִצְרַיִם וְהָאֹפֶה Gen. 40, 1. or הַמַּשְׁקֶה וְהָאֹפֶה אֲשֶׁר לְמֶלֶךְ מִצְרַיִם. ib. 5. Nouns in the genitive may be connected: as קֹנֵה שָׁמַיִם וָאָרֶץ possessor of heaven and earth, or more usually the word in the construct state is repeated: as אֱלֹהֵי הַשָּׁמַיִם וֵאלֹהֵי הָאָרֶץ.

3. Several words in construction may follow each other: as לֵב רָאשֵׁי עַם־הָאָרֶץ the heart of the chiefs of the people of a land, וְאֵלֶּה יְמֵי שְׁנֵי־חַיֵּי אַבְרָהָם and these (are) the days of the years of the life of Abraham. The predicate must agree with the first as the principal noun; in case the first is of less importance, the predicate is governed by the following noun: as in connection with כֹּל all, רֹב multitude, מִבְחָר choice, best, especially with כֹּל and following participle: as מִבְחַר עֲמָקַיִךְ מָלְאוּ thy choicest valleys are full, prop. the choice of thy valleys is full.

4. The genitive is sometimes to be understood objectively: as יִרְאַת יְהוָה the fear of the Lord; דֶּרֶךְ מִצְרַיִם the way to Egypt; מֶמְשֶׁלֶת הַיּוֹם the ruler of the day = which rules the day; זַעֲקַת סְדֹם the cry of Sodom = against Sodom.

5. The const. st. is often used when nouns are in apposition, especially when the genus is to be defined by the species: נְהַר פְּרָת the river Euphrates: קִרְיַת חֻצוֹת the city Chutzoth; בְּתוּלַת בַּת יְהוּדָה the virgin, the daughter Judah.

6. The Hebrew being deficient in adjectives a) the material is expressed by a substantive in genitive: as קַעֲרַת כֶּסֶף

a dish of silver, i. e. a silver dish; כְּלֵי בַרְזֶל vessels of iron, i. e. iron vessels; b) other adjective conceptions: as הַר קָדְשְׁךָ the mountain of thy holiness, for thy holy mountain; שִׂפְתֵי שֶׁקֶר lips of a lie, for lying lips; אִישׁ שֵׂכֶל a man of understanding, for a prudent man.

7. Participles or adjectives to be more nearly limited or defined by a following substantive stand in the const. st.: as גְּדוֹל הָעֵצָה great in counsel; יְפֵה תֹאַר masc., יְפַת תֹּאַר fem. beautiful of form; רֹדְפֵי צֶדֶק the pursuers of righteousness; שְׁבוּרֵי לֵב the broken of heart = the broken-hearted. Infinitives being considered as substantives and even adverbs with a subtantive meaning can stand in the const. st.: שֶׁבֶת אַחִים the dwelling of brethren; מְעַט כֶּסֶף a little silver, literally: the smallness or fewness of silver.

8. The word in the genitive may be any word capable of defining the preceding const. st.: a pronoun, interrogative or demonstrative: בַּת מִי whose daughter? עֹשֵׂה אֵלֶּה who does these (prop. doing of these); an adjective: יֵין הַטּוֹב (Song of Sol. 7, 10.) good wine; a numeral: מִשְׁפַּט אֶחָד one judgment, בִּשְׁנַת הָרְבִיעִית in the fourth year; a noun preceded by a preposition: כְּשִׂמְחַת בַּקָּצִיר as joy of in harvest = as joy of (a man) in h.; הָרֵי בַגִּלְבֹּעַ mountains of the Gilboa; a whole sentence: שְׂפַת לֹא יָדַעְתִּי (cf. 9.).

9. The noun following the const. st. is sometimes omitted and must be supplied. Often the relative .שֶׁ follows: שְׂפַת לֹא יָדַעְתִּי a language (of a man) which I know not, Ps. 81, 6. שְׁלַח־נָא בְּיַד־תִּשְׁלָח Ex. 4, 13. אַשְׁרֵי שֶׁיְּשַׁלֶּם לָךְ Ps. 137 8. cfr. § 96, 45.

10. No third word can be interposed between the const. st. and its genitive: hence the adjective or demonstrative qualifying the const. st. must follow the genitive: the good hand of God יַד אֱלֹהִים הַטּוֹבָה; this book of the law, סֵפֶר הַתּוֹרָה הַזֶּה; the little children of the king בְּנֵי מֶלֶךְ הַקְּטַנִּים. Occasionally intervene: *a*) prepositions (8): *b*) the local ה: as הָאֹהֱלָה שָׂרָה into the tent of Sarah; אַרְצָה כְּנַעַן into the land of Canaan.

c) עוֹד yet, still, after כֹּל: כָּל־עוֹד נִשְׁמָתִי בִּי all the while my breath is in me.

11. The genitive is also indicated by אֲשֶׁר לְ (which belong to): as הָרֹעִים אֲשֶׁר לְשָׁאוּל the herdsmen of Saul, or by ל alone: as מִזְמוֹר לְדָוִד a psalm of David; the latter especially occurring (a) in enumerations: as בְּשִׁבְעָה וְעֶשְׂרִים יוֹם לַחֹדֶשׁ on the twenty-seventh day of the month, (b) when many genitives follow one another: as דִּבְרֵי הַיָּמִים לְמַלְכֵי יִשְׂרָאֵל the books of the Chronicles (literally: the words of the days) of the kings of Israel, (cf. § 80, 7.); (c) when the governing noun is separated from the governed by words inserted: עִיר גְּדוֹלָה לֵאלֹהִים a great city of God, Jon. 1, 3. בִּשְׁנַת שְׁתַּיִם לַמֶּלֶךְ in the second year of the king. (d) to avoid ambiguity, cf. § 80, 7.

§ 84. DATIVE.

1. The common sign for the dative is אֶל or לְ, its abbreviation. The verb הָיָה to be, when followed by ל has the meaning of *to become:* as וְהָיוּ לְבָשָׂר אֶחָד and they become one flesh.

2. ל with a suffix of the same person as that of the verb is often used pleonastically after verbs of motion, rest, going, coming, sending, etc. especially with imp. and future: as לֶךְ־לְךָ go; אֵלֲכָה־לִּי I will go; שְׁבוּ־לָכֶם פֹּה abide ye here. It is a *dativus commodi*, indicating that the action is done for the benefit of the subject performing it.

3. By ל are formed adverbs, which express a becoming of what the noun says, e. g. לְעַיִן (Ez. 12, 12.) to the eye, i. e. plainly; לָבֶטַח (Job 11, 18.) to safety, i. e. safe; לָרֹב (2. Chr. 20, 25.) to a multitude, i. e. much.

§ 85. ACCUSATIVE.

1. The accusative is employed for the nearer object (with or without אֵת § 19, 4.) after transitive verbs.

2. The accusative stands to indicate the remoter object:
a) After verbs denoting abundance or want: מָלֵא to be

full, to fill; שָׂבֵעַ to be satiated; שָׁרַץ to swarm with; רָמַשׂ to creep; נָטַף and רָעַף to drop, distill. Kindred conceptions are: בֵּרֵךְ to bless; הָלַךְ in the sense of overflow: הַגְּבָעוֹת תֵּלַכְנָה חָלָב the hills shall flow with milk; חָסֵר to want; חָדַל to cease, leave off (with מִן, rarely with an acc.); שָׁכֹל to lose (children).

b) After verbs which signify *to cover*, in which are embraced all those denoting: to clothe or unclothe, to gird, to crown, to plant, to sow: כִּסָּה to cover; לָבֵשׁ and לָבַשׁ to put on a garment, הִלְבִּישׁ Hi. with two accus.; עָטַף to cover, to clothe; פָּשַׁט to strip or put off a garment; עָדָה to put on, sc. an ornament; נָעַל to tie or latch the sandals for any one; חָגַר to gird; עִטֵּר to crown; נָטַע to plant; זָרַע to sow.

c) After the verbs of teaching, commanding, questioning and answering: לָמַד to learn; לִמֵּד to teach; הִזְהִיר to enlighten, to teach, to warn; צִוָּה to command; שָׁאַל to ask, question; עָנָה to answer.

d) After the verbs to do good or evil to any one, to reward or to punish: גָּמַל to retribute, to recompense; שִׁלֵּם to requite, recompense; חָנַן to be gracious, merciful, compassionate to any one; עָנַשׁ to punish.

3. The accusative stands in apposition with the nearer object after the verbs which signify to make, to form, to build: as וַיִּבְנֶה אֶת־הָאֲבָנִים מִזְבֵּחַ and with the stones he built an altar; יוֹם לַיְלָה הֶחְשִׁיךְ he makes the day dark with night. The verbs שָׂם to set, constitute, נָתַן to give, constitute, make, עָשָׂה to make, are more usually constructed with לְ, to express the making or converting of an object into any special thing.

4. The accusative is also used adverbially and then answers: a) the questions of place: *Whither?* after the verbs of motion: as עָלוּ רֹאשׁ הַגִּבְעָה they went up to the top of the hill; וַיֵּצֵא הָעָם הַשָּׂדֶה the people went out into the field. *Where?* וְהוּא יֹשֵׁב פֶּתַח־הָאֹהֶל and he sat in the entrance of the tent. b) the questions of time: *How long?*

שְׁתֵּים עֶשְׂרֵה שָׁנָה עָבְדוּ twelve years they served. *When?* חֲצוֹת־לַיְלָה אָקוּם לְהוֹדוֹת לָךְ at midnight I will rise to give thanks unto Thee; עֶרֶב וִידַעְתֶּם Ex. 16, 6. c) the questions of mood: *How?* כָּלָה גָּרֵשׁ יְגָרֵשׁ אֶתְכֶם Ex. 11, 1. he shall thrust you out entirely (כָּלָה completion). מִסְפַּר נַפְשֹׁתֵיכֶם Ex. 16, 16. according to the number of your persons.

NOTE I. The above questions are more frequently answered by prepositions: as וַנֵּשֶׁב בָּאֳהָלִים and we abode in tents. בָּעֶרֶב יָלִין בֶּכִי Ps. 30, 6.

NOTE II. *How old?* is commonly expressed by בֶּן or בַּת with the addition of the year: as אַבְרָם בֶּן־חָמֵשׁ שָׁנִים וְשִׁבְעִים שָׁנָה בְּצֵאתוֹ מֵחָרָן׃ Abram was seventy and five years old, when he went out from Haran.

d) To define the extent of the action expressed by the verb, or to indicate the part to which this action applies (concerning, in relation to, as to): חָלָה אֶת־רַגְלָיו he was diseased (concerning) his feet; הַכִּסֵּא אֶגְדַּל מִמֶּךָּ (as to) the throne will I be greater than thou.

NOTE III. This is the Greek acc. synecdochical.

5. The accusative sometimes expresses the means or instruments: as רָגְמוּ אוֹתוֹ אֶבֶן they overwhelmed him with stones; חֶרֶב תְּאֻכְּלוּ ye shall be devoured with the sword.

§ 86. THE ABSOLUTE CASE.

1. A noun beginning a proposition, which forming a clause by itself is not connected with what follows, is said to be in the *absolute case*, and is usually explained by supplying: as to, concerning, etc.

2. This case is used to give emphasis or prominence to a word.

3. It stands a) for the nominative: as לַיִשׁ גִּבּוֹר בַּבְּהֵמָה a lion, the strongest among the beasts; b) for the dative: as אִישׁ זְרוֹעַ לוֹ הָאָרֶץ the man of power, to him belongs the earth; c) for the accusative: as קַיִץ וָחֹרֶף אַתָּה יְצַרְתָּם as to summer and winter, thou hast made them; d) for the ablative: וּמִפְּרִי־הָעֵץ אֲשֶׁר בְּתוֹךְ הַגָּן but of the fruit of the tree which is in the midst of the garden, God hath said, ye shall not eat of it.

§ 87. APPOSITION.

1. Nouns are often found in apposition in Hebrew, where in other languages, an adjective or another noun in the genitive would be employed, especially in the determination of number, measure, weight and time: as אֵיפָה שְׂעוֹרִים an ephah of barley, הַבָּקָר הַנְּחֹשֶׁת the oxen, the brass, i. e. the brazen oxen.

2. When the first noun in accus. has אֶת, the second noun can take or omit it: as אֶת־אָחִיו אֶת־הָבֶל his brother Abel, אֶת־קְמוּאֵל אֲבִי אֲרָם Kemuel, the father of Aram. Thus it is with the prepositions: as לְנָחוֹר אָחִיךָ to thy brother Nahor. The repetition takes place, when the second noun is not only an attribute to the first, but is employed to give a more complete and correct idea than the first: as וַיִּפְצְרוּ בָאִישׁ בְּלוֹט and they pressed sore upon the man, upon Lot; לַאדֹנִי לְעֵשָׂו to my Lord, Esau; בַּשָּׂדֶה בַּמִּדְבָּר in the field, in the desert. Jos. 8, 24.

3. The noun which limits or qualifies the other, takes the second place, except הַמֶּלֶךְ, which stands regularly before: הַמֶּלֶךְ שְׁלֹמֹה the king Solomon.

§ 88. DUPLICATION OF NOUNS.

The immediate repetition of the same noun indicates: a) a strengthening of the original meaning, or an emphasis: as אֶרֶץ אֶרֶץ אֶרֶץ O earth, earth, earth, hear the word of the Lord! צֶדֶק צֶדֶק תִּרְדֹּף justice, justice thou shalt follow; b) a great number: as בֶּאֱרוֹת בֶּאֱרוֹת חֵמָר the vale of Shiddim was pits, pits of slime i. e. full of slime pits; c) a distributive sense, expressed in English by: *each, by:* as בַּבֹּקֶר בַּבֹּקֶר in the morning, in the morning i. e. every morning, יוֹם יוֹם day by day; d) a diversity or variety, in which case they are connected by ו: as אֶבֶן וָאֶבֶן thou shalt not have stone and stone, i. e. diverse weights; בְּלֵב וָלֵב יְדַבֵּרוּ with heart and heart they speak, i. e. with different hearts, with duplicity.

§ 89. SUBSTANTIVES USED IN THE PLACE OF ADJECTIVES.

1. A deficiency in adjectives is partially supplied by

verbs: as גָּדַל to be great; מָלֵא to be full, partially by substantives in the genitive or in apposition.

2. Abstract nouns in the relation of a genitive, take the place of adjectives: as כֹּל *the whole of*, expressive of totality, stands for *the whole* (adj.): as כָּל־הָאָרֶץ the whole earth, or *for all:* כָּל־הַגּוֹיִם all nations; תָּמִיד continuance, permanence, for continual: as נֵר תָּמִיד a continual light, lamp; עֹלַת הַתָּמִיד continual, i. e. daily burnt-offering, קֹדֶשׁ holiness, for holy: as בִּגְדֵי הַקֹּדֶשׁ the holy garments; עוֹלָם eternity, for eternal: as דֹּרֹת עוֹלָם generations for ever (prop. generations of eternity).

3. Substantives are used for adjectives of material (§ 83, 6.): נְחַשׁ נְחֹשֶׁת a serpent of copper.

4. Personal qualities are expressed by a circumlocution with the nouns אִישׁ, בַּעַל lord, possessor, בֵּן: as אִישׁ שֵׂיבָה an old man (a man of gray hair); בַּעַל הַחֲלֹמוֹת the dreamer; בֶּן־חַיִל a warrior (son of strength); בֶּן־עַוְלָה a perverse man (son of perverseness).

NOTE. A kind of adjectives are formed poetically by בְּלִי, אֵין, בִּלְתִּי before the noun, corresponding to the English *in*, *less:* as אֵין אֱיָל strengthless, אֵין חֵקֶר unsearchable, בְּלִי לְבוּשׁ unclothed.

§ 90. ADJECTIVES.

1. The adjectives agree with their substantives in gender, number and definition by the article (§ 80, 2.).

2. When following the noun, they represent the attribute: as הָעִיר הַגְּדוֹלָה the great city; when preceding, the predicate: גְּדוֹלָה הָעִיר the city is great.

NOTE I Sometimes the adjective as predicate follows the noun, viz: when several words follow, which limit more nearly the signification of the adjective: as הָעִיר הַזֹּאת קְרֹבָה לָנוּס שָׁמָּה this city is near to flee unto; הֵן עוֹד הַיּוֹם גָּדוֹל לֹא עֵת הֵאָסֵף הַמִּקְנֶה Lo, it is yet high day, it is not yet time for the cattle to be gathered.

§ 91. COMPARISON.

1. The *comparative* having no proper form is expressed

by the simple adjective with מִן *of, from*, which precedes the object compared: as מָתוֹק מִדְּבַשׁ sweeter than honey.

2. Hence this form of the comparative is also employed after verbs and nouns of quality: as הַדָּבָר אֲשֶׁר יִקְשֶׁה מִכֶּם the cause that is too hard for you; רַק הַכִּסֵּא אֶגְדַּל מִמֶּךָ only in the throne will I be greater than thou. Before the infinitive, this מִן is translated: *than that:* as גָּדוֹל עֲוֹנִי מִנְּשׂוֹא my iniquity is greater than that it can be forgiven.

3. *Superlative.* The superlative also possessing no proper form is indicated: a) by the article before the adjective: as דָּוִד הוּא הַקָּטָן David was the youngest.

מַה־הוּא הַיָּקָר[1] עֲלֵי הָאֲדָמָה? הַנֶּפֶשׁ; מַה־הוּא הַמַּר[2]? הָעֳוֹנִי[3]; מַה־הוּא הַמָּתוֹק? הָאַהֲבָה; מַה־הוּא הַקָּרוֹב? הַמָּוֶת; מַה־הָרָחוֹק[4]? הַמַּזָּל; מַה־הוּא הַקָּשֶׁה[5]? דַּעַת אֶת־עֶרְכּוֹ[6]; מַה־הוּא הַקַּל? רְאוֹת נִגְעֵי[7] אֲחֵרִים.

precious[1] bitter[2] poverty[3] good fortune[4] (modern Hebrew) hard, difficult[5] value[6] blemish, defect[7].

b) By doubling the adjective or noun, so that the latter stands in the genitive plural: as עֶבֶד עֲבָדִים servant of servants, i. e. the lowest servant; קֹדֶשׁ הַקֳּדָשִׁים holy of holies, i. e. the most holy place.

c) In poetry the words מָוֶת, יְהֹוָה, אֵל, אֱלֹהִים convey a superlative meaning: as הַרְרֵי אֵל mountains of God, i. e. the highest mountains; נְשִׂיא אֱלֹהִים a prince of God, i. e. an eminent prince; תַּרְדֵּמַת יְהֹוָה a deep sleep from the Lord = the deepest sleep; מְהוּמַת מָוֶת a tumult of death, i. e. a most fearful tumult.

§ 92. NUMERALS.

1. The numerals can either follow or precede the substantive, with the exception of אֶחָד which invariably follows it.

2. In combinations of higher numbers either the higher or the lower takes the lead connected by וְ: as וַיִּהְיוּ חַיֵּי שָׂרָה מֵאָה שָׁנָה וְעֶשְׂרִים שָׁנָה וְשֶׁבַע שָׁנִים Gen. 23, 1. שֶׁבַע וְעֶשְׂרִים

אַבְרָם בֶּן־חָמֵשׁ שָׁנִים וְשִׁבְעִים שָׁנָה Esth. 1, 1. וּמֵאָה מְדִינָה בְּצֵאתוֹ מֵחָרָן׃ Gen. 12, 4.

3. The nouns to which are joined the cardinals 2—10 are invariably plural. In higher numbers the singular is frequently found, as with יוֹם day, שִׁשָּׁה עָשָׂר יוֹם 16 days, לַיְלָה night, Gen. 7, 4. שָׁנָה year, אִישׁ man, אֶלֶף thousand, אַמָּה a cubit (prop.: the fore-arm), etc. but the plur. is used, when they precede the numeral: as יָמִים שְׁמֹנָה עָשָׂר 18 days, עָרִים אַרְבָּעִים וּשְׁמֹנֶה forty-eight cities, Jos. 21, 40., but אַרְבָּעִים וּשְׁמֹנֶה עִיר Num. 35, 6, 7.

4. To the numerals suffixes may be appended: as שְׁנֵיהֶם they two, or both of them; שְׁלָשְׁתְּכֶם you three. With the dual ending, they indicate multiplication: as שִׁבְעָתַיִם seven-fold; for which purpose רֶגֶל, פַּעַם time (properly foot, tread or step) are often employed: as שָׁלֹשׁ רְגָלִים, שָׁלֹשׁ פְּעָמִים three times.

5. The feminine of the ordinals also signifies a part of a unit, hence it expresses the fractional numbers: as שִׁשִּׁית the sixth part of $= \frac{1}{6}$, רְבִיעִית the fourth part of $= \frac{1}{4}$.

6. The distributive numerals are expressed by the doubling of the cardinals: as שְׁנַיִם שְׁנַיִם two by two.

7. When something is summed up, בּ before numbers is used, in which case it is to be translated *consisting of:* בְּשִׁבְעִים נֶפֶשׁ consisting of seventy, Deut. 10, 22. Job 23, 13.

PRONOUNS.

§ 92. PERSONAL PRONOUN.

1. In the separate personal pronoun may be contained both the subject and substantive verb: as מֵאַיִן אַתֶּם מֵחָרָן אֲנַחְנוּ whence are ye? of Haran we are.

2. To give emphasis to a noun or a suffix (verbal or nominal), a separate pronoun of the same gender, number and person is added pleonastically: אֲנִי הִנֵּה בְרִיתִי אִתָּךְ Gen. 17, 4.; the separate pronoun being often preceded by גַּם: as בָּרֲכֵנִי גַם אָנִי אָבִי bless me, even me (Hebr. even I),

Gen. 27, 38. וּלְשֵׁת גַּם הוּא יֻלַּד בֵּן and to Seth, to him also (Hebr. *he*) there was born a son, Gen. 4, 26.

3. Vice versa, the noun sometimes occurs, after it has been indicated by a verbal or nominal suffix: as וַתִּרְאֵהוּ אֶת־הַיֶּלֶד she saw it—the child, Exod. 2, 6. יְבִיאֶהָ אֵת תְּרוּמַת יְהוָה he shall bring her (it), the offering of the Lord, Exod. 35, 5. בְּבֹאוֹ הָאִישׁ when he came, the man, Ex. 10. 3.

4. The verbal suffix conveys the meaning of an accusative, in rare instances, as with נָתַן to give, of a dative: נְתַתָּנִי thou hast given *to* me (Josh. 15, 19.); וַיִּזְעָקוּךָ and they cried *to* Thee (Neh. 9, 28.).

5. When the verb has a double pronominal accusative, the former is connected with the verb, the latter with אֵת: as וְהִרְאַנִי אֹתוֹ וְאֶת־נָוֵהוּ and he will show me both it and his abode, 2. Sam. 15, 25.

6. The nominal suffix is often objective in sense: as יִרְאָתוֹ fear before Him; וּמוֹרַאֲכֶם וְחִתְּכֶם and the fear of you and the dread of you. Gen, 9, 2.

7. When a noun in the const. st. conveys with its following genitive one conception, the suffix is attached to the genitive: as כְּלֵי מִלְחַמְתּוֹ his instruments of war (properly: the instrument of his war); הַר קָדְשִׁי my holy mountain (prop.: the mountain of my holiness).

NOTE I. The personal pronouns are implied in the preformatives and afformatives of the verb, and are expressed only, when they denote emphasis or opposition: as אַתָּה אָמַרְתָּ בִלְבָבְךָ thou, thou hast said in thy heart, Isa. 14, 13. כֹּה אָמַר יְהוָה אָנֹכִי הֶעֱלֵיתִי אֶת־יִשְׂרָאֵל מִמִּצְרַיִם .... וְאַתֶּם מְאַסְתֶּם אֶת־אֱלֹהֵיכֶם thus saith the Lord: I, I brought up Israel out of Egypt and ye, ye have scorned your God; וְשַׂמְתִּי אֲנִי אֶת־פָּנַי בָּאִישׁ הַהוּא I, I will set my face against that man.

§ 94. DEMONSTRATIVE.

1. The personal pronoun of the third person is used demonstratively: as בַּיּוֹם הַהוּא in that day, pointing out the more remote object. § 22, 2.

2. The demonstrative when standing *before* the noun must be considered as the predicate of a clause: as זֶה חַסְדֵּךְ אֲשֶׁר תַּעֲשִׂי עִמָּדִי this is thy kindness, which thou shalt do unto me; .... זֶה לַחְמֵנוּ חָם this is our bread, we took it hot for our provision; זֹאת הָאִשָּׁה this is the woman; הוּא הָאִישׁ that is the man.

3. The demonstrative when *following* the noun is considered an attribute, and usually has the article: as הַבַּיִת הַזֶּה this house; הָאֲנָשִׁים הָאֵלֶּה these men.

Note I. הוּא is used to make the subject very prominent and distinguish it from other things, and so it may be rendered *self:* as Num, 18, 22., hence הוּא may be joined to the first or second pers. pronoun, e. g. אָנֹכִי הוּא I myself, Isa. 43, 55. אַתָּה הוּא thou thyself, Jer. 49, 12.

Note II. הוּא, הִיא before a noun with a following demonstrative makes the meaning stronger: הוּא הַלַּיְלָה הַזֶּה this same night, Ex. 12, 42.

Note III. אֵלֶּה in connection with numbers is always placed after them: Gen. 9, 19; 22, 23; Ex. 21, 11.

4. When a demonstrative and an adjective are both attributes, the adjective is second in order, the demonstrative third: as הָהָר הַגָּדוֹל הַזֶּה this high mountain. If the adjective follows the demonstrative, the sense will be altered: as הָהָר הַזֶּה הַגָּדוֹל this mountain (which is) the high.

5. The feminine זֹאת *when separate* has a neuter meaning: as זֹאת עֲשׂוּ Gen. 45. 17. כָּזֹאת וְכָזֹאת thus and thus, so and so; בְּתָם לְבָבְךָ עָשִׂיתָ זֹאת in the integrity of thy heart thou didst this (thing). Gen. 20, 6. § 81, 1.

6. זֶה is occasionally used relatively: as מְקוֹם זֶה יָסַדְתָּ לָהֶם the place which thou hast founded.

Note. זֶה in connection with interrogative particles or appended to words of exclamation makes the question more animated and gives emphasis: מִי זֶה who there? אֵי זֶה who? מַה־זֶּה what then? הִנֵּה זֶה see there! Relating to time it is equivalent to the German schon, English *now:* זֶה פַּעֲמַיִם now twice, cf. Gen, 31, 38, 43, 10.

§ 95. INTERROGATIVE.

1. The interrog. מִי relates to both genders and numbers, usually it refers to persons, rarely to things: as מִי־שְׁמֶךָ what is thy name? Jud. 13, 17. מָה, מַה־ what? of things, in questions either direct or indirect, Num. 13, 18.

NOTE I, Sometimes מִי and esp. מָה are used in a prohibitory, denying, blaming sense: מַה־תְּנַסּוּן why tempt ye? Ex. 17, 2. מַה־תְּרִיבוּן what do ye strive about? ib. so that it forms the transition to a negation; sometimes it is quite negative: 1. Kings, 12, 16. Job 6, 25. Num. 23, 10. Is. 53, 1.

2. הֲ in a direct interrogation: הֲשַׂמְתָּ לִבְּךָ אֶל־עַבְדִּי אִיּוֹב hast thou considered my servant Job? In an indirect interrogation, *whether*: הֲיִשְׁכֶם אֹהֲבִים אֶת־יְהוָֹה to know—whether ye love the Lord.

3. In disjunctive questions הֲ is used in the first, אִם in the second clause: הֲלָנוּ אַתָּה אִם לְצָרֵינוּ art thou for us or for our adversaries?

NOTE II. מִי and מָה followed by a relative, become also relative in signification: מִי אֲשֶׁר לָמַד he who learned; מָה שֶׁהָיָה that which was.

§ 96. RELATIVE.

1. The particle אֲשֶׁר gives to pronouns, substantives, adverbs and even to a whole sentence a relative signification. Relating to a preceding noun that expresses place, time and manner, it can denote with respect to place *where*, with respect to time *then*, *when*, with respect to manner *that*, *wherefore*.

2. The verb or other part of speech that governs the word belonging to אֲשֶׁר (which as relative begins the clause), is interposed between them: as הַמַּלְאָךְ אֲשֶׁר שָׁלַחְתִּי אֹתוֹ the messenger (angel) whom I have sent, not הַמַּלְאָךְ אֲשֶׁר אֹתוֹ שָׁלַחְתִּי

3. אֲשֶׁר often appears with prefixes, in which case *that*, *the personal pronoun*, or another antecedent, that has been omitted must be supplied: as עֲשֵׂה לִי מַטְעַמִּים כַּאֲשֶׁר אָהַבְתִּי

make unto me savory meat, as which I love (i. e. such—as that); כַּאֲשֶׁר הוּא שָׁם for God has heard the voice of the lad—in which he is there, (i. e. in the place in which):

לַאֲשֶׁר to that person or thing, who or which;
אֵת אֲשֶׁר him who, that which;
מֵאֲשֶׁר from or of that which;
כַּאֲשֶׁר as that, according to etc.

4. אֲשֶׁר is often omitted, not only as the relative in English, when governed by the verb or by a particle, but also when governing the verb itself: as (Isa. 42, 16.) I will cause the blind to go in a way לֹא יָדְעוּ (which) they know not, (Exod. 6, 28.). And it was in the day דִּבֶּר יְהוָֹה (in which) the Lord spake to Moses.

5. When an entire sentence is the object of the principal sentence, אֵת אֲשֶׁר precedes the sentence in the objective: as שָׁמַעְנוּ אֵת אֲשֶׁר־הוֹבִישׁ יְהוָֹה אֶת־מֵי יַם־סוּף we have heard how the Lord dried up the water of the Red Sea.

6. אֲשֶׁר לְ another form of the genitive, see § 83, 10.

7. Sometimes, especially before participles, the article הַ (הָ, הֶ) stands for the relative: as הַנִּמְצְאוּ that are found, 1. Chron. 29, 17. הַהֹלְכִים בְּתוֹרַת יְהוָֹה who walk in the law of the Lord, Ps. 119, 1.

§ 97. REFLEXIVE AND RECIPROCAL PRONOUNS.

1. The reflexive pronoun signifying the accusative, is expressed by the reflexive conjugations Niphal and Hithpael or in case these cannot be employed, by אֹתוֹ, אֹתָהּ etc.: Do they provoke Me to anger? הֲלוֹא אֹתָם (do they) not (provoke) *themselves* to the confusion of their own faces? Jer. 7, 19. Woe be to the shepherds of Israel אֲשֶׁר הָיוּ רֹעִים אוֹתָם that do feed *themselves!* Ez. 34, 2, 8, 10.

2. Denoting the remoter object i. e. the dative or the case governed by a preposition, it is expressed by the suff. of the third person: as (Jud. 8. 33.) and made Baal-berith God לָהֶם to them (*themselves*) (Gen. 46, 7.). His sons, his daughters and all his seed הֵבִיא אִתּוֹ brought he with himself (him) into Egypt.

§ 98. OTHER PRONOUNS. 179

יִסֵּר ¹ לֵץ לֹקֵחַ לוֹ קָלוֹן ²: רָאִיתִי חֲכָמִים דּוֹמִים ³ לָרוֹפְאִים ⁴ יוֹעֲצֵי שֵׂכֶל ⁵ הֵם לַאֲחֵרִים וְלֹא לָהֶם:

to chastise, to instruct[1] disgrace[2] to be like[3] physician[4] (§ 83, 6.)[5].

3. By certain substantives with suffixes, conveying similar ideas to the following: נֶפֶשׁ soul. לֵב heart, כָּבוֹד honor, קֶרֶב inward part, עֶצֶם bone, עַיִן eye, (עֵינַי I myself, Job 19, 27. מִנֶּגֶד עֵינַי before me, Isa. 1, 16.), or: my flesh, my name, etc.: as אָמַר בְּלִבּוֹ he hath said in his heart = to himself, Ps. 10, 6. And Sarah laughed בְּקִרְבָּהּ within herself, Gen. 18, 12. עֶצֶם commonly used in this sense in modern Hebrew (Mishna): לְעַצְמוֹ to himself. Comp. Job 2, 5. עַצְמוֹ he himself; עַצְמִי I myself, Job 30, 30.

4. The *reciprocals: the one, the other, one another*, are expressed by אִישׁ אָחִיו the man—his brother; אִשָּׁה אֲחוֹתָהּ the woman—his sister; אִישׁ רֵעֵהוּ the man—his neighbor; אִשָּׁה רְעוּתָהּ the woman—her companion.

§ 98. OTHER PRONOUNS.

1. אִישׁ or אָדָם used indefinitely, signify *some one, any one*. כָּל־דָּבָר, כֹּל, דָּבָר without the article, *something, anything*. לֹא or אֵין connected with the foregoing: אֵין כֹּל, לֹא מְאוּמָה, אֵין דָּבָר (מְאוּמָה for מָה וּמָה i. e. whatever) not anything = *nothing*.

2. For *each, every* when substantive, אִישׁ, אִשָּׁה are employed, sometimes in repetition: as אִישׁ אִישׁ, אִישׁ וְאִישׁ.

To convey the sense of an adjective, the noun is either doubled, or כָּל is used: as בַּבֹּקֶר בַּבֹּקֶר every morning; כָּל־אָדָם (without the article) every man. כֹּל with the article after it, expresses *all, the whole:* כֹּל הָאָדָם all men, כָּל־הַגּוֹי the whole nation, כָּל־הַגּוֹיִם all nations. Thus כֹּל with suffixes: כֻּלְּכֶם ye all, כֻּלָּם they all.

3. The *same, himself*, with persons הוּא, הִיא (Num. 18. 23. Ps. 50, 6.); the meaning appears stronger, when הוּא or הִיא precedes the noun, and הַזֹּאת, הַזֶּה follows it: הוּא הַלַּיְלָה הַזֶּה this same night, Ex. 12, 42.; § 94, Note II.

with things by עֶצֶם same, selfsame: בְּעֶצֶם הַיּוֹם הַזֶּה in the selfsame day.

4. *No, nobody, no one* is expressed by אַיִן following: אָדָם אַיִן, and אֵין preceding or following: אֵין יִרְאַת אֱלֹהִים the fear of God is not; by לֹא, or by אֶפֶס: עַד אֶפֶס מָקוֹם till (there was) no place.

5. *Whoever:* מִי; *whosoever:* מִי אֲשֶׁר; *whatever, anything, something:* מָה, מַה or מְאוּמָה following the const. st. in the genitive: דְּבַר מָה Num 23, 3. מַשַּׁאת מְאוּמָה Deut. 24, 10. *That which:* מַה אֲשֶׁר, מַה שֶׁ׳

6. *Some, several of,* by מִן: מִן הָעָם several of the people, Ex. 16, 27. מִדָּם some of the blood, Ex. 12, 7.

THE VERB.

§ 99. IN GENERAL.

1. The *Preterite* and the *Future,* properly the only tenses, convey in different ways almost all the conceptions of time.

2. Their primary inherent meanings are however: Preterite— what is past or completed; Future— what is incomplete, what still continues, and what is to come.

§ 100. THE PRETERITE.

The preterite denotes:

I. The Past.

a) The absolutely past: as מִי הִגִּיד לְךָ who told thee?

b) The historical tense (Aorist): as רָחֵל הָיְתָה יְפַת־תֹּאַר Rachel was of beautiful form.

c. *The Pluperfect:* as וַיהוָֹה בֵּרַךְ אֶת־אַבְרָהָם בַּכֹּל and the Lord had blessed Abraham in all things, 1. Mos. 24, 1., especially 1) in relative or dependent sentences and clauses, which define the principal action and in the point of time precede it: as וַיַּעַשׂ נֹחַ כְּכֹל אֲשֶׁר צִוָּהוּ יְהוָֹה and Noah did according to all that the Lord had commanded him; 2) when it is connected in the same sentence with another past tense: as וַיְהִי הַשֶּׁמֶשׁ בָּאָה and the sun had gone down.

§ 100. The Preterite.

II. The Present:

a) In verbs of quality, as חָכַם to be or become wise, גָּדַל to be or become great, קָטֹן to be little, small: קָטֹנְתִּי מִכֹּל הַחֲסָדִים I am unworthy (prop. little) of all the mercies.

b) In verbs of habit or frequency: אֱלֹהַי בְּךָ בָטַחְתִּי אַל־אֵבוֹשָׁה my God I trust in Thee, let me not be ashamed, Ps. 25, 2.

c) In verbs of state or condition: לָמָּה חָרָה לָךְ וְלָמָּה נָפְלוּ פָנֶיךָ wherefore art thou wrath? and wherefore is thy face fallen?

d) Of a state or condition commenced in the past, and yet continuing: אַנְשֵׁי מִקְנֶה הָיוּ עֲבָדֶיךָ thy servants are cattle-keepers (men of cattle).

III. The Future:

a) In predictions, prophesies and assurances, which are regarded as certain, as though already fulfilled: Isa. 9, 1, 11, 8.

b) When indicating the consequence of an action in the present or past, or when connected with a sentence expressing a result: וּדְפָקוּם יוֹם אֶחָד וָמֵתוּ כָּל־הַצֹּאן and if (men) should overdrive them one day, all the flocks will die, 1. Mos. 33, 13.

c) Connected with a sentence standing in the future, when it has conversive Vav: וְהָיָה כִּי יִקְרָא לָכֶם פַּרְעֹה וְאָמַר מַה־מַּעֲשֵׂיכֶם and it shall come to pass, when Pharaoh shall call you and say, what is your occupation?

d) Or with a sentence containing a future condition, when it is either itself conditional or expresses the result of the condition: וְעַתָּה אִם־שָׁמוֹעַ תִּשְׁמְעוּ בְּקֹלִי וּשְׁמַרְתֶּם אֶת־בְּרִיתִי וִהְיִיתֶם Now, therefore, if ye will obey my voice indeed and keep my covenant, then ye shall be......

IV. The Subjunctive:

When joined to such a sentence: as פֶּן־תִּדְבָּקַנִי הָרָעָה וָמַתִּי lest some evil cleave unto me, and I die, 1. Mos. 19. 19.

V. *The Imperative and Optative:*

1) By connection with a similar sentence: לֵךְ וְאָסַפְתָּ אֶת־זִקְנֵי יִשְׂרָאֵל וְאָמַרְתָּ אֲלֵיהֶם go and gather the elders of Israel together and say unto them.

2) After a conditional sentence: as אִם בֵּן הוּא וַהֲמִתֶּן אֹתוֹ וְאִם בַּת הִיא וָחָיָה if it be a son, then ye shall put him to death, but if it be a daughter, then she shall live, 2. Mos. 1, 16.

VI. *The Future perfect:* as מֵעֵת הוּסַר הַתָּמִיד from the time that the continual (sacrifice) will be taken away, Dan. 12, 11. אִם רָחַץ אֲדֹנָי אֵת צֹאַת בְּנוֹת־צִיּוֹן when the Lord shall have washed away the filth of the daughters of Zion, Isa. 4, 4.

§ 101. THE FUTURE.

The Future expresses:

I. a) The *future absolute:* as אֶמְחֶה אֶת־הָאָדָם I will blot out the man, 1. Mos. 6, 7.

b) The *future perfect:* as אֲשֶׁר יִמָּצֵא אִתּוֹ יִהְיֶה לִּי עָבֶד he with whom it shall have been found, shall be my servant, 1. Mos. 44, 10.

c) The *present*, especially when conveying the ideas of quality, permanence, iteration or frequency, or in general and moral truths: בֵּן יְכַבֵּד אָב וְעֶבֶד אֲדֹנָיו a son honoreth (his) father, and a servant his lord, Mal. 1, 6.

II. *The Past.*

א) In all states or actions continuing in the past, and in those, which were often repeated in the past: אֲשֶׁר יָבֹאוּ which (often) came; כֹּה יִתֵּן thus Solomon gave to Hiram year by year, or ב) when the past is expressly indicated by an external sign. Such are 1) adverbs of time אָז then, טֶרֶם not yet; 2) conversive Vav.

III. *The following Moods:*

a) The *subjunctive* and the auxiliaries *may, can, might, would, should* etc.: מִכֹּל עֵץ הַגָּן אָכֹל תֹּאכֵל Gen. 2, 16. וְהָיָה כָל־מֹצְאִי יַהַרְגֵנִי ib. 4, 14.

b) The *imperative*, a) in prohibitions, the imp. never being used negatively: לֹא תִּגְנֹבוּ וְלֹא־תְכַחֲשׁוּ וְלֹא תְשַׁקְּרוּ אִישׁ בַּעֲמִיתוֹ Lev. 19, 11.; b) after a preceding imperative: דַּבֵּר אֶל בְּנֵי יִשְׂרָאֵל וְיָשֻׁבוּ וְיַחֲנוּ Ex. 14, 2.

Note. The third person of the imperative, which is wanting, is always expressed by the future (Jussive): יְהִי אוֹר be there light.

c) For the optative, especially with the particle נָא: יִגְמָר נָא Oh, let come to an end, Ps. 7, 10.

§ 102. THE CONVERSIVE VAV.

1. The conception of time, contained in the principal sentence of an argument or narration, affects the following sentences, determining their respective tenses.

2. This influence, however, is only exerted when the verb begins the sentence, but is entirely neutralized when the sentence commences with any other word.

3. The converted tenses (preterite and future with conv. Vav) substituted for the simple tenses, are the same in signification.

4. The preterite with convers. ו must be preceded by a future, an imperative, or by some word or phrase expressing futurity: as בֹּקֶר וּרְאִיתֶם tomorrow, and you will see; עוֹד מְעַט וּסְקָלוּנִי yet a little, and they would stone me. Vice versa the future with convers. ו must follow a preterite with its original signification or another word or phrase referring to past time: בִּשְׁנַת־מוֹת הַמֶּלֶךְ עֻזִּיָּהוּ וָאֶרְאֶה In the year of the death of the king Uzziah. I saw... Isa. 6, 1.

5. The converted tenses are *only* employed when the verb commences the clause, so that the copulative force conveyed by the convers. ו relates also to the time of the preceding sentence (which may be either expressed or understood). But if any other word commences the clause, the simple tense must be used: as אִם־תֵּלְכִי עִמִּי וְהָלָכְתִּי וְאִם־לֹא תֵלְכִי עִמִּי לֹא אֵלֵךְ If thou wilt go with me, then I will go, but if thou wilt not go with me, then I will not go.

(The converted tense וְהָלַכְתִּי is used, because it commences the clause, the simple אֵלֵךְ, because לֹא precedes).

6. The converted future, following a preterite with the pluperfect signification, must often be translated as pluperfect: as וַיָּשָׁב יִצְחָק וַיַּחְפֹּר אֶת־בְּאֵרֹת הַמַּיִם אֲשֶׁר חָפְרוּ בִּימֵי אַבְרָהָם אָבִיו וַיְסַתְּמוּם פְּלִשְׁתִּים And Isaac digged again the wells of water, which they had digged in the days of Abraham, his father; and the Philistines had stopped them.

7. The connecting influence of the convers. ו is not confined to the time, but also extends to the mood, so that a preterite with convers. ו takes the meaning of the subjunctive or imperative, if the preceding verb is used in either signification: אַל תִּירָא אֹתוֹ ... וְעָשִׂיתָ לּוֹ fear him not ... and thou shalt do him ... 4. Mos. 21, 34.; פֶּן יִשְׁלַח יָדוֹ וְלָקַח גַּם מֵעֵץ הַחַיִּים lest he put forth his hand, and take also of the tree of life; פֶּן־יָבוֹא וְהִכַּנִי אֵם עַל־בָּנִים lest he will come and smite me, the mother with the children.

NOTE. Books and chapters commence with a converted future, (וַיְהִי, וַיֹּאמֶר frequently occur) past time being presumed and the books being considered as continuations of preceding narration.

§ 103. PARAGOGIC AND APOCOPATED FUTURE.

1. The future lengthened by ־ָה usually occurs in the first person (§ 32). It has the signification of exciting or urging one's self to action. It also expresses wish or purpose, when connected by ו with the antecedent, which ו may be translated *in order that:* וְהָבִיאָה לִּי וְאֹכֵלָה bring it to me in order that I may eat, Gen. 27, 4.

NOTE. The apocopated future, in Hiphil only possesses a proper distinctive form, with the exception of ל"ה, in which it is found in all conjugations. It supplies the third person in the imperative (wanting), and in the second person, when expressing a command has a less forcible signification.

§ 104. THE IMPERATIVE.

1. The imperative commands or encourages. In the latter sense the particle נָא, denoting respectful entreaty or exhortation is added: as אִמְרִי נָא say, I pray thee.

2. Prohibition and dissuasion is expressed by the future (jussive) with אַל or לֹא: אַל יֵצֵא אִישׁ let no man go out. לֹא chiefly precedes the preterite, and if the future, it denotes a distinct command: אַל־תִּרְצַח kill not! לֹא תִּרְצַח *thou shalt not kill!*

3. The imperative following the future, is sometimes translated by the future: as אֶתֵּן לָכֶם וְאִכְלוּ I will give to you and ye shall eat.

4. Two imperatives following each other, stand in the relation of cause and effect: זֹאת עֲשׂוּ וִחְיוּ this do, that ye may live, (prop. and live) כָּתְבֵם עַל לוּחַ לִבֶּךָ וּמְצָא חֵן write them upon the table of thy heart, so shalt thou find favor, (prop. and find favor) Prov. 3, 3.

§ 105. INFINITIVE ABSOLUTE.

1. The infinitive absolute being for the most part used adverbially, and either preceding or following the finite verb, denotes increased intensity of action, certainty or confirmation: as כִּי־בָרֵךְ אֲבָרֶכְךָ I will greatly bless thee; וְהַרְבָּה אַרְבֶּה אֶת־זַרְעֲךָ and I will exceedingly multiply thy seed.

2. The inf. abs. is employed for the finite verb, when several actions of the same person are spoken of successively. The first verb is then found in the requisite finite form, the following verbs taking the form of abstract nouns in the infin. abs.: as Gen. 41, 43.; 1. Sam. 2, 28.; Jer. 14, 5.

3. The infin. abs. occasionally begins the sentence in an animated style, which resembles the case absolute of nouns. The context determines the translation: as הָרֹג בָּקָר וְשָׁחֹט צֹאן אָכֹל בָּשָׂר וְשָׁתוֹת יַיִן אָכוֹל וְשָׁתוֹ כִּי מָחָר נָמוּת slaying oxen and slaughtering sheep, eating flesh and drinking wine, let us eat and drink, for to-morrow we shall die, Isa. 22, 13.

4. Most frequently, the infin. absolute has the sense of a very emphatic imperative: as הָלוֹךְ וְקָרָאתָ Go and call Jer. 2, 2. זָכוֹר אֶת־יוֹם הַשַּׁבָּת לְקַדְּשׁוֹ. Remember the sabbath day to sanctify it, 2. Mos, 20, 9.

5. To give more emphasis, the infin. absol. is often used in expressions, where we would expect the inf. construct: as לִמְדוּ הֵיטֵב learn to do well, Isa. 1, 17. לֹא אָבוּ בִדְרָכָיו הָלוֹךְ they would not walk in His ways, Isa. 42, 24.

6. The infinitive absolute is sometimes employed as a mere adverb: as וְשָׁחַקְתָּ מִמֶּנָּה הָדֵק and thou shalt rub (some) of it very small, (from דקק Inf. Hi. to beat small, break in pieces).

7. An inf. absol. immediately following the same verb, and appearing to convey one idea, adds to its signification completeness and duration. This infinitive is translated by: always, further, continually, totally, utterly etc.: as וַיֵּלֶךְ הָלוֹךְ he is quite gone; שִׁמְעוּ שָׁמוֹעַ וּרְאוּ רָאוֹ hear ye indeed, and see ye indeed. When two infinitives of this kind (one of the same, the other of another verb) follow the verb, the expression receives additional force: as וַיֵּצֵא יָצוֹא וָשׁוֹב it went out to and fro (going and returning), וָאֲדַבֵּר אֲלֵיכֶם הַשְׁכֵּם וְדַבֵּר and I spake unto you, rising up early and speaking, Jer. 7. 13. הָלַךְ is most frequently used in this manner. By its infinitive הָלוֹךְ the continuance or the gradual progress of an action is indicated: as וְהַמַּיִם הָיוּ הָלוֹךְ וְחָסוֹר and the waters decreased continually (were going and decreasing). Sometimes by the participle: וְהַנַּעַר הָיָה הֹלֵךְ וְגָדֵל וָטוֹב and the lad became greater and better (went and grew and was good).

§ 106. INFINITIVE CONSTRUCT.

1. The infinitive constructs are considered as verbal nouns (the English: *ing*) and occur in all cases, with suffixes and prepositions: as בְּיוֹם אֲכָלְכֶם in the day of your eating.

2. The abbreviated בכל"ם (§ 30, 1.) are joined with the infin. —constituting gerunds—: as בְּפִגְעוֹ בוֹ in his lightening upon him, i. e. when he alighted. Subordinate clauses conveying the idea of time, are most frequently denoted by the infinitive with ב and כ. When the action is understood as of prior occurrence כ is used (most gener-

erally, giving the infinitive the meaning of the pluperfect), but ב when taking place at the same time: וְלֹא־עָמַד אִישׁ אִתּוֹ בְּהִתְוַדַּע יוֹסֵף אֶל־אֶחָיו and there stood no man with him, while Joseph made himself known unto his brethren, 1. Mos. 45, 2. אֲשֶׁר רָאִינוּ צָרַת נַפְשׁוֹ בְּהִתְחַנְנוֹ אֵלֵינוּ that we saw the distress of his soul, when he implored us, 1. Mos. 42, 21. וַיְהִי כִשְׁמֹעַ לָבָן אֶת־שֵׁמַע יַעֲקֹב וַיָּרָץ לִקְרָאתוֹ when Laban had heard the report of Jacob, he ran towards him, 1. Mos. 29, 13. וּבְנֵי יַעֲקֹב בָּאוּ מִן־הַשָּׂדֶה כְּשָׁמְעָם and the sons of Jacob came from the field, when they had heard...1. Mos. 43, 7. ל may be variously rendered: *to, till, that, so that, because, when, about:* כִּלָּה לְדַבֵּר he finished to speak. When a noun as regens precedes, it expresses the genitive of the infinitive noun or the Latin gerund, e. g. עֵת לָלֶדֶת Eccles. 3, 2.

The infinit. with מ is used as a noun in the ablative: וַיָּשֻׁבוּ מִתּוּר הָאָרֶץ and they returned from searching of the land. Often it includes negation: מִפְּקוֹד from visiting, i. e. that he may not visit; מִדַּבֵּר that thou speakest not, Gen. 31, 29.; מֵעֲבֹר that they not pass over, Num. 32, 7.

Note. כ before the inf. const. denotes comparison of the two actions with one another. כ must be considered as the shortened בְּעֵת, בְּיוֹם, which sometimes is still retained: as בְּעֵת יַחֵם הַצֹּאן Gen. 31, 10., for בְּהִתְיַחֵם; בְּעֵת הָצֵר לוֹ Chro. II. 28, 22., for בְּהָצֵר לוֹ. Thus בְּיוֹם אֲכָלְכֶם מִמֶּנּוּ Gen. 3, 5,. for בַּאֲכָלְכֶם מִמֶּנּוּ (it cannot be taken literally: at the day, because Adam lived after having eaten of the forbidden fruit 900 years).

3. The inf. const. can be (a) the subject of a sentence: טוֹב לָנוּ שׁוּב better (were it) for us to return, Num. 14, 3.; רַע וָמַר עָזְבֵךְ אֶת־יְהוָה Jer. 2, 19.; (b) the object: מֵאֵן בִּלְעָם הֲלֹךְ עִמָּנוּ 4. Mos. 22, 14.; (c) the attribute of a noun: עֵת סְפוֹד וְעֵת רְקוֹד Eccl. 3, 4.

4. The infinitive of a transit. verb takes the accusative of the object and the genitive of the subject; the genitive immediately succeeding the infin., and the accus. taking the third place: בְּשִׂנְאַת יְהוָה אֹתָנוּ Deut. 1, 27.

5. The infinitive partaking of the properties of both noun and verb, uses a verbal suffix, if the suffix denotes an object, a nominal suffix, if it expresses a subject: as לְהָרְגֵנִי to slay me, 2. Mos. 2, 14. כַּהֲרִימִי קוֹלִי as I lifted up my voice (prop. my lifting up).

6. The infinitive, when representing a finite verb, commences the sentence: as וַיְהִי כִּשְׁמֹעַ כָּל־הַמְּלָכִים Jos. 9, 1. As subject it takes its proper place: לֹא טוֹב הֱיוֹת הָאָדָם לְבַדּוֹ it is not good, that man should be alone (prop. the being of man). As object it follows the verb: as וַיְבַקֵּשׁ הֲמִיתוֹ 2. Mos. 4, 24. אִם יָרֵא אַתָּה לָרֶדֶת Jud. 7, 10.

7. The verb הָיָה to be, the particles יֵשׁ and אַיִן (including the verb to be), with ל and the inf. const. express: 1) to be about to do something, to be on the point of doing: as וַיְהִי הַשֶּׁמֶשׁ לָבוֹא and the sun was about to go down; 2) it is to be done, must be accomplished: as מֶה לַעֲשׂוֹת לָךְ what is to be done unto thee? הֲיֵשׁ לְדַבֶּר־לָךְ אֶל הַמֶּלֶךְ wouldst thou be spoken for to the king, 2. Ki. 4, 13.

8. The verb נָתַן to give, with ל and the inf. const. and the accusative of person, expresses *to allow*, *to permit:* as לֹא יִתֵּן אֶתְכֶם לַהֲלֹךְ he will not let you go, 2. Mos. 3. 19.

9. A peculiar construction is, that the inf. with or without ל, following the finite form of the verbs: כִּלָּה, יָסַף, הוֹאִיל שׁוּב, מִהֵר etc. expresses the principal idea, the finite verb being rendered adverbially: as לָמָּה נַחְבֵּאתָ לִבְרֹחַ wherefore didst thou flee *secretly?* (prop.: wherefore hast thou hidden thyself to flee?); וְלֹא־יָסְפָה שׁוּב אֵלָיו עוֹד and it returned not *again* (prop.: it added not again to return), לֹא תְכַלֶּה פְּאַת שָׂדְךָ לִקְצֹר thou shalt not *wholly* reap the corner of thy field (prop.: thou shalt not complete to reap the...).

Sometimes the verbs are both finite, either connected by ו or without ו: וַיָּשָׁב וַיִּשְׁלַח 2. Kings 1, 11. אוֹסִיף אֲבַקְשֶׁנּוּ עוֹד Prov. 23, 35. הוֹאִיל הָלַךְ he walked willingly (he was willing, walked), Hos. 5, 11.

§ 107. THE PARTICIPLE.

1. The participle associating in itself the nature of both the verb and noun (substant. and adject.), as substantive represents either the subject, the object, or stands in apposition, being inflected precisely as a noun: as subject: עֹבֵד אַדְמָתוֹ יִשְׂבַּע לָחֶם Prov. 12, 11. as object: שָׁמַעְתִּי אֹמְרִים נֵלְכָה דֹּתָיְנָה Gen. 37, 17., in apposition: הִנֵּה שָׁמַעְתִּי אֶת־אָבִיךָ מְדַבֵּר Gen. 27, 6. As adjective it agrees with the noun in gender, number and definition by the article.

2. The participle of a trans. verb, when substantively employed, is followed by the genitive, as object: אֹהֲבֵי שְׁמֶךָ they that love thy name; שֹׁמְרֵי הַסַּף they that keep the door.

3. The participle as verb but faintly conveys the notion of time: the part. act. most frequently expressing present time, especially when connected with the pers. pronoun: אָנֹכִי הֹלֵךְ I go; the part. passive past time: קָטוּל killed = who has been killed. Sometimes the latter is used for the partic. pass. fut. (in Latin: *ndus*): as נוֹלָד to be born (nascendus), Ps. 22, 23. נִבְרָא to be created (creandus), Ps. 102, 19. מְהֻלָּל to be praised (laudandus), Ps. 48, 2., or if formed from an intrans. verb it represents the Latin deponens: בָּטוּחַ nixus, confidens.

NOTE. The pers. pron. regularly precedes the partic., to convey the notion of present, seldom following: אוֹמֵר אָנִי מַעֲשַׂי לְמֶלֶךְ Ps. 45, 2. רוֹאֶה אָנֹכִי Gen. 31, 5. In later Hebrew this construction is the most common; יודע אני I know; מודה אני I confess; משביע אני I adjure.

4. The participle without pronoun and without copula, is very frequently used for the present, in sentences conveying truths of a practical or moral nature. This present generally includes the subject and relative or the conjunctions: he who—whosoever, or: as he—when he, so that we would render in Hebrew: he who kills by: קֹטֵל. יֵשׁ מַחֲרִישׁ כִּי אֵין בְּפִיו מַעֲנֶה וְיֵשׁ עוֹצֵר מַעֲנֵהוּ לְעִתּוֹ. There

is (one that) keepeth silence, because he hath no answer in his mouth, and there is (one that) holdeth back his answer for his time. מַרְבֶּה דְבָרִים מַרְבֶּה כְזָבִים (He that) useth many words, useth many lies.

5. The participle standing in the place of a finite verb, of the past, present or future, always adds the idea of permanence or duration: יֹדֵעַ אֱלֹהִים God knows; נָהָר יֹצֵא a river goes out; עֵינֵיכֶם הָרֹאוֹת your eyes have seen. Often the copula is expressed: הַנַּעַר הָיָה מְשָׁרֵת and the lad ministered (was ministering), וְחַנָּה הִיא מְדַבֶּרֶת עַל־לִבָּהּ and Hannah spake in her heart, 1. Sam. 1, 13.

6. The participle according to its verbal or nominal meaning, is connected with either the verbal or nominal suffix (§ 47.).

7. Sometimes one participle is added to another, objectively, (instead of an infinitive) to complete its meaning: as אִישׁ יֹדֵעַ מְנַגֵּן בְּכִנּוֹר a man knowing to play on a harp.

NOTE. The participle in a few instances is connected with הָיָה to express the perfect: וָאֱהִי נָגוּעַ כָּל־הַיּוֹם; וַיְהִי בֹּנֶה עִיר In later Hebrew, this construction frequently occurs: הָיִיתִי בָא בַּדֶּרֶךְ I came on the way (ברכות פ"א מ"ה); לֹא הָיְתָה שׁוֹתָה she did not drink (סוטה פ"ו מ"ד); כָּךְ הָיָה אוֹמֵר thus he spoke (יומא פ"ד מ"ב)

The future of הָיָה, being also employed to express future time: (תרומות פ"ח מ"ד) ויהיו אסורין

PARTICLES.

§ 108. PARTICLES OF NEGATIVE SENTENCES.

1. לֹא, אַל: לֹא expressing the direct and real negation, is used before verbs in the preterite and future, אַל the desired, intended or supposed negation is used only before verbs in the future; both regularly precede the verb. לֹא, בַּל, בִּלְתִּי, אַיִן: לֹא and בַּל (the latter chiefly used in poetry) deny the predicate, אַיִן, אֵין the subject: לֹא אָכַלְתִּי I have not eaten; בַּל יָקֻמוּ וְיָרְשׁוּ אָרֶץ they do not rise nor possess the land; אָמַר נָבָל בְּלִבּוֹ אֵין אֱלֹהִים the

§ 108. PARTICLES OF NEGATIVE SENTENCES. 191

base man saith in his heart, there is no God. בִּלְתִּי chiefly found before an infinitive (where לֹא never stands): לֶאֱכֹל to eat, בִּלְתִּי לֶאֱכֹל = לְבִלְתִּי אֲכֹל not to eat.

אַיִן (absol. st.) closes a member of the sentence: וְאָדָם אַיִן Gen. 2, 5. אֵין (const. st.) appears before the noun, inf. or partic. אֵין מִסְפָּר without number, Gen. 41, 49.

NOTE I. The partic. mostly representing the noun is preceded by אֵין, more rarely by לֹא: לֹא־יוֹדֵעַ עוּל בֹּשֶׁת Zeph. 3, 5. In the Mishna לֹא is often used, when standing immediately before the participle, אֵין when a pronoun intervenes: לא אוכלין ולא שורפין (פסחים פ״א מ״ה), לא רוכבין (ביצה פ״ה מ״ב) אין אני משקה (יבמות צ״ה).

NOTE II. לֹא and אַל may be best compared with the Latin *non* and *ne*

2. פֶּן *lest*, indicating a prevention of what follows, is with but few exceptions, connected with the future: פֶּן תְּמֻתוּן lest ye die.

3. The preposition מִן, .מִ conveying the notion of *away from*, is occasionally used as a negation: אֹתִי מָאֲסוּ מִמְּלֹךְ עֲלֵיהֶם Sam. 8, 7. ...that I should not reign over them; עַל הֶעָבִים אֲצַוֶּה מֵהַמְטִיר Isa. 5, 6. ...that they reign not. § 106, 2.

4. The conjunction אִם in swearing is properly conditional: *if, provided*: as in Sam. 3, 17. God do so to thee, and more so, אִם תְּכַחֵד מִמֶּנִּי דָּבָר if thou hide anything from me; but when the form of imprecation is omitted, it is best rendered by a negative: *not*, and the phrase אִם לֹא by an affirmative: אִם יִרְאוּ אֶת הָאָרֶץ if they shall see the land = they shall *not* see, 4. Mos. 14, 23. אִם לֹא כֵן אֶעֱשֶׂה לָכֶם if I will not do so unto you = I will do, 4. Mos. 14, 28.

5. Two negations in the same sentence do not affirm, as in English, but give more emphasis to the negation: as אֵין כֶּסֶף לֹא נֶחְשָׁב silver was *nothing* accounted of (in the days of Solomon), 1. Ki. 10, 21.

§ 109. PARTICLES OF INTERROGATIVE SENTENCES.

1. הֲ, הֲלֹא (§ 24, 4.). הֲלֹא is also used elliptically for a whole sentence: הֲלֹא אִם תֵּטִיב is it not so? Gen. 4, 7.

2 אִם *if*, is an interrogative particle in indirect questions: as נִרְאֶה אִם־פָּרְחָה הַגֶּפֶן let us see if the vine flourish; or in indirect disjunctive questions before the second member: as הַאַתָּה זֶה בְּנִי עֵשָׂו אִם־לֹא whether thou be my son Esau or not.

Note. The second member is but seldom introduced by אוֹ: מִי יוֹדֵעַ הֶחָכָם יִהְיֶה אוֹ סָכָל Eccl. 2, 19. or by הֲ repeated: as הֶחָזָק הוּא הֲרָפֶה whether they are strong or weak, 4. Mos. 13, 18.

3. Sometimes the interrogative particle is wanting, and the question indicated by the collocation of the words, or by the tone of the voice: אַתָּה זֶה art thou? עוֹדְךָ מַחֲזִיק בָּם wilt thou hold them still?

4. The answer „*yes*" is regularly expressed by a repetition of the word to be affirmed or denied: as הֲיֵשׁ דָּבָר מֵאֵת יְהוָה וַיֹּאמֶר יֵשׁ is there any word from the Lord? And he said, There is, Jer. 37, 17.

§ 110. PARTICLES OF OPTATIVE SENTENCES.

1. לוּ (negatively לוּלֵא or לוּלֵי) O if! O that! utinam! It is coupled with the future: as לוּ יִשְׁמָעֵאל יִחְיֶה 1. Mos. 17, 18., with the jussive: לוּ יְהִי כִדְבָרֶךָ O that it might be according to thy word, 1. Mos. 30, 34., with the imperative: אַךְ אִם־אַתָּה לוּ שְׁמָעֵנִי if thou wouldst only hear me! 1. Mos. 23, 18., with the elliptic participle: לוּ עַמִּי שֹׁמֵעַ לִי O that my people would hearken unto me, Ps. 81, 13. if the wish refer to the future. If referring to the past, to what should have happened, but has not, the perfect is employed, where we would use the pluperfect: as לוּ מַתְנוּ O that we had been dead! O si mortui essemus! Sometimes אִם is used as an optative particle: as יִשְׂרָאֵל אִם תִּשְׁמַע לִי O Israel, if thou wilt hearken unto me, Ps. 81, 9.

2. A wish is often expressed in the form of a question: as רַבִּים אֹמְרִים מִי־יַרְאֵנוּ טוֹב many say, who will show us

any good, Ps. 4, 7. A peculiar formula of wishing, for *O that!* is: מִי יִתֵּן who will give, with following accusative: מִי יִתֵּן עֶרֶב would it were even! 5. Mos. 28, 67.; with following infinitive: as מִי־יִתֵּן מוּתֵנוּ would that we had died, 2. Mos. 16, 3.; with following finite verb with or without וְ: as מִי יִתֵּן וְהָיָה לְבָבָם זֶה לָהֶם O that there were such an heart in them! 5. Mos. 5, 26.; מִי יִתֵּן יָדַעְתִּי O that I knew! Job 23, 3.

§ 111. PARTICLES OF OBJECTIVE SENTENCES.

1. After the verbs of seeing, knowing, saying, hearing, believing etc. the sentence employed as the object is introduced by כִּי or less frequently by אֲשֶׁר: רָאוּ כִּי לָכַד they saw that they had conquered, Jos. 8, 21.; מִי הִגִּיד לְךָ כִּי עֵרוֹם אָתָּה who told thee that thou wast naked? Gen. 3, 11. After verbs denoting the operations of the senses, the subject of the dependent clause becomes the object of the principal sentence, and is followed by the dependent clause with its introductory particle: וַיַּרְא אֱלֹהִים אֶת־הָאוֹר כִּי טוֹב instead of: וַיַּרְא אֱלֹהִים ׀ כִּי טוֹב הָאוֹר (almost the Latin Accusat. before the Infin.)

2. אֲשֶׁר: אֲשֶׁר יַפְלֶה יְהוָה that ye may know, that the Lord distinguishes, Ex. 11, 7. or אֵת אֲשֶׁר cf. (§ 96, 5.)

§ 112. PARTICLES OF FINAL SENTENCES.

Dependent sentences in which intention or purpose is expressed, take the particle: (a) אֲשֶׁר: אֲשֶׁר יִיטַב לְךָ that it may be well with thee, Deut. 6. 3., or the more precise בַּעֲבוּר, לְמַעַן, יַעַן with or without אֲשֶׁר; as prepositions, they are connected with the infinitive, as conjunctions with the future: יַעַן אֲשֶׁר לֹא יִרְאֶה that he may not see. Ez. 12, 12.; לְמַעַן אֲשֶׁר יְצַוֶּה Gen. 18, 19.; לְמַעַן הָבִיא ib.; בַּעֲבוּר תִּהְיֶה־לִּי לְעֵדָה Gen. 22. 30.; בַּעֲבוּר הַרְאֹתְךָ אֶת־כֹּחִי Ex. 9. 16. (b) לְ with the infinitive: סָר לִרְאוֹת Ex. 3, 4. Ez. 12, 2. (c) וְ: and bring your youngest brother unto me וְאֵדְעָה that I know, Gen. 42, 34. קַוֵּה לַיהוָה וְיֹשַׁע לָךְ Prov. 20, 22. (d) פֶּן, לְבִלְתִּי lest: פֶּן יִשְׁלַח יָדוֹ Gen. 3, 22. לְבִלְתִּי אֲכָל־מִמֶּנּוּ ib. 3, 11.

§ 113. PARTICLES OF INFERENTIAL SENTENCES.

Inferential sentences are usually introduced in English by *that*. In Hebrew *that* is expressed by: a) וְ: as God is not a man וִיכַזֵּב that he lies. b) לְ with infinitive: לְהַחֲיוֹת אֶת־נַפְשִׁי (thou hast magnified Thy mercy) in keeping alive my soul, 1. Mos. 19, 19. c) אֲשֶׁר: יַכְּכָה יְהוָֹה אֲשֶׁר לֹא־תוּכַל לְהֵרָפֵא the Lord will smite thee, that thou canst not be healed, Deut. 28, 27. d) כִּי after interrogatives: as מַה־כֹּחִי כִּי אֲיַחֵל what is my strength, that I should hope. Job 6, 11.

§ 114. PARTICLES OF TEMPORAL SENTENCES.

a) The introductory וַיְהִי is of especial importance, as it occurs with the greatest frequency in adverbial sentences relating to time; b) the prefixes בְּ and כְּ with the infinitive (§ 106, 2.); c) וְ connected with the finite verb or participle: as, the angel came to the woman וְהִיא יוֹשֶׁבֶת while she was sitting; d) the conjunctions: כִּי: כִּי הֶחֱרַשְׁתִּי when I kept silence, my bones withered, Ps. 32, 3. כַּאֲשֶׁר: וַיְהִי כַּאֲשֶׁר קָרַב 2. Mos. 32, 19. אִם: אִם כָּלָה בָצִיר when the vintage is finished, Isa. 24, 13. בְּטֶרֶם, טֶרֶם: בְּטֶרֶם אֶצָּרְךָ בַבֶּטֶן יְדַעְתִּיךָ Jer. 1, 5. מֵאָז: מֵאָז בָּאתִי since I came to Pharaoh, Ex. 5, 23. עַד, עַד כִּי, עַד אֲשֶׁר: Jos. 2, 16. 2. Sam. 23, 10. Deut. 2, 14.

NOTE. Sometimes conjunctions denoting time are omitted: הַשֶּׁמֶשׁ יָצָא עַל־הָאָרֶץ וְלוֹט בָּא צֹעֲרָה Gen. 19, 23.

§ 115. PARTICLES OF CAUSAL SENTENCES.

a) כִּי because: כִּי עָשִׂיתָ זֹּאת Gen. 3, 14, 17. b) יַעַן because, יַעַן כִּי, יַעַן אֲשֶׁר: Num. 20, 12. Gen. 22, 16. Num. 11, 20. אֲשֶׁר alone: אֲשֶׁר הוֹבִישׁ for the Lord dried up the waters of the Jordan, Jos. 2, 23. c) עֵקֶב, עֵקֶב כִּי, עֵקֶב אֲשֶׁר because, because that: Num. 14, 24.; Gen. 22, 18.; 2. Sam. 12, 10. d) כִּי עַל־כֵּן: Gen. 38, 26. e) וְ: אֲשֶׁר לוֹ הַיָּם וְהוּא עָשָׂהוּ Whose is the sea, for He made it, Ps. 95, 5.

§ 116. PARTICLES OF CONDITIONAL SENTENCES.

1. a) For conditional sentences the two particles אִם and

§ 116. PARTICLES OF CONDITIONAL SENTENCES. 195

לוּ are used, or their negations: אִם לֹא and לוּלֵא (לוּלֵי). אִם in case the condition and consequence are real, לוּ when they are only presumed: אִם־תֵּלְכִי עִמִּי ... וְאִם לֹא תֵלְכִי ... if thou wilt go with me, then I will go, but if thou wilt not go with me, (then) I will not go, Jud. 4, 8. לוּ חָפֵץ יְהוָה לַהֲמִיתֵנוּ .... if the Lord were pleased to put us to death... Jud. 13, 23. Frequently the expression is elliptical, the subordinate sentence, expressing the consequence, being omitted, whereby לוּ gives an optative signification to the verb: לוּ־מַתְנוּ בְּאֶרֶץ מִצְרַיִם would that we had died in the land of Egypt, Num. 14, 2. לוּ יִשְׁמָעֵאל יִחְיֶה לְפָנֶיךָ O that Ishmael might live before Thee, Gen. 17, 18.

אִם with the preterite *immediately* following gives to the latter the signification of the *future perfect*: אִם־גֻּלַּחְתִּי וְסָר מִמֶּנִּי כֹחִי if I shall have been shaven, then my strength will depart from me, Jud. 16, 17.

b) כִּי if, supposed that: כִּי תִקְנֶה עֶבֶד עִבְרִי Ex. 21, 2.

NOTE I. אִם is purely conditional, in כִּי the conditional idea is often incorporated with the clause of time. Compare Ex. 21, 2. 3, 5, 14, 18.

c) אֲשֶׁר: אֲשֶׁר תִּשְׁמְעוּ ... the blessing, if ye obey ... Deut. 11, 27.

d) הֵן or הִנֵּה: וְהֵן לֹא־יַאֲמִינוּ לִי if they will not believe me, Ex. 4, 1. הִנֵּה יְהוָה עֹשֶׂה אֲרֻבּוֹת if the Lord make windows in the heaven, 2. Ki. 7, 2.

e) וְ: וְעָזַב אֶת אָבִיו = וְאִם יַעֲזֹב Gen. 44, 22. וְאָמְרוּ־לִי = וְאִם יֹאמְרוּ מַה־שְּׁמוֹ Ex. 3, 13. וַתְּמָאֵן לְשַׁלְּחוֹ = וְאִם תְּמָאֵן Ex. 4, 23.

f) כְּ with the inf. const.: Gen. 44, 30, 31. כְּבֹאִי, כִּרְאוֹתוֹ

NOTE II. The conditional particle is frequently omitted: יִפֹּל מִצִּדְּךָ אֶלֶף ... (if) a thousand shall fall at thy side ... Ps. 91, 7.

2. The second member most frequently commences 1) without any particle: אִם־נָא מָצָאתִי ... דַּבְּרוּ נָא if now I have found favor in your eyes, speak, I pray you, in the ears of Pharaoh, Gen. 50. 4.; 2) with וְ: אִם תֵּלְכִי עִמִּי וְהָלַכְתִּי

3) with stronger particles: as אָז, אֲזַי. לוּלֵי תוֹרָתְךָ שַׁעֲשֻׁעָי אָז אָבַדְתִּי בְעָנְיִי Ps. 119, 92. If it had not been the Lord, who was for us ... אֲזַי חַיִּים בְּלָעוּנוּ Ps. 124, 2, 3.

§ 117. PARTICLES OF DISJUNCTIVE SENTENCES.

As well—as, both—and. וְ—וְ: וְאַתָּה וְאַהֲרֹן; גַּם—גַּם: גַּם־תֶּבֶן גַּם־מִסְפּוֹא Gen. 24, 25. גַּם—וְגַם: גַּם עִם־יְהוָֹה וְגַם עִם־אֲנָשִׁים 1. Sam. 2, 26.; מִ—לְ, מִ—וְעַד, מִ—עַד: Deut. 29, 10.; Gen. 19, 11.; Gen. 9—10. Neither—nor: גַּם—גַּם ... לֹא: גַּם־לִי גַּם־לָךְ לֹא יִהְיֶה 1. Ki. 3, 26. Either or: אוֹ—אוֹ: Ex. 21, 31.; אִם—אִם: Ex. 19, 13.; אִם—וְאִם: אִם־מְעַט וְאִם־הַרְבֵּה יֹאכֵל Eccl. 5, 11.

§ 118. PARTICLES OF ADVERSATIVE SENTENCES.

The most frequent adversative particle is וְ: וּמֵעֵץ but from the tree, Gen. 2, 17. All this is come upon us וְלֹא שְׁכַחֲנוּךָ yet have we not forgotten Thee, Ps. 44, 18. Stronger: אוּלָם, וְאוּלָם but: Gen. 28, 19. כִּי אִם but: thy name shall be called no more Jacob כִּי אִם־יִשְׂרָאֵל but Israel, Gen. 32, 29. אַךְ but, אָכֵן but, limiting what precedes: אַךְ לֹא but not, Gen. 20, 12. Ps. 31, 23.

גַּם־כִּי although, usually at the beginning of a sentence: גַּם כִּי־תַרְבּוּ תְפִלָּה although you multiply prayers, Isa. 1, 15. אִם although: come now and let us argue אִם־יִהְיוּ חֲטָאֵיכֶם כַּשָּׁנִים though your sins be as scarlet, Isa. 1. 18. וְ although: thou shalt die for the woman, whom thou hast taken וְהִוא בְּעֻלַת בָּעַל although she is a man's wife, Gen. 20. 3.

§ 119. INTERJECTIONS.

אוֹי, הוֹי, הָהּ, אָח, אוֹיָה, אַלְלַי exclamations of grief, complaint: ah! woe! alas! for the most part with following לְ: אוֹי־לְךָ מוֹאָב Num. 21, 29.: הָהּ לַיּוֹם Ez. 30, 2. Ez. 6, 11. אַלְלַי לִי Micha. 7, 1. אֲהָהּ with ל Jo. 1, 15., for the most part with יְהוָֹה אֱלֹהִים Josh. 7, 7. הֶאָח exclamation of joy, aha! Ps. 35, 25., of terror or mockery: Ps. 40. 16. Isa. 44, 16. בִּי an exclamation of pressing entreaty: O that! in addressing God with אֲדֹנָי Jos. 7, 8., with אֲדֹנִי in addressing superiors; 1. Ki. 3, 17.

PARADIGMS.

A. PARTICLES WITH SUFFIXES.

	לְ to, sign of the dative.	בְּ in.	כְּ as, for which also כְּמוֹ, כָּמוֹ,	מִן, מִ.
Sing.				
1. c.	לִי to me	בִּי in me	כָּמוֹנִי as I	מִמֶּנִּי, poet. מִנִּי, מֶנִּי from me
2. m.	לְךָ in p. לָךְ to thee.	בְּךָ in p. בָּךְ in thee	כָּמוֹךָ as thou	מִמְּךָ, in pause מִמֶּךָּ, from thee
2. f.	לָךְ	בָּךְ	—	מִמֵּךְ
3. m.	לוֹ to him, לָמוֹ poet.	בּוֹ in him	כָּמוֹהוּ as he	מִמֶּנּוּ, poet. מֶנְהוּ, מִנֵּהוּ, from him
3. f.	לָהּ to her	בָּהּ in her	כָּמוֹהָ as she	מִמֶּנָּה from her
Plur.				
1. c.	לָנוּ to us	בָּנוּ in us	כָּמוֹנוּ as we	מִמֶּנּוּ from us
2. m.	לָכֶם to you	בָּכֶם in you	כָּכֶם as ye, seldom כְּמוֹכֶם	מִכֶּם from you
2. f.	לָכֶן	—	—	מִכֶּן
3. m.	לָהֶם to them	כָּם in them	כָּהֶם, כָּהֵם, כְּמוֹהֶם as they	מֵהֶם, poet. מִנְּהֶם, from them
3. f.	לָהֶן	בָּהֶן, בָּהֵן	— — —	מֵהֶן

אֵת sign of the accusative. אֵת at, with.

	Sing.	*Plur.*	*Sing.*	*Plur.*
1. c.	אוֹתִי, אֹתִי me	אֹתָנוּ us	אִתִּי at, with me	אִתָּנוּ with us
2. m.	אֹתְךָ, in p. אֹתָךְ thee	אֶתְכֶם you	אִתְּךָ, in p. אִתָּךְ with thee	אִתְּכֶם with you
2. f.	אֹתָךְ	—	אִתָּךְ	אִתְּכֶן
3. m.	אֹתוֹ him	אֹתָם them	אִתּוֹ at, with him	אִתָּם with them
3. f.	אֹתָהּ her	אֹתָן	אִתָּהּ at, with her	אִתָּן

עִם with.

w. me	w. thee	w. him	w. her	w. us	w. you	w. them
עִמִּי	עִמְּךָ, in p. עִמָּךְ	עִמּוֹ	עִמָּהּ	עִמָּנוּ	עִמָּכֶם —	עִמָּם, עִמָּהֶם

198 B. REGULAR

	Kal. Transitive.	*Kal.* Intransitive.	*Kal.* Intransitive.	*Niphal.*	*Piel.*
Pret. 3. m.	קָטַל*	כָּבֵד*	יָכוֹל*	נִקְטַל*	קִטֵּל*
3. f.	קָֽטְלָה	כָּֽבְדָה	יָֽכְלָה	נִקְטְלָה	קִטְּלָה
2. m.	קָטַלְתָּ	כָּבַדְתָּ	יָכֹלְתָּ	נִקְטַלְתָּ	קִטַּלְתָּ
2. f.	קָטַלְתְּ	כָּבַדְתְּ	—	נִקְטַלְתְּ	קִטַּלְתְּ
1. c.	קָטַלְתִּי	כָּבַדְתִּי	יָכֹלְתִּי[1]	נִקְטַלְתִּי	קִטַּלְתִּי
Plur. 3.	קָֽטְלוּ	כָּבְדוּ	יָֽכְלוּ[2]	נִקְטְלוּ	קִטְּלוּ
2. m.	קְטַלְתֶּם	כְּבַדְתֶּם	—	נִקְטַלְתֶּם	קִטַּלְתֶּם
2. f.	קְטַלְתֶּן	כְּבַדְתֶּן	—	נִקְטַלְתֶּן	קִטַּלְתֶּן
1. c.	קָטַלְנוּ	כָּבַדְנוּ	—	נִקְטַלְנוּ	קִטַּלְנוּ
Inf. const.	קְטֹל* absol. (קָטוֹל)			הִקָּטֵל* (נִקְטֹל) (הִקָּטֹל)	קַטֵּל* (קַטֹּל)
Imp. m.	קְטֹל	כְּבַד*		הִקָּטֵל	קַטֵּל
f.	קִטְלִי	כִּבְדִי		הִקָּטְלִי	קַטְּלִי
Plur. m.	קִטְלוּ	כִּבְדוּ		הִקָּטְלוּ	קַטְּלוּ
f.	קְטֹלְנָה	כְּבַדְנָה		הִקָּטַלְנָה	קַטֵּלְנָה
Fut. 3. m.	יִקְטֹל	יִכְבַּד		יִקָּטֵל	יְקַטֵּל
3. f.	תִּקְטֹל	תִּכְבַּד		תִּקָּטֵל	תְּקַטֵּל
2. m.	תִּקְטֹל	תִּכְבַּד		תִּקָּטֵל	תְּקַטֵּל
2. f.	תִּקְטְלִי	תִּכְבְּדִי		תִּקָּטְלִי	תְּקַטְּלִי
1. c.	אֶקְטֹל	אֶכְבַּד		אֶקָּטֵל	אֲקַטֵּל
Plur. 3. m.	יִקְטְלוּ	יִכְבְּדוּ		יִקָּטְלוּ	יְקַטְּלוּ
3. f.	תִּקְטֹלְנָה	תִּכְבַּדְנָה		תִּקָּטַלְנָה	תְּקַטֵּלְנָה
2. m.	תִּקְטְלוּ	תִּכְבְּדוּ		תִּקָּטְלוּ	תְּקַטְּלוּ
2. f.	תִּקְטֹלְנָה	תִּכְבַּדְנָה		תִּקָּטַלְנָה	תְּקַטֵּלְנָה
1. c.	נִקְטֹל	נִכְבַּד		נִקָּטֵל	נְקַטֵּל
The length. Fut. (Optative)	אֶקְטְלָה			אִקָּטְלָה	אֲקַטְּלָה
Fut. apoc. (Jussive)	—			—	—
Part. act.	קֹטֵל pass. קָטוּל			נִקְטָל	מְקַטֵּל

1 יָכוֹלְתִּי in p. 2 יָכוֹלוּ in p.

VERB, § § 29—39. 199

Pual.	*Hiphil.*	*Hophal.*	*Hithpael.*
קֻטַּל*	הִקְטִיל*	הָקְטַל*	הִתְקַטֵּל*
קֻטְּלָה	הִקְטִילָה	הָקְטְלָה	הִתְקַטְּלָה
קֻטַּלְתָּ	הִקְטַלְתָּ	הָקְטַלְתָּ	הִתְקַטַּלְתָּ
קֻטַּלְתְּ	הִקְטַלְתְּ	הָקְטַלְתְּ	הִתְקַטַּלְתְּ
קֻטַּלְתִּי	הִקְטַלְתִּי	הָקְטַלְתִּי	הִתְקַטַּלְתִּי
קֻטְּלוּ	הִקְטִילוּ	הָקְטְלוּ	הִתְקַטְּלוּ
קֻטַּלְתֶּם	הִקְטַלְתֶּם	הָקְטַלְתֶּם	הִתְקַטַּלְתֶּם
קֻטַּלְתֶּן	הִקְטַלְתֶּן	הָקְטַלְתֶּן	הִתְקַטַּלְתֶּן
קֻטַּלְנוּ	הִקְטַלְנוּ	הָקְטַלְנוּ	הִתְקַטַּלְנוּ
(קַטֵּל) קֻטַּל	(הַקְטֵל) הַקְטִיל*	(הָקְטֵל) הָקְטַל	הִתְקַטֵּל*
wanting.	הַקְטֵל הַקְטִילִי הַקְטִילוּ הַקְטֵלְנָה	wanting.	הִתְקַטֵּל הִתְקַטְּלִי הִתְקַטְּלוּ הִתְקַטֵּלְנָה
יְקֻטַּל	יַקְטִיל	יָקְטַל	יִתְקַטֵּל
תְּקֻטַּל	תַּקְטִיל	תָּקְטַל	תִּתְקַטֵּל
תְּקֻטַּל	תַּקְטִיל	תָּקְטַל	תִּתְקַטֵּל
תְּקֻטְּלִי	תַּקְטִילִי	תָּקְטְלִי	תִּתְקַטְּלִי
אֲקֻטַּל	אַקְטִיל	אָקְטַל	אֶתְקַטֵּל
יְקֻטְּלוּ	יַקְטִילוּ	יָקְטְלוּ	יִתְקַטְּלוּ
תְּקֻטַּלְנָה	תַּקְטֵלְנָה	תָּקְטַלְנָה	תִּתְקַטֵּלְנָה
תְּקֻטְּלוּ	תַּקְטִילוּ	תָּקְטְלוּ	תִּתְקַטְּלוּ
תְּקֻטַּלְנָה	תַּקְטֵלְנָה	תָּקְטַלְנָה	תִּתְקַטֵּלְנָה
נְקֻטַּל	נַקְטִיל	נָקְטַל	נִתְקַטֵּל
	אַקְטִילָה יַקְטֵל		אֶתְקַטְּלָה
מְקֻטָּל	מַקְטִיל	(מָקְטָל) מֻקְטָל	מִתְקַטֵּל

200 C. VERB PE GUTTURAL. (§ 40)

	Kal.		Niphal.	Hiphil.	Hophal.
Pret. 3. m.	עָמַד*		נֶעֱמַד*	הֶעֱמִיד*	הָעֳמַד*
3. f.	עָמְדָה		נֶעֶמְדָה	הֶעֱמִידָה	הָעָמְדָה
2. m.	עָמַדְתָּ		נֶעֱמַדְתָּ	הֶעֱמַדְתָּ	הָעֳמַדְתָּ
2. f.	עָמַדְתְּ		נֶעֱמַדְתְּ	הֶעֱמַדְתְּ	הָעֳמַדְתְּ
1. c.	עָמַדְתִּי		נֶעֱמַדְתִּי	הֶעֱמַדְתִּי	הָעֳמַדְתִּי
Plur. 3.	עָמְדוּ		נֶעֶמְדוּ	הֶעֱמִידוּ	הָעָמְדוּ
2. m.	עֲמַדְתֶּם		נֶעֱמַדְתֶּם	הֶעֱמַדְתֶּם	הָעֳמַדְתֶּם
2. f.	עֲמַדְתֶּן		נֶעֱמַדְתֶּן	הֶעֱמַדְתֶּן	הָעֳמַדְתֶּן
1. c.	עָמַדְנוּ		נֶעֱמַדְנוּ	הֶעֱמַדְנוּ	הָעֳמַדְנוּ
Inf. const.	עֲמֹד* abs. (עָמוֹד)		הֵעָמֵד* (נַעֲמוֹד)	הַעֲמִיד* (הַעֲמֵיד)	הָעֳמַד
Imp. m.	עֲמֹד	חֲזַק	הֵעָמֵד	הַעֲמֵד	wanting.
f.	עִמְדִי	חִזְקִי	הֵעָמְדִי	הַעֲמִידִי	
Plur. m.	עִמְדוּ	חִזְקוּ	הֵעָמְדוּ	הַעֲמִידוּ	
f.	עֲמֹדְנָה	חֲזַקְנָה	הֵעָמַדְנָה	הַעֲמֵדְנָה	
Fut. 3. m.	יַעֲמֹד	יֶחֱזַק	יֵעָמֵד	יַעֲמִיד	יָעֳמַד
3. f.	תַּעֲמֹד	תֶּחֱזַק	תֵּעָמֵד	תַּעֲמִיד	תָּעֳמַד
2, m.	תַּעֲמֹד	תֶּחֱזַק	תֵּעָמֵד	תַּעֲמִיד	תָּעֳמַד
2. f.	תַּעַמְדִי	תֶּחֶזְקִי	תֵּעָמְדִי	תַּעֲמִידִי	תָּעָמְדִי
1. c.	אֶעֱמֹד	אֶחֱזַק	אֵעָמֵד	אַעֲמִיד	אָעֳמַד
Plur. 3. m.	יַעַמְדוּ	יֶחֶזְקוּ	יֵעָמְדוּ	יַעֲמִידוּ	יָעָמְדוּ
3. f.	תַּעֲמֹדְנָה	תֶּחֱזַקְנָה	תֵּעָמַדְנָה	תַּעֲמֵדְנָה	תָּעֳמַדְנָה
2. m.	תַּעַמְדוּ	תֶּחֶזְקוּ	תֵּעָמְדוּ	תַּעֲמִידוּ	תָּעָמְדוּ
2. f.	תַּעֲמֹדְנָה	תֶּחֱזַקְנָה	תֵּעָמַדְנָה	תַּעֲמֵדְנָה	תָּעֳמַדְנָה
1. c.	נַעֲמֹד	נֶחֱזַק	נֵעָמֵד	נַעֲמִיד	נָעֳמַד
Fut. apoc. (Jussive)				יַעֲמֵד	
Part. act.	עֹמֵד	pass. עָמוּד	נֶעֱמָד	מַעֲמִיד	מָעֳמָד

D. VERB AYIN GUTTURAL. (§ 41). 201

	Kal.	*Niphal.*	*Piel.*	*Pual.*	*Hithpael.*
Pret. 3. m.	שָׁחַט	נִשְׁחַט	בֵּרֵךְ	בֹּרַךְ	הִתְבָּרֵךְ
3. f.	שָׁחֲטָה	נִשְׁחֲטָה	בֵּרְכָה	בֹּרְכָה	הִתְבָּרְכָה
2. m.	שָׁחַטְתָּ	נִשְׁחַטְתָּ	בֵּרַכְתָּ	בֹּרַכְתָּ	הִתְבָּרַכְתָּ
2. f.	שָׁחַטְתְּ	נִשְׁחַטְתְּ	בֵּרַכְתְּ	בֹּרַכְתְּ	הִתְבָּרַכְתְּ
1. c.	שָׁחַטְתִּי	נִשְׁחַטְתִּי	בֵּרַכְתִּי	בֹּרַכְתִּי	הִתְבָּרַכְתִּי
Plur. 3. c.	שָׁחֲטוּ	נִשְׁחֲטוּ	בֵּרְכוּ	בֹּרְכוּ	הִתְבָּרְכוּ
2. m.	שְׁחַטְתֶּם	נִשְׁחַטְתֶּם	בֵּרַכְתֶּם	בֹּרַכְתֶּם	הִתְבָּרַכְתֶּם
2. f.	שְׁחַטְתֶּן	נִשְׁחַטְתֶּן	בֵּרַכְתֶּן	בֹּרַכְתֶּן	הִתְבָּרַכְתֶּן
1. c.	שָׁחַטְנוּ	נִשְׁחַטְנוּ	בֵּרַכְנוּ	בֹּרַכְנוּ	הִתְבָּרַכְנוּ
Inf.	שְׁחֹט	הִשָּׁחֵט	בָּרֵךְ	בֹּרַךְ	הִתְבָּרֵךְ
Inf. absol.	שָׁחוֹט	נִשְׁחֹט	בָּרוֹךְ		
Imp. m.	שְׁחַט	הִשָּׁחֵט	בָּרֵךְ	wanting.	הִתְבָּרֵךְ
f.	שַׁחֲטִי	הִשָּׁחֲטִי	בָּרְכִי		הִתְבָּרְכִי
Plur. m.	שַׁחֲטוּ	הִשָּׁחֲטוּ	בָּרְכוּ		הִתְבָּרְכוּ
f.	שְׁחַטְנָה	הִשָּׁחַטְנָה	בָּרַכְנָה		הִתְבָּרַכְנָה
Fut. 3. m.	יִשְׁחַט	יִשָּׁחֵט	יְבָרֵךְ	יְבֹרַךְ	יִתְבָּרֵךְ
3. f.	תִּשְׁחַט	תִּשָּׁחֵט	תְּבָרֵךְ	תְּבֹרַךְ	תִּתְבָּרֵךְ
2. m.	תִּשְׁחַט	תִּשָּׁחֵט	תְּבָרֵךְ	תְּבֹרַךְ	תִּתְבָּרֵךְ
2. f.	תִּשְׁחֲטִי	תִּשָּׁחֲטִי	תְּבָרְכִי	תְּבֹרְכִי	תִּתְבָּרְכִי
1. c.	אֶשְׁחַט	אֶשָּׁחֵט	אֲבָרֵךְ	אֲבֹרַךְ	אֶתְבָּרֵךְ
Plur. 3. m.	יִשְׁחֲטוּ	יִשָּׁחֲטוּ	יְבָרְכוּ	יְבֹרְכוּ	יִתְבָּרְכוּ
3. f.	תִּשְׁחַטְנָה	תִּשָּׁחַטְנָה	תְּבָרַכְנָה	תְּבֹרַכְנָה	תִּתְבָּרַכְנָה
2. m.	תִּשְׁחֲטוּ	תִּשָּׁחֲטוּ	תְּבָרְכוּ	תְּבֹרְכוּ	תִּתְבָּרְכוּ
2. f.	תִּשְׁחַטְנָה	תִּשָּׁחַטְנָה	תְּבָרַכְנָה	תְּבֹרַכְנָה	תִּתְבָּרַכְנָה
1. c.	נִשְׁחַט	נִשָּׁחֵט	נְבָרֵךְ	נְבֹרַךְ	נִתְבָּרֵךְ
Part.	שֹׁחֵט	נִשְׁחָט	מְבָרֵךְ	מְבֹרָךְ	מִתְבָּרֵךְ
pass.	שָׁחוּט				

	Kal.	*Niphal.*	*Piel.*
Pret. 3. m.	שָׁמַע*	נִשְׁמַע*	שִׁמַּע*
3. f.	שָֽׁמְעָה	נִשְׁמְעָה	שִׁמְּעָה
2. m.	שָׁמַעְתָּ	נִשְׁמַעְתָּ	שִׁמַּעְתָּ
2. f.	שָׁמַעַתְּ	נִשְׁמַעַתְּ	שִׁמַּעַתְּ
Plur. 2. m.	שְׁמַעְתֶּם	נִשְׁמַעְתֶּם	שִׁמַּעְתֶּם
Inf.	שְׁמֹעַ	הִשָּׁמַע*	שַׁמַּע*
Inf. absol.	שָׁמוֹעַ	נִשְׁמֹעַ	שַׁמֵּעַ
Imp. m.	שְׁמַע*	הִשָּׁמַע	שַׁמַּע
	שִׁמְעִי	הִשָּׁמְעִי	שַׁמְּעִי
	שִׁמְעוּ	הִשָּׁמְעוּ	שַׁמְּעוּ
	שְׁמַעְנָה	הִשָּׁמַעְנָה	שַׁמַּעְנָה
Fut. 3. m.	יִשְׁמַע	יִשָּׁמַע	יְשַׁמַּע
3. f.	תִּשְׁמַע	תִּשָּׁמַע	תְּשַׁמַּע
2. m.	תִּשְׁמַע	תִּשָּׁמַע	תְּשַׁמַּע
2. f.	תִּשְׁמְעִי	תִּשָּֽׁמְעִי	תְּשַׁמְּעִי
1. c.	אֶשְׁמַע	אֶשָּׁמַע	אֲשַׁמַּע
Plur. 3. m.	יִשְׁמְעוּ	יִשָּֽׁמְעוּ	יְשַׁמְּעוּ
3. f.	תִּשְׁמַעְנָה	תִּשָּׁמַעְנָה	תְּשַׁמַּעְנָה
2. m.	תִּשְׁמְעוּ	תִּשָּֽׁמְעוּ	תְּשַׁמְּעוּ
2. f.	תִּשְׁמַעְנָה	תִּשָּׁמַעְנָה	תְּשַׁמַּעְנָה
1. c.	נִשְׁמַע	נִשָּׁמַע	נְשַׁמַּע
Fut. with. Suff.	יִשְׁמָעֵנִי		
Part. act.	שֹׁמֵעַ pass. שָׁמוּעַ	נִשְׁמָע	מְשַׁמֵּעַ

	Piel.	*Hiphil.*	*Hophal.*	*Hithpael.*
	שִׁמַּע	הִשְׁמִיַע*	הָשְׁמַע*	הִשְׁתַּמַּע*
	שִׁמְּעָה	הִשְׁמִיעָה	הָשְׁמְעָה	הִשְׁתַּמְּעָה
	שִׁמַּעְתָּ	הִשְׁמַעְתָּ	הָשְׁמַעְתָּ	הִשְׁתַּמַּעְתָּ
	שִׁמַּעַתְּ	הִשְׁמַעַתְּ	הָשְׁמַעַתְּ	הִשְׁתַּמַּעַתְּ
	שִׁמַּעְתֶּם	הִשְׁמַעְתֶּם	הָשְׁמַעְתֶּם	הִשְׁתַּמַּעְתֶּם
	שַׁמֵּעַ	הַשְׁמִיַע*	הָשְׁמַע	הִשְׁתַּמַּע
	—	הַשְׁמֵעַ	הָשְׁמֵעַ	הִשְׁתַּמֵּעַ
	wanting.	הַשְׁמַע	wanting.	הִשְׁתַּמַּע
		הַשְׁמִיעִי		—
		הַשְׁמִיעוּ		—
		הַשְׁמַעְנָה		—
	יְשַׁמַּע	יַשְׁמִיַע	יָשְׁמַע	יִשְׁתַּמַּע
	תְּשַׁמַּע	תַּשְׁמִיַע	תָּשְׁמַע	תִּשְׁתַּמַּע
	תְּשַׁמַּע	תַּשְׁמִיַע	תָּשְׁמַע	תִּשְׁתַּמַּע
	תְּשַׁמְּעִי	תַּשְׁמִיעִי	תָּשְׁמְעִי	תִּשְׁתַּמְּעִי
	אֲשַׁמַּע	אַשְׁמִיַע	אָשְׁמַע	אֶשְׁתַּמַּע
	יְשַׁמְּעוּ	יַשְׁמִיעוּ	יָשְׁמְעוּ	יִשְׁתַּמְּעוּ
	תְּשַׁמַּעְנָה	תַּשְׁמַעְנָה	תָּשְׁמַעְנָה	תִּשְׁתַּמַּעְנָה
	תְּשַׁמְּעוּ	תַּשְׁמִיעוּ	תָּשְׁמְעוּ	תִּשְׁתַּמְּעוּ
	תְּשַׁמַּעְנָה	תַּשְׁמַעְנָה	תָּשְׁמַעְנָה	תִּשְׁתַּמַּעְנָה
	נְשַׁמַּע	נַשְׁמִיַע	נָשְׁמַע	נִשְׁתַּמַּע
Fut. apoc.		יַשְׁמַע		
	מְשַׁמַּע	מַשְׁמִיַע	מָשְׁמָע	מִשְׁתַּמַּע

204 F. VERB LAMEDH

	Kal.	*Niphal.*	*Piel.*
Pret. 3. m.	מָצָא*	נִמְצָא*	מִצֵּא*
3. f.	מָֽצְאָה	נִמְצְאָה	מִצְּאָה
2. m.	מָצָאתָ	נִמְצֵאתָ	מִצֵּאתָ
2. f.	מָצָאת	נִמְצֵאת	מִצֵּאת
1. c.	מָצָאתִי	נִמְצֵאתִי	מִצֵּאתִי
Plur. 3. c.	מָֽצְאוּ	נִמְצְאוּ	מִצְּאוּ
2. m.	מְצָאתֶם	נִמְצֵאתֶם	מִצֵּאתֶם
2. f.	מְצָאתֶן	נִמְצֵאתֶן	מִצֵּאתֶן
1. c.	מָצָאנוּ	נִמְצֵאנוּ	מִצֵּאנוּ
Inf.	מְצֹא abs. (מָצוֹא)	הִמָּצֵא* (נִמְצֹא)	מַצֵּא* (מַצֵּא)
Imp. m.	מְצָא*	הִמָּצֵא	מַצֵּא
f.	מִצְאִי	הִמָּֽצְאִי	מַצְּאִי
Plur. m.	מִצְאוּ	הִמָּֽצְאוּ	מַצְּאוּ
f.	מְצֶאנָה	הִמָּצֶאנָה	מַצֶּאנָה
Fut. 3. m.	יִמְצָא	יִמָּצֵא	יְמַצֵּא
3. f.	תִּמְצָא	תִּמָּצֵא	תְּמַצֵּא
2. m.	תִּמְצָא	תִּמָּצֵא	תְּמַצֵּא
2. f.	תִּמְצְאִי	תִּמָּֽצְאִי	תְּמַצְּאִי
1. c.	אֶמְצָא	אֶמָּצֵא	אֲמַצֵּא
Plur. 3. m.	יִמְצְאוּ	יִמָּֽצְאוּ	יְמַצְּאוּ
3. f.	תִּמְצֶאנָה	תִּמָּצֶאנָה	תְּמַצֶּאנָה
2. m.	תִּמְצְאוּ	תִּמָּֽצְאוּ	תְּמַצְּאוּ
2. f.	תִּמְצֶאנָה	תִּמָּצֶאנָה	תְּמַצֶּאנָה
1. c.	נִמְצָא	נִמָּצֵא	נְמַצֵּא
Fut. apoc. (Jussive)			
Fut. with Suff.			יְמַצְּאֵנִי
Part. act.	מֹצֵא pass. מָצוּא	נִמְצָא	מְמַצֵּא

ALEPH (ל״א). (§ 49) 205

Pual.	*Hiphil.*	*Hophal.*	*Hithpael.*
מֻצָּא*	הִמְצִיא*	הָמְצָא*	הִתְמַצֵּא*
מֻצְּאָה	הִמְצִיאָה	הָמְצְאָה	הִתְמַצְּאָה
מֻצֵּאתָ	הִמְצֵאתָ	הָמְצֵאתָ	הִתְמַצֵּאתָ
מֻצֵּאת	הִמְצֵאת	הָמְצֵאת	הִתְמַצֵּאת
מֻצֵּאתִי	הִמְצֵאתִי	הָמְצֵאתִי	הִתְמַצֵּאתִי
מֻצְּאוּ	הִמְצִיאוּ	הָמְצְאוּ	הִתְמַצְּאוּ
מֻצֵּאתֶם	הִמְצֵאתֶם	הָמְצֵאתֶם	הִתְמַצֵּאתֶם
מֻצֵּאתֶן	הִמְצֵאתֶן	הָמְצֵאתֶן	הִתְמַצֵּאתֶן
מֻצֵּאנוּ	הִמְצֵאנוּ	הָמְצֵאנוּ	הִתְמַצֵּאנוּ
מֻצָּא	הַמְצִיא* abs. (הַמְצֵא)	הָמְצָא (הָמְצֵא)	הִתְמַצֵּא
wanting.	הַמְצֵא הַמְצִיאִי הַמְצִיאוּ הַמְצֶאנָה	wanting.	הִתְמַצֵּא הִתְמַצְּאִי הִתְמַצְּאוּ הִתְמַצֶּאנָה
יְמֻצָּא	יַמְצִיא	יָמְצָא	יִתְמַצֵּא
תְּמֻצָּא	תַּמְצִיא	תָּמְצָא	תִּתְמַצֵּא
תְּמֻצָּא	תַּמְצִיא	תָּמְצָא	תִּתְמַצֵּא
תְּמֻצְּאִי	תַּמְצִיאִי	תָּמְצְאִי	תִּתְמַצְּאִי
אֲמֻצָּא	אַמְצִיא	אָמְצָא	אֶתְמַצֵּא
יְמֻצְּאוּ	יַמְצִיאוּ	יָמְצְאוּ	יִתְמַצְּאוּ
תְּמֻצֶּאנָה	תַּמְצֶאנָה	תָּמְצֶאנָה	תִּתְמַצֶּאנָה
תְּמֻצְּאוּ	תַּמְצִיאוּ	תָּמְצְאוּ	תִּתְמַצְּאוּ
תְּמֻצֶּאנָה	תַּמְצֶאנָה	תָּמְצֶאנָה	תִּתְמַצֶּאנָה
נְמֻצָּא	נַמְצִיא	נָמְצָא	נִתְמַצֵּא
	יַמְצֵא		
	יַמְצִיאֵנִי		
מְמֻצָּא	מַמְצִיא	מָמְצָא	מִתְמַצֵּא

206 G. VERB PE ALEPH (פ״א). § 48.

		Kal.	*Niphal.*	*Hiphil.*	*Hophal.*
Pret. 3. m.		אָכַל	נֶאֱכַל	הֶאֱכִיל	הָאֳכַל

Like the Verb Pe Guttural, in Paradigm C.

		Kal.	*Niphal.*	*Hiphil.*	*Hophal.*
Inf.		אֱכֹל abs. (אָכוֹל)	הֵאָכֵל (הֵאָכֹל)	הַאֲכִיל	הָאֳכַל
Imp.	m.	אֱכֹל	הֵאָכֵל	הַאֲכֵל	
	f.	אִכְלִי	etc.	etc.	wanting.
Plur.	m.	אִכְלוּ			
	f.	אֱכֹלְנָה			
Fut. 3. m.		יֹאכַל (in p. יֹאכֵל)	יֵאָכֵל	יַאֲכִיל	יָאֳכַל
	3. f.	תֹאכַל			
	2. m.	תֹאכַל			
	2. f.	תֹאכְלִי	etc.	etc.	etc.
	1. c.	אֹכַל			
Plur. 3. m.		יֹאכְלוּ			
	3. f.	תֹאכַלְנָה			
	2. m.	תֹאכְלוּ			
	2. f.	תֹאכַלְנָה			
	1. c.	נֹאכַל			
Fut. Vav Conv.		וַיֹּאכַל, וַיֹּאמֶר			
Part. act.		אֹכֵל pass. אָכוּל	נֶאֱכָל	מַאֲכִיל	מָאֳכָל

H. VERB פ״ן (§ 50). 207

	Kal.	Niphal.	Hiphil.	Hophal.
Pret. 3. m.	*נָגַשׁ	*נִגַּשׁ	*הִגִּישׁ	*הֻגַּשׁ
3. f.		נִגְּשָׁה	הִגִּישָׁה	הֻגְּשָׁה
2. m.	etc.	נִגַּשְׁתָּ	הִגַּשְׁתָּ	הֻגַּשְׁתָּ
2. f.		נִגַּשְׁתְּ	הִגַּשְׁתְּ	הֻגַּשְׁתְּ
1. c.	regular.	נִגַּשְׁתִּי	הִגַּשְׁתִּי	הֻגַּשְׁתִּי
Plur. 3.		נִגְּשׁוּ	הִגִּישׁוּ	הֻגְּשׁוּ
2. m.		נִגַּשְׁתֶּם	הִגַּשְׁתֶּם	הֻגַּשְׁתֶּם
2. f.		נִגַּשְׁתֶּן	הִגַּשְׁתֶּן	הֻגַּשְׁתֶּן
1. c.		נִגַּשְׁנוּ	הִגַּשְׁנוּ	הֻגַּשְׁנוּ
Inf. constr.	גֶּשֶׁת abs. (נָגוֹשׁ)	*הִנָּגֵשׁ (הִנָּגֵשׁ)	*הַגִּישׁ (הַגֵּשׁ)	הֻגַּשׁ (הֻגֵּשׁ)
Imp. m.	*גַּשׁ	הִנָּגֵשׁ	הַגֵּשׁ	wanting.
f.	גְּשִׁי	הִנָּגְשִׁי	הַגִּישִׁי	
Plur. m.	גְּשׁוּ	הִנָּגְשׁוּ	הַגִּישׁוּ	
f.	גַּשְׁנָה	הִנָּגַשְׁנָה	הַגֵּשְׁנָה	
Fut. 3. m.	יִגַּשׁ	יִנָּגֵשׁ	יַגִּישׁ	יֻגַּשׁ
3. f.	תִּגַּשׁ	תִּנָּגֵשׁ	תַּגִּישׁ	תֻּגַּשׁ
2. m.	תִּגַּשׁ	תִּנָּגֵשׁ	תַּגִּישׁ	תֻּגַּשׁ
2. f.	תִּגְּשִׁי	תִּנָּגְשִׁי	תַּגִּישִׁי	תֻּגְּשִׁי
1. c.	אֶגַּשׁ	אֶנָּגֵשׁ	אַגִּישׁ	אֻגַּשׁ
Plur. 3. m.	יִגְּשׁוּ	יִנָּגְשׁוּ	יַגִּישׁוּ	יֻגְּשׁוּ
3. f.	תִּגַּשְׁנָה	תִּנָּגַשְׁנָה	תַּגֵּשְׁנָה	תֻּגַּשְׁנָה
2. m.	תִּגְּשׁוּ	תִּנָּגְשׁוּ	תַּגִּישׁוּ	תֻּגְּשׁוּ
2. f.	תִּגַּשְׁנָה	תִּנָּגַשְׁנָה	תַּגֵּשְׁנָה	תֻּגַּשְׁנָה
1. c.	נִגַּשׁ	נִנָּגֵשׁ	נַגִּישׁ	נֻגַּשׁ
The length. Fut.	אֶגְּשָׁה	אִנָּגְפָה	אַגִּישָׁה	
Fut. apoc.			יַגֵּשׁ	
Part. act.	נֹגֵשׁ pass. נָגוּשׁ	נִגָּשׁ	מַגִּישׁ	מֻגָּשׁ

208 I. VERB PE YODH

	Kal.		*Niphal.*
Pret. 3. m.	יָשַׁב		נוֹשַׁב
3. f.	יָֽשְׁבָה		נוֹשְׁבָה
2. m.	יָשַׁבְתָּ		נוֹשַׁבְתָּ
2. f.	יָשַׁבְתְּ		נוֹשַׁבְתְּ
1. c.	יָשַׁבְתִּי		נוֹשַׁבְתִּי
Plur. 3. c.	יָֽשְׁבוּ		נוֹשְׁבוּ
2. m.	יְשַׁבְתֶּם		נוֹשַׁבְתֶּם
2. f.	יְשַׁבְתֶּן		נוֹשַׁבְתֶּן
1. c.	יָשַׁבְנוּ		נוֹשַׁבְנוּ
Inf.	שֶׁבֶת, abs. (יָשׁוֹב) יְסֹד		הִוָּשֵׁב
Imp. m.	שֵׁב*	יְרַשׁ	הִוָּשֵׁב
f.	שְׁבִי	יְרְשִׁי	הִוָּֽשְׁבִי
Plur. m.	שְׁבוּ	יְרְשׁוּ	הִוָּשְׁבוּ
f.	שֵׁבְנָה	יְרַשְׁנָה	הִוָּשֵׁבְנָה
Fut. 3. m.	יֵשֵׁב	יִירַשׁ	יִוָּשֵׁב
3. f.	תֵּשֵׁב	תִּירַשׁ	תִּוָּשֵׁב
2. m.	תֵּשֵׁב	תִּירַשׁ	תִּוָּשֵׁב
2. f.	תֵּשְׁבִי	תִּירְשִׁי	תִּוָּֽשְׁבִי
1. c.	אֵשֵׁב	אִירַשׁ	אִוָּשֵׁב
Plur. 3. m.	יֵֽשְׁבוּ	יִֽירְשׁוּ	יִוָּֽשְׁבוּ
3. f.	תֵּשַׁבְנָה	תִּירַשְׁנָה	תִּוָּשֵׁבְנָה
2. m.	תֵּֽשְׁבוּ	תִּֽירְשׁוּ	תִּוָּֽשְׁבוּ
2. f.	תֵּשַׁבְנָה	תִּירַשְׁנָה	תִּוָּשֵׁבְנָה
1. c.	נֵשֵׁב	נִירַשׁ	נִוָּשֵׁב
Fut. apoc. (Jussive)			
Fut. with Vav Conv.	וַיֵּשֶׁב		
Part. act.	יֹשֵׁב	pass. יָשׁוּב	נוֹשָׁב

פ״י (orig. פ״ו) (§ 51.) J. Verb prop. Pe Yodh (פ״י) 209

Hiphil.	*Hophal.*	*Kal.*	*Hiphil.*
הוֹשִׁיב*	הוּשַׁב*	יָטַב*	הֵיטִיב*
הוֹשִׁיבָה	הוּשְׁבָה		הֵיטִיבָה
הוֹשַׁבְתָּ	הוּשַׁבְתָּ		הֵיטַבְתָּ
הוֹשַׁבְתְּ	הוּשַׁבְתְּ	regular.	הֵיטַבְתְּ
הוֹשַׁבְתִּי	הוּשַׁבְתִּי		הֵיטַבְתִּי
הוֹשִׁיבוּ	הוּשְׁבוּ		הֵיטִיבוּ
הוֹשַׁבְתֶּם	הוּשַׁבְתֶּם		הֵיטַבְתֶּם
הוֹשַׁבְתֶּן	הוּשַׁבְתֶּן		הֵיטַבְתֶּן
הוֹשַׁבְנוּ	הוּשַׁבְנוּ		הֵיטַבְנוּ
הוֹשִׁיב abs. (הוֹשֵׁב, הוֹשִׁיב)	הוּשַׁב	יְטֹב (יָטוֹב)	הֵיטִיב (הֵיטֵב)
הוֹשֵׁב		יְטַב*	הֵיטֵב
הוֹשִׁיבִי	wanting.	יְטְבִי	הֵיטִיבִי
הוֹשִׁיבוּ		יְטְבוּ	הֵיטִיבוּ
הוֹשֵׁבְנָה		יְטַבְנָה	הֵיטֵבְנָה
יוֹשִׁיב	יוּשַׁב	יִיטַב	יֵיטִיב
תּוֹשִׁיב	תּוּשַׁב	תִּיטַב	תֵּיטִיב
תּוֹשִׁיב	תּוּשַׁב	תִּיטַב	תֵּיטִיב
תּוֹשִׁיבִי	תּוּשְׁבִי	תִּיטְבִי	תֵּיטִיבִי
אוֹשִׁיב	אוּשַׁב	אִיטַב	אֵיטִיב
יוֹשִׁיבוּ	יוּשְׁבוּ	יִיטְבוּ	יֵיטִיבוּ
תּוֹשֵׁבְנָה	תּוּשַׁבְנָה	תִּיטַבְנָה	תֵּיטֵבְנָה
תּוֹשִׁיבוּ	תּוּשְׁבוּ	תִּיטְבוּ	תֵּיטִיבוּ
תּוֹשֵׁבְנָה	תּוּשַׁבְנָה	תִּיטַבְנָה	תֵּיטֵבְנָה
נוֹשִׁיב	נוּשַׁב	נִיטַב	נֵיטִיב
יוֹשֵׁב			יֵיטֵב
וַיּוֹשֶׁב		וַיִּיטַב, וַיִּיקַץ	
מוֹשִׁיב	מוּשָׁב	יָטוֹב, יֹטֵב	מֵיטִיב

210 K. VERB AYIN DOU-

	Kal.		*Niphal.*
Pret. 3. m.	סַב*		נָסַב*
3. f.	סַבָּה		נָסַבָּה
2. m.	סַבּוֹתָ		נְסַבּוֹתָ
2. f.	סַבּוֹת		נְסַבּוֹת
1. c.	סַבּוֹתִי		נְסַבּוֹתִי
Plur. 3. c.	סַבּוּ		נָסַבּוּ
2. m.	סַבּוֹתֶם		נְסַבּוֹתֶם
2. f.	סַבּוֹתֶן		נְסַבּוֹתֶן
1. c.	סַבּוֹנוּ		נְסַבּוֹנוּ
Inf. constr.	סֹב* abs. (סָבוֹב)		הִסַּב* (הִסּוֹב)
Imp. m.	סֹב		הִסַּב
f.	סֹבִּי		הִסַּבִּי
Plur. m.	סֹבּוּ		הִסַּבּוּ
f.	סֻבֶּינָה		הִסַּבֶּינָה
Fut. 3. m.	יָסֹב	יִסֹּב	יִסַּב
3. f.	תָּסֹב	תִּסֹּב	תִּסַּב
2. m.	תָּסֹב	תִּסֹּב	תִּסַּב
2. f.	תָּסֹבִּי	תִּסְּבִי	תִּסַּבִּי
1. c.	אָסֹב	אֶסֹּב	אֶסַּב
Plur. 3. m.	יָסֹבּוּ	יִסְּבוּ	יִסַּבּוּ
3. f.	תְּסֻבֶּינָה	תִּסֹּבְנָה	תִּסַּבֶּינָה
2. m.	תָּסֹבּוּ	תִּסְּבוּ	תִּסַּבּוּ
2. f.	תְּסֻבֶּינָה	תִּסֹּבְנָה	תִּסַּבֶּינָה
1. c.	נָסֹב	נִסֹּב	נִסַּב
Fut. with Vav Conv.	וַיָּסָב		
Fut. with Suff.	יְסֻבֵּנִי		
Part. act.	סוֹבֵב	pass. סָבוּב	נָסָב

Hiphil.	*Hophal.*	*Piel.*	*Pual.*
הֵסֵב*	הוּסַב*	סוֹבֵב*	סוֹבַב*
הֵסֵבָּה	הוּסַבָּה	סוֹבְבָה	סוֹבְבָה
הֲסִבּוֹתָ	הוּסַבּוֹתָ	סוֹבַבְתָּ	סוֹבַבְתָּ
הֲסִבּוֹת	הוּסַבּוֹת	סוֹבַבְתְּ	סוֹבַבְתְּ
הֲסִבּוֹתִי	הוּסַבּוֹתִי	סוֹבַבְתִּי	סוֹבַבְתִּי
הֵסֵבּוּ	הוּסַבּוּ	סוֹבְבוּ	סוֹבְבוּ
הֲסִבּוֹתֶם	הוּסַבּוֹתֶם	סוֹבַבְתֶּם	סוֹבַבְתֶּם
הֲסִבּוֹתֶן	הוּסַבּוֹתֶן	סוֹבַבְתֶּן	סוֹבַבְתֶּן
הֲסִבּוֹנוּ	הוּסַבּוֹנוּ	סוֹבַבְנוּ	סוֹבַבְנוּ
הָסֵב*	הוּסַב	סוֹבֵב	סוֹבַב
הָסֵב הָסֵבִּי הָסֵבּוּ הֲסִבֶּינָה	wanting.	סוֹבֵב סוֹבְבִי סוֹבְבוּ סוֹבֵבְנָה	wanting.
יָסֵב	יוּסַב	יְסוֹבֵב	יְסוֹבַב
תָּסֵב	תּוּסַב	תְּסוֹבֵב	תְּסוֹבַב
תָּסֵב	תּוּסַב	תְּסוֹבֵב	תְּסוֹבַב
תָּסֵבִּי	תּוּסַבִּי	תְּסוֹבְבִי	תְּסוֹבְבִי
אָסֵב	אוּסַב	אֲסוֹבֵב	אֲסוֹבַב
יָסֵבּוּ	יוּסַבּוּ	יְסוֹבְבוּ	יסוֹבְבוּ
תְּסִבֶּינָה	תּוּסַבֶּינָה	תְּסוֹבֵבְנָה	תְּסוֹבַבְנָה
תָּסֵבּוּ	תּוּסַבּוּ	תְּסוֹבְבוּ	תסוֹבְבוּ
תְּסִבֶּינָה	תּוּסַבֶּינָה	תְּסוֹבֵבְנָה	תְּסוֹבַבְנָה
נָסֵב	נוּסַב	נְסוֹבֵב	נסוֹבַב
וַיָּסֶב			
(יְסִבְּכֶם) יְסִבֵּנִי		יְסוֹבְבֵנִי	
מֵסֵב	מוּסָב	מְסוֹבֵב	מְסוֹבָב

212 L. VERB AYIN VAV

	Kal.	*Niphal.*	*Hiphil.*	*Hophal.*
Pret. 3. m.	קָם*	נָקוֹם*	הֵקִים*	הוּקַם*
3. f.	קָמָה	נָקוֹמָה	הֵקִימָה	הוּקְמָה
2. m.	קַמְתָּ	נְקוּמוֹתָ	הֲקִימוֹתָ	הוּקַמְתָּ
2. f.	קַמְתְּ	נְקוּמוֹת	הֲקִימוֹת	הוּקַמְתְּ
1. c.	קַמְתִּי	נְקוּמוֹתִי	הֲקִימוֹתִי	הוּקַמְתִּי
Plur. 3. c.	קָמוּ	נָקוֹמוּ	הֵקִימוּ	הוּקְמוּ
2. m.	קַמְתֶּם	נְקוּמוֹתֶם	הֲקִימוֹתֶם	הוּקַמְתֶּם
2. f.	קַמְתֶּן	נְקוּמוֹתֶן	הֲקִימוֹתֶן	הוּקַמְתֶּן
1. c.	קַמְנוּ	נְקוּמוֹנוּ	הֲקִימוֹנוּ	הוּקַמְנוּ
Inf. const.	קוּם* abs. (קוֹם)	הִקּוֹם*	הָקִים* (הָקֵם ,הָקֵים)	הוּקַם
Imp. m.	קוּם	הִקּוֹם	הָקֵם	wanting.
f.	קוּמִי	הִקּוֹמִי	הָקִימִי	
Plur. m.	קוּמוּ	הִקּוֹמוּ	הָקִימוּ	
f.	קֹמְנָה	הִקֹּמְנָה	הָקֵמְנָה	
Fut. 3. m.	יָקוּם	יִקּוֹם	יָקִים	יוּקַם
3. f.	תָּקוּם	תִּקּוֹם	תָּקִים	תּוּקַם
2. m.	תָּקוּם	תִּקּוֹם	תָּקִים	תּוּקַם
2. f.	תָּקוּמִי	תִּקּוֹמִי	תָּקִימִי	תּוּקְמִי
1. c.	אָקוּם	אֶקּוֹם	אָקִים	אוּקַם
Plur. 3. m.	יָקוּמוּ	יִקּוֹמוּ	יָקִימוּ	יוּקְמוּ
3. f.	תְּקוּמֶינָה	תִּקֹּמְנָה	תָּקֵמְנָה	תּוּקַמְנָה
2. m.	תָּקוּמוּ	תִּקּוֹמוּ	תָּקִימוּ	תּוּקְמוּ
2. f.	תְּקוּמֶינָה	תִּקֹּמְנָה	תָּקֵמְנָה	תּוּקַמְנָה
1. c.	נָקוּם	נִקּוֹם	נָקִים	נוּקַם
Fut. apoc.	יָקֹם		יָקֵם	
conv.	וַיָּקָם ,וַיָּקֹם		וַיָּקֶם	
Fut. with suff.	יְקוּמֵנִי		יְקִימֵנִי	
Part. act.	קָם pass. קוּם	נָקוֹם	מֵקִים	מוּקָם

Piel.	*Pual.*	*Kal.*		*Niphal.*
קוֹמֵם*	קוֹמַם*	בָּן*	בִּין*	נָבוֹן*
קוֹמְמָה	קוֹמְמָה	בָּנָה	בִּינָה	נָבוֹנָה
קוֹמַמְתָּ	קוֹמַמְתָּ	בַּנְתָּ	בִּינוֹתָ	נְבוּנוֹתָ
קוֹמַמְתְּ	קוֹמַמְתְּ	בַּנְתְּ	בִּינוֹת	נְבוּנוֹת
קוֹמַמְתִּי	קוֹמַמְתִּי	בַּנְתִּי	בִּינוֹתִי	נְבוּנוֹתִי
קוֹמְמוּ	קוֹמְמוּ	בָּנוּ	בִּינוּ	נָבוֹנוּ
קוֹמַמְתֶּם	קוֹמַמְתֶּם	בַּנְתֶּם	בִּינוֹתֶם	נְבוּנוֹתֶם
קוֹמַמְתֶּן	קוֹמַמְתֶּן	בַּנְתֶּן	בִּינוֹתֶן	נְבוּנוֹתֶן
קוֹמַמְנוּ	קוֹמַמְנוּ	בַּנּוּ	בִּינוֹנוּ	נְבוּנוֹנוּ
קוֹמֵם	קוֹמַם	בִּין*	(בֹּן)	הִבּוֹן*
קוֹמֵם	wanting.		בִּין	הִבּוֹן
קוֹמְמִי			בִּינִי	as הִקּוֹם
קוֹמְמוּ			בִּינוּ	—
קוֹמֵמְנָה			—	—
יְקוֹמֵם	יְקוֹמַם	יָבִין		יִבּוֹן
תְּקוֹמֵם	תְּקוֹמַם	תָּבִין		as יִקּוֹם
תְּקוֹמֵם	תְּקוֹמַם	תָּבִין		
תְּקוֹמְמִי	תְּקוֹמְמִי	תָּבִינִי		
אֲקוֹמֵם	אֲקוֹמַם	אָבִין		
יְקוֹמְמוּ	יְקוֹמְמוּ	יָבִינוּ		
תְּקוֹמֵמְנָה	תְּקוֹמַמְנָה	תְּבִינֶינָה		
תְּקוֹמְמוּ	תְּקוֹמְמוּ	תָּבִינוּ		
תְּקוֹמֵמְנָה	תְּקוֹמַמְנָה	תְּבִינֶינָה		
נְקוֹמֵם	נְקוֹמַם	נָבִין		
		יָבֵן		
		וַיָּבֶן		
		יְבִינֵנִי		
מְקוֹמֵם	מְקוֹמָם	בּוֹן , בָּן		נָבוֹן

214 N. VERB LAMEDH

	Kal.	*Niphal.*	*Piel.*
Pret. 3. m.	גָלָה*	נִגְלָה*	גִלָּה*
3. f.	גָלְתָה	נִגְלְתָה	גִלְּתָה
2. m.	גָלִיתָ	נִגְלֵיתָ	גִלֵּיתָ (גִלִּיתָ)
2. f.	גָלִית	נִגְלֵית	גִלֵּית
1. c.	גָלִיתִי	נִגְלֵיתִי	גִלֵּיתִי
Plur. 3. c.	גָלוּ	נִגְלוּ	גִלּוּ
2. m.	גְלִיתֶם	נִגְלֵיתֶם	גִלֵּיתֶם
2. f.	גְלִיתֶן	נִגְלֵיתֶן	גִלֵּיתֶן
1. c.	גָלִינוּ	נִגְלֵינוּ	גִלֵּינוּ
Inf. constr.	גְלוֹת abs. (גָלֹה) (poet. גְלוֹ)	הִגָּלוֹת (נִגְלֹה)	גַלּוֹת (גַלֵּה)
Imp. m.	גְלֵה*	הִגָּלֵה*	גַלֵּה*
f.	גְלִי	הִגָּלִי	גַלִּי
Plur. m.	גְלוּ	הִגָּלוּ	גַלּוּ
f.	גְלֶינָה	הִגָּלֶינָה	גַלֶּינָה
Fut. 3. m.	יִגְלֶה	יִגָּלֶה	יְגַלֶּה
3. f.	תִגְלֶה	תִגָּלֶה	תְגַלֶּה
2. m.	תִגְלֶה	תִגָּלֶה	תְגַלֶּה
2. f.	תִגְלִי	תִגָּלִי	תְגַלִּי
1. c.	אֶגְלֶה	אֶגָּלֶה	אֲגַלֶּה
Plur. 3. m.	יִגְלוּ	יִגָּלוּ	יְגַלּוּ
3. f.	תִגְלֶינָה	תִגָּלֶינָה	תְגַלֶּינָה
2. m.	תִגְלוּ	תִגָּלוּ	תְגַלּוּ
2. f.	תִגְלֶינָה	תִגָּלֶינָה	תְגַלֶּינָה
1. c.	נִגְלֶה	נִגָּלֶה	נְגַלֶּה
Fut. apoc.	יִגֶל	יִגָּל	יְגַל
Fut. with Suff.	יִגְלֵנִי		יְגַלֵּנִי
Part. act.	גֹלֶה pass. גָלוּי	נִגְלֶה	מְגַלֶּה

Pual.	*Hiphil.*	*Hophal.*	*Hithpael.*
גֻּלָּה*	הִגְלָה*	הָגְלָה*	הִתְגַּלָּה*
גֻּלְּתָה	הִגְלְתָה	הָגְלְתָה	הִתְגַּלְּתָה
גֻּלֵּיתָ	הִגְלֵיתָ (הִגְלִיתָ)	הָגְלֵיתָ	הִתְגַּלֵּיתָ
גֻּלֵּית	הִגְלֵית	הָגְלֵית	הִתְגַּלֵּית
גֻּלֵּיתִי	הִגְלֵיתִי	הָגְלֵיתִי	הִתְגַּלֵּיתִי
גֻּלּוּ	הִגְלוּ	הָגְלוּ	הִתְגַּלּוּ
גֻּלֵּיתֶם	הִגְלֵיתֶם	הָגְלֵיתֶם	הִתְגַּלֵּיתֶם
גֻּלֵּיתֶן	הִגְלֵיתֶן	הָגְלֵיתֶן	הִתְגַּלֵּיתֶן
גֻּלֵּינוּ	הִגְלֵינוּ	הָגְלֵינוּ	הִתְגַּלֵּינוּ
גֻּלּוֹת (גֻּלֵּה)	הַגְלוֹת (הַגְלֵה)	הָגְלוֹת (הָגְלֵה)	הִתְגַּלּוֹת (הִתְגַּלֵּה)
wanting.	הַגְלֵה* הַגְלִי הַגְלוּ הַגְלֶינָה	wanting.	הִתְגַּלֵּה הִתְגַּלִּי הִתְגַּלּוּ הִתְגַּלֶּינָה
יְגֻלֶּה	יַגְלֶה	יָגְלֶה	יִתְגַּלֶּה
תְּגֻלֶּה	תַּגְלֶה	תָּגְלֶה	תִּתְגַּלֶּה
תְּגֻלֶּה	תַּגְלֶה	תָּגְלֶה	תִּתְגַּלֶּה
תְּגֻלִּי	תַּגְלִי	תָּגְלִי	תִּתְגַּלִּי
אֲגֻלֶּה	אַגְלֶה	אָגְלֶה	אֶתְגַּלֶּה
יְגֻלּוּ	יַגְלוּ	יָגְלוּ	יִתְגַּלּוּ
תְּגֻלֶּינָה	תַּגְלֶינָה	תָּגְלֶינָה	תִּתְגַּלֶּינָה
תְּגֻלּוּ	תַּגְלוּ	תָּגְלוּ	תִּתְגַּלּוּ
תְּגֻלֶּינָה	תַּגְלֶינָה	תָּגְלֶינָה	תִּתְגַּלֶּינָה
נְגֻלֶּה	נַגְלֶה	נָגְלֶה	נִתְגַּלֶּה
	יֶגֶל		יִתְגַּל
	יַגְלֵנִי		
מְגֻלֶּה	מַגְלֶה	מָגְלֶה	מִתְגַּלֶּה

216 O. REGULAR VERB

Suffixes *for*		1 *Sing.*	2 *Sing. m.*	2. *Sing. f.*	3. *Sing. m.*
Pret. Kal.	3. m.	קְטָלַנִי	קְטָלְךָ	קְטָלָךְ	קְטָלָהוּ קְטָלוֹ
	3. f.	קְטָלַתְנִי	קְטָלַתְךָ	קְטָלָתֶךְ	קְטָלַתְהוּ קְטָלַתּוּ
	2. m.	קְטַלְתַּנִי קְטַלְתָּנִי	—	—	קְטַלְתָּהוּ קְטַלְתּוֹ
	2. f.	קְטַלְתִּינִי	—	—	קְטַלְתִּיהוּ קְטַלְתִּיו
	1. c.	—	קְטַלְתִּיךָ	קְטַלְתִּיךְ	קְטַלְתִּיו
Plur.	3. c.	קְטָלוּנִי	קְטָלוּךָ	קְטָלוּךְ	קְטָלוּהוּ
	2. m.	קְטַלְתּוּנִי	—	—	קְטַלְתּוּהוּ
	1. c.	—	קְטַלְנוּךָ	קְטַלְנוּךְ	קְטַלְנוּהוּ
Inf. Kal.	suff. nom. suff. verb.	קָטְלִי קָטְלֵנִי	קָטְלְךָ קְטָלְךָ	קָטְלֵךְ	קָטְלוֹ
Imp. Kal.		קָטְלֵנִי	—	—	קָטְלֵהוּ
Fut. Kal.	3. m.	יִקְטְלֵנִי	יִקְטָלְךָ	יִקְטְלֵךְ	יִקְטְלֵהוּ
with Nun epenthetic	3. m.	יִקְטְלֶנִּי	יִקְטְלֶךָּ	—	יִקְטְלֶנּוּ
Plur.	3. m.	יִקְטְלוּנִי	יִקְטְלוּךָ	יִקְטְלוּךְ	יִקְטְלוּהוּ
Pret. Piel.		קִטְּלַנִי	קִטֶּלְךָ	קִטְּלָךְ	קִטְּלוֹ

WITH SUFFIXES. § 42—47. 217

3. *Sing. f.*	1 *Plur.*	2 *Plur. m.*	2 *Plur. f.*	3 *Plur. m*	3 *Plur. f.*
קְטָלָהּ	קְטָלָנוּ	קְטַלְכֶם	קְטַלְכֶן	קְטָלָם	קְטָלָן
קְטָלַתָּה	קְטָלַתְנוּ	קְטָלַתְכֶם	קְטָלַתְכֶן	קְטָלָתַם	קְטָלָתַן
קְטַלְתָּהּ	קְטַלְתָּנוּ	—	—	קְטַלְתָּם	קְטַלְתָּן
קְטַלְתִּיהָ	קְטַלְתִּינוּ	—	—	קְטַלְתִּים	קְטַלְתִּין
קְטַלְתִּיהָ	—	קְטַלְתִּיכֶם	קְטַלְתִּיכֶן	קְטַלְתִּים	קְטַלְתִּין
קְטָלוּהָ	קְטָלוּנוּ	קְטָלוּכֶם	קְטָלוּכֶן	קְטָלוּם	קְטָלוּן
קְטַלְתּוּהָ	קְטַלְתּוּנוּ	—	—	קְטַלְתּוּם	קְטַלְתּוּן
קְטַלְנוּהָ	—	קְטַלְנוּכֶם	קְטַלְנוּכֶן	קְטַלְנוּם	קְטַלְנוּן
קָטְלָהּ	קָטְלֵנוּ	קָטָלְכֶם	קָטָלְכֶן	קָטְלָם	קָטְלָן
קָטְלֶהָ / קָטְלָהּ	קָטְלֵנוּ	—	—	קָטְלֵם	—
יִקְטְלֶהָ / יִקְטְלָהּ	יִקְטְלֵנוּ	יִקְטָלְכֶם	יִקְטָלְכֶן	יִקְטְלֵם	יִקְטְלֵן
יִקְטְלֶנָּה	יִקְטְלֵנוּ	—	—	—	—
יִקְטְלוּהָ	יִקְטְלוּנוּ	יִקְטְלוּכֶם	יִקְטְלוּכֶן	יִקְטְלוּם	יִקְטְלוּן
קִטְלָהּ	קִטְלָנוּ	קִטֶלְכֶם	קִטֶלְכֶן	קִטְלָם	קִטְלָן

218 P. MASCULINE

	1. Declension.	SECOND I.	II.	III.
Sing. absol.	hero גִּבּוֹר	hand יָד	star כּוֹכָב	name שֵׁם
— constr.	גִּבּוֹר	יַד	כּוֹכַב	שֵׁם
Light Suffixes.	גִּבּוֹרִי	יָדִי	כּוֹכָבִי	שְׁמִי
	גִּבּוֹרְךָ	יָדְךָ	כּוֹכָבְךָ	שִׁמְךָ
Grave Suffixes.	גִּבּוֹרְכֶם	יֶדְכֶם	כּוֹכַבְכֶם	שִׁמְכֶם
Plur. absol.	גִּבּוֹרִים	Du. יָדַיִם יָדִים	כּוֹכָבִים	שֵׁמוֹת
— constr.	גִּבּוֹרֵי	יְדֵי	כּוֹכְבֵי	שְׁמוֹת
Light Suffixes.	גִּבּוֹרַי	יָדַי	כּוֹכָבַי	שְׁמוֹתַי
Grave Suffixes.	גִּבּוֹרֵיכֶם	יְדֵיכֶם	כּוֹכְבֵיכֶם	שְׁמוֹתֵיכֶם

	Fourth Declension.			FIFTH	
Sing. absol.	word דָּבָר	grape עֵנָב	old זָקֵן	King מֶלֶךְ	book סֵפֶר
— constr.	דְּבַר	עֵנַב	זְקַן	מֶלֶךְ	סֵפֶר
Light Suffixes	דְּבָרִי	עֲנָבִי	זְקֵנִי	מַלְכִּי	סִפְרִי
	דְּבָרְךָ	עֲנָבְךָ	זְקֵנְךָ	מַלְכְּךָ	סִפְרְךָ
Grave Suffixes	דְּבַרְכֶם	עֲנַבְכֶם	זְקַנְכֶם	מַלְכְּכֶם	סִפְרְכֶם
Plur. absol.	דְּבָרִים	עֲנָבִים	זְקֵנִים	מְלָכִים	סְפָרִים
— constr.	דִּבְרֵי	עִנְּבֵי	זִקְנֵי	מַלְכֵי	סִפְרֵי
Light Suffixes	דְּבָרַי	עֲנָבַי	זְקֵנַי	מְלָכַי	סְפָרַי
Grave Suffixes	דִּבְרֵיכֶם	עִנְּבֵיכֶם	זִקְנֵיכֶם	מַלְכֵיכֶם	סִפְרֵיכֶם

FEMININE

	1. Declension.	SECOND DECLENSION.		
Sing. absol.	law חֻקָּה	year שָׁנָה	sleep שֵׁנָה	righteousness צְדָקָה
— constr.	חֻקַּת	שְׁנַת	שְׁנַת	צִדְקַת
Light Suffixes	חֻקָּתִי	שְׁנָתִי	שְׁנָתִי	צִדְקָתִי
	חֻקָּתְךָ	שְׁנָתְךָ	שְׁנָתְךָ	צִדְקָתְךָ
Grave Suffixes	חֻקַּתְכֶם	שְׁנַתְכֶם	שְׁנַתְכֶם	צִדְקַתְכֶם
Plur. absol.	חֻקּוֹת	שָׁנוֹת	שֵׁנוֹת	צְדָקוֹת
— constr.	חֻקּוֹת	שְׁנוֹת	—	צִדְקוֹת
Light Suffixes	חֻקּוֹתַי	שְׁנוֹתַי	—	צִדְקוֹתַי
Grave Suffixes	חֻקּוֹתֵיכֶם	שְׁנוֹתֵיכֶם	—	צִדְקוֹתֵיכֶם

D E C L E N S I O N. IV.	V.	VI.	VII.	3. Declension.	
staff מַקֵּל	an axe קַרְדֹּם	enemy אֹיֵב	seer חֹזֶה	נָדִיב a noble one	זִכָּרוֹן remembrance
מַקֵּל	קַרְדֹּם	אֹיֵב	חֹזֵה	נְדִיב	זִכְרוֹן
מַקְלִי	קַרְדֻּמִּי	אֹיְבִי	חֹזִי	נְדִיבִי	זִכְרוֹנִי
מַקֶּלְךָ	—	אֹיִבְךָ	חֹזְךָ	נְדִיבְךָ	זִכְרוֹנְךָ
מַקֶּלְכֶם	—	אֹיִבְכֶם	חֹזְכֶם	נְדִיבְכֶם	זִכְרוֹנְכֶם
מַקְלוֹת	קַרְדֻּמִּים	אֹיְבִים	חֹזִים	נְדִיבִים	זִכְרוֹנִים
מַקְלוֹת	קַרְדֻּמֵּי	אֹיְבֵי	חֹזֵי	נְדִיבֵי	זִכְרוֹנֵי
מַקְלוֹתַי	—	אֹיְבַי	חֹזַי	נְדִיבַי	זִכְרוֹנַי
מַקְלוֹתֵיכֶם	—	אֹיְבֵיכֶם	חֹזֵיכֶם	נְדִיבֵיכֶם	זִכְרוֹנֵיכֶם

D E C L E N S I O N.

				ל״ה	ע״ו	ע״י
sanctuary קֹדֶשׁ	lad נַעַר	power נֵצַח	work פֹּעַל	fruit פְּרִי	death מָוֶת.	olive זַיִת
קֹדֶשׁ	נַעַר	נֵצַח	פֹּעַל	פְּרִי	מוֹת,	זֵית
קָדְשִׁי	נַעֲרִי	נִצְחִי	פָּעֳלִי	פִּרְיִי	מוֹתִי,	זֵיתִי
קָדְשְׁךָ	נַעַרְךָ	נִצְחֲךָ	פָּעָלְךָ	פִּרְיְךָ*	מוֹתְךָ,	זֵיתְךָ
קָדְשְׁכֶם	נַעַרְכֶם	נִצְחֲכֶם	פָּעָלְכֶם	פֶּרְיְכֶם	מוֹתְכֶם.	זֵיתְכֶם
קֳדָשִׁים	נְעָרִים	נְצָחִים	פְּעָלִים	(פְּרִיהֶם)	—	זֵיתִים
קָדְשֵׁי	נַעֲרֵי	נִצְחֵי	פָּעֳלֵי	pl. only in modern Hebrew	מוֹתֵי.	זֵיתֵי
קֳדָשַׁי	נְעָרַי	נְצָחַי	פְּעָלַי	פֵּרוֹת	מוֹתַי,	זֵיתַי
קָדְשֵׁיכֶם	נַעֲרֵיכֶם	נִצְחֵיכֶם	פָּעֳלֵיכֶם	* פֶּרְיְךָ	מוֹתֵיכֶם.	זֵיתֵיכֶם

NOUNS. § 69—72.

Third Declension.		FOURTH DECLENSION.		
queen מַלְכָּה	word אִמְרָה	desert חָרְבָּה	twig יוֹנֶקֶת	coat כְּתֹנֶת
מַלְכַּת	אִמְרַת	—	יוֹנֶקֶת	כְּתֹנֶת
מַלְכָּתִי	אִמְרָתִי	חָרְבָּתִי	יוֹנַקְתִּי	כְּתָנְתִּי
מַלְכָּתְךָ	אִמְרָתְךָ	חָרְבָּתְךָ	יוֹנַקְתְּךָ	כְּתָנְתְּךָ
מַלְכַּתְכֶם	אִמְרַתְכֶם	חָרְבַּתְכֶם	יוֹנַקְתְּכֶם	כְּתָנְתְּכֶם
מְלָכוֹת	אֲמָרוֹת	חֳרָבוֹת	יוֹנְקוֹת	כֻּתָּנוֹת
מַלְכוֹת	אִמְרוֹת	חָרְבוֹת	יוֹנְקוֹת	כָּתְנוֹת
מַלְכוֹתַי	אִמְרוֹתַי	חָרְבוֹתַי	יוֹנְקוֹתַי	כָּתְנוֹתַי
מַלְכוֹתֵיכֶם	אִמְרוֹתֵיכֶם	חָרְבוֹתֵיכֶם	יוֹנְקוֹתֵיכֶם	כָּתְנוֹתֵיכֶם

CHRESTOMATHY.

I. Abraham is commanded to offer up his child as a burnt sacrifice. (Genesis 22).

1 וַיְהִי אַחַר הַדְּבָרִים הָאֵלֶּה וְהָאֱלֹהִים נִסָּה אֶת־אַבְרָהָם וַיֹּאמֶר
2 אֵלָיו אַבְרָהָם וַיֹּאמֶר הִנֵּנִי׃ וַיֹּאמֶר קַח־נָא אֶת־בִּנְךָ אֶת[1]־יְחִידְךָ
אֲשֶׁר־אָהַבְתָּ אֶת־יִצְחָק וְלֶךְ־לְךָ[2] אֶל־אֶרֶץ הַמֹּרִיָּה וְהַעֲלֵהוּ שָׁם
3 לְעֹלָה עַל אַחַד הֶהָרִים אֲשֶׁר אֹמַר אֵלֶיךָ׃ וַיַּשְׁכֵּם אַבְרָהָם בַּבֹּקֶר
וַיַּחֲבֹשׁ אֶת־חֲמֹרוֹ וַיִּקַּח אֶת־שְׁנֵי נְעָרָיו אִתּוֹ[3] וְאֵת יִצְחָק בְּנוֹ
וַיְבַקַּע עֲצֵי עֹלָה וַיָּקָם וַיֵּלֶךְ אֶל־הַמָּקוֹם אֲשֶׁר־אָמַר־לוֹ הָאֱלֹהִים׃
4 בַּיּוֹם הַשְּׁלִישִׁי וַיִּשָּׂא אַבְרָהָם אֶת־עֵינָיו וַיַּרְא אֶת־הַמָּקוֹם מֵרָחֹק׃
5 וַיֹּאמֶר אַבְרָהָם אֶל־נְעָרָיו שְׁבוּ־לָכֶם[2] פֹּה עִם־הַחֲמוֹר וַאֲנִי וְהַנַּעַר
6 נֵלְכָה עַד־כֹּה וְנִשְׁתַּחֲוֶה וְנָשׁוּבָה אֲלֵיכֶם׃ וַיִּקַּח אַבְרָהָם אֶת־
עֲצֵי הָעֹלָה וַיָּשֶׂם עַל־יִצְחָק בְּנוֹ וַיִּקַּח בְּיָדוֹ אֶת־הָאֵשׁ וְאֶת־
7 הַמַּאֲכֶלֶת וַיֵּלְכוּ שְׁנֵיהֶם[4] יַחְדָּו׃ וַיֹּאמֶר יִצְחָק אֶל־אַבְרָהָם אָבִיו
וַיֹּאמֶר אָבִי וַיֹּאמֶר הִנֶּנִּי בְנִי וַיֹּאמֶר הִנֵּה הָאֵשׁ וְהָעֵצִים וְאַיֵּה
8 הַשֶּׂה לְעֹלָה׃ וַיֹּאמֶר אַבְרָהָם אֱלֹהִים יִרְאֶה־לּוֹ[2] הַשֶּׂה לְעֹלָה
9 בְּנִי וַיֵּלְכוּ שְׁנֵיהֶם יַחְדָּו׃ וַיָּבֹאוּ אֶל־הַמָּקוֹם אֲשֶׁר אָמַר־לוֹ הָאֱלֹהִים
וַיִּבֶן שָׁם אַבְרָהָם אֶת־הַמִּזְבֵּחַ וַיַּעֲרֹךְ אֶת־הָעֵצִים וַיַּעֲקֹד אֶת־
10 יִצְחָק בְּנוֹ וַיָּשֶׂם אֹתוֹ עַל־הַמִּזְבֵּחַ מִמַּעַל לָעֵצִים׃ וַיִּשְׁלַח אַבְרָהָם
11 אֶת־יָדוֹ וַיִּקַּח אֶת־הַמַּאֲכֶלֶת לִשְׁחֹט אֶת־בְּנוֹ׃ וַיִּקְרָא אֵלָיו מַלְאַךְ
12 יְהוָה מִן־הַשָּׁמַיִם וַיֹּאמֶר אַבְרָהָם אַבְרָהָם וַיֹּאמֶר הִנֵּנִי׃ וַיֹּאמֶר
אַל־תִּשְׁלַח יָדְךָ אֶל־הַנַּעַר וְאַל־תַּעַשׂ לוֹ מְאוּמָה כִּי עַתָּה יָדַעְתִּי
כִּי־יְרֵא[5] אֱלֹהִים אַתָּה וְלֹא חָשַׂכְתָּ אֶת־בִּנְךָ אֶת־יְחִידְךָ מִמֶּנִּי׃
13 וַיִּשָּׂא אַבְרָהָם אֶת־עֵינָיו וַיַּרְא וְהִנֵּה־אַיִל אַחַר נֶאֱחַז בַּסְּבַךְ בְּקַרְנָיו
14 וַיֵּלֶךְ אַבְרָהָם וַיִּקַּח אֶת־הָאַיִל וַיַּעֲלֵהוּ לְעֹלָה תַּחַת בְּנוֹ׃ וַיִּקְרָא
אַבְרָהָם שֵׁם־הַמָּקוֹם הַהוּא יְהוָה יִרְאֶה אֲשֶׁר יֵאָמֵר[6] הַיּוֹם בְּהַר

15 יְהוָה יֵרָאֶה[7]: וַיִּקְרָא מַלְאַךְ יְהוָה אֶל־אַבְרָהָם שֵׁנִית מִן־הַשָּׁמָיִם׃
16 וַיֹּאמֶר בִּי[8] נִשְׁבַּעְתִּי נְאֻם־יְהוָה כִּי[9] יַעַן אֲשֶׁר עָשִׂיתָ אֶת־הַדָּבָר
17 הַזֶּה וְלֹא חָשַׂכְתָּ אֶת־בִּנְךָ אֶת־יְחִידֶךָ׃ כִּי־בָרֵךְ אֲבָרֶכְךָ וְהַרְבָּה
אַרְבֶּה אֶת־זַרְעֲךָ כְּכוֹכְבֵי הַשָּׁמַיִם וְכַחוֹל אֲשֶׁר עַל־שְׂפַת הַיָּם
18 וְיִרַשׁ זַרְעֲךָ אֵת שַׁעַר אֹיְבָיו׃ וְהִתְבָּרְכוּ בְזַרְעֲךָ כֹּל גּוֹיֵי הָאָרֶץ
19 עֵקֶב אֲשֶׁר שָׁמַעְתָּ בְּקֹלִי׃ וַיָּשָׁב אַבְרָהָם אֶל־נְעָרָיו וַיָּקֻמוּ וַיֵּלְכוּ
יַחְדָּו אֶל־בְּאֵר שָׁבַע וַיֵּשֶׁב אַבְרָהָם בִּבְאֵר שָׁבַע׃

1 § 87, 2. 2 § 84, 2 3 § 97, 2. 4 § 92, 4. 5 § 83, 7. 6 § 76, 2, a. 7 צִיּוֹן the south-western hill of Jerusalem to which, with Solomo's temple on it, belonged, was called הַר יְהוָה. מֹרִיָּה, or fuller הַר בֵּית יְהוָה (Isa. 2, 2.) the temple-mountain. הַר הַבַּיִת About this mountain the proverbial adage was current: בְּהַר יְהוָה יֵרָאֶה on the mountain of God one is seen, i. e. is provided for. 8 with בְּ of the person or thing by whom one swears; here God swears by Himself. 9 § 111, 1.

II. Birth of Moses. His flight to Midian. (Exodus 2.)

1 2 וַיֵּלֶךְ אִישׁ מִבֵּית לֵוִי וַיִּקַּח אֶת־בַּת־לֵוִי׃ וַתַּהַר הָאִשָּׁה וַתֵּלֶד
3 בֵּן וַתֵּרֶא אֹתוֹ כִּי־טוֹב הוּא וַתִּצְפְּנֵהוּ שְׁלֹשָׁה יְרָחִים׃ וְלֹא־יָכְלָה
עוֹד הַצְּפִינוֹ[1] וַתִּקַּח־לוֹ תֵּבַת גֹּמֶא וַתַּחְמְרָה[2] בַחֵמָר וּבַזָּפֶת
4 וַתָּשֶׂם בָּהּ אֶת־הַיֶּלֶד וַתָּשֶׂם בַּסּוּף עַל־שְׂפַת הַיְאֹר׃ וַתֵּתַצַּב[3]
5 אֲחֹתוֹ מֵרָחֹק לְדֵעָה[4] מַה־יֵּעָשֶׂה לוֹ׃ וַתֵּרֶד בַּת־פַּרְעֹה לִרְחֹץ
עַל־הַיְאֹר וְנַעֲרֹתֶיהָ הֹלְכֹת עַל־יַד הַיְאֹר וַתֵּרֶא אֶת־הַתֵּבָה בְּתוֹךְ
6 הַסּוּף וַתִּשְׁלַח אֶת־אֲמָתָהּ וַתִּקָּחֶהָ׃ וַתִּפְתַּח וַתִּרְאֵהוּ[5] אֶת־הַיֶּלֶד
7 וְהִנֵּה־נַעַר בֹּכֶה וַתַּחְמֹל עָלָיו וַתֹּאמֶר מִיַּלְדֵי הָעִבְרִים זֶה׃ וַתֹּאמֶר
אֲחֹתוֹ אֶל־בַּת־פַּרְעֹה הַאֵלֵךְ וְקָרָאתִי לָךְ אִשָּׁה מֵינֶקֶת מִן הָעִבְרִיֹּת
8 וְתֵינִק לָךְ אֶת־הַיָּלֶד׃ וַתֹּאמֶר־לָהּ בַּת־פַּרְעֹה לֵכִי וַתֵּלֶךְ הָעַלְמָה
9 וַתִּקְרָא אֶת־אֵם הַיָּלֶד׃ וַתֹּאמֶר לָהּ בַּת־פַּרְעֹה הֵילִיכִי[6] אֶת־
הַיֶּלֶד הַזֶּה וְהֵינִקִהוּ לִי וַאֲנִי אֶתֵּן אֶת־שְׂכָרֵךְ וַתִּקַּח הָאִשָּׁה הַיֶּלֶד

10 וַתְּנִיקֵהוּ׃ וַיִּגְדַּל הַיֶּלֶד וַתְּבִאֵהוּ לְבַת־פַּרְעֹה וַיְהִי־לָהּ לְבֵן וַתִּקְרָא
11 שְׁמוֹ מֹשֶׁה וַתֹּאמֶר כִּי מִן־הַמַּיִם מְשִׁיתִהוּ׃ וַיְהִי בַּיָּמִים הָהֵם
וַיִּגְדַּל מֹשֶׁה וַיֵּצֵא אֶל־אֶחָיו וַיַּרְא בְּסִבְלֹתָם וַיַּרְא אִישׁ מִצְרִי מַכֶּה
12 אִישׁ־עִבְרִי מֵאֶחָיו׃ וַיִּפֶן כֹּה וָכֹה וַיַּרְא כִּי אֵין אִישׁ וַיַּךְ[7] אֶת־
13 הַמִּצְרִי וַיִּטְמְנֵהוּ בַּחוֹל׃ וַיֵּצֵא בַּיּוֹם הַשֵּׁנִי וְהִנֵּה שְׁנֵי־אֲנָשִׁים
14 עִבְרִים נִצִּים וַיֹּאמֶר לָרָשָׁע לָמָּה תַכֶּה רֵעֶךָ׃ וַיֹּאמֶר מִי שָׂמְךָ
לְאִישׁ שַׂר וְשֹׁפֵט עָלֵינוּ הַלְהָרְגֵנִי אַתָּה אֹמֵר כַּאֲשֶׁר הָרַגְתָּ אֶת־
15 הַמִּצְרִי וַיִּירָא מֹשֶׁה וַיֹּאמַר אָכֵן נוֹדַע הַדָּבָר׃ וַיִּשְׁמַע פַּרְעֹה אֶת־
הַדָּבָר הַזֶּה וַיְבַקֵּשׁ לַהֲרֹג אֶת־מֹשֶׁה וַיִּבְרַח מֹשֶׁה מִפְּנֵי פַרְעֹה
16 וַיֵּשֶׁב בְּאֶרֶץ־מִדְיָן וַיֵּשֶׁב עַל־הַבְּאֵר׃ וּלְכֹהֵן מִדְיָן שֶׁבַע בָּנוֹת
וַתָּבֹאנָה וַתִּדְלֶנָה[8] וַתְּמַלֶּאנָה אֶת־הָרְהָטִים לְהַשְׁקוֹת צֹאן אֲבִיהֶן׃
17 וַיָּבֹאוּ הָרֹעִים וַיְגָרְשׁוּם[9] וַיָּקָם מֹשֶׁה וַיּוֹשִׁעָן וַיַּשְׁקְ אֶת־צֹאנָם׃[9]
18 וַתָּבֹאנָה אֶל־רְעוּאֵל אֲבִיהֶן וַיֹּאמֶר מַדּוּעַ מִהַרְתֶּן[10] בֹּא הַיּוֹם׃
19 וַתֹּאמַרְןָ אִישׁ מִצְרִי הִצִּילָנוּ מִיַּד הָרֹעִים וְגַם־דָּלֹה דָלָה לָנוּ
20 וַיַּשְׁקְ אֶת־הַצֹּאן׃ וַיֹּאמֶר אֶל־בְּנֹתָיו וְאַיּוֹ לָמָּה זֶּה[11] עֲזַבְתֶּן אֶת־
21 הָאִישׁ קִרְאֶן לוֹ וְיֹאכַל לָחֶם׃ וַיּוֹאֶל מֹשֶׁה לָשֶׁבֶת אֶת־הָאִישׁ
22 וַיִּתֵּן אֶת־צִפֹּרָה בִתּוֹ לְמֹשֶׁה׃ וַתֵּלֶד בֵּן וַיִּקְרָא אֶת־שְׁמוֹ גֵּרְשֹׁם
23 כִּי אָמַר גֵּר הָיִיתִי בְּאֶרֶץ נָכְרִיָּה׃ וַיְהִי בַיָּמִים הָרַבִּים הָהֵם וַיָּמָת
מֶלֶךְ מִצְרַיִם וַיֵּאָנְחוּ בְנֵי־יִשְׂרָאֵל מִן־הָעֲבֹדָה וַיִּזְעָקוּ וַתַּעַל שַׁוְעָתָם
24 אֶל־הָאֱלֹהִים מִן־הָעֲבֹדָה׃ וַיִּשְׁמַע אֱלֹהִים אֶת־נַאֲקָתָם וַיִּזְכֹּר
25 אֱלֹהִים אֶת־בְּרִיתוֹ אֶת־אַבְרָהָם אֶת־יִצְחָק וְאֶת־יַעֲקֹב׃ וַיַּרְא
אֱלֹהִים אֶת־בְּנֵי יִשְׂרָאֵל וַיֵּדַע אֱלֹהִים׃

1 The sibilants צ, שׁ and the letters ל, ק, נ sometimes are doubled for the sake of euphony (Dagesh euphonic). 2 The third f. s. suff. often without Mappik: ־ָה instead of ־ָהּ. 3 for וַתִּתְיַצֵּב cf. § 12, 6, B. 3. and § 14, II. 1. 4 inf. of יָדַע § 51, 4. 5 § 93, 3. 6 Hi. II. of יָלַךְ (only in imp. fem.) regul. הוֹלִיךְ. 7 § 55, b. 8 וַתִּדְלֶנָה = וַתִּדְלֶינָה fr. דָּלָה. 9 וַיְגָרְשׁוּם for וַיְגָרְשׁוּן, the masc. suffix sometimes used irregularly for the fem, thus צֹאנָם for צֹאנָן. 10 § 106, 9. 11 § 94, 6. Note.

III. The Appointment of Moses. (Exodus III.)

1 וּמֹשֶׁה הָיָה רֹעֶה[1] אֶת־צֹאן יִתְרוֹ חֹתְנוֹ כֹּהֵן מִדְיָן וַיִּנְהַג אֶת־
2 הַצֹּאן אַחַר הַמִּדְבָּר וַיָּבֹא אֶל־הַר הָאֱלֹהִים חֹרֵבָה׃ וַיֵּרָא מַלְאַךְ
יְהוָֹה אֵלָיו בְּלַבַּת־אֵשׁ מִתּוֹךְ הַסְּנֶה וַיַּרְא וְהִנֵּה הַסְּנֶה בֹּעֵר בָּאֵשׁ
3 וְהַסְּנֶה אֵינֶנּוּ אֻכָּל׃[2] וַיֹּאמֶר מֹשֶׁה אָסֻרָה־נָּא וְאֶרְאֶה אֶת־הַמַּרְאֶה
4 הַגָּדֹל הַזֶּה[3] מַדּוּעַ לֹא־יִבְעַר הַסְּנֶה׃ וַיַּרְא יְהוָֹה כִּי סָר לִרְאוֹת
וַיִּקְרָא אֵלָיו אֱלֹהִים מִתּוֹךְ הַסְּנֶה וַיֹּאמֶר מֹשֶׁה מֹשֶׁה וַיֹּאמֶר הִנֵּנִי׃
5 וַיֹּאמֶר אַל־תִּקְרַב הֲלֹם שַׁל[4]־נְעָלֶיךָ מֵעַל רַגְלֶיךָ כִּי הַמָּקוֹם אֲשֶׁר
6 אַתָּה עוֹמֵד עָלָיו אַדְמַת־קֹדֶשׁ[5] הוּא׃ וַיֹּאמֶר אָנֹכִי אֱלֹהֵי אָבִיךָ
אֱלֹהֵי אַבְרָהָם אֱלֹהֵי יִצְחָק וֵאלֹהֵי יַעֲקֹב וַיַּסְתֵּר מֹשֶׁה פָּנָיו כִּי
7 יָרֵא מֵהַבִּיט אֶל־הָאֱלֹהִים׃ וַיֹּאמֶר יְהוָֹה רָאֹה רָאִיתִי אֶת־עֳנִי
עַמִּי אֲשֶׁר בְּמִצְרָיִם וְאֶת־צַעֲקָתָם שָׁמַעְתִּי מִפְּנֵי נֹגְשָׂיו כִּי יָדַעְתִּי
8 אֶת־מַכְאֹבָיו׃ וָאֵרֵד לְהַצִּילוֹ מִיַּד מִצְרַיִם וּלְהַעֲלֹתוֹ מִן־הָאָרֶץ
הַהִוא אֶל־אֶרֶץ טוֹבָה וּרְחָבָה אֶל־אֶרֶץ זָבַת[6] חָלָב וּדְבָשׁ אֶל־
9 מְקוֹם הַכְּנַעֲנִי וְהַחִתִּי וְהָאֱמֹרִי וְהַפְּרִזִּי וְהַחִוִּי וְהַיְבוּסִי׃ וְעַתָּה
הִנֵּה צַעֲקַת בְּנֵי־יִשְׂרָאֵל בָּאָה אֵלָי וְגַם־רָאִיתִי אֶת־הַלַּחַץ אֲשֶׁר
10 מִצְרַיִם לֹחֲצִים אֹתָם׃ וְעַתָּה לְכָה וְאֶשְׁלָחֲךָ אֶל־פַּרְעֹה וְהוֹצֵא
11 אֶת־עַמִּי בְנֵי־יִשְׂרָאֵל מִמִּצְרָיִם׃ וַיֹּאמֶר מֹשֶׁה אֶל־הָאֱלֹהִים מִי
אָנֹכִי כִּי אֵלֵךְ אֶל־פַּרְעֹה וְכִי אוֹצִיא אֶת־בְּנֵי יִשְׂרָאֵל מִמִּצְרָיִם׃
12 וַיֹּאמֶר כִּי־אֶהְיֶה עִמָּךְ וְזֶה־לְּךָ הָאוֹת כִּי אָנֹכִי שְׁלַחְתִּיךָ בְּהוֹצִיאֲךָ
13 אֶת־הָעָם מִמִּצְרַיִם תַּעַבְדוּן אֶת־הָאֱלֹהִים עַל הָהָר הַזֶּה׃ וַיֹּאמֶר
מֹשֶׁה אֶל־הָאֱלֹהִים הִנֵּה אָנֹכִי בָא אֶל־בְּנֵי יִשְׂרָאֵל וְאָמַרְתִּי לָהֶם
אֱלֹהֵי אֲבוֹתֵיכֶם שְׁלָחַנִי אֲלֵיכֶם וְאָמְרוּ־לִי מַה־שְּׁמוֹ מָה אֹמַר
14 אֲלֵהֶם׃ וַיֹּאמֶר אֱלֹהִים אֶל־מֹשֶׁה אֶהְיֶה אֲשֶׁר אֶהְיֶה[7] וַיֹּאמֶר
15 כֹּה תֹאמַר לִבְנֵי יִשְׂרָאֵל אֶהְיֶה[8] שְׁלָחַנִי אֲלֵיכֶם׃ וַיֹּאמֶר עוֹד
אֱלֹהִים אֶל־מֹשֶׁה כֹּה תֹאמַר אֶל־בְּנֵי יִשְׂרָאֵל יְהוָֹה אֱלֹהֵי אֲבֹתֵיכֶם

אֱלֹהֵי אַבְרָהָם אֱלֹהֵי יִצְחָק וֵאלֹהֵי יַעֲקֹב שְׁלָחַנִי אֲלֵיכֶם זֶה־שְּׁמִי
לְעֹלָם וְזֶה זִכְרִי לְדֹר דֹּר׃

[1] § 107, 7. Note. [2] § 37, Note I. [3] § 94, 4. [4] In the East a mark of respect and reverence. [5] § 83, 6. [6] const. st. part. fem. of זוּב. [7] I remain always the same, I am unchangeable. [8] With this name the tetragrammaton יְהוָֹה in the following verse is identical. (See § 18, I. Note.) The correct pronunciation of the latter was *Jahaveh* or *Jahveh,* according to the Samaritans *Jabe.*

IV. The Proclamation of the Decalogue on Mount Sinai. (Exodus 19. 20, 1—18.)

1 בַּחֹדֶשׁ[1] הַשְּׁלִישִׁי לְצֵאת בְּנֵי־יִשְׂרָאֵל מֵאֶרֶץ מִצְרָיִם בַּיּוֹם הַזֶּה[2]
2 בָּאוּ מִדְבַּר סִינָי׃ וַיִּסְעוּ מֵרְפִידִים וַיָּבֹאוּ מִדְבַּר סִינַי וַיַּחֲנוּ בַּמִּדְבָּר
3 וַיִּחַן־שָׁם יִשְׂרָאֵל נֶגֶד הָהָר[3]׃ וּמֹשֶׁה עָלָה אֶל־הָאֱלֹהִים וַיִּקְרָא
אֵלָיו יְהוָה מִן־הָהָר לֵאמֹר כֹּה תֹאמַר לְבֵית יַעֲקֹב וְתַגֵּיד לִבְנֵי
4 יִשְׂרָאֵל׃ אַתֶּם רְאִיתֶם אֲשֶׁר עָשִׂיתִי לְמִצְרָיִם וָאֶשָּׂא אֶתְכֶם עַל־
5 כַּנְפֵי נְשָׁרִים וָאָבִא אֶתְכֶם אֵלָי׃ וְעַתָּה אִם־שָׁמוֹעַ תִּשְׁמְעוּ בְּקֹלִי
וּשְׁמַרְתֶּם אֶת־בְּרִיתִי וִהְיִיתֶם לִי סְגֻלָּה מִכָּל־הָעַמִּים כִּי־לִי כָּל־
6 הָאָרֶץ׃ וְאַתֶּם תִּהְיוּ־לִי מַמְלֶכֶת כֹּהֲנִים וְגוֹי קָדוֹשׁ אֵלֶּה הַדְּבָרִים
7 אֲשֶׁר תְּדַבֵּר אֶל־בְּנֵי יִשְׂרָאֵל׃ וַיָּבֹא מֹשֶׁה וַיִּקְרָא לְזִקְנֵי הָעָם
8 וַיָּשֶׂם לִפְנֵיהֶם אֵת כָּל־הַדְּבָרִים הָאֵלֶּה אֲשֶׁר צִוָּהוּ יְהוָה׃ וַיַּעֲנוּ
כָל־הָעָם יַחְדָּו וַיֹּאמְרוּ כֹּל אֲשֶׁר־דִּבֶּר יְהוָה נַעֲשֶׂה וַיָּשֶׁב מֹשֶׁה
9 אֶת־דִּבְרֵי הָעָם אֶל־יְהוָה׃ וַיֹּאמֶר יְהוָה אֶל־מֹשֶׁה הִנֵּה אָנֹכִי
בָּא אֵלֶיךָ בְּעַב הֶעָנָן בַּעֲבוּר יִשְׁמַע הָעָם בְּדַבְּרִי עִמָּךְ וְגַם־בְּךָ
10 יַאֲמִינוּ לְעוֹלָם וַיַּגֵּד מֹשֶׁה אֶת־דִּבְרֵי הָעָם אֶל־יְהוָה׃ וַיֹּאמֶר יְהוָה
אֶל־מֹשֶׁה לֵךְ אֶל־הָעָם וְקִדַּשְׁתָּם הַיּוֹם וּמָחָר וְכִבְּסוּ שִׂמְלֹתָם׃
11 וְהָיוּ נְכֹנִים לַיּוֹם הַשְּׁלִישִׁי כִּי בַּיּוֹם הַשְּׁלִשִׁי יֵרֵד יְהוָה לְעֵינֵי כָל־
12 הָעָם עַל־הַר סִינָי׃ וְהִגְבַּלְתָּ אֶת־הָעָם סָבִיב לֵאמֹר הִשָּׁמְרוּ לָכֶם
13 עֲלוֹת בָּהָר וּנְגֹעַ בְּקָצֵהוּ כָּל־הַנֹּגֵעַ בָּהָר מוֹת יוּמָת׃ לֹא־תִגַּע

כּוֹ יָד כִּי־סָקוֹל יִסָּקֵל אוֹ־יָרֹה יִיָּרֶה אִם[4]־בְּהֵמָה אִם[4]־אִישׁ לֹא
יִחְיֶה בִּמְשֹׁךְ הַיֹּבֵל[5] הֵמָּה יַעֲלוּ בָהָר׃ וַיּוֹצֵא מֹשֶׁה אֶת־הָעָם 17
לִקְרַאת הָאֱלֹהִים מִן־הַמַּחֲנֶה וַיִּתְיַצְּבוּ בְּתַחְתִּית הָהָר׃ וְהַר סִינַי 18
עָשַׁן כֻּלּוֹ מִפְּנֵי אֲשֶׁר יָרַד עָלָיו יְהוָֹה בָּאֵשׁ וַיַּעַל עֲשָׁנוֹ כְּעֶשֶׁן
הַכִּבְשָׁן וַיֶּחֱרַד כָּל־הָהָר מְאֹד׃ וַיְהִי קוֹל הַשֹּׁפָר הוֹלֵךְ וְחָזֵק 19[6]
מְאֹד מֹשֶׁה יְדַבֵּר וְהָאֱלֹהִים יַעֲנֶנּוּ בְקוֹל׃ וַיְדַבֵּר אֱלֹהִים אֵת 1
כָּל־הַדְּבָרִים הָאֵלֶּה לֵאמֹר׃ אָנֹכִי יְהוָֹה אֱלֹהֶיךָ אֲשֶׁר הוֹצֵאתִיךָ 2
מֵאֶרֶץ מִצְרַיִם מִבֵּית עֲבָדִים׃ לֹא־יִהְיֶה לְךָ אֱלֹהִים אֲחֵרִים עַל־ 3
פָּנָי[7]׃ לֹא תַעֲשֶׂה־לְךָ פֶסֶל וְכָל־תְּמוּנָה אֲשֶׁר בַּשָּׁמַיִם מִמַּעַל וַאֲשֶׁר 4
בָּאָרֶץ מִתָּחַת וַאֲשֶׁר בַּמַּיִם מִתַּחַת לָאָרֶץ׃ לֹא תִשְׁתַּחֲוֶה לָהֶם 5
וְלֹא תָעָבְדֵם[8] כִּי אָנֹכִי יְהוָֹה אֱלֹהֶיךָ אֵל קַנָּא פֹּקֵד עֲוֹן אָבֹת
עַל־בָּנִים עַל־שִׁלֵּשִׁים וְעַל־רִבֵּעִים לְשֹׂנְאָי[9]׃ וְעֹשֶׂה חֶסֶד לַאֲלָפִים 6
לְאֹהֲבַי וּלְשֹׁמְרֵי מִצְוֹתָי׃ לֹא תִשָּׂא אֶת־שֵׁם־יְהוָֹה אֱלֹהֶיךָ לַשָּׁוְא 7
כִּי לֹא יְנַקֶּה יְהוָֹה אֵת אֲשֶׁר־יִשָּׂא אֶת־שְׁמוֹ לַשָּׁוְא׃ זָכוֹר[10] אֶת־ 8
יוֹם הַשַּׁבָּת לְקַדְּשׁוֹ׃ שֵׁשֶׁת יָמִים[11] תַּעֲבֹד וְעָשִׂיתָ[12] כָּל־מְלַאכְתֶּךָ׃ 9
וְיוֹם[13] הַשְּׁבִיעִי שַׁבָּת לַיהוָֹה אֱלֹהֶיךָ לֹא[14] תַעֲשֶׂה כָל[14]־מְלָאכָה 10
אַתָּה וּבִנְךָ וּבִתֶּךָ עַבְדְּךָ וַאֲמָתְךָ וּבְהֶמְתֶּךָ וְגֵרְךָ אֲשֶׁר בִּשְׁעָרֶיךָ׃
כִּי שֵׁשֶׁת־יָמִים עָשָׂה יְהוָֹה אֶת־הַשָּׁמַיִם וְאֶת־הָאָרֶץ אֶת־הַיָּם 11
וְאֶת־כָּל־אֲשֶׁר־בָּם וַיָּנַח בַּיּוֹם הַשְּׁבִיעִי עַל־כֵּן בֵּרַךְ יְהוָֹה אֶת־יוֹם
הַשַּׁבָּת וַיְקַדְּשֵׁהוּ׃ כַּבֵּד אֶת־אָבִיךָ וְאֶת־אִמֶּךָ לְמַעַן יַאֲרִכוּן יָמֶיךָ 12
עַל הָאֲדָמָה אֲשֶׁר־יְהוָֹה אֱלֹהֶיךָ נֹתֵן לָךְ׃ לֹא תִרְצָח[15]׃ לֹא 13
תִנְאָף׃ לֹא תִגְנֹב׃ לֹא־תַעֲנֶה בְרֵעֲךָ עֵד שָׁקֶר׃ לֹא תַחְמֹד 14
בֵּית רֵעֶךָ לֹא־תַחְמֹד אֵשֶׁת רֵעֶךָ וְעַבְדּוֹ וַאֲמָתוֹ וְשׁוֹרוֹ וַחֲמֹרוֹ
וְכֹל אֲשֶׁר לְרֵעֶךָ׃ וְכָל־הָעָם רֹאִים אֶת־הַקּוֹלֹת וְאֶת־הַלַּפִּידִם 15
וְאֵת קוֹל הַשֹּׁפָר וְאֶת־הָהָר עָשֵׁן וַיַּרְא הָעָם וַיָּנֻעוּ וַיַּעַמְדוּ מֵרָחֹק׃
וַיֹּאמְרוּ אֶל־מֹשֶׁה דַּבֵּר־אַתָּה עִמָּנוּ וְנִשְׁמָעָה וְאַל־יְדַבֵּר עִמָּנוּ 16
אֱלֹהִים פֶּן־נָמוּת׃ וַיֹּאמֶר מֹשֶׁה אֶל־הָעָם אַל־תִּירָאוּ כִּי לְבַעֲבוּר 17

נַסּוֹת אֶתְכֶם בָּא הָאֱלֹהִים וּבַעֲבוּר תִּהְיֶה יִרְאָתוֹ עַל־פְּנֵיכֶם
לְבִלְתִּי תֶחֱטָאוּ׃

[1] חֹדֶשׁ the new moon, the first day on which the new moon is visible. [2] On the same (the first) day. [3] The Sinai. [4] § 117. [5] מְשֹׁךְ הַיֹּבֵל or fuller מְשֹׁךְ בְּקֶרֶן הַיּוֹבֵל (Jos. 6, 5.) to blow the trumpet in protracted sounds, i. e. continually. [6] § 105, 7. [7] פָּנִים face, then *person* generally, פָּנַי my person, myself. [8] תָעָבְדֵם not Ho. but Kal = תַּעַבְדֵם. [9] לְ denotes here: *as to*, *with respect to*. [10] § 105, 4. [11] § 85, 4. b. [12] § 102. 7. [13] § 118. [14] § 98, 1. [15] § 104, 2.

V. Moral Laws. (Leviticus 19, 1—4, 9—18.)

1 2 וַיְדַבֵּר יְהוָֹה אֶל־מֹשֶׁה לֵּאמֹר׃ דַּבֵּר אֶל־כָּל־עֲדַת בְּנֵי־יִשְׂרָאֵל
וְאָמַרְתָּ[1] אֲלֵהֶם קְדֹשִׁים תִּהְיוּ כִּי קָדוֹשׁ אֲנִי יְהוָֹה אֱלֹהֵיכֶם׃
3 אִישׁ[2] אִמּוֹ וְאָבִיו תִּירָאוּ וְאֶת־שַׁבְּתֹתַי תִּשְׁמֹרוּ אֲנִי יְהוָֹה אֱלֹהֵיכֶם׃
4 אַל־תִּפְנוּ אֶל־הָאֱלִילִם וֵאלֹהֵי מַסֵּכָה לֹא תַעֲשׂוּ לָכֶם אֲנִי יְהוָֹה
9 אֱלֹהֵיכֶם׃ וּבְקֻצְרְכֶם[3] אֶת־קְצִיר אַרְצְכֶם לֹא תְכַלֶּה[4] פְּאַת שָׂדְךָ
10 לִקְצֹר[4] וְלֶקֶט קְצִירְךָ לֹא תְלַקֵּט׃ וְכַרְמְךָ לֹא תְעוֹלֵל וּפֶרֶט
כַּרְמְךָ לֹא תְלַקֵּט לֶעָנִי וְלַגֵּר תַּעֲזֹב אֹתָם אֲנִי יְהוָֹה אֱלֹהֵיכֶם׃
11 12 לֹא תִּגְנֹבוּ וְלֹא־תְכַחֲשׁוּ וְלֹא תְשַׁקְּרוּ אִישׁ בַּעֲמִיתוֹ׃ וְלֹא־תִשָּׁבְעוּ
13 בִשְׁמִי לַשָּׁקֶר וְחִלַּלְתָּ אֶת־שֵׁם אֱלֹהֶיךָ אֲנִי יְהוָֹה׃ לֹא־תַעֲשֹׁק
14 אֶת־רֵעֲךָ וְלֹא־תִגְזֹל לֹא־תָלִין פְּעֻלַּת שָׂכִיר אִתְּךָ עַד־בֹּקֶר׃ לֹא־
תְקַלֵּל חֵרֵשׁ וְלִפְנֵי עִוֵּר לֹא תִתֵּן מִכְשֹׁל וְיָרֵאתָ מֵּאֱלֹהֶיךָ אֲנִי
15 יְהוָֹה׃ לֹא־תַעֲשׂוּ עָוֶל בַּמִּשְׁפָּט לֹא־תִשָּׂא פְנֵי־דָל וְלֹא תֶהְדַּר
16 פְּנֵי גָדוֹל בְּצֶדֶק תִּשְׁפֹּט עֲמִיתֶךָ׃ לֹא־תֵלֵךְ רָכִיל בְּעַמֶּיךָ לֹא
17 תַעֲמֹד עַל־דַּם[5] רֵעֶךָ אֲנִי יְהוָֹה׃ לֹא־תִשְׂנָא אֶת־אָחִיךָ בִּלְבָבֶךָ
18 הוֹכֵחַ תּוֹכִיחַ אֶת־עֲמִיתֶךָ וְלֹא־תִשָּׂא עָלָיו חֵטְא׃ לֹא־תִקֹּם וְלֹא
תִטֹּר אֶת־בְּנֵי עַמֶּךָ וְאָהַבְתָּ לְרֵעֲךָ[6] כָּמוֹךָ אֲנִי יְהוָֹה׃

[1] § 100, V. 1). [2] § 98, 1. [3] The inf. with suff. like the Seghol-ate קֶטֶל sometimes has Kubbuts. cf. § 45, 1. and § 66, 11. [4] § 106, 9.

5 עָמַד עַל to stand up *against*, דָּם the blood, i. e. the life, the slandererer standing up against the life of the slandered (Ibn Esra).
6 אָהַב with accus.: *to love* in the widest sense, with ל of the person: to bestow love upon one, to be devoted to. (Fuerst. Lex.).

VI. The Priests Benediction. (Num. 6, 22—27.)

22 23 וַיְדַבֵּר יְהוָה אֶל־מֹשֶׁה לֵּאמֹר׃ דַּבֵּר אֶל־אַהֲרֹן וְאֶל־בָּנָיו לֵאמֹר
24 כֹּה תְבָרְכוּ אֶת־בְּנֵי יִשְׂרָאֵל אָמוֹר[1] לָהֶם׃ יְבָרֶכְךָ יְהוָה וְיִשְׁמְרֶךָ׃
25 26 יָאֵר יְהוָה פָּנָיו אֵלֶיךָ וִיחֻנֶּךָּ[2]׃ יִשָּׂא יְהוָה פָּנָיו אֵלֶיךָ וְיָשֵׂם לְךָ
27 שָׁלוֹם׃ וְשָׂמוּ אֶת־שְׁמִי עַל־בְּנֵי יִשְׂרָאֵל וַאֲנִי אֲבָרְכֵם׃

1 § 105, §. 2 § 52, 8.

VII. Exhortation to love the One God. (Deut. 6, 4—9.)

4 5 שְׁמַע יִשְׂרָאֵל יְהוָה אֱלֹהֵינוּ יְהוָה אֶחָד׃ וְאָהַבְתָּ אֵת יְהוָה
6 אֱלֹהֶיךָ בְּכָל־לְבָבְךָ וּבְכָל־נַפְשְׁךָ וּבְכָל־מְאֹדֶךָ׃ וְהָיוּ הַדְּבָרִים
7 הָאֵלֶּה אֲשֶׁר אָנֹכִי מְצַוְּךָ הַיּוֹם עַל־לְבָבֶךָ׃ וְשִׁנַּנְתָּם[1] לְבָנֶיךָ
וְדִבַּרְתָּ בָּם בְּשִׁבְתְּךָ בְּבֵיתֶךָ וּבְלֶכְתְּךָ[2] בַדֶּרֶךְ וּבְשָׁכְבְּךָ וּבְקוּמֶךָ׃
8 9 וּקְשַׁרְתָּם לְאוֹת עַל־יָדֶךָ וְהָיוּ לְטֹטָפֹת בֵּין עֵינֶיךָ׃ וּכְתַבְתָּם עַל־
מְזֻזוֹת בֵּיתֶךָ וּבִשְׁעָרֶיךָ׃

1 Refers to הדברים. 2 § 51, 7.

VIII. Exhortation to revere God and to observe His commandments. (Deut. 10, 12—22.)

12 וְעַתָּה יִשְׂרָאֵל מָה יְהוָה אֱלֹהֶיךָ שֹׁאֵל מֵעִמָּךְ כִּי אִם־לְיִרְאָה[1]
אֶת־יְהוָה אֱלֹהֶיךָ לָלֶכֶת בְּכָל־דְּרָכָיו וּלְאַהֲבָה[1] אֹתוֹ וְלַעֲבֹד אֶת־
13 יְהוָה אֱלֹהֶיךָ בְּכָל־לְבָבְךָ וּבְכָל־נַפְשֶׁךָ׃ לִשְׁמֹר אֶת־מִצְוֹת יְהוָה
14 וְאֶת־חֻקֹּתָיו אֲשֶׁר אָנֹכִי מְצַוְּךָ הַיּוֹם לְטוֹב לָךְ׃ הֵן לַיהוָה אֱלֹהֶיךָ
15 הַשָּׁמַיִם וּשְׁמֵי הַשָּׁמָיִם הָאָרֶץ וְכָל־אֲשֶׁר־בָּהּ׃ רַק בַּאֲבֹתֶיךָ חָשַׁק

יְהוָה לְאַהֲבָה אוֹתָם וַיִּבְחַר בְּזַרְעָם אַחֲרֵיהֶם בָּכֶם מִכָּל־הָעַמִּים
16 כַּיּוֹם[2] הַזֶּה׃ וּמַלְתֶּם אֵת עָרְלַת לְבַבְכֶם וְעָרְפְּכֶם לֹא תַקְשׁוּ
17 עוֹד׃ כִּי יְהוָה אֱלֹהֵיכֶם הוּא אֱלֹהֵי הָאֱלֹהִים וַאֲדֹנֵי הָאֲדֹנִים
הָאֵל הַגָּדֹל הַגִּבֹּר וְהַנּוֹרָא אֲשֶׁר לֹא־יִשָּׂא פָנִים וְלֹא יִקַּח שֹׁחַד׃
18 עֹשֶׂה מִשְׁפַּט יָתוֹם וְאַלְמָנָה וְאֹהֵב גֵּר לָתֶת לוֹ לֶחֶם וְשִׂמְלָה׃
19 20 וַאֲהַבְתֶּם אֶת־הַגֵּר כִּי־גֵרִים הֱיִיתֶם בְּאֶרֶץ מִצְרָיִם׃ אֶת־יְהוָה
21 אֱלֹהֶיךָ תִּירָא אֹתוֹ תַעֲבֹד וּבוֹ תִדְבָּק וּבִשְׁמוֹ תִּשָּׁבֵעַ׃ הוּא
תְהִלָּתְךָ וְהוּא אֱלֹהֶיךָ אֲשֶׁר־עָשָׂה אִתְּךָ אֶת־הַגְּדֹלֹת[3] וְאֶת־
22 הַנּוֹרָאֹת[3] הָאֵלֶּה אֲשֶׁר רָאוּ עֵינֶיךָ׃ בְּשִׁבְעִים[4] נֶפֶשׁ יָרְדוּ אֲבֹתֶיךָ
מִצְרָיְמָה וְעַתָּה שָׂמְךָ יְהוָה אֱלֹהֶיךָ כְּכוֹכְבֵי הַשָּׁמַיִם לָרֹב[5]׃

1 Inf. of ירא cf. § 30, 4. 2 as it is this day, just now. 3 § 81, 1. 4 § 92, 7. 5 § 84, 3.

IX. Appointment of Joshua to succeed Moses. (Joshua 1, 1–9.)

1 וַיְהִי[1] אַחֲרֵי מוֹת מֹשֶׁה עֶבֶד יְהוָה וַיֹּאמֶר יְהוָה אֶל־יְהוֹשֻׁעַ בִּן־[2]
2 נוּן מְשָׁרֵת מֹשֶׁה לֵאמֹר׃ מֹשֶׁה עַבְדִּי מֵת וְעַתָּה קוּם עֲבֹר אֶת־
הַיַּרְדֵּן הַזֶּה אַתָּה וְכָל־הָעָם הַזֶּה אֶל־הָאָרֶץ אֲשֶׁר אָנֹכִי נֹתֵן
3 לָהֶם לִבְנֵי יִשְׂרָאֵל׃ כָּל־מָקוֹם[3] אֲשֶׁר[4]־תִּדְרֹךְ כַּף־רַגְלְכֶם בּוֹ[4]
4 לָכֶם נְתַתִּיו כַּאֲשֶׁר דִּבַּרְתִּי אֶל־מֹשֶׁה׃ מֵהַמִּדְבָּר וְהַלְּבָנוֹן הַזֶּה
וְעַד־הַנָּהָר הַגָּדוֹל נְהַר־פְּרָת כֹּל אֶרֶץ הַחִתִּים[5] וְעַד־הַיָּם הַגָּדוֹל[6]
5 מְבוֹא הַשָּׁמֶשׁ יִהְיֶה גְּבוּלְכֶם׃ לֹא־יִתְיַצֵּב אִישׁ לְפָנֶיךָ כֹּל יְמֵי
חַיֶּיךָ כַּאֲשֶׁר הָיִיתִי עִם־מֹשֶׁה אֶהְיֶה עִמָּךְ לֹא אַרְפְּךָ וְלֹא אֶעֶזְבֶךָּ׃
6 חֲזַק וֶאֱמָץ כִּי אַתָּה תַּנְחִיל אֶת־הָעָם הַזֶּה אֶת־הָאָרֶץ אֲשֶׁר־
7 נִשְׁבַּעְתִּי לַאֲבוֹתָם לָתֵת לָהֶם׃ רַק חֲזַק וֶאֱמַץ מְאֹד לִשְׁמֹר
לַעֲשׂוֹת כְּכָל־הַתּוֹרָה אֲשֶׁר צִוְּךָ מֹשֶׁה עַבְדִּי אַל־תָּסוּר מִמֶּנּוּ
8 יָמִין וּשְׂמֹאול לְמַעַן תַּשְׂכִּיל בְּכֹל אֲשֶׁר תֵּלֵךְ׃ לֹא־יָמוּשׁ סֵפֶר
הַתּוֹרָה הַזֶּה מִפִּיךָ וְהָגִיתָ בּוֹ יוֹמָם[7] וָלַיְלָה לְמַעַן תִּשְׁמֹר לַעֲשׂוֹת

כְּכָל־הַכָּתוּב בּוֹ כִּי־אָז תַּצְלִיחַ אֶת־דְּרָכֶךָ וְאָז תַּשְׂכִּיל׃ הֲלוֹא 9
צִוִּיתִיךָ חֲזַק וֶאֱמָץ אַל־תַּעֲרֹץ וְאַל־תֵּחָת כִּי עִמְּךָ יְהוָה אֱלֹהֶיךָ
בְּכֹל אֲשֶׁר תֵּלֵךְ׃

1 § 102 Note. 2 § 73, 6. 3 § 86. 4 § 96, 2. 5 All the interior of the Phenician inland. 6 The Mediterranean Sea. 7 § 56, ב, 2. e. and § 85, 4. b.

X. David slayeth the giant Goliath. (1. Sam. 17, 1—54.)

1 וַיַּאַסְפוּ פְלִשְׁתִּים אֶת־מַחֲנֵיהֶם לַמִּלְחָמָה וַיֵּאָסְפוּ שֹׂכֹה[1] אֲשֶׁר
2 לִיהוּדָה וַיַּחֲנוּ בֵּין־שׂוֹכֹה וּבֵין־עֲזֵקָה בְּאֶפֶס דַּמִּים׃ וְשָׁאוּל וְאִישׁ־
יִשְׂרָאֵל נֶאֶסְפוּ וַיַּחֲנוּ בְּעֵמֶק הָאֵלָה וַיַּעַרְכוּ מִלְחָמָה לִקְרַאת
3 פְלִשְׁתִּים׃ וּפְלִשְׁתִּים עֹמְדִים אֶל־הָהָר מִזֶּה וְיִשְׂרָאֵל עֹמְדִים אֶל־
4 הָהָר מִזֶּה וְהַגַּיְא בֵּינֵיהֶם׃ וַיֵּצֵא אִישׁ־הַבֵּנַיִם מִמַּחֲנוֹת פְּלִשְׁתִּים
5 גָּלְיָת שְׁמוֹ מִגַּת גָּבְהוֹ שֵׁשׁ אַמּוֹת וָזָרֶת׃ וְכוֹבַע נְחֹשֶׁת עַל־רֹאשׁוֹ
וְשִׁרְיוֹן קַשְׂקַשִּׂים הוּא לָבוּשׁ וּמִשְׁקַל הַשִּׁרְיוֹן חֲמֵשֶׁת־אֲלָפִים
6 שְׁקָלִים נְחֹשֶׁת׃ וּמִצְחַת נְחֹשֶׁת עַל־רַגְלָיו וְכִידוֹן נְחֹשֶׁת בֵּין כְּתֵפָיו׃
7 וְחֵץ חֲנִיתוֹ כִּמְנוֹר אֹרְגִים וְלַהֶבֶת חֲנִיתוֹ שֵׁשׁ־מֵאוֹת שְׁקָלִים בַּרְזֶל
8 וְנֹשֵׂא הַצִּנָּה הֹלֵךְ לְפָנָיו׃ וַיַּעֲמֹד וַיִּקְרָא אֶל־מַעַרְכֹת יִשְׂרָאֵל
וַיֹּאמֶר לָהֶם לָמָּה תֵצְאוּ לַעֲרֹךְ מִלְחָמָה הֲלוֹא אָנֹכִי הַפְּלִשְׁתִּי
9 וְאַתֶּם עֲבָדִים לְשָׁאוּל בְּרוּ־לָכֶם אִישׁ וְיֵרֵד אֵלָי׃ אִם־יוּכַל לְהִלָּחֵם
אִתִּי וְהִכָּנִי וְהָיִינוּ לָכֶם לַעֲבָדִים וְאִם־אֲנִי אוּכַל־לוֹ וְהִכִּיתִיו וִהְיִיתֶם
10 לָנוּ לַעֲבָדִים וַעֲבַדְתֶּם אֹתָנוּ׃ וַיֹּאמֶר הַפְּלִשְׁתִּי אֲנִי חֵרַפְתִּי אֶת־
11 מַעַרְכוֹת יִשְׂרָאֵל הַיּוֹם הַזֶּה תְּנוּ־לִי אִישׁ וְנִלָּחֲמָה יָחַד׃ וַיִּשְׁמַע
שָׁאוּל וְכָל־יִשְׂרָאֵל אֶת־דִּבְרֵי הַפְּלִשְׁתִּי הָאֵלֶּה[2] וַיֵּחַתּוּ[3] וַיִּרְאוּ[4]
12 מְאֹד׃ וְדָוִד בֶּן־אִישׁ אֶפְרָתִי הַזֶּה מִבֵּית לֶחֶם יְהוּדָה וּשְׁמוֹ יִשַׁי
13 וְלוֹ שְׁמֹנָה בָנִים וְהָאִישׁ בִּימֵי שָׁאוּל זָקֵן בָּא בַאֲנָשִׁים[5]׃ וַיֵּלְכוּ
שְׁלֹשֶׁת בְּנֵי־יִשַׁי הַגְּדֹלִים[6] הָלְכוּ אַחֲרֵי־שָׁאוּל לַמִּלְחָמָה וְשֵׁם
שְׁלֹשֶׁת בָּנָיו אֲשֶׁר הָלְכוּ בַּמִּלְחָמָה אֱלִיאָב הַבְּכוֹר וּמִשְׁנֵהוּ אֲבִינָדָב

14 וְהַשְּׁלִשִׁי שַׁמָּה׃ וְדָוִד הוּא הַקָּטָן וּשְׁלֹשָׁה הַגְּדֹלִים הָלְכוּ אַחֲרֵי
15 שָׁאוּל׃ וְדָוִד הֹלֵךְ וָשָׁב [7] מֵעַל שָׁאוּל לִרְעוֹת אֶת־צֹאן אָבִיו בֵּית־
16 לָחֶם[8]׃ וַיִּגַּשׁ הַפְּלִשְׁתִּי הַשְׁכֵּם וְהַעֲרֵב [9] וַיִּתְיַצֵּב אַרְבָּעִים יוֹם׃
17 וַיֹּאמֶר יִשַׁי לְדָוִד בְּנוֹ קַח־נָא לְאַחֶיךָ אֵיפַת הַקָּלִיא הַזֶּה וַעֲשָׂרָה
18 לֶחֶם הַזֶּה וְהָרֵץ הַמַּחֲנֶה לְאַחֶיךָ׃ וְאֵת עֲשֶׂרֶת חֲרִיצֵי הֶחָלָב
הָאֵלֶּה תָּבִיא לְשַׂר הָאָלֶף וְאֶת־אַחֶיךָ תִּפְקֹד לְשָׁלוֹם וְאֶת־
19 עֲרֻבָּתָם [10] תִּקָּח׃ וְשָׁאוּל וְהֵמָּה וְכָל־אִישׁ יִשְׂרָאֵל בְּעֵמֶק הָאֵלָה
20 נִלְחָמִים עִם־פְּלִשְׁתִּים׃ וַיַּשְׁכֵּם דָּוִד בַּבֹּקֶר וַיִּטֹּשׁ אֶת־הַצֹּאן עַל־
שֹׁמֵר וַיִּשָּׂא [11] וַיֵּלֶךְ כַּאֲשֶׁר צִוָּהוּ יִשָׁי וַיָּבֹא הַמַּעְגָּלָה וְהַחַיִל הַיֹּצֵא [12]
21 אֶל־הַמַּעֲרָכָה וְהֵרֵעוּ [13] בַּמִּלְחָמָה׃ וַתַּעֲרֹךְ יִשְׂרָאֵל וּפְלִשְׁתִּים
22 מַעֲרָכָה לִקְרַאת מַעֲרָכָה׃ וַיִּטֹּשׁ דָּוִד אֶת־הַכֵּלִים מֵעָלָיו עַל־
יַד שׁוֹמֵר הַכֵּלִים וַיָּרָץ הַמַּעֲרָכָה וַיָּבֹא וַיִּשְׁאַל לְאֶחָיו לְשָׁלוֹם׃
23 וְהוּא מְדַבֵּר עִמָּם וְהִנֵּה אִישׁ הַבֵּנַיִם עוֹלֶה גָּלְיַת הַפְּלִשְׁתִּי שְׁמוֹ
מִגַּת מִמַּעַרְכוֹת פְּלִשְׁתִּים וַיְדַבֵּר כַּדְּבָרִים הָאֵלֶּה וַיִּשְׁמַע דָּוִד׃
24 וְכֹל אִישׁ יִשְׂרָאֵל בִּרְאוֹתָם אֶת־הָאִישׁ וַיָּנֻסוּ מִפָּנָיו וַיִּירְאוּ מְאֹד׃
25 וַיֹּאמֶר אִישׁ יִשְׂרָאֵל הַרְאִיתֶם [14] הָאִישׁ הָעֹלֶה הַזֶּה כִּי לְחָרֵף אֶת־
יִשְׂרָאֵל עֹלֶה וְהָיָה הָאִישׁ אֲשֶׁר־יַכֶּנּוּ יַעְשְׁרֶנּוּ [15] הַמֶּלֶךְ עֹשֶׁר גָּדוֹל
26 וְאֶת־בִּתּוֹ יִתֶּן־לוֹ וְאֵת בֵּית אָבִיו יַעֲשֶׂה חָפְשִׁי בְּיִשְׂרָאֵל׃ וַיֹּאמֶר
דָּוִד אֶל־הָאֲנָשִׁים הָעֹמְדִים עִמּוֹ לֵאמֹר מַה־יֵּעָשֶׂה לָאִישׁ אֲשֶׁר
יַכֶּה אֶת־הַפְּלִשְׁתִּי הַלָּז [16] וְהֵסִיר חֶרְפָּה מֵעַל יִשְׂרָאֵל כִּי מִי
27 הַפְּלִשְׁתִּי הֶעָרֵל הַזֶּה כִּי חֵרֵף מַעַרְכוֹת אֱלֹהִים חַיִּים׃ וַיֹּאמֶר
28 לוֹ הָעָם כַּדָּבָר הַזֶּה לֵאמֹר כֹּה יֵעָשֶׂה לָאִישׁ אֲשֶׁר יַכֶּנּוּ׃ וַיִּשְׁמַע
אֱלִיאָב אָחִיו הַגָּדוֹל בְּדַבְּרוֹ אֶל־הָאֲנָשִׁים וַיִּחַר־אַף אֱלִיאָב בְּדָוִד
וַיֹּאמֶר לָמָּה־זֶּה יָרַדְתָּ וְעַל־מִי נָטַשְׁתָּ מְעַט הַצֹּאן הָהֵנָּה בַּמִּדְבָּר
אֲנִי יָדַעְתִּי אֶת־זְדֹנְךָ וְאֵת רֹעַ לְבָבֶךָ כִּי לְמַעַן רְאוֹת הַמִּלְחָמָה
29 30 יָרָדְתָּ׃ וַיֹּאמֶר דָּוִד מֶה עָשִׂיתִי עָתָּה הֲלוֹא דָּבָר [17] הוּא׃ וַיִּסֹּב
מֵאֶצְלוֹ אֶל־מוּל אַחֵר וַיֹּאמֶר כַּדָּבָר הַזֶּה וַיְשִׁבֻהוּ הָעָם דָּבָר כַּדָּבָר

CHRESTOMATHY. 231

הָרִאשׁוֹן׃ וַיִּשָּׁמְעוּ הַדְּבָרִים אֲשֶׁר דִּבֶּר דָּוִד וַיַּגִּדוּ[18] לִפְנֵי־שָׁאוּל 31
וַיִּקָּחֵהוּ׃ וַיֹּאמֶר דָּוִד אֶל־שָׁאוּל אַל־יִפֹּל לֵב[19]־אָדָם עָלָיו[20] עַבְדְּךָ 32
יֵלֵךְ וְנִלְחַם עִם־הַפְּלִשְׁתִּי הַזֶּה׃ וַיֹּאמֶר שָׁאוּל אֶל־דָּוִד לֹא תוּכַל 33
לָלֶכֶת אֶל־הַפְּלִשְׁתִּי הַזֶּה לְהִלָּחֵם עִמּוֹ כִּי־נַעַר אַתָּה וְהוּא אִישׁ
מִלְחָמָה מִנְּעֻרָיו׃ וַיֹּאמֶר דָּוִד אֶל־שָׁאוּל רֹעֶה הָיָה עַבְדְּךָ לְאָבִיו 34
בַּצֹּאן וּבָא הָאֲרִי וְאֶת[21]־הַדּוֹב וְנָשָׂא שֶׂה מֵהָעֵדֶר׃ וְיָצָאתִי אַחֲרָיו 35
וְהִכִּתִיו וְהִצַּלְתִּי מִפִּיו וַיָּקָם עָלַי וְהֶחֱזַקְתִּי בִּזְקָנוֹ וְהִכִּתִיו וַהֲמִיתִּיו[22]׃
גַּם[23] אֶת־הָאֲרִי גַּם[23]־הַדּוֹב הִכָּה עַבְדֶּךָ וְהָיָה הַפְּלִשְׁתִּי הֶעָרֵל 36
הַזֶּה כְּאַחַד מֵהֶם כִּי חֵרֵף מַעַרְכֹת אֱלֹהִים חַיִּים׃ וַיֹּאמֶר דָּוִד 37
יְהוָה אֲשֶׁר הִצִּלַנִי מִיַּד הָאֲרִי וּמִיַּד הַדֹּב הוּא יַצִּילֵנִי מִיַּד הַפְּלִשְׁתִּי
הַזֶּה וַיֹּאמֶר שָׁאוּל אֶל־דָּוִד לֵךְ וַיהוָה יִהְיֶה עִמָּךְ׃ וַיַּלְבֵּשׁ שָׁאוּל 38
אֶת־דָּוִד מַדָּיו וְנָתַן קוֹבַע נְחֹשֶׁת עַל־רֹאשׁוֹ וַיַּלְבֵּשׁ אֹתוֹ שִׁרְיוֹן׃
וַיַּחְגֹּר דָּוִד אֶת־חַרְבּוֹ מֵעַל לְמַדָּיו וַיֹּאֶל לָלֶכֶת כִּי לֹא־נִסָּה וַיֹּאמֶר 39
דָּוִד אֶל־שָׁאוּל לֹא־אוּכַל לָלֶכֶת בָּאֵלֶּה כִּי לֹא נִסִּיתִי וַיְסִרֵם דָּוִד
מֵעָלָיו׃ וַיִּקַּח מַקְלוֹ בְּיָדוֹ וַיִּבְחַר־לוֹ חֲמִשָּׁה חַלֻּקֵי[24] אֲבָנִים מִן־ 40
הַנַּחַל וַיָּשֶׂם אֹתָם בִּכְלִי הָרֹעִים אֲשֶׁר־לוֹ וּבַיַּלְקוּט וְקַלְעוֹ בְיָדוֹ
וַיִּגַּשׁ אֶל־הַפְּלִשְׁתִּי׃ וַיֵּלֶךְ הַפְּלִשְׁתִּי הֹלֵךְ וְקָרֵב אֶל־דָּוִד וְהָאִישׁ 41
נֹשֵׂא הַצִּנָּה לְפָנָיו׃ וַיַּבֵּט הַפְּלִשְׁתִּי וַיִּרְאֶה[25] אֶת־דָּוִד וַיִּבְזֵהוּ כִּי־ 42
הָיָה נַעַר וְאַדְמֹנִי עִם־יְפֵה מַרְאֶה׃ וַיֹּאמֶר הַפְּלִשְׁתִּי אֶל־דָּוִד 43
הֲכֶלֶב אָנֹכִי כִּי־אַתָּה בָא־אֵלַי בַּמַּקְלוֹת וַיְקַלֵּל הַפְּלִשְׁתִּי אֶת־
דָּוִד בֵּאלֹהָיו׃ וַיֹּאמֶר הַפְּלִשְׁתִּי אֶל־דָּוִד לְכָה אֵלַי וְאֶתְּנָה אֶת־ 44
בְּשָׂרְךָ לְעוֹף הַשָּׁמַיִם וּלְבֶהֱמַת הַשָּׂדֶה׃ וַיֹּאמֶר דָּוִד אֶל־הַפְּלִשְׁתִּי 45
אַתָּה בָּא אֵלַי בְּחֶרֶב וּבַחֲנִית וּבְכִידוֹן וְאָנֹכִי בָא־אֵלֶיךָ בְּשֵׁם
יְהוָה צְבָאוֹת אֱלֹהֵי מַעַרְכוֹת יִשְׂרָאֵל אֲשֶׁר חֵרַפְתָּ׃ הַיּוֹם הַזֶּה 46
יְסַגֶּרְךָ יְהוָה בְּיָדִי וְהִכִּיתִךָ וַהֲסִרֹתִי אֶת־רֹאשְׁךָ מֵעָלֶיךָ וְנָתַתִּי
פֶּגֶר מַחֲנֵה פְלִשְׁתִּים הַיּוֹם הַזֶּה לְעוֹף הַשָּׁמַיִם וּלְחַיַּת הָאָרֶץ
וְיֵדְעוּ כָּל־הָאָרֶץ כִּי יֵשׁ אֱלֹהִים לְיִשְׂרָאֵל׃ וְיֵדְעוּ כָּל־הַקָּהָל הַזֶּה 47

כִּי־לֹא בְּחֶרֶב וּבַחֲנִית יְהוֹשִׁיַע[26] יְהוָֹה כִּי לַיהוָֹה הַמִּלְחָמָה וְנָתַן
48 אֶתְכֶם בְּיָדֵנוּ׃ וְהָיָה כִּי[27]־קָם הַפְּלִשְׁתִּי וַיֵּלֶךְ וַיִּקְרַב לִקְרַאת
49 דָּוִד וַיְמַהֵר דָּוִד וַיָּרָץ הַמַּעֲרָכָה לִקְרַאת הַפְּלִשְׁתִּי׃ וַיִּשְׁלַח דָּוִד
אֶת־יָדוֹ אֶל־הַכֶּלִי וַיִּקַּח מִשָּׁם אֶבֶן וַיְקַלַּע וַיַּךְ אֶת־הַפְּלִשְׁתִּי אֶל־
50 מִצְחוֹ וַתִּטְבַּע הָאֶבֶן בְּמִצְחוֹ וַיִּפֹּל עַל־פָּנָיו אָרְצָה׃ וַיֶּחֱזַק[28] דָּוִד
מִן־הַפְּלִשְׁתִּי בַּקֶּלַע וּבָאֶבֶן וַיַּךְ אֶת־הַפְּלִשְׁתִּי וַיְמִיתֵהוּ וְחֶרֶב אֵין
51 בְּיַד־דָּוִד׃ וַיָּרָץ דָּוִד וַיַּעֲמֹד אֶל־הַפְּלִשְׁתִּי וַיִּקַּח אֶת־חַרְבּוֹ
וַיִּשְׁלְפָהּ מִתַּעְרָהּ וַיְמֹתְתֵהוּ וַיִּכְרָת־בָּהּ אֶת־רֹאשׁוֹ וַיִּרְאוּ
52 הַפְּלִשְׁתִּים כִּי־מֵת גִּבּוֹרָם וַיָּנֻסוּ׃ וַיָּקֻמוּ אַנְשֵׁי יִשְׂרָאֵל וִיהוּדָה
וַיָּרִעוּ וַיִּרְדְּפוּ אֶת־הַפְּלִשְׁתִּים עַד־בּוֹאֲךָ[29] גַיְא וְעַד שַׁעֲרֵי עֶקְרוֹן
53 וַיִּפְּלוּ חַלְלֵי פְלִשְׁתִּים בְּדֶרֶךְ שַׁעֲרַיִם וְעַד־גַּת וְעַד־עֶקְרוֹן׃ וַיָּשֻׁבוּ
54 בְּנֵי יִשְׂרָאֵל מִדְּלֹק אַחֲרֵי פְלִשְׁתִּים וַיָּשֹׁסּוּ אֶת־מַחֲנֵיהֶם׃ וַיִּקַּח
דָּוִד אֶת־רֹאשׁ הַפְּלִשְׁתִּי וַיְבִאֵהוּ יְרוּשָׁלָםִ וְאֶת־כֵּלָיו שָׂם
בְּאָהֳלוֹ׃

1 § 85, 4. 2 § 83, 10. 3 § 52, Note II. 4 יָרֵא fut. יִירְאוּ, exceptionally יִרְאוּ cf. v. 24. 5 the *old* men; some read בָּא = בַּשָּׁנִים בַּיָּמִים to advance in days, years. 6 § 91, 3. 7 § 105, 7. 8 § 85, 4. 9 § 105, 6, 7. 10 and thou shalt take a *pledge* in return from them, i. e. a token of their happiness. (Fuerst. Lex.) 11 sc. רַגְלָיו cf. Gen. 29, 1. 12 § 96, 7. 13 fr. רוּעַ. 14 ר was in this word doubly pronounced. 15 = יַעְשִׁירֶנּוּ. 16 § 22, Note. 17 an enquiry. 18 § 76, 2, c, 19 נפל לב to lose heart, courage. 20 עָלָיו refers either to Goliath, or to אָדָם, cf. Ps. 42, 7. 142, 4. 21 § 76, 4. Note or אֵת = with, § 75, 5. 22 מָתָה, Hi. הֵמִתָּם § 53, 7. 23 § 117. 24 § 83, 7. 25 regular וַיִּרָא. 26 for יוֹשִׁיעַ. 27 § 114, d. 28 § 91, 2. 29 § 76, 2, d.

XI. Solomo's Wisdom. (1. Kings 3, 5—28.)

5 בְּגִבְעוֹן נִרְאָה יְהוָֹה אֶל־שְׁלֹמֹה בַּחֲלוֹם הַלָּיְלָה וַיֹּאמֶר אֱלֹהִים
6 שְׁאַל מָה אֶתֶּן־לָךְ׃ וַיֹּאמֶר שְׁלֹמֹה אַתָּה עָשִׂיתָ עִם־עַבְדְּךָ דָּוִד

אָבִי חֶסֶד גָּדוֹל כַּאֲשֶׁר הָלַךְ לְפָנֶיךָ בֶּאֱמֶת וּבִצְדָקָה וּבְיִשְׁרַת
לֵבָב עִמָּךְ וַתִּשְׁמָר־לוֹ אֶת־הַחֶסֶד הַגָּדוֹל הַזֶּה וַתִּתֶּן־לוֹ בֵן יֹשֵׁב
עַל־כִּסְאוֹ כַּיּוֹם הַזֶּה׃ וְעַתָּה יְהוָֹה אֱלֹהָי אַתָּה הִמְלַכְתָּ אֶת־ 7
עַבְדְּךָ תַּחַת דָּוִד אָבִי וְאָנֹכִי נַעַר[1] קָטֹן לֹא אֵדַע צֵאת וָבֹא[2]׃
וְעַבְדְּךָ בְּתוֹךְ עַמְּךָ אֲשֶׁר בָּחָרְתָּ עַם־רָב אֲשֶׁר לֹא־יִמָּנֶה וְלֹא 8
יִסָּפֵר מֵרֹב׃ וְנָתַתָּ לְעַבְדְּךָ לֵב שֹׁמֵעַ לִשְׁפֹּט אֶת־עַמְּךָ לְהָבִין 9
בֵּין־טוֹב לְרָע כִּי מִי יוּכַל לִשְׁפֹּט אֶת־עַמְּךָ הַכָּבֵד הַזֶּה׃ וַיִּיטַב 10
הַדָּבָר בְּעֵינֵי אֲדֹנָי כִּי שָׁאַל שְׁלֹמֹה אֶת־הַדָּבָר הַזֶּה׃ וַיֹּאמֶר 11
אֱלֹהִים אֵלָיו יַעַן אֲשֶׁר שָׁאַלְתָּ אֶת־הַדָּבָר הַזֶּה וְלֹא־שָׁאַלְתָּ לְּךָ
יָמִים רַבִּים וְלֹא־שָׁאַלְתָּ לְּךָ עֹשֶׁר וְלֹא שָׁאַלְתָּ נֶפֶשׁ אֹיְבֶיךָ וְשָׁאַלְתָּ
לְּךָ הָבִין לִשְׁמֹעַ מִשְׁפָּט׃ הִנֵּה עָשִׂיתִי[3] כִּדְבָרֶךָ הִנֵּה נָתַתִּי לְךָ 12
לֵב חָכָם וְנָבוֹן אֲשֶׁר כָּמוֹךָ לֹא־הָיָה לְפָנֶיךָ וְאַחֲרֶיךָ לֹא־יָקוּם כָּמוֹךָ׃
וְגַם אֲשֶׁר לֹא־שָׁאַלְתָּ נָתַתִּי לָךְ גַּם־עֹשֶׁר גַּם־כָּבוֹד אֲשֶׁר לֹא־ 13
הָיָה כָמוֹךָ אִישׁ בַּמְּלָכִים כָּל־יָמֶיךָ׃ וְאִם תֵּלֵךְ בִּדְרָכַי לִשְׁמֹר 14
חֻקַּי וּמִצְוֺתַי כַּאֲשֶׁר הָלַךְ דָּוִיד אָבִיךָ וְהַאֲרַכְתִּי אֶת־יָמֶיךָ׃ וַיִּקַץ 15
שְׁלֹמֹה וְהִנֵּה חֲלוֹם וַיָּבוֹא יְרוּשָׁלַםִ וַיַּעֲמֹד לִפְנֵי אֲרוֹן בְּרִית־יְהוָֹה
וַיַּעַל עֹלוֹת וַיַּעַשׂ שְׁלָמִים וַיַּעַשׂ מִשְׁתֶּה לְכָל־עֲבָדָיו׃ אָז[4] תָּבֹאנָה 16
שְׁתַּיִם נָשִׁים זֹנוֹת אֶל־הַמֶּלֶךְ וַתַּעֲמֹדְנָה לְפָנָיו׃ וַתֹּאמֶר הָאִשָּׁה 17
הָאַחַת בִּי אֲדֹנִי אֲנִי וְהָאִשָּׁה הַזֹּאת יֹשְׁבֹת בְּבַיִת אֶחָד וָאֵלֵד עִמָּהּ
בַּבָּיִת׃ וַיְהִי בַּיּוֹם הַשְּׁלִישִׁי לְלִדְתִּי[5] וַתֵּלֶד גַּם־הָאִשָּׁה הַזֹּאת 18
וַאֲנַחְנוּ יַחְדָּו אֵין־זָר אִתָּנוּ בַּבַּיִת זוּלָתִי[6] שְׁתַּיִם־אֲנַחְנוּ בַּבָּיִת׃
וַיָּמָת בֶּן־הָאִשָּׁה הַזֹּאת לָיְלָה אֲשֶׁר שָׁכְבָה עָלָיו׃ וַתָּקָם בְּתוֹךְ 19 20
הַלַּיְלָה וַתִּקַּח אֶת־בְּנִי מֵאֶצְלִי וַאֲמָתְךָ[7] יְשֵׁנָה וַתַּשְׁכִּיבֵהוּ בְּחֵיקָהּ
וְאֶת־בְּנָהּ הַמֵּת הִשְׁכִּיבָה בְחֵיקִי׃ וָאָקֻם בַּבֹּקֶר לְהֵינִיק אֶת־בְּנִי 21
וְהִנֵּה־מֵת וָאֶתְבּוֹנֵן אֵלָיו בַּבֹּקֶר וְהִנֵּה לֹא־הָיָה בְנִי אֲשֶׁר יָלָדְתִּי׃
וַתֹּאמֶר הָאִשָּׁה הָאַחֶרֶת לֹא כִי בְּנִי הַחַי וּבְנֵךְ הַמֵּת וְזֹאת אֹמֶרֶת 22
לֹא כִי בְּנֵךְ הַמֵּת וּבְנִי הֶחָי וַתְּדַבֵּרְנָה לִפְנֵי הַמֶּלֶךְ׃ וַיֹּאמֶר הַמֶּלֶךְ 23

זֹאת אֹמֶרֶת זֶה[8]־בְּנִי הַחַי וּבְנֵךְ הַמֵּת וְזֹאת אֹמֶרֶת לֹא כִּי בְּנֵךְ
24 הַמֵּת וּבְנִי הֶחָי[9]׃ וַיֹּאמֶר הַמֶּלֶךְ קְחוּ לִי־חָרֶב וַיָּבִאוּ הַחֶרֶב לִפְנֵי
25 הַמֶּלֶךְ׃ וַיֹּאמֶר הַמֶּלֶךְ גִּזְרוּ אֶת־הַיֶּלֶד הַחַי לִשְׁנָיִם וּתְנוּ אֶת־
26 הַחֲצִי לְאַחַת וְאֶת־הַחֲצִי לְאֶחָת[9]׃ וַתֹּאמֶר הָאִשָּׁה אֲשֶׁר־בְּנָהּ
הַחַי אֶל־הַמֶּלֶךְ כִּי־נִכְמְרוּ רַחֲמֶיהָ עַל־בְּנָהּ וַתֹּאמֶר בִּי אֲדֹנִי תְּנוּ־
לָהּ אֶת־הַיָּלוּד הַחַי וְהָמֵת אַל־תְּמִיתֻהוּ וְזֹאת אֹמֶרֶת גַּם־לִי גַם־
27 לָךְ לֹא יִהְיֶה גְּזֹרוּ[10]׃ וַיַּעַן הַמֶּלֶךְ וַיֹּאמֶר תְּנוּ־לָהּ אֶת־הַיָּלוּד הַחַי
28 וְהָמֵת לֹא תְמִיתֻהוּ הִיא אִמּוֹ׃ וַיִּשְׁמְעוּ כָל־יִשְׂרָאֵל אֶת־הַמִּשְׁפָּט
אֲשֶׁר שָׁפַט הַמֶּלֶךְ וַיִּרְאוּ מִפְּנֵי הַמֶּלֶךְ כִּי רָאוּ כִּי חָכְמַת אֱלֹהִים
בְּקִרְבּוֹ לַעֲשׂוֹת מִשְׁפָּט׃

[1] Inexperienced. [2] יצא ובא to go out and in, denotes metaphorically the actions and conduct of a man. (Fuerst Lex.) [3] § 100, III. a) [4] § 101, II. בּ). [5] § 83, 11, (c). [6] י— paragogic = זוּלַת. [7] An expression of humility for I. [8] § 94, 2. [9] In pause. [10] § 34, 6.

XII. The happiness of the godly, the misery of the wicked (Ps. 1.)

1 אַשְׁרֵי[1] הָאִישׁ אֲשֶׁר לֹא הָלַךְ בַּעֲצַת רְשָׁעִים וּבְדֶרֶךְ חַטָּאִים
2 לֹא עָמָד וּבְמוֹשַׁב לֵצִים לֹא יָשָׁב׃ כִּי אִם בְּתוֹרַת יְהוָה חֶפְצוֹ
3 וּבְתוֹרָתוֹ יֶהְגֶּה יוֹמָם וָלָיְלָה׃ וְהָיָה כְּעֵץ שָׁתוּל עַל־פַּלְגֵי מָיִם
אֲשֶׁר פִּרְיוֹ יִתֵּן בְּעִתּוֹ וְעָלֵהוּ לֹא־יִבּוֹל וְכֹל אֲשֶׁר־יַעֲשֶׂה יַצְלִיחַ׃
4 5 לֹא־כֵן הָרְשָׁעִים כִּי אִם־כַּמֹּץ אֲשֶׁר־תִּדְּפֶנּוּ[2] רוּחַ׃ עַל־כֵּן לֹא־
6 יָקֻמוּ רְשָׁעִים בַּמִּשְׁפָּט וְחַטָּאִים בַּעֲדַת צַדִּיקִים׃ כִּי־יוֹדֵעַ יְהוָה
דֶּרֶךְ צַדִּיקִים וְדֶרֶךְ רְשָׁעִים תֹּאבֵד׃

[1] אֶשֶׁר happiness; only in plur. construct in the character of an interjection: O the happiness of the man! [2] § 44, 5.

XIII. The character of a godly man. (Ps. 15.)

1 מִזְמוֹר לְדָוִד[1] יְהוָה מִי־יָגוּר בְּאָהֳלֶךָ מִי־יִשְׁכֹּן בְּהַר קָדְשֶׁךָ׃

3 הוֹלֵךְ[2] תָּמִים[3] וּפֹעֵל צֶדֶק וְדֹבֵר אֱמֶת בִּלְבָבוֹ׃ לֹא־רָגַל עַל[4]־
4 לְשֹׁנוֹ לֹא־עָשָׂה לְרֵעֵהוּ רָעָה וְחֶרְפָּה לֹא־נָשָׂא עַל־קְרֹבוֹ׃ נִבְזֶה
בְּעֵינָיו נִמְאָס[5] וְאֶת־יִרְאֵי יְהוָה יְכַבֵּד נִשְׁבַּע לְהָרַע[6] וְלֹא יָמִר׃
5 כַּסְפּוֹ לֹא־נָתַן בְּנֶשֶׁךְ וְשֹׁחַד עַל־נָקִי לֹא לָקָח עֹשֵׂה־אֵלֶּה לֹא
יִמּוֹט לְעוֹלָם׃

1 § 83, 11, 2 § 107, 4. 3 Accusative, § 85, 4. c) and § 75, 2, Note. 4 רָגַל עַל ל׳ to bear slander upon his tongue, i. e. to slander. 5 The subject of the clause. 6 Inf. fr. רָעַע, supply לוֹ to do evil to himself, i. e. to his own hurt, cf. 3 Mos. 5, 4.: לְהָרַע אוֹ לְהֵטִיב.

XIV. Confidence in God's grace. (Ps. 23.)

1 2 מִזְמוֹר לְדָוִד יְהוָה רֹעִי לֹא אֶחְסָר׃ בִּנְאוֹת דֶּשֶׁא יַרְבִּיצֵנִי עַל־
3 מֵי מְנֻחוֹת יְנַהֲלֵנִי׃ נַפְשִׁי יְשׁוֹבֵב[1] יַנְחֵנִי בְמַעְגְּלֵי־צֶדֶק לְמַעַן שְׁמוֹ׃
4 גַּם כִּי־אֵלֵךְ בְּגֵיא צַלְמָוֶת[2] לֹא־אִירָא רָע כִּי־אַתָּה עִמָּדִי שִׁבְטְךָ
5 וּמִשְׁעַנְתֶּךָ הֵמָּה יְנַחֲמֻנִי׃ תַּעֲרֹךְ לְפָנַי שֻׁלְחָן נֶגֶד צֹרְרָי דִּשַּׁנְתָּ
6 בַשֶּׁמֶן רֹאשִׁי כּוֹסִי רְוָיָה[3]׃ אַךְ טוֹב וָחֶסֶד יִרְדְּפוּנִי כָּל־יְמֵי חַיָּי
וְשַׁבְתִּי[4] בְּבֵית־יְהוָה לְאֹרֶךְ יָמִים׃

1 To lead back, refresh (the soul). 2 Shadow of death = the thickest darkness, cf. § 91, c). 3 Abundance; in poetry often an abstract noun takes the place of an adjective, = my cup is abundant, overflowing. 4 = וְיָשַׁבְתִּי, as רַד (Jud. 19, 11.) for יָרַד.

XV. God's excellency and providence. (Ps. 113.)

1 2 הַלְלוּ יָהּ הַלְלוּ עַבְדֵי יְהוָה הַלְלוּ אֶת־שֵׁם יְהוָה׃ יְהִי שֵׁם יְהוָה
3 מְבֹרָךְ מֵעַתָּה וְעַד־עוֹלָם׃ מִמִּזְרַח־שֶׁמֶשׁ עַד־מְבוֹאוֹ מְהֻלָּל שֵׁם
4 5 יְהוָה׃ רָם עַל־כָּל־גּוֹיִם יְהוָה עַל הַשָּׁמַיִם כְּבוֹדוֹ׃ מִי כַּיהוָה
6 אֱלֹהֵינוּ הַמַּגְבִּיהִי[1] לָשָׁבֶת׃ הַמַּשְׁפִּילִי[1] לִרְאוֹת בַּשָּׁמַיִם וּבָאָרֶץ׃
7 8 מְקִימִי מֵעָפָר דָּל מֵאַשְׁפֹּת יָרִים אֶבְיוֹן׃ לְהוֹשִׁיבִי[2] עִם־נְדִיבִים

9 עִם נְדִיבֵי עַמּוֹ׃ מוֹשִׁיבִי עֲקֶרֶת[3] הַבַּיִת אֵם[4]־הַבָּנִים שְׂמֵחָה[5]
הַלְלוּ־יָהּ׃

[1] § 106, 9 and page 17 Note I. [2] Inf. with paragogic ִי— in poetry not unfrequent. [3] Barreness was considered among the Hebrews a great ignominy, cf. 1. Sam. c. 1. [4] Accusative, answering the question *where?* § 85, 4. or apposition to 3 = as a. [5] § 83, 10.

XVI. Israels' exodus from Egypt. (Ps. 114.)

1 2 בְּצֵאת יִשְׂרָאֵל מִמִּצְרָיִם בֵּית יַעֲקֹב מֵעַם לֹעֵז׃ הָיְתָה יְהוּדָה[1]
3 לְקָדְשׁוֹ יִשְׂרָאֵל מַמְשְׁלוֹתָיו[2]׃ הַיָּם רָאָה וַיָּנֹס הַיַּרְדֵּן יִסֹּב לְאָחוֹר׃
4 5 הֶהָרִים רָקְדוּ[3] כְאֵילִים גְּבָעוֹת כִּבְנֵי־צֹאן׃ מַה־לְּךָ הַיָּם כִּי תָנוּס
6 הַיַּרְדֵּן תִּסֹּב לְאָחוֹר׃ הֶהָרִים תִּרְקְדוּ כְאֵילִים גְּבָעוֹת כִּבְנֵי־צֹאן׃
7 8 מִלִּפְנֵי אָדוֹן חוּלִי אָרֶץ מִלִּפְנֵי אֱלוֹהַּ יַעֲקֹב׃ הַהֹפְכִי הַצּוּר
אֲגַם־מָיִם[4] חַלָּמִישׁ לְמַעְיְנוֹ[5]־מָיִם׃

[1] § 57, Note. [2] The plural poetically, § 82, 5. [3] Cf. Exodus 19, 18, [4] Cf. Exod 17, 6. [5] § 59 Note II.

XVII. Feelings of an exile in captivity. (Ps. 137.)

1 2 עַל־נַהֲרוֹת בָּבֶל שָׁם יָשַׁבְנוּ גַּם־בָּכִינוּ בְּזָכְרֵנוּ אֶת־צִיּוֹן׃ עַל־
3 עֲרָבִים בְּתוֹכָהּ[1] תָּלִינוּ כִּנֹּרוֹתֵינוּ׃ כִּי שָׁם שְׁאֵלוּנוּ שׁוֹבֵינוּ דִּבְרֵי־
4 שִׁיר וְתוֹלָלֵינוּ שִׂמְחָה שִׁירוּ לָנוּ מִשִּׁיר[2] צִיּוֹן׃ אֵיךְ נָשִׁיר אֶת־
5 שִׁיר־יְהוָֹה עַל אַדְמַת נֵכָר׃ אִם־אֶשְׁכָּחֵךְ יְרוּשָׁלָםִ תִּשְׁכַּח יְמִינִי[3]׃
6 תִּדְבַּק לְשׁוֹנִי לְחִכִּי אִם־לֹא אֶזְכְּרֵכִי[4] אִם־לֹא אַעֲלֶה אֶת־יְרוּשָׁלַםִ
7 עַל רֹאשׁ[5] שִׂמְחָתִי׃ זְכֹר יְהוָֹה לִבְנֵי אֱדוֹם אֵת יוֹם[6] יְרוּשָׁלָםִ
8 הָאֹמְרִים עָרוּ[7] עָרוּ עַד הַיְסוֹד בָּהּ׃ בַּת[8]־בָּבֶל הַשְּׁדוּדָה אַשְׁרֵי
9 שֶׁיְשַׁלֶּם־לָךְ אֶת־גְּמוּלֵךְ שֶׁגָּמַלְתְּ לָנוּ׃ אַשְׁרֵי שֶׁיֹּאחֵז וְנִפֵּץ אֶת־
עוֹלָלַיִךְ אֶל־הַסָּלַע[9]׃

[1] Refers to Babel, [2] Of the song = one of the songs. [3] Let my right forget . . . . to do its duty, or play on an instrument

(Kimchi) 4 poetically = אֶזְכָּרֵךְ. 5 The summit = the highest joy. 6 The day of downfall; misfortune. 7 Inf. Pi; to lay bare the ground יְסוֹד i. e. to destroy to the ground. 8 In poetry very common, either for the city or the inhabitants. 9 Cf. 2 Kings 8, 12.

XVIII. The preciousness and true character of wisdom. (Job 28, 12—28.)

12 13 וְהַחָכְמָה מֵאַיִן תִּמָּצֵא וְאֵי זֶה[1] מְקוֹם בִּינָה׃ לֹא־יָדַע אֱנוֹשׁ
14 עֶרְכָּהּ וְלֹא תִמָּצֵא בְּאֶרֶץ הַחַיִּים׃ תְּהוֹם אָמַר לֹא בִי־הִיא וְיָם
15 אָמַר אֵין עִמָּדִי׃ לֹא־יֻתַּן סְגוֹר תַּחְתֶּיהָ וְלֹא יִשָּׁקֵל כֶּסֶף מְחִירָהּ׃
16 17 לֹא תְסֻלֶּה בְּכֶתֶם אוֹפִיר בְּשֹׁהַם יָקָר וְסַפִּיר׃ לֹא־יַעַרְכֶנָּה זָהָב
18 וּזְכוֹכִית וּתְמוּרָתָהּ[2] כְּלִי־פָז׃ רָאמוֹת וְגָבִישׁ לֹא יִזָּכֵר וּמֶשֶׁךְ חָכְמָה
19 מִפְּנִינִים׃ לֹא־יַעַרְכֶנָּה פִּטְדַת־כּוּשׁ בְּכֶתֶם טָהוֹר לֹא תְסֻלֶּה׃
20 21 וְהַחָכְמָה מֵאַיִן תָּבוֹא וְאֵי זֶה מְקוֹם בִּינָה׃ וְנֶעֶלְמָה מֵעֵינֵי כָל־
22 חָי וּמֵעוֹף הַשָּׁמַיִם נִסְתָּרָה׃ אֲבַדּוֹן וָמָוֶת אָמְרוּ בְּאָזְנֵינוּ שָׁמַעְנוּ
23 24 שִׁמְעָהּ[3]׃ אֱלֹהִים הֵבִין דַּרְכָּהּ וְהוּא[4] יָדַע אֶת־מְקוֹמָהּ׃ כִּי־הוּא
25 לִקְצוֹת־הָאָרֶץ יַבִּיט תַּחַת כָּל־הַשָּׁמַיִם יִרְאֶה׃ לַעֲשׂוֹת לָרוּחַ
26 מִשְׁקָל וּמַיִם תִּכֵּן בְּמִדָּה׃ בַּעֲשֹׂתוֹ לַמָּטָר חֹק וְדֶרֶךְ לַחֲזִיז קוֹלוֹת׃
27 28 אָז רָאָהּ וַיְסַפְּרָהּ הֱכִינָהּ וְגַם־חֲקָרָהּ׃ וַיֹּאמֶר לָאָדָם הֵן יִרְאַת
אֲדֹנָי הִיא חָכְמָה וְסוּר מֵרָע בִּינָה׃

1 § 94, 6 Note. 2 Supply the antecedent לֹא. 3 § 93, 6. 4 § 93, Note.

XIX. Judah is threatened for her ingratitude and rebellion. (Isa. 1, 1—21.)

1 חֲזוֹן יְשַׁעְיָהוּ בֶן־אָמוֹץ אֲשֶׁר חָזָה עַל־יְהוּדָה וִירוּשָׁלִַם בִּימֵי
2 עֻזִּיָּהוּ יוֹתָם אָחָז יְחִזְקִיָּהוּ מַלְכֵי יְהוּדָה׃ שִׁמְעוּ שָׁמַיִם וְהַאֲזִינִי
3 אֶרֶץ כִּי יְהוָה דִּבֵּר בָּנִים גִּדַּלְתִּי וְרוֹמַמְתִּי וְהֵם פָּשְׁעוּ בִי׃ יָדַע
שׁוֹר קֹנֵהוּ וַחֲמוֹר אֵבוּס בְּעָלָיו יִשְׂרָאֵל לֹא יָדַע עַמִּי לֹא הִתְבּוֹנָן׃

4 הוֹי גּוֹי חֹטֵא עַם כֶּבֶד[1] עָוֹן זֶרַע מְרֵעִים בָּנִים מַשְׁחִיתִים עָזְבוּ
5 אֶת־יְהוָה נִאֲצוּ אֶת־קְדוֹשׁ יִשְׂרָאֵל נָזֹרוּ אָחוֹר׃ עַל־מֶה[2] תֻכּוּ
6 עוֹד תּוֹסִיפוּ סָרָה כָּל־רֹאשׁ לָחֳלִי[3] וְכָל־לֵבָב דַּוָּי׃ מִכַּף־רֶגֶל וְעַד־
רֹאשׁ אֵין־בּוֹ מְתֹם פֶּצַע וְחַבּוּרָה וּמַכָּה טְרִיָּה לֹא־זֹרוּ[4] וְלֹא חֻבָּשׁוּ
7 וְלֹא רֻכְּכָה בַּשָּׁמֶן׃ אַרְצְכֶם שְׁמָמָה עָרֵיכֶם שְׂרֻפוֹת אֵשׁ אַדְמַתְכֶם
8 לְנֶגְדְּכֶם זָרִים אֹכְלִים אֹתָהּ וּשְׁמָמָה כְּמַהְפֵּכַת זָרִים׃ וְנוֹתְרָה
9 בַת־צִיּוֹן כְּסֻכָּה בְכָרֶם כִּמְלוּנָה בְמִקְשָׁה כְּעִיר נְצוּרָה׃ לוּלֵי יְהוָה
צְבָאוֹת הוֹתִיר לָנוּ שָׂרִיד כִּמְעָט כִּסְדֹם הָיִינוּ לַעֲמֹרָה דָּמִינוּ׃
10 שִׁמְעוּ דְבַר־יְהוָה קְצִינֵי סְדֹם הַאֲזִינוּ תּוֹרַת אֱלֹהֵינוּ עַם עֲמֹרָה׃
11 לָמָּה לִּי רֹב־זִבְחֵיכֶם יֹאמַר יְהוָה שָׂבַעְתִּי עֹלוֹת אֵילִים וְחֵלֶב
12 מְרִיאִים וְדַם פָּרִים וּכְבָשִׂים וְעַתּוּדִים לֹא חָפָצְתִּי׃ כִּי תָבֹאוּ
13 לֵרָאוֹת[5] פָּנָי[6] מִי־בִקֵּשׁ זֹאת מִיֶּדְכֶם רְמֹס[7] חֲצֵרָי׃ לֹא תוֹסִיפוּ
הָבִיא מִנְחַת־שָׁוְא קְטֹרֶת תּוֹעֵבָה הִיא לִי חֹדֶשׁ[8] וְשַׁבָּת קְרֹא
14 מִקְרָא לֹא־אוּכַל[9] אָוֶן וַעֲצָרָה׃ חָדְשֵׁיכֶם וּמוֹעֲדֵיכֶם שָׂנְאָה נַפְשִׁי
15 הָיוּ עָלַי לָטֹרַח[10] נִלְאֵיתִי נְשֹׂא[11]׃ וּבְפָרִשְׂכֶם[12] כַּפֵּיכֶם אַעְלִים
עֵינַי מִכֶּם גַּם כִּי־תַרְבּוּ תְפִלָּה אֵינֶנִּי שֹׁמֵעַ יְדֵיכֶם דָּמִים מָלֵאוּ׃
16 17 רַחֲצוּ הִזַּכּוּ[13] הָסִירוּ רֹעַ מַעַלְלֵיכֶם מִנֶּגֶד עֵינָי חִדְלוּ הָרֵעַ׃ לִמְדוּ
הֵיטֵב[14] דִּרְשׁוּ מִשְׁפָּט אַשְּׁרוּ חָמוֹץ שִׁפְטוּ יָתוֹם רִיבוּ[15] אַלְמָנָה׃
18 לְכוּ־נָא וְנִוָּכְחָה[16] יֹאמַר יְהוָה אִם־יִהְיוּ חֲטָאֵיכֶם כַּשָּׁנִים כַּשֶּׁלֶג
19 יַלְבִּינוּ אִם־יַאְדִּימוּ כַתּוֹלָע כַּצֶּמֶר יִהְיוּ׃ אִם־תֹּאבוּ וּשְׁמַעְתֶּם
20 טוּב הָאָרֶץ תֹּאכֵלוּ׃ וְאִם־תְּמָאֲנוּ וּמְרִיתֶם חֶרֶב[17] תְּאֻכְּלוּ כִּי
פִּי יְהוָה דִּבֵּר׃

1 § 65, 5. 2 Upon what? 3 Supply הָיָה, with following ל to become, § 84, 1: to become sick. 4 זוּר (Kal in the form זֹר) 5 = לְהֵרָאוֹת. 6 פָּנָי = לְפָנַי before me. 7 Apposition to זֹאת. 8 Cf. 2 Kings, 4, 23. 9 Supply לָשֵׂאת to bear. 10 On the Kamets of ל see § 18, II. 3. 11 Inf. const. of נָשָׂא, more frequently שְׂאֵת and שֵׂאת. 12 = פָּרְשְׂכֶם inf. Pi., Tsere becoming Chirek. 13 For הִתְזַכּוּ § 39, 3. 14 § 105, 5. 15 Supply רִיב. 16 Niphal here reciprocal § 26, 1. 17 § 85, 5.

XX. Description of the Messianic time. (Isa. 11. 1—10.

1
2 וְיָצָא חֹטֶר מִגֵּזַע יִשָׁי וְנֵצֶר מִשָּׁרָשָׁיו יִפְרֶה׃ וְנָחָה עָלָיו רוּחַ
יְהוָה רוּחַ חָכְמָה וּבִינָה רוּחַ עֵצָה וּגְבוּרָה רוּחַ דַּעַת וְיִרְאַת
3 יְהוָה׃ וַהֲרִיחוֹ[1] בְּיִרְאַת יְהוָה וְלֹא־לְמַרְאֵה עֵינָיו יִשְׁפּוֹט וְלֹא־
4 לְמִשְׁמַע אָזְנָיו יוֹכִיחַ׃ וְשָׁפַט בְּצֶדֶק דַּלִּים וְהוֹכִיחַ בְּמִישׁוֹר לְעַנְוֵי־
5 אָרֶץ וְהִכָּה־אֶרֶץ בְּשֵׁבֶט פִּיו וּבְרוּחַ שְׂפָתָיו יָמִית רָשָׁע׃ וְהָיָה
6 צֶדֶק אֵזוֹר מָתְנָיו וְהָאֱמוּנָה אֵזוֹר חֲלָצָיו׃ וְגָר זְאֵב עִם־כֶּבֶשׂ
וְנָמֵר עִם־גְּדִי יִרְבָּץ וְעֵגֶל וּכְפִיר וּמְרִיא יַחְדָּו וְנַעַר קָטֹן נֹהֵג בָּם׃
7 וּפָרָה וָדֹב תִּרְעֶינָה יַחְדָּו יִרְבְּצוּ יַלְדֵיהֶן וְאַרְיֵה כַּבָּקָר יֹאכַל־
8 תֶּבֶן׃ וְשִׁעֲשַׁע[2] יוֹנֵק עַל־חֻר פָּתֶן וְעַל מְאוּרַת צִפְעוֹנִי גָּמוּל יָדוֹ
9 הָדָה׃ לֹא־יָרֵעוּ[3] וְלֹא יַשְׁחִיתוּ בְּכָל־הַר קָדְשִׁי כִּי־מָלְאָה הָאָרֶץ
10 דֵּעָה[4] אֶת־יְהוָה כַּמַּיִם לַיָּם[5] מְכַסִּים׃ וְהָיָה בַּיּוֹם הַהוּא שֹׁרֶשׁ[6]
יִשַׁי אֲשֶׁר עֹמֵד לְנֵס עַמִּים אֵלָיו גּוֹיִם יִדְרֹשׁוּ וְהָיְתָה מְנֻחָתוֹ כָּבוֹד׃

1 His delight, הֵרִיחַ with בּ to smell with pleasure, hence generally to enjoy, delight in. 2 Pilpel of שׁעע. 3 § 76, 2. c. 4 Inf. of יָדַע § 30, 4, hence with following אֶת. 5 כסה commonly with עַל, here with לְ. 6 § 86, 3 b.

XXI. Jeremiah's letter to the captives in Babylon. (Jer. 29, 4—14.)

4 כֹּה אָמַר יְהוָה צְבָאוֹת אֱלֹהֵי יִשְׂרָאֵל לְכָל־הַגּוֹלָה אֲשֶׁר־
5 הִגְלֵיתִי מִירוּשָׁלַםִ בָּבֶלָה׃ בְּנוּ בָתִּים וְשֵׁבוּ וְנִטְעוּ גַנּוֹת וְאִכְלוּ
6 אֶת־פִּרְיָן׃ קְחוּ נָשִׁים וְהוֹלִידוּ בָּנִים וּבָנוֹת וּקְחוּ לִבְנֵיכֶם נָשִׁים
וְאֶת־בְּנוֹתֵיכֶם תְּנוּ לַאֲנָשִׁים וְתֵלַדְנָה בָּנִים וּבָנוֹת וּרְבוּ־שָׁם וְאַל־
7 תִּמְעָטוּ׃ וְדִרְשׁוּ אֶת־שְׁלוֹם הָעִיר אֲשֶׁר הִגְלֵיתִי אֶתְכֶם שָׁמָּה
8 וְהִתְפַּלְלוּ בַעֲדָהּ אֶל־יְהוָה כִּי בִשְׁלוֹמָהּ יִהְיֶה לָכֶם שָׁלוֹם׃ כִּי
כֹה אָמַר יְהוָה צְבָאוֹת אֱלֹהֵי יִשְׂרָאֵל אַל־יַשִּׁיאוּ לָכֶם נְבִיאֵיכֶם
אֲשֶׁר־בְּקִרְבְּכֶם וְקֹסְמֵיכֶם וְאַל־תִּשְׁמְעוּ אֶל־חֲלֹמֹתֵיכֶם אֲשֶׁר אַתֶּם

9 מַחְלְמִים׃ כִּי בְשֶׁקֶר הֵם נִבְּאִים לָכֶם בִּשְׁמִי לֹא שְׁלַחְתִּים נְאֻם־
10 יְהוָה׃ כִּי־כֹה אָמַר יְהוָה כִּי לְפִי מְלֹאת[1] לְבָבֶל שִׁבְעִים שָׁנָה
אֶפְקֹד אֶתְכֶם וַהֲקִמֹתִי עֲלֵיכֶם אֶת־דְּבָרִי הַטּוֹב לְהָשִׁיב אֶתְכֶם
11 אֶל־הַמָּקוֹם הַזֶּה׃ כִּי אָנֹכִי יָדַעְתִּי אֶת־הַמַּחֲשָׁבֹת אֲשֶׁר אָנֹכִי
חֹשֵׁב עֲלֵיכֶם נְאֻם יְהוָה מַחְשְׁבוֹת שָׁלוֹם וְלֹא לְרָעָה לָתֵת לָכֶם
12 אַחֲרִית וְתִקְוָה׃ וּקְרָאתֶם אֹתִי וַהֲלַכְתֶּם וְהִתְפַּלַּלְתֶּם אֵלָי
13 וְשָׁמַעְתִּי אֲלֵיכֶם׃ וּבִקַּשְׁתֶּם אֹתִי וּמְצָאתֶם כִּי תִדְרְשֻׁנִי בְּכָל־
14 לְבַבְכֶם׃ וְנִמְצֵאתִי[2] לָכֶם נְאֻם־יְהוָה וְשַׁבְתִּי אֶת־שְׁבוּתְכֶם
וְקִבַּצְתִּי אֶתְכֶם מִכָּל־הַגּוֹיִם וּמִכָּל־הַמְּקוֹמוֹת אֲשֶׁר הִדַּחְתִּי
אֶתְכֶם שָׁם נְאֻם־יְהוָה וַהֲשִׁבֹתִי אֶתְכֶם אֶל־הַמָּקוֹם אֲשֶׁר־הִגְלֵיתִי
אֶתְכֶם מִשָּׁם׃

1 § 49, 4, Note. 2 To be found by one i. e. to show himself inclined toward one. (Fuerst Lex.)

XXII. The new convenant. (Jer, 31, 31 — 34.)

31 הִנֵּה יָמִים בָּאִים נְאֻם־יְהוָה וְכָרַתִּי אֶת־בֵּית יִשְׂרָאֵל וְאֶת־בֵּית
32 יְהוּדָה בְּרִית חֲדָשָׁה׃ לֹא כַבְּרִית אֲשֶׁר כָּרַתִּי אֶת־אֲבוֹתָם בְּיוֹם
הֶחֱזִיקִי בְיָדָם לְהוֹצִיאָם מֵאֶרֶץ מִצְרָיִם אֲשֶׁר[1]־הֵמָּה הֵפֵרוּ אֶת־
33 בְּרִיתִי וְאָנֹכִי[2] בָּעַלְתִּי בָם נְאֻם־יְהוָה׃ כִּי זֹאת הַבְּרִית אֲשֶׁר
אֶכְרֹת אֶת־בֵּית יִשְׂרָאֵל אַחֲרֵי הַיָּמִים הָהֵם נְאֻם־יְהוָה נָתַתִּי
אֶת־תּוֹרָתִי בְּקִרְבָּם וְעַל־לִבָּם אֶכְתֲּבֶנָּה[3] וְהָיִיתִי לָהֶם לֵאלֹהִים
34 וְהֵמָּה יִהְיוּ־לִי לְעָם׃ וְלֹא יְלַמְּדוּ עוֹד אִישׁ[4] אֶת־רֵעֵהוּ וְאִישׁ
אֶת־אָחִיו[4] לֵאמֹר דְּעוּ אֶת־יְהוָה כִּי כוּלָּם יֵדְעוּ אוֹתִי לְמִקְּטַנָּם
וְעַד־גְּדוֹלָם נְאֻם־יְהוָה כִּי אֶסְלַח לַעֲוֹנָם וּלְחַטָּאתָם לֹא אֶזְכָּר־עוֹד׃

1 § 96, 2. 2 ו although, § 118. 3 For אֶכְתֳּבֶנָּה. 4 § 97, 4.

XXIII. Resurrection of Israel by the reviving Spirit of God. (Ezek. 37, I—14.)

1 הָיְתָה עָלַי יַד־יְהוָֹה וַיּוֹצִיאֵנִי בְרוּחַ יְהוָֹה וַיְנִיחֵנִי בְּתוֹךְ הַבִּקְעָה
2 וְהִיא מְלֵאָה עֲצָמוֹת׃ וְהֶעֱבִירַנִי עֲלֵיהֶם סָבִיב סָבִיב וְהִנֵּה רַבּוֹת
3 מְאֹד עַל־פְּנֵי הַבִּקְעָה וְהִנֵּה יְבֵשׁוֹת מְאֹד׃ וַיֹּאמֶר אֵלַי בֶּן־אָדָם
4 הֲתִחְיֶינָה הָעֲצָמוֹת הָאֵלֶּה וָאֹמַר אֲדֹנָי יֱהוִֹה אַתָּה יָדָעְתָּ׃ וַיֹּאמֶר
אֵלַי הִנָּבֵא עַל־הָעֲצָמוֹת הָאֵלֶּה וְאָמַרְתָּ אֲלֵיהֶם הָעֲצָמוֹת הַיְבֵשׁוֹת
5 שִׁמְעוּ דְּבַר־יְהוָֹה׃ כֹּה אָמַר אֲדֹנָי יְהוִֹה לָעֲצָמוֹת הָאֵלֶּה הִנֵּה
6 אֲנִי מֵבִיא בָכֶם רוּחַ וִחְיִיתֶם׃ וְנָתַתִּי עֲלֵיכֶם גִּידִים וְהַעֲלֵתִי
עֲלֵיכֶם בָּשָׂר וְקָרַמְתִּי עֲלֵיכֶם עוֹר וְנָתַתִּי בָכֶם רוּחַ וִחְיִיתֶם
7 וִידַעְתֶּם כִּי־אֲנִי יְהוָֹה׃ וְנִבֵּאתִי כַּאֲשֶׁר צֻוֵּיתִי וַיְהִי־קוֹל כְּהִנָּבְאִי
8 וְהִנֵּה־רַעַשׁ וַתִּקְרְבוּ[1] עֲצָמוֹת עֶצֶם אֶל־עַצְמוֹ׃ וְרָאִיתִי וְהִנֵּה־
עֲלֵיהֶם גִּדִים וּבָשָׂר עָלָה וַיִּקְרַם עֲלֵיהֶם עוֹר מִלְמָעְלָה וְרוּחַ
9 אֵין בָּהֶם׃ וַיֹּאמֶר אֵלַי הִנָּבֵא אֶל־הָרוּחַ הִנָּבֵא בֶן־אָדָם וְאָמַרְתָּ
אֶל־הָרוּחַ כֹּה־אָמַר אֲדֹנָי יְהוִֹה מֵאַרְבַּע רוּחוֹת בֹּאִי הָרוּחַ[2] וּפְחִי
10 בַּהֲרוּגִים הָאֵלֶּה וְיִחְיוּ׃ וְהִנַּבֵּאתִי כַּאֲשֶׁר צִוָּנִי[3] וַתָּבוֹא בָהֶם
11 הָרוּחַ וַיִּחְיוּ וַיַּעַמְדוּ עַל־רַגְלֵיהֶם חַיִל גָּדוֹל מְאֹד מְאֹד׃ וַיֹּאמֶר
אֵלַי בֶּן־אָדָם הָעֲצָמוֹת הָאֵלֶּה כָּל־בֵּית יִשְׂרָאֵל הֵמָּה[4] הִנֵּה
12 אֹמְרִים יָבְשׁוּ עַצְמוֹתֵינוּ וְאָבְדָה תִקְוָתֵנוּ נִגְזַרְנוּ לָנוּ[5]׃ לָכֵן הִנָּבֵא
וְאָמַרְתָּ אֲלֵיהֶם כֹּה־אָמַר אֲדֹנָי יֱהוִֹה הִנֵּה אֲנִי פֹתֵחַ אֶת־קִבְרוֹתֵיכֶם
וְהַעֲלֵיתִי אֶתְכֶם מִקִּבְרוֹתֵיכֶם עַמִּי[6] וְהֵבֵאתִי אֶתְכֶם אֶל־אַדְמַת
13 יִשְׂרָאֵל׃ וִידַעְתֶּם כִּי־אֲנִי יְהוָֹה בְּפִתְחִי אֶת־קִבְרוֹתֵיכֶם וּבְהַעֲלוֹתִי
14 אֶתְכֶם מִקִּבְרוֹתֵיכֶם עַמִּי׃ וְנָתַתִּי רוּחִי בָכֶם וִחְיִיתֶם וְהִנַּחְתִּי
אֶתְכֶם עַל־אַדְמַתְכֶם וִידַעְתֶּם כִּי אֲנִי יְהוָֹה דִּבַּרְתִּי וְעָשִׂיתִי
נְאֻם־יְהוָֹה׃

[1] For תִּקְרַבְנָה. [2] § 80, 5. [3] sc. יְהוָֹה. [4] § 77, 3. [5] Dat. Commod. נִ׳ לָנוּ we are so entirely cut of (Fuerst Lex.). [6] Apposition to אֶתְכֶם.

VOCABULARY.

I. HEBREW AND ENGLISH.

א

אָב father: see § 73, 1.

אָבַד (§ 48, 1) to be lost, to perish; *Pi.* and *Hi.* to destroy, to let perish.

אֲבַדּוֹן destruction, [abyss.

אָבָה to wish, to be [willing.

אֲבוֹי misery, woe.

אֵבוּס crib.

אָבִיב ear of grain, [time of ears, spring.

אֶבְיוֹן needy, poor.

אֲבִימֶלֶךְ pr. n. m.

אֲבִינָדָב pr. n. m.

אַבִּיר mighty, chief.

אָבַל *K.* and *Hit.* to [mourn.

אֵבֶל mourning.

אֲבָל truly, but, yet.

אֶבֶן *f.* stone, wheight.

אַבְרָהָם, אַבְרָם } Abraham.

אַבְשָׁלוֹם Absalom.

אֲגַם c. אֲגַם pool.

אָגַר to gather.

אֱדוֹם Edom.

אָדוֹן Lord.

אַדִּיר mighty.

אָדַם to be red; *Hi.* [to shew a red hue.

אָדָם man; *col.* men.

אֲדָמָה ground, soil, [land.

אֲדֹמִי Edomite, Idu-[mean.

אַדְמֹנִי reddish.

אֶדֶן socket, funda-[ment.

אֲדֹנָי Lord, the divine [majesty.

אֲדֹנִי־בֶזֶק p. n. m.

אֶדֶר mantle, tunic.

אָהֵב a. אָהַב to love.

אֹהֵב, אוֹהֵב } friend.

אַהֲבָה *s.* love.

אֲהָהּ oh!

אֹהֶל tent, tabernacle.

אַהֲרֹן Aaron.

אוֹ or.

אוֹי woe!

אוֹיֵב enemy.

אֱוִיל silly, fool.

אוּלַי perhaps.

אוּלָם but.

אִוֶּלֶת silliness, folly.

אָוֶן iniquity, misery, [vanity.

אוֹפִיר Ophir.

אוֹר (§ 53, 7) to be or become light, bright; *Hi.* to make bright, to illuminate, to enlighten; הֵאִיר פָּנָיו אֶל to look gracious.

אוֹר light.

אוֹת sign.

אָז then.

אֵזוֹר belt, girdle.

אָזַן *Hi.* to listen.

אֹזֶן *f.* ear.

אָזַר *K.* a. *Pi.* to gird; *Hit.* to gird oneself.

אָח brother (§ 73, 2.)

אַחְאָב p. n. m.

אֶחָד one, first.

אָחוֹר behind, back, [backward.

אָחוֹת sister (§ 73, 3.)

אָחַז to seize, hold, [catch.

אָחָז p. n. m.

אֲחִיתֹפֶל p. n. m.

אָחַר *Pi.* to delay, to [tarry.

אַחֵר other.

אַחַר after, afterwards, [behind.

אַחֲרוֹן the last.
אַחֲרֵי after; *w. suff.* אַחֲרַי, § 75, 6.
אַחֲרִית end, future, [eternity.
אַחַת *f.* of אֶחָד, one.
אָטַם to close, to stop.
אִי woe!
אֵי where?
אֹיֵב enemy.
אַיֵּה where?
אִיּוֹב Job.
אֵיכָה how? how! [where?
אַיִל ram.
אַיָּלוֹן Ajalon, name of [a city.
אַיִן c. אֵין, not;
בְּאֵין without;
w. suff. אֵינֶנִּי, § 75, 3.
אֵיפָה Ephah, a dry [measure.
אֵיפֹה where?
אִישׁ man, see § 73, B. [1. and § 98, 1. 2.
אַךְ only, but, surely.
אַכְזְרִיּוּת fierceness.
אָכַל (§ 48) to eat, *Pu.* [to be consumed.
אֹכֵל eater.
אָכְלָה, אֹכֶל food.
אָכֵן surely, truly.
אַל not.
אֶל to; *w. suff.* אֵלַי, [§ 75, 6.
אֵל a mighty one. 2) strength, power. 3) God, the Almighty.

אֵלָה *f.* oak, terebinth.
אֱלֹהִים, אֱלוֹהַּ God.
אֱלִיאָב p. n. m.
אֵלִיָּהוּ p. n. m.
אֱלִיל idol.
אַלְלַי alas! אִ' לִי alas! [for me.
אִלֵּם dumb.
אַלְמָנָה widow.
אָלַף to learn, *Pi.* to [teach.
אֶלֶף thousand.
אֵם mother.
אִם if; כִּי אִם except that; אִם לוּ oh if!
אָמָה maid-servant, [§ 73, 9.
אַמָּה ell, cubit.
אָמוֹץ p. n. m.
אֱמוּנָה faith, faithful- [ness.
אָמַן to be firm, faithful; *Hi.* to hold firmly, to believe, *w.* בְּ.
אֵמוּן depended on, [faithful
אָמֵץ *K. Hi.* to be firm; *Pi.* to fortify, to strenghten.
אָמַר (§ 48) to say, to think, either followed by לְלֵב, בְּלֵב or not.
אִמְרָה, אֹמֶר speech.
אֱמֹרִי Amorite.
אֱמֶת truth.
אָנָה whither?

אֱנוֹשׁ man, mortal.
אָנַח *Ni.* to lament, to [mourn.
אֲנַחְנוּ we.
אָנַף *K.* a. *Hit.* to be [angry.
אֲנָשִׁים *pl.* of אִישׁ, men, § 73, B. 1.
אֵסוּר *pl.* אֲסוּרִים fetter, בֵּית הָאֵ' [prison.
אָסַף to gather, to gather in; *Ni.* to gather oneself, to be gathered, taken away.
אָסַר to bind, to har- [ness.
אַף nose, anger, wrath;
אַפַּיִם face, anger.
אַף *adv.* also; אַף כִּי how much more, how [much less.
אָפָה to bake.
אֵפוֹא then.
אֲפֵלָה darkness.
אֶפֶס 1) end; 2) *adv.* not, nothing, בְּאֶ' [without
[אֶ' כִּי] except that.
אֶפֶס דַּמִּים p. n. of a [place in Judah.
אֶפְרֹחַ the young of [birds, brood.
אֶפְרַיִם Ephraim.
אֶפְרָתִי Ephrathite.
אֵצֶל near, by, at.
אַרְבֶּה locust.
אַרְבַּע *f.* / אַרְבָּעָה *m.* } four.

אָרַג to weave.

אֶרֶז cedar.

אֹרַח *f.* path, way.

אֲרִי
אַרְיֵה } lion.

אָרַךְ to be long.
Hi. to prolong, *e. g.* life, to lengthen, to tarry [long, to delay.

אֶרֶךְ a putting off, delay, אֶרֶךְ אַף, אֶ׳ אַפַּיִם long of temper, long-suffer- [ing.

אֹרֶךְ length, אֹ׳ יָמִים [length of life.

אֲרָם Aramea, Syria.

אֶרֶץ *f.* earth, land.

אָרַר to curse.

אֵשׁ *f.* fire.

אִשָּׁה woman, § 73, [B. 2.

אַשּׁוּר *f.* Assyria, an [Assyrian.

אָשַׁם and אָשֵׁם to be guilty, to transgress, to be condemned; *Hi.* to condemn, to [punish.

אַשְׁפֹּת dunghill.

אַשְׁקְלוֹן p. n. of a city of the Philist- [ines.

אָשַׁר *Pi.* to guide, direct aright, to make or call happy.

אֲשֶׁר who, which, [when, as.

אַשְׁרֵי (*fr.* אֶשֶׁר fortune–*not used*–) hail! [happy!

אֶת־אֵת 1) sign of *acc.* *w. suff.* אֹתִי 2) with; *w. suff.* אִתִּי etc.

אָתָה to come.

אַתָּה thou.

ב

בְּ in, with; *w. suff.* בִּי.

בָּא *pret.* of בּוֹא.

בְּאֵר *f.* well.

בְּאֵר שֶׁבַע p. n. of a [city.

בְּאֶפֶס without.

בָּבֶל Babylon.

בָּגַד to be faithless, to [transgress.

בֶּגֶד garment.

בִּגְלַל on account of.

בָּדָד separate, alone, לְבָ׳ apart, separate,

בָּדַל *Hi.* to divide, to separate, show dif- [ference.

בְּהֵמָה beast.

בֹּהֶן *f.* thumb.

בּוֹא to come, to set (of the sun); *Hi.* to [bring.

בּוּז to disdain, *with* לְ to show contempt [for somebody.

בּוּז *s.* contempt.

בּוּן see בִּין.

בּוֹר well, pit, cistern.

בּוֹשׁ to be disappointed, to be ashamed, to come to shame; *Hi.* to put to shame, to disgrace.

בָּז *pret.* of בּוּז.

בָּזָה to despise, dis- [dain.

בָּזַז to spoil.

בַּחוּץ without.

בָּחוּר youth, young [man, chosen.

בָּחַן to examine, try, [search, tempt.

בָּחַר to choose, to select, w. בְּ; נִבְחָר desirable.

בָּטַח to trust, to be [confident, w. בְּ.

בֶּטַח security, safety; לָבֶ׳ in safety, securely.

בֶּטֶן *f.* belly, heart, [womb.

בִּי *interj.* O that!

בִּין to understand; *Hi.* to discern; *Hit.* diligently consider, to [fathom.

בַּיִן interval (space between two things), *du.* בֵּינַיִם; hence אִישׁ הַבֵּנַיִם, the man between the two hosts.

בֵּין between; w. *suff.* [§ 75, 6.

בִּינָה understanding.

בֵּיצָה (*pl.* בֵּיצִים) egg.

בַּיִת house, מִבַּיִת [within.

בֵּית לֶחֶם p.n. of a city.

בָּכָה to weep.

בְּכוֹר firstborn.

בַּל not.

בְּלִי without.

בְּלִיַּעַל worthlessness, [lowness.

בִּלְעָם Balaam.

בִּלְעֲדֵי (*with pref.* מִבַּלְעֲדֵי, מִן) without, besides, except.

בִּלְתִּי, לְבִלְתִּי without, [that not.

בַּמֶּה in what?

בֵּן, בֶּן־ son, § 79, 6.

בָּנָה to build.

בַּעֲבוּר in order that.

בְּעַד for.

בְּעוֹד within yet.

בָּעַל to be lord over.

בַּעַל man, lord, husband, person given or addicted to a thing; § 89, 4. II. Baal, god of the Phenicians.

בָּעַר *K. and Pi. intr.* to burn, *tr.* to con- [sume.

בֶּצַע profit, unjust [gain.

בָּצֵק dough.

בָּקַע *Pi.* to split.

בִּקְעָה valley.

בָּקָר herd, oxen.

בֹּקֶר morning.

בְּקֶרֶב within.

בָּקַשׁ *Pi.* to seek, de- [mand.

בָּרָא to create.

בָּרָה to choose, to [select.

בַּרְזֶל iron.

בָּרַח to flee.

בָּרִיא fat, full.

בְּרִיאָה creation.

בְּרִית covenant.

בָּרַךְ to kneel, בָּרוּךְ blessed, *Pi.* to bless.

בֶּרֶךְ knee.

בְּרָכָה blessing.

בָּרָק lightening.

בָּשָׂר meat, flesh, body.

בַּת daughter, § 73, 7.

בְּתוֹךְ in the midst of, [within.

בָּתִּים *pl.* of בַּיִת § 73, 8.

ג

גַּאֲוָה haughtiness, [pride.

גָּאַל to redeem.

גָּבַהּ to be high; *Hi.* to raise up, make [high.

גְּבַהּ (only in *const.*)

גְּבַהּ high, haughty [of, tall of.

גָּבֹהַּ high, lofty, tall.

גֹּבַהּ height.

גְּבוּל boundary, dis- [trict, territory.

גִּבּוֹר strong, hero.

גְּבוּרָה strength, [might.

גְּבִיר lord.

גָּבִישׁ crystal.

גָּבַל *Hi.* to enclose around, to set bound- [aries.

גֶּבַע hill.

גִּבְעָה I. hill, II. p. n. [of a city.

גִּבְעוֹן p. n. of a city.

גָּבַר to be strong, to prevail; *Pi.* to strength- [en.

גֶּבֶר man, hero.

גְּבֶרֶת mistress.

גַּג roof.

גָּדוֹל great, old, loud.

גְּדִי kid.

גָּדַל to be great; *Pi.* to make great, to make [grow; *Hi. id.*

גֹּדֶל greatness.

גְּדוּלָה and גְּדֻלָּה [greatness, majesty.

גָּדֵר *cons.* גֶּדֶר wall, [fence.

גֵּו back.

גּוֹי nation, people.

גּוּל see גִּיל

גּוֹל, גֹּל see גָּלַל.

גּוֹלָה a company of [exiles.

גּוּמָּץ pit.

גּוּר to sojourn, abide.

גָּזַז to shear.

גָּזַל to rob.

גֶּזַע a stem.

גָּזַר to cut, to cut off, divide; *Ni.* to be [cut off.

גַּיְא valley.

גִּיד sinew.
גִּיל to rejoice, exult.
גָּלָה to reveal; *Pi. id*; *Hi.* to lead into exile.
גָּלְיָת p. n. m.
גָּלַל to roll; with עַל to throw upon; with [מִן, to remove.
גַּם also, yea, even.
גָּמָא *Pi.* to swallow.
גֹּמֶא bulrush.
גְּמוּל any act done, good or evil, behav- [ior, desert.
גָּמוּל a weaned child.
גְּמוּלָה *pl.* גְּמֻלוֹת the recompense, pun- [ishment.
גָּמַל to recompense, to [do.
גַּן garden.
גָּנַב to steal.
גַּנָּב thief.
גָּעַר to reprove.
גְּעָרָה *c.* גַּעֲרַת re- [buke.
גֵּר stranger.
גַּרְגְּרוֹת *pl. f.* throat, [neck.
גַּרְזֶן an axe.
גֵּרֵשׁ *Pi.* to drive away, [to exile, cast out.
גֵּרְשֹׁם p. n. m.
גֶּשֶׁת, גְּשָׁה, גֶּשׁ־, גַּשׁ see נָגַשׁ.
גֶּשֶׁם rain.
גֹּשֶׁן 1) p. n. of a region in Egypt; 2) p. n. of [a city in Judah.
גַּת p. n. of a city.

ד

דֹּב or דּוֹב bear.
דְּבֹרָה, דְּבוֹרָה 1) a bee. 2) Deborah, p. n. of the prophetess, [Judge. 4, 4.
דָּבַק to cleave, to cling
דָּבַר *K.* usually *Pi.* to [speak.
דָּבָר word, thing.
דְּבַשׁ honey.
דָּג, דָּגָה } fish, fishes.
דָּגָן corn.
דָּוִיד, דָּוִד David.
דְּוַי languor, illness.
דַּוָּי faint, sick.
דֹּם, דּוֹם see דָּמַם
דּוּמִיָּה silence, resig- [nation,
דּוּן or דִּין to judge, to rule, to contend
דּוֹר generation, age, לְדוֹר וָדוֹר to all [generations.
דָּחָה to drive away, [to thrust down.
דִּין judgment, strife, [contention.
דַּיָּן judge, defender.
דַּל poor.
דַּלָּה poverty.
דָּלָה to draw, as [water from a well.
דְּלִי bucket.
דָּלַל to totter, to be slack, weak, to lan- [guish.
דָּלַק to pursue hotly, *Hi.* to kindle, in- [flame.
דֶּלֶת door, gate.
דָּם blood, the *pl.* דָּמִים blood-guilti- [ness.
דָּמָה to be like.
דְּמוּת likeness, image.
דָּמַם to be dumb, si- lent, to rest, to stand [still.
דִּמְעָה tear.
דַּמֶּשֶׂק Damascus.
דַּע, דַּעַת see יָדַע
דֵּעָה knowledge.
דַּעַת knowledge, in- [telligence.
דֹּר see דּוֹר
דָּרַךְ with בְּ, to tread, *e. g.* a way; *Hi.* to [lead.
דֶּרֶךְ way.
דָּרַשׁ to require, to [seek.
דָּשֵׁן *Pi.* to make fat, [to anoint.

ה

הֶבֶל vanity, empti- [ness.
הָגָה to meditate, to think, with בְּ of the [object, to utter.
הָגוּת thought.
הָגִיג meditation; [prayer.

הָדָה to stretch out.
הָדַר to honor; w. פָּנִים, to favor one's cause; *Hit.* to decorate oneself, to boast [oneself.
הָדָר ornament.
הֲדָרָה, c. הַדְרַת honor, ornament, glory.
הוּא he.
הוֹד beauty, majesty.
הוֹי woe! ho!
הוֹן wealth, riches.
הַט see נָטָה
הִיא she.
הָיָה to be; w. לְ, to become.
הֵיכָל palace, sanctuary.
הִין Hin, a liquid measure.
הֲלֹא not? indeed! see לֹא and § 25, 5.
הֲלוֹם hither.
הָלַךְ to walk, to go, to live; *Hi.* to lead.
הָלַל *Pi.* to sing, to praise; *Hit.* to glory, [to boast.
הֲלֹם hither.
הָמַם to confound, [to scatter.
הֵנָּה I. they (f.); II. [hither.
הִנֵּה lo! see! behold! [*w. suff.* see § 75, 3.
הָפַךְ to turn; *w.* לְ or *w.* two *accus.*, to change [into.
הַר mountain, § 17, 5.
הַרְבֵּה much.
הָרַג to slay, kill.
הָרָה to conceive, to [be pregnant.
הָרַס to tear, to pull down, to destroy.
הַשְׁכֵּם *inf. Hi.* of שָׁכַם used as *adv.*, [early.

ז

זְאֵב wolf.
זֹאת (f.) this.
זָבַח *K.* a. *Pi.* to slaughter, to sacri- [fice.
זָדוֹן wantonness! pride, [haughtiness.
זֶה this.
זָהָב gold.
זָהַר *Ni.* to be taught, to take heed; *Hi.* to shine; *fig.* to teach.
זֹהַר brightness.
זוּ which, that.
זוּב to flow.
זוּד to boil up; *Hit.* to act insolently, wick- [edly.
זוּלָה c. זוּלַת; *w. suff.* זוּלָתִי, *only used as a prep.* besides, except.
זוֹלֵל squanderer, prod- [igal.
זוּר *i. q.* סוּר to go away, *Ni.* to turn [aside.
זוּר or זִיר to bind, to [bandage.
זַיִת olive
זַךְ pure.
זָכָה to be pure; *Pi.* to cleanse; *Hit.* to cleanse [oneself.
זְכוֹכִית glass, crystal.
זָכַר to remember; *Hi.* to bring to remem- [brance, to praise.
זֵכֶר a. זֶכֶר memory.
זִכָּרוֹן remembrance.
זָמַר *Pi.* to sing, to [praise.
זָנָה a. זוֹנָה harlot.
זָעַק to cry out.
זְעָקָה the cry.
זֶפֶת pitch.
זָקֵן *K.* and *Hi.* to be [old, to grow old.
זָקֵן old man, an elder, chief of a family, [tribe or city.
זָקָן beard.
זְקֻנִים old age.
זָקַף to raise, to com- [fort.
זָקַק to refine.
זָר stranger.
זְרוֹעַ arm, strength.
זָרַח to break forth, to [shine.
זָרַע to sow.
זֶרַע seed, children, [sowing.
זֶרֶת span.

ח

חָבָא *K. Hi.* to hide, shield; *Ni.* to hide [oneself.
חַבּוּרָה stripe.
חֶבֶל rope, company.

חָבַק to embrace.
חֹבֶק folding.
חָבַר to bind, to unite: *Hit.* to ally oneself, [with (עִם).
חָבֵר companion.
חֶבְרוֹן Hebron, p. n. [of a city.
חָבַשׁ to bind up, to gird, to saddle; *Pu.* [to be bound up.
חַג festival.
חָגָב locust.
חָגַג to celebrate a [festival.
חָגַר to gird.
חָדָה to gladden.
חֶדְוָה joy.
חָדַל and חָדֵל to cease, to leave off, [to be wanting.
חָדָק and חֵדֶק (a [species of) thorn.
חֶדֶר chamber, inward [part.
חָדַשׁ *Pi.* to renew.
חָדָשׁ new.
חֹדֶשׁ the new moon, [month.
חוּג circle.
חוּט thread.
חִוִּי Hivite, a Canaan-[ite tribe.
חוּל *K.* to move in a circle, to dance, to writhe in pain; *Hi.* to make tremble; *Hit. w.* לְ, to wait for.
חוֹל sand.
חוֹלֶה *f.* חוֹלָה, *part.* *K.* of חָלָה, to be [sick.

חוֹמָה wall.
חוּץ exterior, abroad, [בַּחוּץ without.
חוּץ *plur.* חוּצוֹת or חֻצוֹת, street.
חָזָה to see, especially a vision, hence to [prophesy.
חָזוֹן vision.
חָזוּת vision.
חִזָּיוֹן intuity, vision.
חָזִיז arrow, ח׳ קוֹלוֹת [thunder-flash.
חָזַק to be strong; with מִן to be stronger than, *i. e.* to conquer; *Pi.* to give strength, to strengthen; *Hi.* to lay hold of, to seize; *Hit.* to strengthen oneself.
חָזָק and חָזֵק strong, [violent.
חָטָא to sin; *Hi.* cause to sin, lead into sin.
חַטָּא sinner.
חֵטְא *pl.* חֲטָאִים, sin; 2) the punishment of [sin.
חִטָּה wheat.
חֹטֶר a shoot, twig.
חַי living.
חִידָה riddle.
חָיָה to live; *Pi.* to make alive; *Hi.* to [let live.
חַיָּה living being, an-[imal, beast.
חַיִּים life.
חִיל see חוּל

חַיִל strength, force for war, army, wealth; עָשָׂה חַ׳ to make *i. e.* put forth power, do mightily, אַנְשֵׁי חַיִל mighty men, [heroes.
חֵךְ palate.
חָכָה to wait for; *Pi.* [*id.*, to hope.
חַכְלִילוּת darkening.
חָכַם to be, or become wise; *Pu.* to be made wise; *Hit.* to think [oneself wise.
חָכָם wise.
חָכְמָה wisdom.
חֹל profane, common.
חָלָב milk.
חֵלֶב fat.
חָלָה to be ill; *Hit.* to [become sick.
חֲלוֹם dream.
חָלִיל flute, pipe.
חָלִילָה § 75, 8.
חָלַל *Pi.* to profane; [*Hi.* to begin.
חָלַם to dream; *Hi.* to [cause to dream.
חַלָּמִישׁ flint.
חָלַף to change; *Hi.* *id.* [to renew.
חָלַץ to draw out; *Ni.* to be extricated, delivered; *Pi.* to deliver, set free.
חֲלָצַיִם loins.
חָלַק to divide, have part, *w.* בְּ; *Hi.* to make [smooth, flatter.

חֵלֶק part, share, lot.
חָלָק *adj.* smooth.
חַלָּשׁ weak.
חֹם warmth, heat,
חָם p. n. m.
חָמַד to covet.
חֵמָה wrath, fury.
חַמָּה warmth, heat.
חָמוֹץ a violent man, [robber.
חֲמוֹר ass.
חָמוֹת mother-in-law.
חָמַל to have pity, [compassion.
חָמַם to be warm; *Pi.* [to make warm.
חָמֵץ to be leavened.
חָמֵץ leavened.
חֹמֶץ vinegar.
חֵמָר bitumen.
חָמַר to daub, to pitch.
חֹמֶר clay, mortar, cement. 2) Homer, a [dry measure.
חֲמִשָּׁה five.
חֵן favor.
חָנָה to encamp, be-[siege.
חֲנוֹךְ p. n. m.
חֲנִית lance.
חִנָּם gratuitously, [without cause.
חָנַן to be merciful, gracious to; *Ho.* to [find pity.
חֶסֶד mercy, love, kind-[ness.
חָסִיד pious, good man.

חָסֵר to suffer want, to be without, to decrease; *Pi.* to lessen, [to make inferior.
חָסֵר *adj.* lacking, [void.
חֻפָּה bridal-chamber.
חָפֵץ to wish, to desire, to have delight.
חֵפֶץ delight, precious [thing.
חָפַר to dig.
חָפַשׂ to search.
חָפְשִׁי *adj.* free, ex-[empt from taxes.
חָצַב to dig out, to [hew.
חֲצוֹת the middle, [midst.
חֲצִי the half, the mid-[dle.
חָצִיר grass.
חָצַץ to cut, divide, [hence
חֹצֵץ dividing into [swarms.
חָצָץ gravel-stones.
חָצֵר court, yard.
חֵק bosom.
חֹק statute, law.
חֻקָּה law.
חָקַק to engrave, to inscribe laws, to rule; [*Pi.* to decree.
חָקַר to search, ex-[plore.
חֵקֶר a searching out;
אֵין ח׳ unsearcheable.
חֹר a hole.
חֶרֶב sword.
חֹרֵב p. n. of a top of [Sinai.

חָרָבָה dry land.
חָרְבָּה wasteness, *plur.* waste places, ruins.
חָרַד to quake, to [tremble.
חָרָה to be kindled; *w.* אַף the anger was [kindled.
חָרוּץ diligent; 2 fine [gold.
חָרִיץ a piece, a slice.
חֶרְמֵשׁ sickle.
חָרַף *Pi.* to upbraid, to [scorn, reproach.
חֹרֶף autumn, harvest.
חֶרְפָּה reproach, [shame.
חָרַשׁ to work, to devise, imagine; *Hi.* [to be silent.
חָרָשׁ artificer.
חֵרֵשׁ deaf.
חָשַׁב to think, to be about; *with* ל, to count as, to regard; [*Pi.* to devise.
חָשָׁה *K. Hi.* to be sil-[ent.
חֹשֶׁךְ darkness.
חָשַׂךְ to withhold, [restrain.
חָשַׁק to have delight in one, to love, *w.* בְּ.
חִתִּי *f.* חִתִּיָּה Hittite, a race of people dwelling in the reg-[ion of Hebron.
חָתָן bridegroom, son-[in-law.
חָתַת (fut יֵחַת) to be afraid, terrified; *Ni.* to be confounded.

ט

טָבַל to dip.

טָבַע to sink, to penetrate; *Ho.* to be sunk, to be laid deep, to fasten in.

טָהוֹר pure.

טָהֵר to be or become clean, pure; *Pi.* to cleanse, to purify; *Hit.* to purify oneself.

טוֹב good, fair, beautiful.

טוֹבָה *f.* of טוֹב; 2. prosperity.

טוּב the good, best things.

טָחַן to grind.

טִיט mire, mud.

טַל dew.

טָמַן to hide.

טָעַם to taste.

טַעַת see נָטַע

טֹרַח burden, trouble.

טָרִי *f.* טְרִיָּה fresh.

טֶרֶם, בְּטֶרֶם before, not yet.

י

יָאַל *Hi.* to be willing, content, to consent.

יְאֹר a river, esp. the Nile.

יְבוּל produce *of the land.*

יְבוּסִי Jebusite.

יֹבֵל or יוֹבֵל a he-goat, hence קֶרֶן הַיּ' rams'horn.

יָבֵשׁ to be dry, to wither; *Hi.* to dry up.

יָבֵשׁ *adj.* dry.

יַבָּשָׁה dry land.

יָגַע to be weary, fatigued; *Pi. Hi.* to fatigue, to weary.

יָד hand, side, יַד הַיְאֹר a side, *i. e.* bank of the Nile.

יָדָה *Hi.* to confess, to praise, thank.

יָדַע to know, to regard, to have respect; *Hi.* to let know, to inform, to teach.

יָהּ abbreviated from יְהוָֹה.

יְהָב lot, fate.

יְהוּדָה Judah.

יְהוָֹה the Lord, § 18, Note.

יְהוֹשֻׁעַ Joshua.

יוֹנָתָן, יְהוֹנָתָן Jonathan.

יוֹאָב Joab.

יוֹלֶדֶת mother.

יוֹם *plur.* יָמִים, day, הַיּוֹם to-day.

יוֹמָם by day, 2) daily.

יָוָן Greek.

יוֹנָה dove.

יְוָנִי Ionian, Greek.

יוֹנֵק a suckling child, (2) a young twig.

יוֹסֵף Joseph.

יוֹעֵץ counsellor.

יוֹצֵר potter.

יוֹקֵשׁ fowler.

יוֹתָם p. n. m.

יִזְרְעֵלִי Jezreelite.

יַחַד conjointly, at one time.

יַחְדָּו together.

יְחִזְקִיָּהוּ Hezekiah.

יְחִידָה (the only one) child, girl.

יָטַב to be good, merry, to please; *Hi.* to do well, to do good.

יַיִן wine.

וַיַּךְ see נָכָה

יָכַח *Ni.* to dispute with one another; *Hi.* to determine, to reprove, to rebuke.

יָכֹל to be able, to prevail over, to overcome.

יָלַד to bring forth, to bear; *Hi.* to beget.

יֶלֶד child.

יִלּוֹד born, *i. e.* a boy, a child.

יֵלֵךְ see הָלַךְ

יָם sea, the west.

יָמִין right hand, the south.

יָנָה *Hi.* to oppress.

יָנַק to suck; *Hi.* to give suck.

יָסַד to found, to appoint.

יְסוֹד ground, foundation.

יָסַף *K.* a. *Hi.* to add, increase.

יָסַר to instruct; *Pi.* to correct, to punish; *Ni.* to receive correction.

252 יען VOCABULARY. כוכב

יַעַן, יַעַן אֲשֶׁר because.

יָעֵף to be fatigued, faint.

יָעֵף faint, wearied.

יָעַץ to advise; *Ni.* to deliberate.

יַעֲקֹב Jacob.

יַעֲרָה (honey) twig.

יָפֶה *f.* יָפָה beautiful.

יֳפִי in *p.* יֹפִי beauty.

יֶפֶת Japhet.

יָצָא to go out; *Hi.* to lead out, to carry out.

יָצַב *Hit.* to set or place oneself, to stand firm.

יָצַג to set, place.

יָצַע *Hi.* to make a bed.

יָצַר to create, form, make.

יֵצֶר form, imagination.

יֹצֵר former.

יָקַד to burn; *Ho. id.*

יְקָהָה obedience.

יָקַץ to awake.

יָקַר to be precious; *Hi.* to make precious.

יָקָר precious, dear.

יָרֵא to fear, to be afraid; *Pi.* to terrify.

יָרֵא fearing.

יִרְאָה fear.

יְרֻבַּעַל Jerubbaal.

יָרָבְעָם Jeroboam.

יָרַד to go down, descend; *Hi.* to bring down.

יָרָה to cast, to shoot arrows; *Hi.* to teach, instruct.

יְרוּשָׁלַםִ or יְרוּשָׁלַיִם Jerusalem.

יֶרַח month.

יָרֵחַ moon.

יְרִיחוֹ־יְרֵחוֹ Jericho.

יְרִיעָה curtain.

יָרָק herbs, greens.

יָרַשׁ to inherit, possess, to dispossess; *Ni.* to be dispossessed; *Hi.* to take possession, to make poor.

יֵשׁ־יֶשׁ there is, it is.

יָשַׁב to sit, inhabit, dwell; *Hi.* to cause to sit, to make dwell.

יֹשֵׁב inhabitant.

יִשַׁי Jesse.

יְשׁוּעָה help, deliverance.

יָשִׁישׁ old, aged man.

יָשֵׁן to sleep.

יָשַׁע *Ni.* to be saved; *Hi.* to help, to save.

יֶשַׁע, יֵשַׁע help, assistance, salvation.

יְשַׁעְיָהוּ Isaiah.

יָשָׁר upright, right.

יְשָׁרָה honesty, piety.

יִשְׂרָאֵל Israel.

יָתוֹם orphan.

יָתַר *Ni.* to remain.

יִתְרוֹ Jethro.

יִתְרוֹן preeminence, superiority.

כ

כְּ as, like; *w. suff.* כָּמוֹנִי

כָּאַב to grieve, to ache; *Hi.* to cause pain.

כָּאָה *Ni.* to be rebuked; *Hi.* to afflict.

כַּאֲשֶׁר as.

כָּבֵד, כָּבַד to be heavy, weighty; *Ni.* to be honored, *part. pl. f.* נִכְבָּדוֹת as *sub.* glorious things: *Pi.* to honor; *Hit.* to make or to show oneself honorable.

כָּבֵד (const. כְּבַד and כְּבֶד) heavy, numerous, rich.

כָּבָה to go out, to be extinguished.

כָּבוֹד honor, majesty.

כָּבַס *Pi.* to cleanse, to wash clothes.

כָּבַר *Hi.* to multiply.

כֶּבֶשׂ a young sheep.

כִּבְשָׁן an oven.

כֹּה thus, כֹּה וָכֹה hither and thither.

כֹּהֵן priest.

כְּהֻנָּה priesthood.

כּוֹבַע helmet.

כּוֹכָב star.

כּוּל *Pi.* to contain, to sustain, *Hi.* to hold, [to contain.

כּוּן to stand or exist; *Ni.* and *Hit.* to be set up, to be established, prepared, ready; *Pi.* and *Hi.* to place or set up, to establish, fix, pre-[pare.

כּוֹס *f.* cup.

כּוּשׁ *f.* Ethiopia.

כּוּשִׁי Ethiopian.

כָּזָב lie, falsehood.

כֹּחַ strength.

כָּחַד *Pi.* to hide, to [conceal.

כָּחַשׁ to conceal, deceive; *Pi.* to deny, to lie, speak false-[hood.

כִּי because, for, when, [that, but.

כִּידוֹן javelin.

כִּילַי miser, avaricious.

כָּכָה thus.

כֹּל, כָּל־ all, כֻּלָּנוּ we [all.

כֶּלֶב dog.

כָּלָה to be complete, finished; *Pi.* to complete, to finish, to [destroy utterly.

כַּלָּה daughter-in-law.

כְּלוּב bird-cage.

כְּלִי vessel, instrument, apparel, *plur.* כֵּלִים vessels, arms, [weapons.

כִּלְיָה *plur.* כְּלָיוֹת [reins.

כָּלִיל *f.* כְּלִילָה com-[plete, perfect.

כָּלַם *Hi.* to reproach, put to shame; *Ni.* to [be ashamed.

כְּלִמָּה reproach, shame, ignominy.

כְּמוֹ as, like.

כִּמְעַט see מְעַט

כָּמַר *Ni.* to be kindled (of compassion.)

כֵּן thus, so, right, עַל־כֵּן therefore.

כְּנַעַן Canaan.

כְּנַעֲנִי a Canaanite.

כָּנָף wing, the skirt of [an uppergarment.

כִּסֵּא throne.

כָּסָה to cover, to con-[ceal: *Pi. id.*

כְּסִיל fool, foolish, [silly.

כֶּסֶל strength, sup-[port, folly.

כָּסַף to long after; [*Ni. id.*

כֶּסֶף silver, money.

כַּעַס anger, grief.

כַּף dual כַּפַּיִם, the hollow hand, palm [of the hand.

כַּף רֶגֶל the sole of [the foot.

כְּפִיר young lion.

כָּפַף to bend.

כָּפַר *Pi.* to atone, ex-[piate, to forgive.

כִּפֻּרִים (only *plur.*) atonement, expia-[tions.

כָּרָה to dig.

כֶּרֶם vineyard.

כָּרַת to cut off, to hew down, כָּרַת בְּרִית to make a covenant; *Ni.* to be destroyed.

כָּשַׁל *K. Ni.* to totter, to stumble; *Hi.* to cause to stumble.

כָּתַב to write.

כֶּתֶם gold.

כְּתֹנֶת also כֻּתֹּנֶת, a shirt or tunic, coat.

כָּתַת to beat, dash; *Ho.* to be smashed, [to be destroyed.

ל

לֹא rarely לוֹא not, [הֲלֹא § 24, 5.

לָאָה *Ni.* to be weary, [to dislike, loathe.

לָאַט to wrap around, [to muffle.

לְאֹם people.

לֵב, לֶב־ heart, under-[standing.

לֵבָב heart.

לְבַד alone, לְבַדִּי [I alone.

לַבָּה flame.

לָבַן *Hi.* to be white, to make white; *Hit.* to purge oneself, [cleanse oneself.

לָבָן Laban.
לָבַשׁ to put on, to clothe oneself; *Hi.* to [dress, to clothe.
לַהֶבֶת *c.* לֶהָבָה, a flame, the glittering [point.
לוּחַ tablet.
לֵוִי Levite.
לִוְיָה wreath, garland.
לוּלֵא, לוּלֵי if not, [unless.
לוּן or לִין to stay, to abide; *Hi.* to keep over night, to harbor.
לוּץ *Pi.* to scorn; *Hi.* [to interpret.
לָזוּת *f.* perverseness.
לֶחֶם bread.
לָחַם *Ni.* to make war, [to fight.
לָחַץ to afflict, to [oppress.
לַחַץ oppression.
לַיְלָה night.
לִין see לוּן
לֵךְ see הָלַךְ
לָכַד to capture.
לֶכֶד capture, noose.
לָכֵן therefore.
לֶכֶת see הָלַךְ
לָמַד to learn; *Pi.* to [teach.
לִמּוּדִים training, in-[struction.
לָמָּה, לָמָה why?

לְמַעַן for the sake of, [in order that.
לָעַג to mock, to de-[ride.
לָעַז to speak unintelligibly, in a foreign [language.
לְפִי according to.
לַפִּיד torch.
לִפְנֵי before; *w. suff.* לְפָנַי
לֵץ scorner.
לָקַח to take, capti-[vate, to accept.
לָקַט *Pi.* to gather up, [to collect.
לֶקֶט a gleaning.
לָשׁוֹן tongue.
לָשַׁן *Hi.* to slander.

מ

מְאֹד might, power; 2) *adv.* much; עַד־מְאֹד exceed-[ingly, very.
מְאוּמָה anything, [whatever.
מְאוּרָה opening, hole.
מֹאזְנַיִם scales.
מַאֲכָל food.
מַאֲכֶלֶת knife.
מָאֵן *Pi.* to refuse, be [unwilling.
מָאַס (*w.* בְּ) to disdain, reject; *Ni.* to be de-[spised, rejected.
מָבוֹא the going down, setting of the sun, [hence *the west.*
מִבְטָח trust.
מִבְצָר fortress, forti-[fication.
מָגֵן (*w. suff.* מָגִנִּי) [shield.
מַד an upper garment.
מִדְבָּר desert.
מָדַד to measure.
מִדָּה a measure.
מָדוֹן contention, strife.
מַדּוּעַ why? wherefore?
מִדְיָן strife, only *plur.* [contentions.
מַדָּע knowledge.
מֶה, מַה, מָה, what? how? (§ 24, 1).
מְהַלֵּךְ one that travels.
מָהַר to be quick, to [hasten, *Pi. id.*
מַהֵר *adv.* hastily.
מְהֵרָה quickly.
מוֹאָב Moab.
מוֹאָבִי Moabite.
מוֹרִים *part. Hi.* יָרָה
מוּט to move, totter; *Ni.* to be moved, to [tremble. totter.
מוּל to circumcise.
מוּל *prep.* before, אֶל מ׳ over against, [towards.

מוּסָר instruction, correction.

מוֹעֵד *appointed* time, hence *festival*; appointed place for gathering together, hence אֹהֶל מ׳ the tent of the congregation, the tabernacle.

מוֹצָא utterance, a going out, depart.

מוֹקֵשׁ snare, gin.

מוּר *Hi.* to change, exchange; *intrans.* to alter, change one's mind.

מוֹרֶה teacher.

מוּשׁ to give way, move away, depart.

מוֹשָׁב a sitting, a social circle.

מוֹשִׁיעַ savior.

מוּת to die; *Pi.* and *Hi.* to kill, to slay.

מָוֶת death.

מְזוּזָה a door-post.

מִזְמוֹר a song, psalm.

מִזְרָח rising *of the sun*, east.

מָחוֹל dance.

מַחֲזֶה vision.

מְחִיר price.

מַחֲלָה sickness, disease.

מַחֲנֶה camp.

מַחְסֶה refuge, shelter.

מַחְסוֹם a muzzle.

מַחְסוֹר want, deficiency, poverty.

מָחַץ to strike.

מְחֹקֵק lawgiver.

מָחָר to morrow; בְּיוֹם מ׳ aftertime, hereafter.

מַחֲשָׁבָה thought.

מְחִתָּה destruction, ruin.

מַטֶּה *m.* (*pl.* מַטּוֹת) staff, rod, tribe.

מִטָּה bed.

מָטַר *Hi.* to rain.

מָטָר rain.

מִי who?

מַיִם water.

מִישׁוֹר plain; justice, equity, impartiality.

מֵישָׁר evenness; *plur.* right things.

מַכְאֹב pain, sorrow.

מַכָּה a stroke, wound.

מָכוֹן foundation, basis.

מָכַר to sell.

מִכְשׁוֹל a stumbling block.

מָלֵא to be full; *Pi.* to fill.

מָלֵא *adj.* full.

מְלֹא and מְלוֹא fulness, multitude.

מַלְאָךְ messenger, angel.

מְלָאכָה work.

מִלָּה *f.* (*pl.* מִלִּים or מִלִּין) word.

מְלוּכָה rule, dominion.

מְלוּנָה a night-hut.

מִלְחָמָה war.

מָלַט *Pi.* to deliver: *Ni.* to escape, to be delivered.

מָלַךְ to rule, to be king; *Hi.* to make king.

מֶלֶךְ king.

מַלְכָּה queen.

מַלְכוּת kingdom.

מִלְמַעְלָה above.

מַמְלָכָה *c.* מַמְלֶכֶת kingdom, dominion.

מִמַּעַל see מַעַל

מֶמְשָׁלָה dominion, rule.

מִן of, from; *w. suff.* מִמֶּנִּי

מָנָה to number.

מְנוּחָה stillness, rest, ease; מֵי מְנוּחָה still waters.

מָנוֹר a weaver's beam.

מִנְחָה gift.

מָנוֹס refuge.

מָנַע to withhold.

מַסְגֵּר smith.

מָסַךְ to mix.

מַסֵּכָה a pouring out, *fusion* of metal, אֱלֹהֵי מ׳ gods of fusion, *i. e.* molten gods, idols.

מִסְפֵּד lamentation.

מִסְפָּר number.

מַעְגָּל a track, way.

מַעְגָּלָה a round rampart, wagon-barricade.

מָעַד to waver, totter.

מָעַט to be small or few, to grow small; *Pi.* to become few, little.

מְעַט *subst.* and *adv.* little; כִּמְעַט but little, nearly, almost.

מְעִיל robe.

מַעְיָן a spring.

מֵעַל from above, from, see עַל.

מַעַל (fr. עָלָה) what is above, מִמַּעַל above, מִלְמַעְלָה from above, upon.

מַעֲלָה degree on a dial-plate.

מַעֲלָל work.

מַעַן only with לְ, as לְמַעַן because of; 2) *conj. w. inf.* in order that; לְ׳ אֲשֶׁר so that.

מַעֲנֶה answer.

מַעְצָר controll.

מַעֲרָב west.

מַעֲרָכָה array, *an army* generally.

מַעֲשֶׂה work.

מַפֶּלֶת (*f.*) fall, ruin, carcass.

מִפְּנֵי before.

מֹץ, מוֹץ chaff.

מָצָא to find.

מַצָּה unleavened *bread*

מְצוֹדָה net.

מִצְוָה commandment.

מָצוֹר fortress.

מֵצַח forehead.

מִצְחָה a greave.

מִצְעָר small.

מִצְרַיִם Egypt.

מָקוֹם place.

מַקֵּל staff, stick.

מִקְנֶה property, cattle.

מִקְרָא a convocation.

מִקְשָׁה a cucumber-field.

מַר bitter; 2) a drop.

מַרְאֶה a sight, appearance; מַ׳ עֵינַיִם the view.

מַרְאֲשׁוֹת (only in *pl. c.* מַרְאֲשׁוֹת) at the head.

מָרָה to be bitter, to be rebellious.

מָרוֹם height; בַּמָּ׳ on high.

מֵרוֹץ a running, race.

מְרִיא a fatling, *esp.* a fatted calf.

מֹרִיָּה p. n. of a hill in Jerusalem.

מִרְמָה cunning, deceit, fraud.

מֵרַע (*part. Hi.* of רעע) evil-doer.

מֵרֵעַ *i. q.* רֵעַ friend, companion.

מַרְפֵּא healing, cure; quietness, softness.

מָרַר to be bitter, to be in grief; *Hi.* to embitter, to make sad.

מַשָּׂא burden.

מַשָּׁאָה debt.

מִשְׂגָּב safety.

מָשָׁה to draw out.

מֹשֶׁה Moses.

מְשׂוּכָה a hedge, fence.

מָשַׁח to anoint.

מַשְׁחִית destruction, corruption.

מָשִׁיחַ *adj.* anointed; 2) *s.* anointed one.

מָשַׁךְ to draw, to extend, to defer.

מֶשֶׁךְ possession.

מִשְׁכָּב couch, bed.

מַשְׂכִּיל wise, prudent.

מִשְׁכָּן dwelling, tabernacle.

מָשַׁל to rule; *Hi.* to cause to rule.

מֹשֵׁל a ruler.

מָשָׁל proverb.

מִשְׁמָע a hearing.

מִשְׁמָר a watching, guarding, custody.

מִשְׁמֶרֶת a charge,

מִשְׁנֶה second. [law.

מִשְׁעֶנֶת support, staff.

מִשְׁפָּט justice, judgment.

מִשְׁקָל weight.

מְשָׁרֵת servant.

מִשְׁתֶּה drink, *a feast* generally.

מֵת *pret.* of מוּת

מֵת dead, a dead person.

מֶתֶג bridle.

מְתֹם uninjured.

מָתְנַיִם loins.

מָתוֹק sweet,

מָתַי when? עַד מָ׳ how long?

מָתַק to be sweet; *Hi.* to make sweet.

נ

נָא now! pray! I pray.

נָאָה (only *plur.* נְאוֹת) a dwelling, נְ׳ דֶשֶׁא grassy pastures.

נָאוֶה pleasant, becoming, suitable.

נְאֻם speech, utterance, declaration.

נֶאֱמָן faithful.

נָאַף to commit adultery.

נָאַץ to slight, reject; *Pi.* to despise, contemn; excite to contempt.

נְאָקָה a complaining, outcry.

נָבָא *Ni.* to prophesy.

נְבוּכַדְנֶאצַּר Nebuchadnezzar.

נָבוֹן intelligent.

נָבוֹת p. n. m.

נָבַט *Hi.* to look, to behold, see.

נָבִיא prophet.

נָבֵל to wither, to fade or pass away; *Pi. id.* to lightly esteem, to disgrace.

נָבָל *f.* נְבָלָה *adj.* foolish, impious.

נְבָלָה *s.* folly, wickedness.

נָבַע *Hi.* to pour forth, to utter, to publish abroad.

נָגַד *Hi.* to declare, to tell.

נֶגֶד, לְנֶ׳ before, over, against, opposite to.

נֹגַהּ splendor, brightness.

נָגַע *K. a. Hi.* to touch, reach.

נָגַף to smite, strike, dash.

נָגַשׂ to oppress, to exact a task from any one.

נָגַשׁ to approach, to touch.

נָדַד to wander, flee.

נָדַח to thrust, expel.

נָדִיב a noble, prince.

נָדַף to drive, to drive [away.

נָדַר to vow.

נָהַג to lead, to drive [(beasts.)

נָהַל to lead.

נָהָר (*m. pl.* נְהָרִים a. נְהָרוֹת) river, esp. the Euphrates.

נוּחַ to rest; *Hi.* to cause to rest, to set, put down, place.

נוּן p. n. m.

נוּס to flee; *Hi.* put to flight.

נוּעַ to move to and fro, be shaken.

נוֹרָא fearful, terrible.

נֹחַ Noah.

נָחָה *K. a. Hi.* to lead, conduct.

נַחַל brook, river, valley.

נַחֲלָה inheritance.

נָחַם *Ni.* to pity; 2) to comfort oneself; 3) to avenge oneself; *Pi.* to comfort, console; *Hit.* to console oneself.

נָחָשׁ serpent.

נְחֹשֶׁת brass; *dual* נְחֻשְׁתַּיִם fetters.

נָטָה to stretch out, to incline; *Hi.* to turn away; to incline, pervert.

נָטַע to plant.

נָטַר to retain, keep *sc.* anger, to bear a grudge.

נָטַשׁ to leave (in charge of any one), to forsake.

נָכָה *Hi.* to strike, to slay.

נָכוֹן just, right.

נָכַר *Ni.* to be recognised, to dissimulate; *Hi.* to discern, to recognise; *Hit.* be recognised.

נֵכָר strangeness; בֶּן־נ׳ a stranger, foreigner.

נָכְרִי foreign.

נְמָלָה ant.

נָמֵר panther.

נֵס a standard, banner.

נָסַג to recoil, shrink back; *Hi.* to remove, carry away; *Ho.* to turn away, pervert.

נָסָה *Pi.* to try, tempt, prove.

נָסַע to move on, advance, depart; *Hi.* to lead forth, remove.

נָסַק to ascend.

נַעַל (*f.*) shoe.

נָעֳמִי Naomi.

נָעַר to shake.

נַעַר boy, child, youth.

נַעֲרָה girl, young woman.

נְעֻרִים youth.

נָפַח to breathe.

נָפַל to fall, to turn out; *Hi.* to cast down.

נָפַץ to be overspread; *Pi.* to dash in pieces.

נֶפֶשׁ (*com.*, mostly *f.*) soul, person, life.

נָצָה *Ni.* to quarrel.

נֵצַח, נֶצַח brightness, victory, 2) eternity; לָנֶצַח for ever.

נָצַל *Hi.* to deliver; *Ni.* to be delivered.

נָצַר to watch, guard, to besiege, to keep.

נֵצֶר branch.

נָקַב to bore, pierce.

נָקִי pure, innocent.

נָקַם to avenge, take vengeance, *Ni.* to be avenged or punished.

נָקַר to bore, prick out, *Pi.* to pick out, to pierce.

נֵר light, lamp.

נִרְגָּן whisperer, tattler, tale-bearer.

נִרְפֶּה idle (*part. Ni.* of רָפָה to be slack).

נָשָׂא to lift up, to take, נ׳ פָּנִים to accept the person, *i. e.* to take the part of somebody, *w.* אֶל, to be gracious; *w.* or without following קוֹל, to lift up the voice, to utter, to speak.

נָשָׁא to lead astray, to deceive.

נָשִׁים women, *plur.* of אִשָּׁה § 73, B. 2.

נָשַׁךְ to bite.

נֶשֶׁךְ usury, interest.

נָשַׁל to take off.

נְשָׁמָה breath, spirit, wind.

נָשַׁק to kiss.

נֶשֶׁר eagle.

נָתִיב *m.* a. נְתִיבָה *f.* path.

נָתַן to give, with לְ, to make.

ס

סָבָא to drink.

סֹבֵא drunkard.

סָבַב to surround, to turn; *Ni.* to turn, לְאָחוֹר back, to go back.

סָבִיב a circuit; *adv. a. prep.* round about, around.

סְבָךְ thicket.

סִבְלָה burden, task.

סְגוֹר pure gold.

סְגֻלָּה peculiar property; treasure.

סָגַר *Pi.* to deliver up.

סוּג *Ni.* to draw back.

סוֹד an assembly, circle 2) secret, counsel.

סוּס horse.

סוּף flags.

סוּפָה tempest.

סוּר to depart, to turn aside, to draw near; *Hi.* to remove, to recall.

סֻכָּה booth, tabernacle.

סָכָל silly.

סִכְלוּת folly.

סָלָה *Pi.* to weigh.

סָלַח to pardon.

סַלָּח forgiving.

סֹלְלָה rampart.

סֶלַע rock, support.

סָלַף *Pi.* to overthrow.

סָמַךְ to support, uphold.

סָעַד to support, sustain.

סָפַד to mourn, lament.

סְפִינָה ship.

סַפִּיר a sapphire.

סָפַר to count; *Pi.* to tell.

סֵפֶר book.

סָקַל to stone.

סָר *pret. of* סוּר.

סָרָה a turning away, (from the law, from God.)

סָרַח to hang over.

סִרְיוֹן coat of mail.

סָתַר to hide; *Ni.* to hide oneself, to be hidden; *Hit.* to hide oneself.

ע

עָב cloud, thick cloud, darkness.

עָבַד to serve.

עֹבֵד laborer.

עֶבֶד servant, slave.

עֲבֹדָה work, labor.

עֲבוּר with בְּ *pref.* because of, לְבַעֲבוּר for the purpose that.

עָבַר to pass over or away, to tresspass; *Hi.* to lead over, to cause to pass; *Hit.* to be careless.

עֻגָה a. עֻגָּה cake.

עֵד witness.

עַד 1) *s.* duration, eternity; לָעַד forever; לְעוֹלָם וָעֶד forever a. ever. 2) *prep.* as for as, to, (of space and time) עַד מָתַי how long?

עֵדָה testimony, witness; assembly, congregation.

עֵדֶן Eden.

עֵדֶר flock.

עוּד *Hi.* to testify, to bear witness.

עוֹד still, yet, since, while.

עוֹז strength.

עָוֶל / עַוְלָה } unrighteousness, iniquity, unjustice.

עוֹלָה burnt-offering.

עוֹלֵל, עוֹלָל *prop.* suckling, hence an infant or child.

עוֹלָם eternity, age; עוֹלָם or לְעוֹלָם וָעֶד for ever; 2) world.

עָוֹן iniquity, sin.

עוֹנִי see עֳנִי.

עוּף to fly.

עוֹף fowl, birds.

עוּץ p. n. of a place.

עוֹר skin.

עִוֵּר *Pi.* to blind.

עִוֵּר *adj.* blind.

עַז *adj.* (*plur.* עַזִּים) strong, imprudent.

עֹז strength, עֻזִּי my s.

עָזַב to leave, desert, forsake.

עַזָּה Gaza.

עֲזֵקָה p. n. of a city.

עָזַר to help, deliver.

עֵזֶר, עֶזְרָה help.

עָטָה to cover, wrap.

עָטַר to surround; *Pi.* to crown.

עֲטֶרֶת *c.* עֲטָרָה crown.

עַיִן eye, fountain; *du.* עֵינַיִם.

עָיֵף *adj.* weary.

עִיר (*pl.* עָרִים) *f.* city, town.

עַל upon, on, over, against; *w. suff.* עָלַי.

עֹל *w. suff.* עֻלּוֹ, yoke.

עָלָה to go up, ascend; *Hi.* to bring up, to offer up; *Hit.* to lift oneself up.

עֹלָה burnt-offering.

עָלֶה leaf.

עָלַז to exult.

עֶלְיוֹן highest, the Most High.

עֲלִיל furnace.

עָלַל *Pi.* to glean.

עָלַם *Ni.* to be hidden; *Hi.* to hide, conceal.

עֶלֶם youth.

עַלְמָה a maiden.

עָלַץ to rejoice, exult.

עִם with; *w. suff.* עִמִּי.

עַם or עָם people, nation.

עָמַד to stand, to endure, continue; *w.* לִפְנֵי, to withstand, resist; *w.* מִן, to stop from, desist.

עִמָּד *prep.* with, but only *w. suff.* עִמָּדִי with me.

עַמּוּד pillar.

עַמּוֹן Ammon.

עַמּוֹנִי *f.* עַמּוֹנִיָּה Ammonite.

עָמִית neighbour, fellow-man.

עָמַל to toil, labor.

עָמָל toil, trouble.

עָמַק *Hi.* to deepen.

עֵמֶק valley, field.

עֹמֶר sheaf; 2) Omer, a dry measure.

עֲמֹרָה p. n. of a city.

עָנַג *Hit.* to delight oneself.

עָנָה to answer, to tell; *w.* בְּ testify against; *Pi.* to oppress, to humble; *Hit.* to be afflicted.

עָנָו humble, meek.

עֲנָוָה humility, meekness.

עֳנִי *in p.* עֹנִי, misery, affliction.

עָנִי poor.

עָנָן cloud.

עָנַשׁ to punish, fine.

עָפָר dust, sand, earth.

עֵץ tree, wood; *plur.* sticks for fuel.

עָצַב *Ni.* to be grieved; *Hit.* to grieve oneself, to be angry.

עִצָּבוֹן sorrow, pain.

עֵצָה counsel, advice.

עָצוּם strong.

עָצֵל lazy, sluggard.

עֶצֶם *f.* bone, body.

עֲצֶרֶת *f.* festive assembly, a feast-day.

עֵקֶב reward; for the sake of, because.

עָקַד to bind.

עָקַר to tear out, to uproot.

עָקָר *adj.* barren, sterile.

עֶקְרוֹן p. n. of a city.

עָרַב to become dark; *Hi.* הַעֲרֵב *adv.* at evening; 2) to pledge or pawn, to be or give security.

עָרֵב to be sweet.

עָרֵב *adj.* sweet.

עֶרֶב evening; עַרְבַּיִם the two evenings, twilight.

עֹרֵב raven.

עָרָב (only *pl.*) willows.

עֲרָבָה plain, wilderness.

עֲרֻבָּה security, pledge.

עָרָה *Pi.* to make bare, uncover.

עָרוֹם (*pl.* עֲרֻמִּים) naked.

עָרוּם prudent.

עָרַךְ to set in order, to array (a battle), to equal.

עָרְלָה foreskin.

עֹרֶף neck.

עָרַץ to fear, tremble.

עֶרֶשׂ *f.* bed.

עֵשֶׂב herb, grass.

עָשָׂה to make, to do.

עֲשָׂהאֵל p. n. m.

עֶשֶׂר, עָשׂוֹר ten; בֶּעָשׂוֹר לַחֹדֶשׁ on the thenth (day) of the month.

עָשִׁיר rich.

עֲשִׂירִית the tenth

עָשַׁן to smoke.

עָשָׁן c. עֲשַׁן smoke.

עָשֵׁן smoking.

עָשַׁק to oppress

עֶשֶׂר ten.

עָשַׁר to be rich, *Hi.* to make rich, to become rich; *Hit.* to feign oneself rich.

עֹשֶׁר wealth, riches.

עֵת *com.* time, בְּעִתּוֹ in its time, in due season.

עַתָּה now.

עַתּוּד he-goat.

פ

פֵּאֵר *Pi.* to adorn, to beautify; *Hit.* to glorify oneself, to boast oneself.

פָּגַע to urge, press, reach unto.

פֶּגַע chance.

פֶּגֶר corps, carcass.

פָּגַשׁ to meet.

פֶּה c. פִּי (§ 73) mouth, edge; עַל־פִּי, לְפִי in proportion, according to.

פֹּה here.

פָּז refined gold.

פַּח snare.

פָּחַד to fear.

פִּטְדָה topaz.

פֶּלֶג rill, brook.

פֶּלַח *f.* a piece.

פָּלַט to escape; *Pi. id.*, to set free, to deliver; *Hi.* to rescue.

פְּלֵטָה a. פְּלֵיטָה escape, deliverance.

פָּלַל *Hit.* to pray.

פֶּלֶס scales.

פְּלִשְׁתִּי Philistine.

פֶּן־ lest, that not, for fear that.

פָּנָה to turn, w. אֶל, to or towards.

פָּנִים countenance, face, surface; עַל פְּנֵי upon; לִפְנֵי before; מִפְּנֵי before, because of.

פְּנִינִים pearls.

פֶּסַח a passover, the passover-feast (*prop.* an over-leaping).

פִּסֵּחַ lame.

פֶּסֶל carved image, idol.

פָּעַל to do, to work.

פֹּעֵל the worker.

פֹּעַל deed, act, work.

פְּעֻלָּה labor, deed, wages.

פַּעַם a step, trace, tread or beat, fig. a time, פַּעַם אַחַת one time; שָׁלשׁ פְּעָמִים thrice.

פֶּצַע wound.

פָּקַד to remember think, visit, number; with ל, to look after; *Pi.* to muster; *Hi.* to appoint, to charge.

פִּקּוּד (only *pl.*) precept.

פָּקַח to open.

פִּקֵּחַ open-eyed, seeing.

פַּר (w. the art. הַפָּר) a young bull, bullock.

פָּרַד *K. Hi.* to separate.

פָּרָה to bear (fruit); *Hi.* to make fruitful.

פָּרָה young cow.

פְּרִזִּי p. n. of a Canaanitish tribe.

פָּרַח to sprout, to blossom.

פֶּרֶט *collect. single* berries which fall off in the vintage, stray fruits.

פְּרִי fruit.

פָּרַס to sever, to break assunder.

פָּרַע to reject, avoid.

פַּרְעֹה a title of the Egyptian kings.

פָּרַץ to break down, to destroy.

פָּרַר *K. Hi.* to make void, to violate; *Ho.* to be brought to nought or nullified.

פָּרַשׂ to stretch out.

פָּרַשׁ to spread out, to extend, specify.

פָּרָשׁ horseman, rider, horse.

פָּשַׁע to transgress, to sin, with בְּ

פֶּשַׁע sin.

פַּת morsel.

פִּתְאֹם suddenly.

פָּתַח to open; *Pi.* to loosen, untie.

פֶּתַח door.

פֶּתִי (*in p.* פֶּתִי, *pl.* פְּתָיִם, פְּתָאיִם and פְּתָאִים) foolishness; 2) *concr.* a fool, simpleton.

פֶּתֶן an adder.

צ

צֹאן flock, sheep, small cattle.

צֵאת *inf.* of יָצָא.

צָבָא host, *pl.* צְבָאוֹת.

צְבִי roebuck, gazelle.

צָבַר to heap up.

צַדִּיק righteous, just.

צִידֹנִי *f.* צִידֹנִיָּה Sidonian.

צָדַק to be right or just; *Hi.* to pronounce right or innocent, to acquit; *Hit.* to justify or clear oneself.

צֶדֶק, צְדָקָה } righteousness, justice; *plur.* righteous acts.

צִוָּה *Pi.* to institute, to command, charge.

צוֹר, צֹר *f.* Tyre.

צוּר rock.

צָחַק to laugh; *Pi.* to laugh heartily, hence to sport, to be joyful.

צִיּוֹן Zion.

צִיר messenger, 2) hinge.

צֵל shadow, shade, shelter.

צָלַח to go on well, to succeed, to prosper; *Hi.* to cause to prosper, to make succeed, and *intrans.* to be successful.

צֶלֶם image.

צַלְמָוֶת shadow of death or death-shade.

צָמֵא to be thirsty.

צֶמֶר wool.

צִנָּה cold, 2) shield.

צָנוּעַ humble, modest.

צָנַע to be low, modest.

צַעַד step.

צָעִיר *f.* צְעִירָה, young.

צְעָקָה cry for help.

צָפוֹן north, northern.

צִפּוֹר bird.

צִפּוֹרָה p. n. f.

צָפַן to hide; with לְ, to lie in wait for somebody; 2) to lay up, to treasure or hoard.

צִפְעוֹנִי a basilisk.

צְפַת Zephath, p. n. of a Canaanitish city.

צַר (צָר w. destict. accent or w. art., as הַצָּר) enemy.

צָרָה trouble, distress, adversity.

צָרַף to smelt, esp. of gold and silver, to refine, to purify.

צָרַר to bind up, to be hostile to; *Hi.* to afflict.

צְרוֹר bag.

צֹרֵר adversary.

ק

קֵא vomit.

קְבוּרָה grave, sepulchre.

קָבַל *Pi.* to receive, to admit; *Hi.* to be opposite or over against.

קָבַץ *Pi.* to gather; *Hit.* to assemble.

קָבַר to bury.

קֶבֶר grave.

קָדוֹשׁ holy.

קָדַח to kindle.

קָדַשׁ *Pi. Hi.* to sanctify, to keep holy; *Ni.* to be sanctified.

קֹדֶשׁ holiness, holy thing; 2) holy place, sanctuary.

קָהָל congregation.

קוֹבַע helmet.

קָוָה *K. Pi.* to hope; *Ni.* to assemble.

קוֹל, קֹל } קוֹלוֹת voice, sound, thunder.

קוּם to rise up, arise, come forth, to stand firm, endure; *Pi.* perform, confirm; *Hi.* to raise up, to establish; *Ho.* to be raised up, erected.

קַח *imp.*, קַחַת *inf.* } of לָקַח.

קָטֹן to be small, *fig.* unworthy.

קָטֹן *f.* קְטַנָּה, small, young.

קָטַר *Pi.* to burn incense; *Ho.* to be offered as incense.

קְטֹרֶת *f.* incense.

קַיִץ summer.

קִישׁוֹן p. n. of a stream.

קַל (*pl.* קַלִּים) light, swift.

קָלוֹן disgrace.

קָלִי a. קָלִיא roasted grain.

קָלַל to be light, to abate; *Pi.* to curse, to revile.

קְלָלָה curse.

קָלַע *Pi.* to sling.

קֶלַע a sling.

קָם *pret.* of קוּם.

קָמָה *standing* corn.

קֵן *c.* קַן nest.

קָנָא *Pi.* to envy; *Hi.* to make envious.

קַנָּא jealous.

קִנְאָה envy.

קָנָה *K. Hi.* to buy, acquire, possess.

קָנֶה stalk, cane.

קֹנֶה possessor, master.

קָסַם to divine, spoken esp. of false prophets.

קָצָה end.

קָצֶה end.

קָצִיר harvest.

קָצַף to be angry, wroth.

קָצַץ *Pi.* to cut off.

קָצַר to cut, to reap; קֹצֵר reaper.

קֹר cold.

קָרָא to name, to call, invite.

קָרָא or קָרָה *Ni.* to happen or chance.

לִקְרַאת to meet; 2) over against.

קָרַב to approach, to come together; *Pi.* bring near; *Hi.* to offer.

קֶרֶב inward part; בְּקֶרֶב in the midst of, within; מִקֶּרֶב from admidst, among.

קָרוֹב near, he who is near, neighbour.

קָרָה *K. Ni.* to meet; *Hi.* to cause to meet.

קֶרַח ice.

קִרְיָה city.

קָרַם to cover, to lay on (skin).

קֶרֶן *f.* horn.

קֶרֶת city.

קָשַׁב *Hi.* to listen, to hearken.

קָשָׁה to be hard; *Hi.* to harden.

קָשֶׁה hard, vehement; קְשֵׁה פָנִים hard-faced, impudent.

קַשְׂקֶשֶׂת the scale of a fish, of an armor.

קָשַׁר to bind.

ר

רָאָה to see, to look out, choose; *Ni.* to be seen, to appear; *Hi.* to show; *Hit.* to look at one another.

רָאמוֹת (only *pl.*) corals.

רֹאשׁ (*pl.* רָאשִׁים) head, top, summit, chief.

רֵאשׁ poverty.

רָאשׁ see רֵשׁ.

רִאשׁוֹן first.

רֵאשִׁית beginning.

רֹב abundance, multitude.

רַב *f.* רַבָּה, *pl.* רַבִּים, much, great, many.

רָב or רִיב quarrel.

רָבַב to be numerous, many.

רְבָבָה myriad.

רָבָה to become many; *Hi.* to multiply.

רְבוֹת *inf. K.* of רָבָה.

רִבֵּעִים great grand-children, man of the fourth generation.

רָבַץ to lie down; *Hi.* to cause to lie down.

רָגַל to tread down, *i. e.* to slander.

רֶגֶל *com. gend.* foot.

רָדַף *K. Pi.* to pursue, to follow.

רֹדֵף persecutor.

רַהַט a watering-trough.

רוֹב multitude of, much, many.

רוּחַ, רִיחַ *Hi.* to smell, *w.* בְּ, to enjoy the odor of.

רוּחַ *c. g* wind, spirit.

רְוָיָה abundance.

רוּם to be high, lifted up; *Pi. Hi.* to raise, lift up high.

רוּעַ *Pi. Hi.* to cry aloud, to shout.

רוּץ to run, to hasten; *Hi.* to bring quickly.

רוּשׁ to be poor or in want; *Hit.* to feign oneself poor.

רוּת p. n. f. Ruth.

רָזוֹן prince.

רָחָב *adj.* wide, broad.

רְחוֹב, רְחֹב *f.* street.

רַחוּם *adj.* merciful.

רָחוֹק *adj.* distant, far; מֵרָחוֹק far off, from afar.

רָחַם to love; *Pi.* to have pity; *Pu.* to obtain mercy.

רַחֲמִים mercy, affection.

רָחַץ to wash, to bathe.

רָחַק to be or remain far; *Pi.* to put far away; *Hi.* to remove.

רוּב, רִיב to contend, to conduct a cause.

רִיב contention, quarrel.

רַךְ (*pl.* רַכִּים) *adj.* soft.

רֶכֶב chariot; 2) upper millstone.

רְכוּשׁ property, wealth.

רָכִיל slander.

רָכַךְ to be tender, timid, faint.

רָם high, lofty (*part.* of רוּם).

רִמָּה worm.

רָמַם to be high; *Ni.* to lift up oneself.

רָמַס to tread.

רִנָּה a shouting, joy, outcry for help.

רָנַן to shout.

רֵעַ companion, friend.

רַע (w. distinct. accent רָע, with art. הָרָע or הָרַע) bad, evil, wicked, displeasing.

רֹעַ badness, wickedness.

רָעֵב to be hungry; *Hi.* to cause to hunger, to let famish.

רָעֵב *adj.* hungry.

רָעָה to feed; *Pi. Hit.* to be a companion, to associate oneself.

רֹעֶה shepherd.

רָעָה badness, wickedness, evil, adversity.

רְעוּאֵל p. n. m.

רָעַם *K. Hi.* to thunder.

רָעַע to be evil; *Ni.* to become evil or worse; *Hi.* to do ill, to act badly; 2) to break, to crush; *intr.* to be broken.

רַעַשׁ earth-quake.

רָפָא *K. Pi.* to heal.

רָפָה to be loose, weak; *Ni.* to be languid, idle; *Hi.* to slacken, leave off, to abandon.

רְפִידִים p. n. of a station.

רָצָה to accept, to cherish, to be delighted, pleased; *Ni.* to be graciously accepted.

רָצוֹן will, delight, favor.

רָצַח to murder, kill, slay.

רָקַב to decay, perish.

רָקָב rottenness.

רָקַד to leap, dance.

רָקִיעַ expanse, firmament.

רָשׁ poor (*prop. part.* of רוּשׁ, also רָאשׁ, *pl.* רָאשִׁים).

רָשַׁע to act wickedly; *Hi.* to condemn.

רֶשַׁע unrighteousness, wickedness.

רָשָׁע wicked, guilty, a guilty one.

רִשְׁעָה wickedness.

רֶשֶׁף a flame.

רֶשֶׁת net.

ש

שָׁאוּל Saul.

שְׁאוֹל *c. g.* lower world, hell.

שָׁאַל to ask, demand; שָׁאַל לְשָׁלוֹם to ask after the welfare, to salute.

שָׁאַר to be left; *Ni.* id.; *Hi.* to leave, to remain.

שֵׁב *imp.* of יָשַׁב.

שָׁב *pret.* of שׁוּב.

שָׁבָה to carry away captive.

שְׁבוּעָה oath.

שְׁבוּעָה week.

שְׁבוּת *f.* captivity; שׁוּב שְׁבוּת to bring back the captives.

שֵׁבֶט stick, staff, sceptre, tribe.

שְׁבִיעִי seventh.

שִׁבֹּלֶת *f.* (*pl.* שִׁבֳּלִים) ear of corn.

שָׁבַע *K. Ni.* to swear; *Hi.* to bind by an oath, to adjure.

שֶׁבַע, שִׁבְעָה } seven.

שִׁבְעִים seventy.

שִׁבְעָתַיִם sevenfold.

שָׁבַר to buy corn; 2) to break, to destroy; *Ni.* to be broken, contrite.

שֶׁבֶר destruction.

שֶׁבֶת *inf.* of יָשַׁב.

שָׁבַת to rest.

שַׁבָּת Sabbath.

שַׁבָּתוֹן a sabbath-keeping or sabbatism.

שָׁדַד to destroy.

שֹׁדֵד a destroyer.

שַׁדַּי Almighty.

שֹׁהַם onyx.

שָׁוְא vanity, falsehood, in vain.

שׁוּב to return, turn away; *Hi.* to cause to return, to restore, to bring home; with דָּבָר to answer; *Pi.* נֶפֶשׁ to refresh.

שָׁוָה to be equal; *Hi.* to compare.

שׁוֹט whip, scourge.

שַׁוְעָה a cry for help.

שׁוֹפָר trumpet.

שׁוֹר an ox.

שׁוּר or שִׁיר *Hi.* to sing.

שׁוּשַׁן (*pl.* שׁוֹשַׁנִּים) lily.

שׁוֹשַׁנָּה id.

שֹׁחַד a bribe.

שָׁחַט to slaughter.

שַׁחַל roarer, lion.

שַׁחַק small dust, a cloud.

שָׁחַר to pierce, break open; *Pi.* to seek early, to search for.

שָׁחַת *Hi.* to become corrupt, act wickedly.

שַׁחַת *f.* pit.

שֶׁטֶף flood.

שִׁיר, שִׁירָה } a song.

שִׁית to put, place, direct.

שָׁכַב to lie down; *Hi.* to cause to lie, to lay down.

שִׁכּוֹר intoxicated, drunk.

שָׁכַח to forget; *Pi.* to cause to forget, to neglect.

שָׁכֵל, שָׁכֹל to be bereaved; *Pi.* to destroy, make childless.

שָׁכַם *Hi.* to rise early.

שָׁכַן to dwell, to rest.

שֵׁכָר strong drink.

שֶׁלֶג snow.

שַׁלְהֶבֶת flame.

שָׁלוֹם peace, welfare.

שָׁלַח to send, to put forth, stretch out, *Pi.* to send away, to cast out, forth.

שֻׁלְחָן table.

שָׁלַךְ to throw; *Hi.* to cast.

שָׁלַם *Pi.* to pay, perform, recompense.

שָׁלֵם *adj.* perfect, honest, peaceable.

שֶׁלֶם peace-offering.

שְׁלֹמֹה Solomon.

שָׁלַף to draw.

שָׁלֹשׁ / שְׁלֹשָׁה } three.

שִׁלֵּשִׁים grand-children.

שָׁם, שָׁמָּה there; מִשָּׁם from there.

שֵׁם (*pl.* שֵׁמוֹת) name; 2) Sem.

שַׁמָּה p. n. m.

שָׁמַד to destroy, cut [off.

שָׁמָּה thither.

שְׁמוּאֵל Samuel.

שְׁמוּעָה report.

שָׁמַיִם heaven.

שָׁמֵם to be astonished, confounded.

שְׁמָמָה desolation, waste.

שֶׁמֶן oil.

שָׁמַע to hear, listen, obey, to understand.

שֵׁמַע report.

שִׁמְעוֹן Simeon.

שָׁמַר to keep, guard; *Ni.* to beware of; *Pi.* to regard.

שֹׁמְרוֹן Samaria.

שֶׁמֶשׁ *c. g.* sun.

שִׁמְשׁוֹן Samson.

שֵׁן (*du.* שִׁנַּיִם) *c. g.* [tooth.

שָׁנָה to repeat.

שָׁנָה year.

שֵׁנָה sleep.

שֵׁנִי, שֵׁנִית *f.* second.

שָׁנִי scarlet color

שְׁנַיִם two.

שָׁנַן *Pi.* to sharpen, inculcate, teach diligently.

שָׁסַס to plunder.

שׁוּעָל, שֻׁעָל fox.

שֹׁעַל hollow of the hand.

שַׁעַר (*pl.* שְׁעָרִים) *f.* gate.

שִׁעֲשַׁע to amuse oneself, to play, to caress.

שַׁעֲשֻׁעִים delight.

שִׁפְחָה female servant.

שָׁפַט to judge.

שֹׁפֵט judge.

שָׁפַךְ to shed, to cast.

שָׁפֵל to be low; *Hi.* to make low, to humble.

שָׁפָן coney or rabbit.

שָׁקַד to watch, to wake.

שָׁקָה to drink; *Hi.* give to drink.

שְׁקָה *imp.* of נָשַׁק.

שָׁקַט to rest; *Hi.* give [rest.

שָׁקַל to weigh.

שֶׁקֶל a weight, shekel.

שָׁקַר *Pi.* to lie.

שֶׁקֶר lie, falsehood.

שִׁרְיוֹן a coat of mail.

שָׁתָה to drink.

שְׁתַּיִם (*c.* שְׁתֵּי) *f.* two.

שָׁתַל to plant.

שָׁתַק to settle down, to cease.

שׂ

שָׂבַע and שָׂבֵעַ to be satisfied, to have abundance; *Hi.* to satisfy.

שָׂגַב *Pi.* to raise, exalt; *Ni.* to be exalted or sublime.

שָׂגָה to grow, increase.

שָׂדֶה field.

שֶׂה *c. g.* lamb, sheep.

שׁוֹכֹה p. n. of a city.

שׁוּם and שִׂים to put, make, give; *Hi.* with לְ, to give, bestow.

שׂוֹנֵא enemy.

שָׂחַק to laugh; *Pi.* to rejoice, play, dance.

שְׂחֹק laughter.

שָׂטַם } שָׂטַן } to hate, to be an adversary.

שָׂטָן an adversary.

שֵׂיבָה grayness or hoariness of hair, old age.

שִׂיחַ to meditate, to speak, talk.

שִׂיחַ sorrow.

שִׂישׂ to rejoice.

שֶׂכְוִי insight, mind.

שָׂכִיר hireling.

שָׂכַל *Hi.* to be wise, to act wisely, to cause to prosper.

שֵׂכֶל or שֶׂכֶל intelligence, understanding.

שָׂכַר *Ni.* to be hired; *Hit.* to hire oneself out, to earn wages.

שָׂכָר a. שֶׂכֶר reward, wages.

שַׂלְמָה garment.

שָׂם *pret.* of שׂוּם.

שְׂמֹאל left hand.

שָׂמַח and שָׂמֵחַ to rejoice; *Pi.* to cheer, to gladden.

שָׂמֵחַ *adj.* joyful, glad.

שִׂמְחָה joy, rejoicing.

שִׂמְלָה garment, raiment.

שְׂמָמִית *f.* spider.

שָׂנֵא *K. Pi.* to hate.

שָׂפָה (*du.* שְׂפָתַיִם) lip, bank (of a river).

שַׂק sack-cloth.

שַׂר (*pl.* שָׂרִים) prince, chief.

שָׂרָה princess; 2) Sarah.

שָׂרִיד a left, fugitive one, remnant.

שָׂרַף to burn.

ת

תַּאֲוָה desire.

תְּאֵנָה fig-tree.

תֵּבָה chest, vessel or ark.

תְּבוּנָה intelligence.

תֶּבֶן straw.

תְּהוֹם *c. g.* depth.

תְּהִלָּה praise, object of praise.

תּוֹדָה thanks, thanksgiving.

תּוֹחֶלֶת hope, expectation.

תָּוֶךְ *c.* תּוֹךְ the middle, between, in.

תּוֹכַחַת a pleading; 2) correction, reproof.

תּוֹלָע } תּוֹלֵעָה } a worm, esp. the *cocus worm.*

תּוֹעֵבָה abomination.

תּוֹצָאוֹת (only *plur.*) goings out, issues, fountains.

תּוֹרָה law.

תְּחִלָּה beginning.

תַּחֲנוּנִים (only *plur.*) entreaties, supplications.

תַּחַת under, instead; מִתַּחַת under

תֵּט *fut.* of נָטָה.

תִּירוֹשׁ must, wine.

תָּכַן *K. Pi.* to weigh, prove, measure; *Ni.* to be even, right.

תָּלָה to hang, to hang [up.

תָּם plain, perfect.

תְּמוּנָה a form, image.

תְּמוּרָה exchange.

תָּמִיד continually, always.

תָּמִים righteous, upright.

תָּמַךְ to hold, support, obtain.

תְּנָה, תֶּן־, תֵּן *imp.* of נָתַן.

תְּנוּמָה slumber.

תָּעַב to abhor.

תַּעֲלֻמָה hidden thing, a secret.

תַּעֲנוּג good cheer, delight.

תַּעַר sheath of a sword.

תִּפְאֶרֶת, תִּפְאָרָה glory, beauty.

תְּפִלָּה prayer.

תָּפַשׂ to seize, to capture, catch.

תִּקְוָה hope.

תְּקוּפָה circuit or round.

תָּקַע to strike (hands in rejoicing, in pledging; 2) to blow.

תְּרוּעָה shouting, clang of trumpets.

תְּשׁוּעָה help, victory, salvation.

תִּשְׁעָה nine.

תֵּת, תֶּת, *w. suff.* תִּתִּי *inf.* of נָתַן.

II. ENGLISH AND HEBREW.

A

Abel הֶבֶל.

Abide, to יָשַׁב.

Able, to be יָכֹל.

Abomination תּוֹעֵבָה

Abraham אַבְרָהָם.

Absalom אַבְשָׁלוֹם.

Abuse, to עָלַל *Hit.* with בְּ.

Accomplished, to be כָּלָא.

According to כְּ, כְּפִי.

Acquire, to עָשָׂה.

Adam אָדָם.

Add, to יָסַף *Hi.*

Adversary צַר, אוֹיֵב.

Afflict, to עָנָה *Pi.*; רָעַע *Hi.*

After, afterwards אַחַר, אַחֲרֵי *const. plur.*, § 75, 6. מִקֵּץ.

After (= like) כְּ.

After (= when) כְּ, בְּ w. *inf. const.* § 106, 2.

Again עוֹד.

Against עַל.

All כֹּל, כָּל־; we all, ye all, see § 98, 2.

Almighty שַׁדַּי.

Also אַף, גַּם.

Always תָּמִיד.

Among בֵּין, בְּתוֹךְ, בְּקֶרֶב.

Amorite אֱמֹרִי.

And — see § 18; § 33; § 102.

Angel מַלְאָךְ.

Anger אַף (אַפִּי my anger.)

Animal חַיָּה.

Anoint, to סוּךְ *K. a. Hi.*; to anoint for consecration מָשַׁח.

Anointed מָשִׁיחַ.

Another (= different) אַחֵר, (*One Another* see § 97, 4).

Answer, to עָנָה.

Answer, *s.* מַעֲנֶה.

Ant נְמָלָה *f.* (*plur.* נְמָלִים).

Any אִישׁ, כָּל־.

Apparel לְבוּשׁ.

Appointment מוֹעֵד.
Arise, to קוּם.
Arm זְרוֹעַ *f.*
Array, to לָבַשׁ.
Arrogancy עָתָק.
As כַּאֲשֶׁר, כְּ.
Ascent, *s.* מַעֲלֶה.
Ashamed, to be בּוֹשׁ.
Ashes אֵפֶר.
Ask, to שָׁאַל (rarely שָׁאֵל); to ask for שָׁאַל...לְ.
Ass חֲמוֹר; a she-ass אָתוֹן.
At (=to) עַל.
At (=through) בְּעַד.
At (=from) מִן.
Athalia עֲתַלְיָהוּ.
Avenge, to נָקַם; to be avenged on נָקַם *Ni.* w. מִן.

B

Baal בַּעַל.
Babylon בָּבֶל *f.*
Back, *s.* גֵּו.
Backbite, to רָגַל.
Bad רַע (w. distinct. accent רָע).
Bake, to אָפָה.
Battle קְרָב, מִלְחָמָה.
Be (=to exist) הָיָה; as copula, see § 77, 1, 2, 3.
There is יֵשׁ־, יֵשׁ.
There is not אַיִן § 75, 3.
Bear, to (= carry) נָשָׂא; (= to bring forth) יָלַד
Bear דּוֹב
Beard זָקָן
Beast בְּהֵמָה, חַיָּה
Beat, to דָּפַק *Hit.*
Beauty הוֹד, יֳפִי (in *p.* יֹפִי)
Beautiful יָפָה, יָפֶה *f.* טוֹב
Because עַל, כִּי, יַעַן מִפְּנֵי, בַּעֲבוּר
Bed מִטָּה
Bed-chamber חֲדַר־ מִשְׁכָּב
Before, *adv.* טֶרֶם, בְּטֶרֶם,
Before, *prepos.* לִפְנֵי, נֶגֶד
Beg, to שָׁאַל
Beget, to יָלַד *Hi.*
Begin, to חָלַל *Hi.*
Beginning רֵאשִׁית *f.*
Behold, to נָבַט *Hi.*, חָזָה
Behold! *interj.* הֵן, הִנֵּה, behold I see § 75, 3.
Beloved יָדִיד, דּוֹד
Beseech, to חָלָה *Pi.*, בִּקֵּשׁ *Pi.*
Besides מִלְּבַד
Beside (=at, near) אֵצֶל
Between בֵּין
Belteshazzar בֵּלְטְשַׁאצַּר
Bind, to אָסַר, קָשַׁר; to bind up or together אָלַם, צָרַר *Pi.*
Bird צִפּוֹר, עוֹף
Birth-right בְּכוֹרָה
Bitter מַר.
Bless, to בָּרַךְ *Pi.*
Blessed בָּרוּךְ
Blessed, to call אָשַׁר *Pi.*
Blessing בְּרָכָה
Blind, *adj.* עִוֵּר.
Blood דָּם.
Boast, *v.* of הָלַל *Hit.* *w.* בְּ of the theme.
Body בָּשָׂר, (=corpse) נְבֵלָה
Bone עֶצֶם.
Book סֵפֶר
Born, to be יָלַד *Ni.* and *Pu.*
Bosom חֵק, חֵיק.
Bound, to (= to leap) קִפֵּץ *Pi.*

Bow (*v.*) down כָּפַף.
Boy נַעַר.
Branch עָנָף.
Bray, to, to smash כָּתַשׁ.
Bread לֶחֶם.
Breadth רֹחַב.
Break, to שָׁבַר.
Breath נְשָׁמָה.
Breathe, to פּוּחַ *Hi.*
Brethren אַחִים, § 73, A. 2.
Bribe כֹּפֶר.
Bride כַּלָּה.
Bring, to בּוֹא *Hi.*
Bring back שׁוּב *Hi.*
Bring down יָרַד *Hi.*
Bring forth עָשָׂה, יָצָא, יָלַד *Hi.*
Bring good news בִּשַּׂר *Pi.*
Brother אָח, § 73, A 2.
Build, to בָּנָה.
Builder, *s.* בֹּנֶה.
Burnt-offering עֹלָה עוֹלָה.
Bury, to קָבַר.
But וְ, כִּי, כִּי־אִם, אוּלָם, אַךְ.
Buy, to קָנָה.
By —*prep.* בְּ, בְּעַד.

C

Call, to קָרָא, to c. upon קָרָא *w. acc.*
Camel גָּמָל (*plur.* גְּמַלִּים).
Camp מַחֲנֶה.
Can, to be able יָכֹל.
Canaan כְּנַעַן, fully אֶרֶץ כְּנַעַן.
Captain נָגִיד, רֹאשׁ.
Carmel כַּרְמֶל.
Carry, to נָשָׂא.
Cast, to שָׁלַךְ *Hi*;, to be cast down (of the soul) שָׁחַח *Hit*
Castle מְצָדָה and מְצוּדָה.
Catch, to תָּפַשׂ, to be caught, *id. Ni.*
Cattle מִקְנֶה.
Cedar אֶרֶז.
Certain (=one or our *indef.* article) אֶחָד *f.* אַחַת.
Certainly אָכֵן.
Chaldean כַּשְׂדִּי.
Chamber חֶדֶר (*const.* חֲדַר.)
Champion גִּבּוֹר.
Child נַעַר, יֶלֶד.
Children יְלָדִים, children of Israel בְּנֵי יִשְׂרָאֵל.

Choose, to בָּחַר *w.* בְּ.
Circumspect, to be שָׁמַר *Ni.*
Cistern בְּאֵר *f.*
City עִיר *f.*, § 74, 2.
Clean, *adj.* טָהוֹר.
Clear, to, of stones סָקַל *Pi.*
Cloth בֶּגֶד.
Clothe, to לָבַשׁ *Hi.*
Cloud עָנָן.
Cloud, thick עֲרָפֶל.
Coat כֻּתֹּנֶת and כְּתֹנֶת.
Cold, *s.* חֹרֶף.
Come, to בּוֹא.
Come forth, out יָצָא.
Come over עָבַר.
Come up עָלָה.
Come, to, to pass הָיָה.
Comfort, to נָחַם *Pi.*
Comforter מְנַחֵם.
Command, to צָוָה *Pi.*
Commandment מִצְוָה, פֶּה, פִּקּוּד, the ten commandments עֲשֶׂרֶת הַדְּבָרִים.
Compass, to סָבַב *K.* and *Pi.*
Compassion, to have רִחַם *Pi. w. acc.*
Complaint, *s.* שִׂיחַ.

Concerning, *prep.* בְּ.

Confidence, to put בָּטַח *w.* בְּ.

Confined space מֵצַר.

Congregation קָהָל.

Consider, to שָׂכַל *Hit.* *w.* עַל.

Contention רִיב.

Copy מִשְׁנֶה.

Corn דָּגָן.

Couch מִשְׁכָּב.

Counsel, to יָעַץ.

Counsel עֵצָה.

Counselor יֹעֵץ.

Courageous, to be אָמֵץ *fut.* A.

Covenant בְּרִית.

Create, to בָּרָא.

Crown עֲטֶרֶת.

Cry, to צָעַק, זָעַק, קָרָא.

Cry, *s.* צְעָקָה, זְעָקָה.

Curse, to אָרַר, to be cursed, *Ho.*

Curse, *s.* קְלָלָה.

Cut, to, to cut off כָּרַת.

D

Damsel נַעֲרָה.

Daniel דָּנִיֵּאל.

Darius דָּרְיָוֶשׁ.

Darkness חֹשֶׁךְ, עֲרָפֶל.

Daughter בַּת §75, A. 7.

David דָּוִד.

Day יוֹם, his day, to day הַיּוֹם.

Dead מֵת.

Death מָוֶת *c.* מוֹת.

Death, to put to מוּת *Hi.*; to be put to D. מוּת *Ho.*

Deceit מִרְמָה.

Deed מַעֲשֶׂה.

Defence, *s.* מִשְׂגָּב.

Defend, to גָּנַן *Hi.*

Defile, to טָמֵא *Pi.*

Defraud, to עָשַׁק.

Delight, *s.* רָצוֹן.

Delight, to חָפֵץ, delight in חָפֵץ w. בְּ.

Delighting, *adj.* חָפֵץ.

Delilah דְּלִילָה.

Deliver into סָגַר *Hi.*

Deliver or rescue נָצַל *Hi.*; מָלַט *Pi.* and *Hi.*; חָלַץ *Pi.*; פָּלַט *Pi.* and *Hi.*

Deliverer פָּלַט *part. Pi.*

Deny, to כָּחַשׁ, מָנַע *Pi.*

Depart, to מוּשׁ, סוּר.

Desert, *s.* מִדְבָּר.

Desire, to אָוָה *Pi.* and *Hit.*; חָפֵץ.

Desire, *s.* חֵפֶץ.

Despise, to נָאַץ, בָּזָה *Pi.*

Destroy, to שָׁבַר, סָפָה *Pi.*; אָבַד *Pi.*

Destruction אֲבַדּוֹן.

Devise, to זָמַם, חָשַׁב, חָרַשׁ.

Dew טַל.

Die, to מוּת.

Dig, to חָפַר, כָּרָה, חָצַב.

Dip, to טָבַל.

Discomfit, to הָמַם.

Discord, *s.* מְדָנִים (only *plur.*)

Disguise, to חָפַשׂ.

Dishonor, to בָּזָה.

Distress, to צוּק *Hi.*

Distress, *s.* צָרָה.

Ditch, *s.* שַׁחַת.

Do, to עָשָׂה.

Do good or evil גָּמַל (טוֹב or רַע).

Do good יָטַב *Hi.*

Do wrong עָשַׁק.

Doings, deeds מַעֲלָלִים.

Dominion מִמְשָׁל, מֶמְשֶׁלֶת *f.*

VOCABULARY.

Door דֶּלֶת f.
Double כִּפְלַיִם.
Draw, to (water) שָׁאַב, (a sword) שָׁלַף.
Dream, to חָלַם.
Dream, s. חֲלוֹם.
Drink, to שָׁתָה.
Drive out, away גֵּרַשׁ Pi.
Dry up, to become dry יָבֵשׁ, to make dry, Pi. and Hi.
Dry land יַבָּשָׁה.
Dust עָפָר.
Dwell, to שָׁכַן, יָשַׁב, to cause to dwell, to let dwell Hi.

E

Each אִישׁ, אִשָּׁה; אִישׁ אִישׁ, אִישׁ וְאִישׁ, כֹּל § 98, 2.
Eagle נֶשֶׁר.
Ear אֹזֶן f.
Ear of corn שִׁבֹּלֶת (pl. שִׁבֳּלִים) f.
Early adv. הַשְׁכֵּם, הַשְׁכִּים.
Earth אֶרֶץ f.
Eat, to אָכַל; to cause to eat, to give to eat Hi.
Eden עֵדֶן.
Edom אֱדוֹם, אֲדֹם.
Education מוּסָר.
Egypt מִצְרַיִם.
Elder (alderman, Lat. senior) זָקֵן.
Eleven, see § 74.
Elishah אֱלִישָׁע.
Elijah אֵלִיָּה or אֵלִיָּהוּ.
Encamp, to חָנָה.
End, s. קֵץ, אַחֲרִית.
Endure, to לוּן, עָמַד.
Enemy אוֹיֵב. [Hi.
Enter, to בּוֹא.
Entreat, to פָּגַע w. בְּ, the person for whom w. לְ.
Envy, to קָנָא Pi.
Envy, s. קִנְאָה.
Envious רַע עַיִן (prop. an evil eye).
Ephron עֶפְרוֹן.
Ephraim אֶפְרַיִם.
Esau עֵשָׂו.
Escape, to מָלַט Ni., נָצַל Ni.
Establish, to (a covenant) קוּם Hi.
Eternal עוֹלָם, e. g. eternal God אֵל עוֹלָם (prop. the God of eternity, § 83, 6).
Eternity עַד, עוֹלָם.
Ethiopia כּוּשׁ.
Ethiopian כּוּשִׁי.
Eunuch סָרִיס.
Evening עֶרֶב.
Ever, for לָעַד, לְעוֹלָם.
Everlasting עוֹלָם, everlasting kindness חֶסֶד עוֹלָם (see Eternal).
Every man, see § 98, 2.
Evil, adj. רָעָה, רַע f.
Excel, to עָלָה...עַל.
Exile, to carry into גָּלָה Hi.
Expectation תּוֹחֶלֶת, תִּקְוָה.
Expiate, to כִּפֶּר Pi., to be expiated id. Pu., to be e. of, w. לְ.
Extremity קָצֶה.
Eye עַיִן f.

F

Face פָּנִים, see § 58, 9.
From the face of מִפְּנֵי.
Fail, to (=desist) חָדַל.
Fail, to (= to pine away) כָּלָה, to cause to fail, id. Pi., רָפָה Hi.
Faithfulness אֱמוּנָה.
Fall, to נָפַל.
False שָׁוְא (see § 83, 6.)

Falsehood שֶׁקֶר, כַּחַשׁ.

Fame שֵׁמַע.

Far, *adj.* רָחוֹק.

Far be it! חָלִילָה.

Far away, to put f. a. רָחַק *Hi.*

Fast, to צוּם.

Fat, *adj.* שָׁמֵן.

Father אָב, § 73, A. 1.

Father-in-law חוֹתֵן.

Fatherless יָתוֹם.

Favor רָצוֹן.

Favored, to be חָנַן *Ho.*

Fear, to יָרֵא.

Fear, *s.* מוֹרָא, יִרְאָה.

Feast, *s.* חָג *c.* חַג.

Feast, to keep a חָגַג.

Feign, to (=to pretend to be) see § 26, 6.

Fellow רֵעַ.

Fence, to עָזַק *Pi.*

Field שָׂדֶה.

Fig תְּאֵנָה.

Fig-tree *id.*

Fig, green, unripe פַּג.

Fight, to לָחַם *Ni.*, צָבָא.

Fill, to מָלֵא, to be Filled, *Ni.*

Find, to מָצָא.

Fir בְּרוֹשׁ.

Fire אֵשׁ *f.*

Firmament רָקִיעַ.

First רִאשׁוֹן, in specifying order of time אֶחָד, as בְּאֶחָד לַחֹדֶשׁ on the first of the month.

First-born בְּכוֹר.

Fish דָּג, דָּגָה.

Five חָמֵשׁ *f.*, חֲמִשָּׁה *m.*

Flee, to נוּס, בָּרַח.

Flesh שְׁאֵר, בָּשָׂר.

Flock צֹאן.

Flourish פָּרַח *Hi.*

Fold together חָבַק.

Food מַאֲכָל.

Fool אֱוִיל, כְּסִיל.

Foolishness אִוֶּלֶת.

Foot רֶגֶל *du.* רַגְלַיִם (רְגָלִים only figur.—times)

For עַל, לְ.

For (= because, for the sake of) לְמַעַן, כִּי, בְּעַד, עַל.

For (=in, during, within) בְּ.

Forbid, to כָּלָא.

Forbid! God forbid! חָלִילָה.

Force חַיִל.

Forever לָעַד, לְעוֹלָם.

Forget, to שָׁכַח.

Former state קַדְמָה.

Forsake, to עָזַב.

Fortress מְצוּדָה.

Found, to יָסַד.

Four אַרְבַּע *f.*, אַרְבָּעָה *m.*

Free חָפְשִׁי.

Freely חִנָּם.

From מֵעַל, מִפְּנֵי, מִן, מֵעִם.

Fruit פְּרִי.

Fruitful, to make פָּרָה *Hi.*

Full, to be מָלֵא *K.* a. *Ni.*, שָׂבַע.

Full, *adj.* מָלֵא.

Fury חֵמָה.

G

Garden גַּן.

Garment כְּתֹנֶת, בֶּגֶד, כְּתֹנֶת *f.*, שַׂלְמָה.

Gate שַׁעַר *f.*

Gather, to קָבַץ *Pi.* אָגַר, לָקַט *Pi.*

Gazelle צְבִי.

Generation דּוֹר, דֹּר.

Get, to, out יָצָא.

Gihon גִּיחוֹן

Girl נַעֲרָה, יַלְדָּה.

Give, to נָתַן.
Give in possession נָחַל, *K.* a. *Hi.*
Gladness שִׂמְחָה.
Glance, to שָׁקַף *Hi.*
Glean, to לָקַט.
Go, to הָלַךְ.
Go over, to עָבַר.
Go up, to עָלָה.
Go down, to (of the sun) בּוֹא
Go out, to יָצָא.
Go out, or be quenched, *of fire*, *light* כָּבָה.
Go, to let (= to desist from, to cease from) רָפָה.
God אֵל, אֱלֹהִים.
Gold זָהָב.
Good, *adj.* טוֹב, for good לְטוֹבָה.
Good, to be טוֹב, יָטַב.
Good, to do, to benefit יָטַב *Hi.*
Good tidings, to tell g. t., to bring good news בָּשַׂר *Pi.*
Goodness חֶסֶד.
Gracious, to be חָנַן.
Grape עֵנָב.
Wild Grapes בְּאֻשִׁים.
Grass דֶּשֶׁא, עֵשֶׂב.
Grave שְׁאוֹל, קֶבֶר.
Great גָּדוֹל, רַב (*plur.* רַבִּים).

Great, to be גָּדַל (*fut.*
Great man גָּדוֹל. [*A.*)
Ground אֲדָמָה.
Ground-corn, grits רִיפוֹת (only *plur.*)
Guile מִרְמָה.

H

Habitation מָכוֹן.
Haman הָמָן.
Hand יָד *f.*
Handmaid אָמָה, see § 73, 9.
Hang, to תָּלָה.
Harp כִּנּוֹר.
Harvest קָצִיר.
Haste, to מָהַר *Pi.*
Hate, to שָׂנֵא.
Hazael חֲזָאֵל.
He הוּא.
Head רֹאשׁ.
Heal, to רָפָא.
Hebrew עִבְרִי.
Hear, to שָׁמַע.
Hearken, to שָׁמַע.
Heart לֵב (w. *suff.* לִבִּי, *pl.* לִבּוֹת), לֵבָב.
Heaven שָׁמַיִם.
Heavy, to be כָּבֵד.
Heavy, *adj.* כָּבֵד.
Hebron חֶבְרוֹן.

Help, to עָזַר, to help against עָזַר מִן.
Help, *s.* עֵזֶר, יֶשַׁע.
Herd בָּקָר *c. g.*
Hew, to פָּסַל.
Hezekiah חִזְקִיָּהוּ.
Hide, to צָפַן *K.* a. *Hi.*, from מִפְּנֵי; סָתַר *Hi.*
Hide oneself סָתַר *Hit.*, עָלַם *Hit.*
Hid, to be חָבָא *Hit.*
High, to set on h. שָׂגַב *Pi.*
Most High עֶלְיוֹן.
Hill הַר (*pl.* הָרִים), גִּבְעָה.
Hire, to שָׂכַר.
Hire *s.* שָׂכָר.
Hireling, hired servant שָׂכִיר.
Hirom חִירָם.
Hither הֵנָּה.
Hold fast חָזַק בְּ.
Holy קָדוֹשׁ, see § 83, 6 b.
Honor, to כָּבַד, כִּבֵּד *Pi.*
Honor, *s.* כָּבוֹד, יְקָר.
Honorable יָקָר.
Hope, to יָחַל *Hi.* w. לְ; שָׂבַר *Pi.* w. לְ, אֶל.
Hope, *s.* תּוֹחֶלֶת, תִּקְוָה.

276 Horse VOCABULARY. Kiss

Horse סוּס.

Horseback, to bring on רָכַב *Hi.*

Host צָבָא (*pl.* צְבָאוֹת) *m.*

House בַּיִת *c.* בֵּית (*pl.* בָּתִּים).

Household בַּיִת.

How ? ! אֵיךְ, אֵיכָה.

How long ? עַד אָנָה.

Humble oneself, to כָּנַע *Ni.*

Hundred מֵאָה, *dual* מָאתַיִם.

Husband אִישׁ.

Husbandman אִכָּר.

I

I אֲנִי, אָנֹכִי.

If אִם, כִּי.

Image צֶלֶם.

Images (= idols) תְּרָפִים.

Imagine, to חָרַשׁ.

In בְּ, בְּתוֹךְ, בְּקֶרֶב.

Incline, to נָטָה *Hi.*

Increase, to יָסַף *Hi.*

Inhabit, to יָשַׁב, to be inhabited *id. Ni.*

Inhabitant יֹשֵׁב.

Inherit, to נָחַל, to leave as heritage *id. Hi.*

Inheritance נַחֲלָה.

Iniquity אָוֶן, רֶשַׁע, עַוְלָתָה, עָוֹן.

Inner part, middle, midst קֶרֶב.

Innocent נָקִי.

Inquire of, to דָּרַשׁ *w. acc.*

Instead of תַּחַת.

Instruction מוּסָר.

Integrity תָּמִים.

Intelligence תְּבוּנָה.

Intelligent חָכָם, נָבוֹן.

Into אֶל, בְּ, עַד, and see § 19, 6.

Isaac יִצְחָק.

Israel יִשְׂרָאֵל.

J

Jacob יַעֲקֹב.

Jealousy קִנְאָה.

Jebus יְבוּס.

Jehoshaphat יְהוֹשָׁפָט.

Jerusalem יְרוּשָׁלַיִם.

Jethro יִתְרוֹ.

Jew יְהוּדִי.

Joash יוֹאָשׁ.

Job אִיּוֹב.

Jonathan יְהוֹנָתָן, יוֹנָתָן.

Joseph יוֹסֵף.

Joshua יְהוֹשֻׁעַ.

Joy רִנָּה, שִׂמְחָה.

Judah יְהוּדָה.

Judge, to שָׁפַט.

Judge, *s.* שֹׁפֵט.

Judgment מִשְׁפָּט, שְׁפָטִים.

Just צַדִּיק.

Justify, to, or clear oneself צָדַק *Hit.*, to be justified, *id.*

K

Keep, to (= to guard, watch) שָׁמַר, נָצַר w. עַל; (= to observe, to perform) שָׁמַר.

Keep oneself from (= to beware of) שָׁמַר *Ni.* w. מִן.

Keep a feast חָגַג.

Keeper of sheep רֹעֵה צֹאן.

Kill, to הָרַג, קָטַל.

Kindness חֶסֶד.

Kindred מוֹלֶדֶת.

King מֶלֶךְ.

To make a king מָלַךְ *Hi*

Kingdom מַלְכוּת, מַמְלָכָה.

Kish קִישׁ.

Kiss, to נָשַׁק *K.* a. *Hi.*

Knit, to קָשַׁר.

Know, to יָדַע, to let know *id. Hi.*

Knowledge דַּעַת.

Known, to make יָדַע *Hi.*

L

Labor, to יָגַע, עָמַל.

Laboring (= toiling) עָמֵל.

Lad נַעַר.

Ladder סֻלָּם.

Lame פִּסֵּחַ.

Lamp נֵר (*pl.* נֵרוֹת) *m.*

Land אֲדָמָה *f.*, אֶרֶץ

Large *space* מֶרְחָב.

Last אַחֲרוֹן.

Laugh, to צָחַק.

Law תּוֹרָה.

Lay, to שָׁכַב *Hi.*

Lay hold of, to תָּפַשׂ w. *acc.*, seldom w. בְּ.

Lay up, to צָפַן.

Lead, to נָהַל *Pi.*, נָחָה *Hi.*

Lean, *adj.* רָזֶה, רָזָה *f.*

Leap, to דָּלַג *Pi.*

Learning לֶקַח.

Leave, to עָזַב.

Leave off, to שָׁבַת.

Lebanon לְבָנוֹן.

Left, *adj.* שְׂמֹאל.

Length אֹרֶךְ.

Lentiles עֲדָשִׁים (only *pl.*) *f.*

Lest פֶּן.

Letter סֵפֶר, אִגֶּרֶת *f.*

Lie, to שָׁקַר *Pi.*, כָּזַב *Pi.*

Lie, *s.* שֶׁקֶר, כָּזָב.

Lie down, to שָׁכַב, נָפַל.

Life חַיִּים, נֶפֶשׁ.

Lift up, to נָשָׂא.

Light אוֹר.

Like כְּ, כְּמוֹ, כָּמוֹ.

Like, to be דָּמָה.

Lion אֲרִי.

Lip שָׂפָה, *du.* שְׂפָתַיִם

Little, small, to be קָטֹן (*fut. A.*)

Little, *adj.* קָטֹן, קָטָן (*pl.* קְטַנִּים).

Live, to חָיָה; to keep alive, to save life *id. Hi.*

Living, *adj.* חַי.

Lo! behold! הֵן, הִנֵּה; Lo we are! behold us! הִנְנוּ.

Lofty רָם

Look, to נָבַט *Hi.*

Look for (= to expect, hope) קָוָה *Pi.*

Lord אָדוֹן, יְהוָֹה.

Lost, to be אָבַד.

Loud רָם, גָּדוֹל.

Love, to אָהֵב a. אָהַב.

Lovely אָהֵב *part. Ni.*

Lying שֶׁקֶר, see § 83,6.

M

Magnify, to גָּדַל *Pi.*

Maid-servant שִׁפְחָה.

Maiden עַלְמָה.

Make, to עָשָׂה, פָּעַל.

Make a covenant, to כָּרַת בְּרִית.

Make a pit, to כָּרָה בּוֹר.

Maker עֹשֶׂה.

Man אָדָם, אִישׁ, גֶּבֶר

Manna מָן.

Many רַבִּים.

Mart סָחָר c. סְחַר.

Master אָדוֹן, אֲדוֹנִים § 82, 4, b.

Meat בָּשָׂר.

Meddle, to עָרַב *Hit.*

Meditate, to הָגָה.

Meet, to קָדַם *Pi.*, פָּגַשׁ.

Melt, to מָסַס *Ni.*

Mercy חֶסֶד.

Mercy, to have M. on רָחַם *Pi.* w. *acc.*

Messenger מַלְאָךְ.
Midian מִדְיָן.
Midst תָּוֶךְ c. תּוֹךְ, קֶרֶב.
Might גְּבוּרָה.
Mighty גִּבּוֹר.
Mill-stone פֶּלַח.
Mine (— to me) לִי.
Miriam מִרְיָם.
Mischief רָעָה.
Mock, to לָעַג w. לְ, קָלַס Hi. w. בְּ.
Moment רֶגַע.
Money כֶּסֶף.
Month חֹדֶשׁ.
Moon יָרֵחַ.
Mordechai מָרְדְּכַי.
Morning בֹּקֶר.
Morrow, to מָחָר, מָחֳרָת.
Mortar מַכְתֵּשׁ.
Mother אֵם, § 73.
Moses מֹשֶׁה.
Mountain הַר, § 17, 5.
Mourn, to אָבַל, סָפַד *K.* a. *Hit.*
Mourning אֵבֶל, מִסְפֵּד.
Mouth פֶּה, § 73, 11.
Much, many, to be רָבַב.

Mule פֶּרֶד.
Multiply, increase, to רָבָה *K.* a. *Hi.*
Multitude הָמוֹן.
Murmur, to לוּן *Ni.* a. *Hi.*

N

Naked עָרוֹם (*plur.* עֲרֻמִּים).
Name שֵׁם, (*plur.* שֵׁמוֹת) *m.*
Nation גּוֹי.
Near, *adj.* קָרוֹב.
Needy אֶבְיוֹן.
Neighbour שָׁכֵן, רֵעַ, קָרוֹב.
Neither וְלֹא.
Never לֹא...לְעוֹלָם.
Nevertheless אֶפֶס־כִּי
Nigh קָרוֹב.
Night לַיְלָה.
No לֹא, אַיִן w. the *verb.*
Noise שָׁאוֹן.
Nor וְלֹא.
North צָפוֹן.
Not בַּל, אַל, לֹא, אַיִן; *is* not? הֲלֹא.
Nothing לֹא..מְאוּמָה.
Nothing, for חִנָּם.

Now עַתָּה.
Number, to סָפַר.
Number, *s.* מִסְפָּר.

O

O! (vocative case) see § 80, 5.
Oh! woe! ho! הוֹי, אוֹי.
Observe, to שָׁמַר.
Of, see § 19, 5; לְ or אֲשֶׁר לְ, § 80, 10.
Offer, to זָבַח.
Offering, *subst.* זֶבַח, מִנְחָה.
Off, from מִן, מֵעַל.
Oil יִצְהָר, שֶׁמֶן.
Old, *s.* a. *adj.* זָקֵן.
Old, to be זָקֵן (*fut.A.*)
On בְּ, עַל, § 75, 6.
Once (— one time) פַּעַם אַחַת.
One אֶחָד, § 74.
One — the other אִישׁ אָחִיו, see § 97, 4.
Only, *adv.* אַךְ, רַק.
Only, *adj.* (—only one) יָחִיד, יְחִידָה *f.*
Open, to פָּתַח.
Oppress, to לָחַץ, עָשַׁק.
Or אוֹ, אִם, וְאִם, וְ.

Ordinance מִשְׁמֶרֶת *f.*
Orphan יָתוֹם.
Other אַחֵר.
Other (— the one — the other) אֶחָד, § 97, 4.
Out of מִן.
Outside, abroad חוּץ.
Oven תַּנּוּר.
Over בְּ, עַל, § 75, 6.
Over, to be (— to pass away) חָלַף.
Overthrow, to הָפַךְ, שָׁמַד.
Ox שׁוֹר *c. g.*

P

Paint (Eye-Paint) פּוּךְ.
Palm-tree תָּמָר.
Panther נָמֵר.
Pardoned, to be רָצָה *Ni.*
Parted, to be פָּרַד *Ni.*
Pass over, to עָבַר, חָלַף.
Pass, to come to הָיָה.
Path נְתִיבָה.
Patience תִּקְוָה.
Peace שָׁלוֹם.
Pen עֵט.
People עַם (*pl.* עַמִּים), לְאֹם (*pl.* לְאֻמִּים).
Peradventure אוּלַי.

Perceive, to בּוּן *Hi.*
Perish, to אָבַד.
Persecute, to רָדַף.
Pestle עֱלִי.
Pharao פַּרְעֹה.
Philistine פְּלִשְׁתִּי.
Pillar מַצֵּבָה.
Pious חָסִיד.
Pit בּוֹר (*pl.* בֹּרֹת) *m.*
Place מָקוֹם (*plur.* מְקוֹמוֹת) *c. g.*
Plant, to נָטַע.
Plant, *s.* צֶמַח.
Pleasant נָעִים.
Pledge, take to P. חָבַל.
Plough, to חָרַשׁ.
Poor, to be made P., dispossessed יָרַשׁ *Ni.*
Poor, *s.* אֶבְיוֹן, עָנִי.
Portion חֵלֶק.
Possession, to give as a P. נָחַל *Hi.*
Potiphar פּוֹטִיפַר.
Pottage נָזִיד.
Poverty רֵאשׁ.
Pour out, to שָׁפַךְ, יָצַק.
Power עֹז (with *suff.* עֻזִּי).
Praise, *s.* תְּהִלָּה.
Pray, I pray thee נָא.

Prayer תְּפִלָּה.
Preach, to בָּשַׂר *Pi.*
Precept פִּקּוּד.
Prepare עָשָׂה, to be prepared כּוּן *Ni.*
Preserve, to שָׁמַר, נָצַר.
Price, *s.* מֶכֶר.
Pride זָדוֹן.
Priest כֹּהֵן.
Prince שַׂר (*pl.* שָׂרִים)
Proclaim, to קָרָא.
Produce, *s.* עֲבוּר (only *const.*)
Profane, to חָלַל *Pi.*
Project, *s.* מַעֲרָךְ.
Property נַחֲלָה.
Prophesy, to נָבָא *Ni.* a. *Hit.*
Prophet נָבִיא.
Prostrate oneself, to שָׁחָה *Hit.*
Prove, to נָסָה *Pi.*
Province מְדִינָה.
Publish, to שָׁמַע *Hi.*
Purify oneself, to קָדַשׁ *Hit.*
Pursue, to רָדַף.
Put, to שׂוּם *Hi.*
Put forth, to שָׁלַח, (— to ripen) חָנַט.
Put on, to (a garment) לָבֵשׁ.

Q

Quarrel, to רִיב or רוּב

Quarrel, *s.* רִיב (*plur.* רִיבוֹת or רִיבִים) *m.*

Queen מַלְכָּה.

Question, hard Q., riddle חִידָה.

Quiet, to be שָׁקַט.

R

Rachel רָחֵל.

Rage, *s.* חֵמָה.

Raiment בֶּגֶד.

Rain, to מָטַר, to give or to send down rain *id. Hi.*

Rain, *s.* גֶּשֶׁם, מָטָר.

Raise, קוּם, זָקַף *Hi.*

Raven עֹרֵב.

Reach, to נָגַע *Hi.*

Realm מַלְכוּת *f.*

Reap, to קָצַר.

Reaper, *s.* קוֹצֵר, קֹצֵר.

Reason, by R. of מִן.

Rebel, *s.* שֹׁנֶה.

Rebuke יָכַח *Hi.*

Receive, to לָקַח, קָבַל *Pi.*

Recompense, to שָׁלַם, גָּמַל *Pi. pass. Pu.*

Redeem גָּאַל.

Redeemer גֹּאֵל.

Refine, to צָרַף.

Refined צָרוּף.

Refrain מָנַע.

Refuge, *s.* מִשְׂגָּב (w. *suff.* מִשְׂגַּבִּי).

Refuse, to מָאֵן *Pi.*

Regard, to חָשַׁב.

Reign, to מָלַךְ.

Reject, to מָאַס.

Rejoice, to עָלַז.

Remain, to שָׁאַר *Ni.*

Remain all night, to לוּן *Hi.*

Remember, to זָכַר.

Remove, to רָחַק *Hi.*

Rend, to (= to tear) קָרַע.

Render, to שׁוּב *Hi.*

Repair, to בָּדַק.

Report, *s.* שֵׁמַע.

Reproach, to חָרַף *Pi.*

Reproach, *s.* חֶרְפָּה.

Reprobate, to מָאַס.

Request, to make R. בָּקַשׁ *Pi.*

Require, to שָׁאַל.

Require (the blood), to דָּרַשׁ.

Requite, to גָּמַל.

Rest, to רָגַע *Ni.*

Rest, to give נוּחַ *Hi.*

Return, to שׁוּב.

Reward, to שָׁלַם *Pi.*

Riblah רִבְלָה.

Rich, to be or become rich עָשַׁר *Hi.*

Rich, to feign oneself rich עָשַׁר *Hit.*

Richess עֹשֶׁר.

Riddle חִידָה.

Ride, to רָכַב (*fut. A.*)

Right, *adj.* יָמִין.

Righteous צַדִּיק.

Righteousness צֶדֶק, צְדָקָה.

Rise up, to קוּם.

River נָהָר, יְאוֹר.

Rob, to גָּזַל.

Robe, *s.* מְעִיל.

Rock צוּר.

Roll, to גָּלַל.

Root out, to שָׁרַשׁ *Pi.*

Round about סָבִיב, מִסָּבִיב.

Ruby פְּנִינִים (only *plur.*)

Ruin, *s.* חָרְבָּה (*plur.* חֳרָבוֹת, *c.* חָרְבוֹת)

Rule, to מָשַׁל.

Ruler מֹשֵׁל, שַׂר (*pl.* שָׂרִים).

Run, to רוּץ.

Ruth רוּת.

S

Sacrifice, to זָבַח.

Sacrifice, *s.* זֶבַח.

Saint קָדוֹשׁ.

Salt, *s.* מֶלַח.

Salvation יְשׁוּעָה.

Samaria שֹׁמְרוֹן.

Samson שִׁמְשׁוֹן.

Sanctuary קֹדֶשׁ.

Sand חוֹל.

Sarah שָׂרָה.

Sarai שָׂרַי.

Satisfied, to be שָׂבַע and שָׂבֵעַ (*fut. A.*), to satisfy *id. Hi.*

Save, to יָשַׁע *Hi.*

Say, to אָמַר.

Saying (= namely) לֵאמֹר (*inf.* for לֶאֱמֹר, § 48, 5.)

Saying, *s.* אִמְרָה.

Scabbard תַּעַר.

Scorn, to מָאַס, לוּץ.

Scorner לֵץ.

Scribe סֹפֵר.

Sea יָם (*pl.* יַמִּים).

Search, to תּוּר, חָקַר, חָפַשׂ *Pi.*

Second שֵׁנִי, § 74, 3.

Secret, *s.* תַּעֲלֻמָה, סוֹד.

See, to רָאָה.

Seed, *s.* זֶרַע.

Seek, to בִּקֵּשׁ, דָּרַשׁ *Pi.*

Seer, *s.* רֹאֶה.

Seize, to תָּפַשׂ.

Sell, to מָכַר.

Send, to שָׁלַח, to send away *id. Pi.*

Separate, to בָּדַל, to separate oneself *id. Ni.*, פָּרַד *Ni.* a. *Hit.*

Servant עֶבֶד.

Serve, to עָבַד.

Set up, to נָצַב *Hi.*

Set or placed, to be *id. Ni.*

Settle, to יָצַב *Hi.*

Shade, shadow, *s.* צֵל (w. *suff.* צִלִּי).

Shame, *s.* קָלוֹן, כְּלִמָּה.

Shatter, to שָׁבַר *Pi.*

Sheaf אֲלֻמָּה (*plur.* אֲלֻמּוֹת a. אֲלֻמִּים)

Shed, to שָׁפַךְ, to be shed, of blood, *id. Pu.*

Shine אוֹר, make to shine *id. Hi.*

Ship אֳנִיָּה.

Shiver, to רָצַץ.

Shoe נַעַל *f.*

Shoot forth, to נָתַן.

Shore חוֹף.

Short קָטוֹן, קָצֵר (*c.* קְצַר).

Shut, to סָגַר.

Side יַרְכָה, two s. יַרְכָתַיִם.

Sigh, *s.* אֲנָחָה.

Sight, in the sight of עֵינֵי (*c.* of עֵינַיִם).

Sign, *s.* אוֹת (*plur.* אֹתוֹת) *m.*

Silence, put to s. אָלַם *Ni.*

Silver כֶּסֶף.

Sin, to חָטָא, to sin against חָטָא לְ.

Sin, *s.* חֵטְא, עָוֹן, חַטָּאָה *f.*, חַטָּאת.

Sinai סִינַי.

Sing, to שׁוּר *Hi.*, (= to sing praises) זָמַר *Pi.*

Singer (singing man) מְשֹׁרֵר.

Sisera סִיסְרָא.

Sister אָחוֹת, § 73, A 3.

Sit, to יָשַׁב.

Skin עוֹר (*pl.* עֹרוֹת, עוֹרוֹת) *m.*

Skull גֻּלְגֹּלֶת *f.*

Slander, to לָשַׁן *Hi.*

Slaughter טָבַח.

Slave עֶבֶד.
Slay, to שָׁחַט, הָרַג, מוּת Pi. a. Hi.
Sleep, to יָשֵׁן (fut. יִישַׁן), שָׁכַב (fut. A.)
Sluggard עָצֵל.
Smite, to נָכָה Hi.
So, adv. כֵּן.
Solomon שְׁלֹמֹה.
Son בֵּן, § 73, A. b.
Song, s. שִׁיר.
Sorrow, s. מַכְאוֹב, יָגוֹן.
Soul נֶפֶשׁ, mostly f.
South נֶגֶב, דָּרוֹם.
Spare, to חָמַל.
Speak, to דָּבַר Pi.
Spear חֲנִית f.
Spirit רוּחַ (pl. רוּחוֹת, רְחוֹת) c. g.
Spirt, to, to be sprinkled נָזָה.
Spring up, to צָמַח.
Spy out, to רָגַל Pi., תּוּר.
Staff מַטֶּה (pl. מַטּוֹת) m.
Stand, to עָמַד, קוּם.
Stand upright, to נָצַב Ni.
Star כּוֹכָב.
State, former s. קַדְמָה
Statute חֹק (plur. חֻקִּים) m.; חֻקָּה (pl. חֻקּוֹת) f.
Stay over night, to לוּן
Steal, to גָּנַב.
Still, to שָׁבַח Hi.
Stone אֶבֶן (plur. אֲבָנִים) f.
Stop, to אָטַם.
Strange, to make oneself s. נָכַר Hit.
Strangeness, foreignness נֵכָר.
Stranger בֶּן־נֵכָר, § 83, 6. a. § 89, 4. גֵּר, זָר.
Street רְחוֹב, רְחֹב f.
Strength כֹּחַ, צוּר.
Strengthen, to חָזַק Pi.
Stretch out, to פָּרַשׂ, שָׁלַח.
Strip off, to פָּשַׁט Hi., w. two acc. § 85, 2, b.
Stripe oneself, to id. Hit.
Stripes (= beatings) מַהֲלֻמּוֹת.
Strong, to be חָזַק (fut. A), גָּבַר (fut. A).
Strong, adj. חָזָק, עַז (pl. עַזִּים).
Subdue, to רָדַד.
Subtlety מִרְמָה.
Suddenly פִּתְאֹם.
Suffer, to (— to permit, to let) נוּחַ Hi. נָתַן.
Sun שֶׁמֶשׁ.
Surely אָכֵן, גַּם, Inf. abs. § 105, 1.
Surround, to סָבַב.
Sustain, to סָעַד (fut. A.)
Swear, to שָׁבַע Ni.
Swift, to be s. מָהַר Pi., קָלַל.
Sword חֶרֶב f.
Syria אֲרָם.

T

Table, tablet לוּחַ (pl. לוּחוֹת) m,
Tabor תָּבוֹר.
Take away, to לָקַח.
Take up, to נָשָׂא.
Take from, off, to סוּר Hi.
Take, to (capture in war) לָכַד.
Tarshish תַּרְשִׁישׁ.
Teach, to לָמַד Pi., יָרָה Hi., יָדַע Hi.
Tell, to נָגַד Hi.
Tender, adj. רַךְ (pl. רַכִּים).
Tent אֹהֶל (pl. אֳהָלִים and אֹהָלִים).

Testimony עֵדוּת *f.*
Thanksgiving תּוֹדָה.
That (*rel. pr.*) אֲשֶׁר.
That, *conj.* (in obj. sentences) אֲשֶׁר, כִּי, § 111, 1, 2.
That, so that לְ w. *inf. const.* § 106, 2 and § 113, b; אֲשֶׁר, וְ, לְמַעַן, § 111, a,
That not, lest פֶּן, לְבִלְתִּי, § 112, b.
O that לוּ (negatively לוּלֵא), מִי יִתֵּן, § 110, 1, 2.
Then אָז, וְ.
Thence שָׁם, from thence מִשָּׁם.
Therefore עַל־כֵּן, וְ.
Therein בְּתוֹךְ, בְּקֶרֶב
Thing דָּבָר.
Thither שָׁמָּה.
Though אִם.
Thought, *s.* מַחֲשָׁבָה, מְזִמָּה.
Throne כִּסֵּא (*plur.* כִּסְאוֹת) *m.*
Through בְּ.
Throw down, to (= to cast out) שָׁמַט.
Thrust down, to דָּחָה
Thrust through, to, דָּקַר.

Thus כֵּן, כָּכָה, כֹּה, זֹאת.
Tie, to קָשַׁר.
Tiller עֹבֵד.
Time עֵת (*pl.* עִתִּים or עִתּוֹת) *c. g.*
Time (= once) פַּעַם *f*
Time to come (= future) יוֹם מָחָר or מָחָר.
Tire, to (= dress the head) יָטַב *Hi.*
To, unto עַד, § 19, 6.
To (= *Dat.*) לְ.
Together כְּאֶחָד.
Tongue שָׂפָה *f.* לָשׁוֹן
Top רֹאשׁ (*pl.* רָאשִׁים)
Torch לַפִּיד.
Totter, to מוֹט *Ni.*
Touch, to נָגַע.
Towards לְ, אֶל, § 19,6.
Tower מִגְדָּל.
Transgress, to עָבַר.
Traveller אֹרֵחַ.
Tread (under foot), to רָמַס.
Tree עֵץ.
Trouble צָרָה.
Trust, to בָּטַח, חָסָה, w. בְּ.
Truth אֱמֶת *f.*
Try, to בָּחַן, נִסָּה *Pi.*
Tumult הָמוֹן.

Turn, to סוּר.
Turn graciously, to פָּנָה.
Tyre צֹר.

U

Uncircumcised עָרֵל.
Uncle דּוֹד.
Under תַּחַת, § 75, 6.
Until עַד.
Unto עַד, עַל, לְ, אֶל, § 19, 6.
Uphold, to סָמַךְ.
Upon עַל, § 75, 6.
Upper-mill-stone רֶכֶב
Upright יָשָׁר, תָּמִים.
Uzziah עֻזִּיָּהוּ.

V

Vain, in V. לַשֶּׁקֶר.
Vain, to be in V. אָבַד
Valley בִּקְעָה.
Vanity שָׁוְא.
Vengeance נָקָם, נְקָמָה.
Very מְאֹד.
Vial פַּךְ.
Vine גֶּפֶן.
Vine-dresser כֹּרֵם.
Vinegar חֹמֶץ.
Vineyard כֶּרֶם.
Violence חָמָס.

Virtuous חַיִל (*prop.* Virtue, accord. to § 83, 6.

Virtuously, to do v. עָשָׂה חַיִל.

Vision חָזוֹן.

Voice קוֹל (*pl.* קוֹלוֹת, קֹלוֹת) *m.*

Vow, to נָדַר.

Vow, *s.* נֶדֶר.

W

Wait upon, to דָּמַם לְ

Walk, to הָלַךְ.

Walk with, to הָלַךְ *Hit.* w. אֶת.

Wall, *s.* קִיר (*plur.* קִירוֹת) *m.*

Want, *s.* מַחְסוֹר.

War מִלְחָמָה.

Warfare צָבָא.

Warn, to זָהַר *Hi.*

Wash, to רָחַץ.

Water, to שָׁקָה *Hi.*

Water, *s.* מַיִם.

Wave גַּל (*pl.* גַּלִּים).

Wax דּוֹנַג.

Way דֶּרֶךְ *c. g.*

Weak רָפֶה, רָפָה *f.*

Wealth חַיִל, עֹשֶׁר.

Weep, to בָּכָה.

Weeping בְּכִי, in *p.* בֶּכִי.

Weigh, to שָׁקַל.

Welfare טוֹב.

Well בְּאֵר *f.*, בֹּאר *f.*

What מָה, מָה, מֶה, § 24, 1.

Wheat חִטָּה.

When כִּי, בְּ or כְּ w. *inf. const.*, § 106, 2.

Whence מֵאַיִן.

Where אַיֵּה.

Wherefore לָמָּה־זֶּה.

Wherein בַּמֶּה.

Wherewith בַּמֶּה.

Whether אִם.

While בְּ w. the *inf. const.*, § 106, 2.

While, all the W. כָּל...עוֹד.

Whisper, to לָחַשׁ *Hit.*

Whither? אָנָה.

Whither, *adv. rel.* אֲשֶׁר־שָׁמָּה, § 23,3.

Who מִי, § 24.

Whole כֹּל, whole of כָּל־.

Whose (= to whom)? לְמִי.

Why מַדּוּעַ, לָמָּה.

Wicked רָשָׁע.

Wickedness רֶשַׁע.

Widow אַלְמָנָה.

Wife אִשָּׁה, § 73, B 2.

Willing, to be אָבָה, or by the *fut.* § 32, 1, 2 and § 101, I a.

Window חַלּוֹן.

Wine יַיִן, תִּירוֹשׁ.

Winter חֹרֶף.

Wisdom חָכְמָה.

Wise, to be חָכַם (*fut. A.*)

Wise, *adj.* חָכָם.

Wisely (= in wisdom) בְּחָכְמָה.

With בְּ, אֵת (אִתִּי), עִם, עִמָּד (only w. *suff.*)

Within בְּתוֹךְ, בְּקֶרֶב

Without (= outwards) מִחוּץ, הַחוּצָה.

Witness עֵד.

Woman אִשָּׁה, § 73, B 2.

Wood עֵץ.

Word דָּבָר.

Work, to פָּעַל, עָבַד, עָשָׂה.

Work, *s.* פֹּעַל, עֲבוֹדָה

World תֵּבֵל, עוֹלָם.

Worn out, *adj.* בָּלֶה, בָּלָה *f.*

Would God that! לוּ, מִי יִתֵּן.

Wrath אַף (w. *suff.* אַפִּי).

Wrest, to נָטָה *Hi.*

Write, to כָּתַב.

Wrong, to do עָשַׁק.

Wrong, *s.* עַוְלָה.

Y

Year שָׁנָה.

Yet אַךְ, עוֹד.

Young man נַעַר.

Z

Zion צִיּוֹן.

CONTENTS.

PART I.

OF THE ELEMENTS.

CHAPTER I.

Page.

§ 1. The Alphabet 1
" 2. Division of Letters 3
" 3. Vowel-Letters and Vowel-Signs 3
" 4. Sh'va 7
" 5. Composite Sh'va 8
" 6. Patach Furtive 8
" 7. Dagesh and Mappik 9
" 8. Syllables 10
" 9. Accents, Metheg, Makkef 11
" 10. Distinction of Kamets and Kamets-Chatuph 18
" 11. Distinction of Vocal and Silent Sh'va 19

CHAPTER II.

Peculiarities and Changes of Letters and Vowels.

§ 12. Changes of Consonants 20
" 13. Peculiarities of the Gutturals 23
" 14. Vowel Changes 23

CHAPTER III.

§ 15. Servile Letters 26
" 16. The Prefixes משה 27
" 17. The Article 28
" 18. The Prefixes וכלב 29
" 19. Cases of Nouns and Pronouns 32

CHAPTER IV.

Of the Pronoun.

Page.

§ 20. The Personal Pronoun 34
" 21. Nominal Suffixes 36
" 22. Demonstrative Pronoun 38
" 23. The Relative 40
" 24. The Interrogative Pronoun 41

CHAPTER V.

Of the Verb.

§ 25. General View 44
" 26. Signification and Characteristics of the Conjugations 45
" 27. Inflection 47
" 28. Classes 47

CHAPTER VI.

The Regular Verb. Explanation of the Second Paradigm.

§ 29. The Preterite 48
" 30. The Infinitive 51
" 31. The Future 52
" 32. The Lengthened Future or Optative 54
" 33. Vav Conversive 55
" 34. The Imperative 57
" 35. The Participle 59
" 36. Niphal 61
" 37. Piel and Pual 64
" 38. Hiphil and Hophal 67
" 39. Hithpael 70

CHAPTER VII.

The Gutturals.

§ 40. Verbs Pe Guttural 72

CONTENTS.

	Page.
§ 41. Verbs Ayin Guttural	74
" 42. Verbs Lamed Guttural	76

CHAPTER VIII.
The Suffixes of the Verb.

In General	78
§ 43. The Preterite with Suffixes	79
" 44. The Future with Suffixes	80
" 45. The Infinitive with Suffixes	82
" 46. The Imperative with Suffixes	83
" 47. The Participle with Suffixes	84

CHAPTER IX.
Irregular Verbs.

§ 48. Verbs פ"א	86
" 49. Verbs ל"א	87
" 50. Verbs פ"נ	89
" 51. Verbs פ"י	91
" 52. Verbs ע"ע	94
" 53. Verbs ע"וֹ and ע"י	98
" 54. Verbs ל"ה	101
" 55. Verbs Doubly Anomalous	105

CHAPTER X.
Nouns.

§ 56. In General. Formation and Inflection	108
" 57. The Gender	113
" 58. The Plural and Dual	116
" 59. The Construct State	119
" 60. Rules for the Inflection of Masculine Nouns	121
" 61. Declension of Masculine Nouns	122
" 62. First Declension	123
" 63. Second Declension	124

	Page.
§ 64. Third Declension	128
" 65. Fourth Declension	130
" 66. Fifth Declension	133
" 67. The Formation of Feminine Nouns	138
" 68. Declension of Feminine Nouns	138
" 69. First Declension	139
" 70. Second Declension	140
" 71. Third Declension	143
" 72. Fourth Declension	144
" 73. Irregular Nouns	147
" 74. The Numerals	149

CHAPTER XI.
Particles.

§ 75. In General	153

PART II.
SYNTAX.

CHAPTER I.
The Essential Parts of a Sentence.

§ 76. The Subject	157
" 77. The Copula	158
" 78. The Predicate and its Agreement with the Subject	159
" 79. Verbal Arrangement	161

CHAPTER II.
Syntax of the Parts of Speech.

§ 80. The Article	162

The Noun

§ 81. Gender	164
" 82. Number	164
" 83. The Cases. Construct State and the Genitive	166
" 84. Dative	168

CONTENTS.

	Page.
§ 85. Accusative	168
" 86. The Absolute Case	170
" 87. Apposition	171
" 88. Duplication of Nouns	171
" 89. Substantives used in the place of Adjectives	171
" 90. Adjectives	172
" 91. Comparison	172
" 92. Numerals	173

Pronouns.

	Page.
§ 93. Personal Pronoun	174
" 94. Demonstrative	175
" 95. Interrogative	177
" 96. Relative	177
" 97. Reflexive and Reciprocal	178
" 98. Other Pronouns	179

The Verb.

	Page.
§ 99. In General	180
" 100. The Preterite	180
" 101. The Future	182
" 102. The Conversive Vav	183
" 103. Paragogic and Apocopated Future	184
" 104. The Imperative	184
" 105. Infinitive Absolute	185
" 106. Infinitive Construct	186
" 107. The Participle	189

Particles.

	Page.
§ 108. Particles of Negative Sentences	190
" 109. Particles of Interrogative Sentences	192
" 110. Particles of Optative Sentences	192
" 111. Particles of Objective Sentences	193
" 112. Particles of Final Sentences	193
" 113. Particles of Inferential Sentences	194
" 114. Particles of Temporal Sentences	194
" 115. Particles of Causal Sentences	194
" 116. Particles of Conditional Sentences	194
" 117. Particles of Disjunctive Sentences	196
" 118. Particles of Adversative Sentences	196
" 119. *Interjections*	196
Paradigms	197
Chrestomathy	220
Vocabulary I.	243
Vocabulary II.	269

LIST OF ABBREVIATIONS.

abs.—absolute
abstr.—abstract.
acc.—accusative
act.—active
adj.—adjective
adv.—adverb
apocop.—apocopated
art.—article
const. st., *c. st.*—construct state
comm.—common
comp.—compare
conj.—conjunction
e.g.—exempli gratia, for example
fem., *f.*—feminine
fr. b.—from bottom
fr. t.—from top
fut.—future
gen.—genitive
gen.—generally
Hi.—Hiphil
Ho.—Hophal
Hit.—Hithpael
i. e.—id est
ib.—ibidem
imp.—imperative
inf.—infinitive
interj.—interjection
masc., *m.*—masculine
Ni.—Niphal
N.—Note
n. p.—proper name
obj.—object
orig.—originally
p.—page
pers., *p.*—person
part.—participle
pass.—passive
in p.—in pause
Pi.—Piel
Pl., *pl.*—plural
prob.—probable
prop.—properly
Pu.—Pual
reflex.—reflexive
sc.—scilicet
sing., *s.*—singular
subst., *s.*—substantive
suff.—suffix
tr.—transitive

CORRECTIONS.

Page.	Line.	Read.
7,	1, fr. b.	זְרֻבָּבֶל
12,	1, fr. b.	וּמֵהַתִּיכוֹנוֹת
14,	7, fr. t.	1, 14
15,	13, fr. b.	מֵרְכָא
17, 2,	5, fr. t.	afformatives
27,	18, fr. b.	מִיהוּדָה
31,	3, fr. b.	בַּמִּקְנֶה
51,	3, fr. b.	אֲהָהּ
53,	1, fr. b.	יְפָרֵשׁ
56,	7, fr. b.	לָאַט
59,	14, fr. b.	תָּפַשׂ
"	13, fr. b.	פָּרַשׁ
61,	4, fr. b.	for larger type, read: asterisks.
65,	6, fr. b.	תּוֹחֶלֶת
66,	2, fr. t.	עֳנִי
69,	2, fr. b.	דָּרְיָוֶשׁ
73,	16, fr. b.	תַּחֲשֹׁךְ
85,	12, fr. t.	אָאֹר
96,	3, fr. t.	תְּחָנֵּהוּ
97,	9, fr. t.	תִּקְרֶאנָה
116,	4, fr. b.	תַּבְנִיוֹת, ־ִיּוֹת
119,	6, fr. b.	מַחֲנֶה
120,	10, fr. t.	כִּמְשׁוּכַת
127,	4, fr. t.	מַשָּׂאוֹת
141,	14, fr. t.	מַהְפֵּכָה
147,	17, fr. t.	for step-father, read: father-in-law
	18,	mother-in-law
167,	9, fr. b.	§ 96, 4
169,	2, fr. t.	שָׂבַע
180,	10, fr. t.	מַשְׂאַת

A NEW PRACTICAL HEBREW GRAMMAR
BY
Solomon Deutsch, A. M., Ph. D.

8vo. Price $2.50.

Henry Holt & Co., New York.

From Prof. A. P. Peabody, Acting President of Harvard University.

I cannot express myself too warmly as to its surpassing excellence. My belief is that, with the sole use of your Grammar a student could become a more accurate Hebrew scholar, than by reading half the Old Testament with the use of any other Hebrew Grammar with which I am acquainted.

Dr. Ezra Abbot, of Harvard University.

says of the work:

Dr. Deutsch's Hebrew Grammar will be the means of imparting a more thorough knowledge of Hebrew than is gained by the study of the ordinary Grammars in the ordinary way.

From B. L. Gildersleeve, D.D., Prof. in the University of Virginia.

I have introduced the work as a text-book into the University course and I should be glad to see it generally introduced into our Theological Seminaries.

From the Right Rev. W. R. Whittingham, D.D., LL.D., P. E. Bishop of the Diocese of Maryland.

I find Dr. Deutsch's Grammar in many respects much better adapted to the use of beginners than any similar work in the English language with which I am acquainted.

From Rev. E. P. Barrows, D.D., Professor at Andover Theological School.

Conciseness and comprehensiveness are the qualities that mark this Grammar. The rules are expressed with neatness, brevity, and clearness. Thus he has been able to compress into 219 octavo pages (not reckoning the Chrestomathy at the end) a great amount of matter. The author is evidently a thorough master of his subject, and his statements are accurate.

From Prof. Geo. E. Day, D.D., Prof. of Hebrew in Yale College.

Dr. Deutsch's Hebrew Grammar has some decided advantages over the larger Hebrew Grammars in common use.

From Rev. Dr. S. Adler, Rabbi of the Temple "Emanuel," New York.

The undersigned has subjected different portions of Dr. Deutsch's Hebrew Grammar to a close and careful examination, and has everywhere recognized the hand of a master—of a man uniting a thorough knowledge of his subject, with the skill and experience of a teacher. The work is both concise and comprehensive, combining thoroughness of treatment and fullness of matter with brevity and precision; and it will prove a valuable auxiliary alike to teacher and scholar, and in the schoolroom as well as in the closet.

The Nation.

Dr. Deutsch's Hebrew Grammar is evidently the product not only of conscientious, but also of long and assiduous labor, as well as of extensive knowledge; and as regards the method, we can say without hesitation, that we have never yet met with a manual, so pleasantly paving the way to the literary treasures of an ancient language. It fully deserves to be ranked among the foremost productions of its kind, whether in America or in Europe.

The Catholic World

says, that it is "beyond doubt the best school-book of its kind that has appeared from the American Press."

The Southern Review.

Dr. Deutsch's Hebrew Grammar is indeed an admirable manual for theological students, far superior, as such, to the Grammar of Gesenius.

The Israelite.

It is nearer approaching our idea of a practical Hebrew Grammar than any other book known to us. It contains all that is necessary to know of the Hebrew to read the Bible in their original, and it contains all that in a pleasant and practical form.

The Jewish Messenger.

Dr. Deutsch of Baltimore is known as a thorough Hebraist, and has evidently enjoyed valuable experience as a teacher. He has solved the problem of presenting a Hebrew Ollendorf. The work is eminently practical and, as we have said, should be promptly introduced into our schools.

The New Jerusalem Messenger.

We cordially unite with Rev. A. P. Peabody in his commendation of the book, and hope it may be speedily introduced into all our theological schools.

In the Journal and Messenger, A Baptist Family News-Paper,

Rev. Geo. Varden, Ph. D., says: Everything that facilitates the knowledge of the Hebrew Scriptures we hail with unusual delight. Such a work is this Grammar by DR. DEUTSCH. After a year's acquaintance we unhesitatingly proclaim its merits. A beautiful simplicity holds sway throughout this entire book. The syntax is a model of scholarly condensation.

A KEY TO THE PENTATEUCH,

Explanatory of

THE TEXT AND THE GRAMMATICAL FORMS,

By Solomon Deutsch, A. M., Ph. D.

Author of "A New Practical Hebrew Grammar."

8vo. Price $1.50.

Henry Holt & Co., New York.

Part I. Genesis.

From Prof. A. P. Peabody, Late Acting President of Harvard University.

I have examined with care and with great pleasure the First Part of your Key to the Pentateuch. It seems to me conformed to the only true method of teaching Hebrew. In order to use it, the pupil would need to commit to memory, at the outset, very few and simple forms and principles, and would acquire his knowledge of the grammar in detail, in immediate connection with the word of the sacred text. When I taught Hebrew, I was accustomed to do in manuscript for my pupils the very work—as far as I was able—which you have done in your Key. Your book has an ulterior value as a commentary on Genesis, and in that respect it seems to me pre-eminently sound and richly instructive.

From Dr. B. L. Gildersleeve,

PROF. IN THE UNIVERSITY OF VIRGINIA.

Dr. Deutsch's Key to the Pentateuch is a valuable addition to the apparatus of the teacher and of the student of Hebrew.

From Dr. Geo. E. Day,

PROF. OF HEBREW IN YALE COLLEGE.

The student of Hebrew who has not the help of a living instructor will here find the solution of the more important difficulties and references to the proper sections in the Grammar. By using it, after his own efforts have been unsuccessful, it will become to him a true "Key" to unlock difficulties.

From Rev. J. Packard, D.D.,

PROF. OF HEBREW IN THE THEOLOGICAL SEMINARY OF VA.

The plan on which it is constructed is an admirable one, and exactly adapted to the wants of students.

From Rev. F. S. Hoyt,
PROF. OF HEBREW IN THE OHIO WESLEYAN UNIVERSITY.

The work seems to me to be admirably executed, and the more frequently I examine it, the more favorably it impresses me with its accuracy, and its utility. Students will find it an admirable help in their preparation for the recitation-room, and those who have not the aid of a living teacher, will find it invaluable.

From Prof. Howard Osgood, Chester, Pa.

Your work supplies a want deeply felt by students, and I am sure will be hailed with delight not only by students but by a larger class of ministers who—by it—will be enabled to keep up and add to their knowledge of Hebrew.

From the Nation.

The work is to be "the means of introducing the student to a full and thorough understanding of the Hebrew text of the Bible," being chiefly calculated to spare such beginners as have acquired some grammatical knowledge of Hebrew the trouble of hunting up roots, forms, and exceptions in dictionaries and grammars, and to enable them to study the Hebrew text without a teacher, or fully to prepare at home for every school lesson. The work is very elaborate and very carefully done. It will thus undoubtedly be found an excellent help and guide both by students and teachers.

From the Jewish Times.

1871. No. 23.

The learned and indefatigable author has presented a manual, which greatly facilitates the labor of the teacher, and is of incalculable benefit to the student of Hebrew. It is concise, scientific, and practical, and, hence, a worthy successor to the author's previous production of "*A New Practical Hebrew Grammar.*" Besides the definition and derivation of every word in Genesis, there are added the paradigms, and valuable historical, geographical, and archæological explanations, which are remarkable for their conciseness and perspicuity. The execution betrays the hand of a master. The work of Dr. Deutsch surpasses all similar school-books, and deserves to be introduced into every school and institution where the Hebrew language is cultivated.

From the Jewish Messenger.

August 4, 1871. Vol. 30—No. 5.

A work which students and teachers will cherish, is emphatically our opinion of Dr. Deutsch's latest addition to Hebrew Literature. Simple as is its plan, it is one which might well be adopted with other languages, and thus prove a boon to the hard worked student. The author has thus furnished ample evidence of his desire to popularize the sacred language, and to remove many of the impediments under which the student was wont to labor. We cordially commend the work to the public, and trust that Dr. Deutsch will be so liberally encouraged that he will not hesitate to produce at an early day the remaining volumes of his series.

www.ingramcontent.com/pod-product-compliance
Lightning Source LLC
Chambersburg PA
CBHW031326230426
43670CB00006B/254
9783337735395